MBA、MPAcc、会计学、财务管理、工商管理等专业适用

U0674852

管理咨询 （第二版）

Management Consulting

2nd edition

徐国君 ◎主编

樊培银 马广林 ◎副主编

东北财经大学出版社　大连
Dongbei University of Finance & Economics Press

图书在版编目（CIP）数据

管理咨询／徐国君主编．—2 版．—大连：东北财经大学出版社，2014.8（2017.8 重印）

ISBN 978-7-5654-1650-7

Ⅰ．管…　Ⅱ．徐…　Ⅲ．企业管理-咨询-高等学校-教材　Ⅳ．F270

中国版本图书馆 CIP 数据核字（2014）第 182113 号

东北财经大学出版社出版

（大连市黑石礁尖山街 217 号　邮政编码　116025）

教学支持：（0411）84710309

营 销 部：（0411）84710711

总 编 室：（0411）84710523

网　　址：http：∥www.dufep.cn

读者信箱：dufep@dufe.edu.cn

大连天骄彩色印刷有限公司印刷　　东北财经大学出版社发行

幅面尺寸：185mm×260mm　　字数：552 千字　　印张：23.5

2014 年 8 月第 2 版　　　　　　　　　　2017 年 8 月第 5 次印刷

责任编辑：孙　平　章北蓓　　　　　　责任校对：那　欣

封面设计：冀贵收　　　　　　　　　　版式设计：钟福建

定价：38.00 元

第二版前言

一位大师说"诚信是第一财富；正法是第一坦道；实话是第一妙语；智慧是第一生命"。本教材姑且不论诚信、正法、实话的崇高价值，但就作为教材的使命而论，追求提升学子的"智慧"显然是本分所在。但"智慧"与"知识"具有完全不同的概念与内涵，前者是指对事物能认识、辨析、判断、处理和发明创造的能力；后者则是人们在改造世界的实践中所获得的认识和经验的总和。一个有智慧的人，能够探索、发现和总结出新的规律，创造出新的"知识"。将"知识"转化为"智慧"才是专业学习的高级阶段和根本目的。这正是我们编写这部《管理咨询》教材所倡导并努力协助读者去实现的一种境界！

管理咨询这门课程具有综合性、拓展性、创新性和应用性等显著特点。学习"管理咨询"的有关内容，可以促使人们形成正确的思维观念，提高综合素质，丰富知识结构，提高操作技能，从而造就不可比拟的专业能力。简言之，本书的目的在于帮助读者形成创新思维的能力，使学习者成为一个基础牢、视野宽、思路活、个性化、不可比的具备较高综合素质的专业人才。本书自第一版出版以来，得到了广大读者的支持和鼓励，也获取了部分读者中肯的建议。自第一版推出至今，社会环境发生了较大的变化，我们觉得有必要结合环境的变化和教材使用过程中发现的问题对教材进行系统修订，以向读者呈现一部不断完善的《管理咨询》教材。希望通过本书的阅读和学习，让读者能种下一颗谋略的种子，收获智慧的果实。

本书继承和发扬了第一版的特色，结合 MBA 以及会计学、财务管理、工商管理等专业的研究生和本科生的特点，考虑其知识结构，安排了不同层次的学习内容。上篇为基础篇，系统介绍管理咨询的基本概念、程序、方法、素质和商务策划原理；中篇为领域篇，围绕组织的人力、财力、物力三大领域以及统领三大领域的战略管理，系统介绍其管理咨询的理论与方法；下篇为专题篇，对目前企业管理咨询特别关注的四个方面进行了深入、系统的介绍。教师和学习者可以根据实际情况进行教学或学习内容及深度的选择。

本书内容系统完整，强调程序与方法，突出案例示范，附有练习与思考题，是一本特别适宜教学和自学相结合的教材，可以作为 MBA、MPAcc、会计学、财务管理、工商管理等商科专业的提升性课程来学习掌握。

在本次修订过程中，由徐国君担任主编，负责修订工作的总体规划、协调和质量把关；樊培银、马广林担任副主编，参与修订工作总体规划和协调工作。修订工作具体分工如下：徐国君负责第 1 章修订；胡春晖负责第 2 章、第 4 章修订；刘秀丽负责第 3 章修订；马广林负责第 5 章、第 7 章修订；樊培银负责第 6 章修订；朱意秋负责第 8 章修订；

孙玉甫负责第 9 章修订；李光琴负责第 10 章修订；王舰负责第 11 章修订；韩斌负责第 12 章修订。

在本书修订过程中，得到了东北财经大学出版社孙平先生的关心与大力支持，在此表示深深的谢意！同时感谢本书的全体作者，他们的辛勤劳动为本次修订工作奠定了良好的基础！本书编写和修订过程中参考了国内外相关学者的文献和观点，在此一并表示感谢！

尽管做了认真细致的修订，但由于水平和资料所限，书中不足之处在所难免，敬请读者谅解，同时也期待广大读者的建设性意见和建议。

徐国君

2014 年 7 月

目　　录

上篇　基础篇

中篇　领域篇

下篇　专题篇

上篇　基础篇

第 1 章

概述：管理咨询
创造价值

❖ 学习目标

　　管理咨询系为 MBA 等开设的一门综合技能提升与知识应用的课程。整个课程的学习目标是：努力形成超常思维的能力，使自己成为一个个性化、不可比、综合素质高的人。

　　通过本章的学习，要了解管理咨询的基本概念和内容构成，对本门课程或整个学科有个总体认识。首先，从一般咨询概念入手了解管理咨询在其中的地位，进而掌握管理咨询的含义、性质、目的与意义，了解其产生和发展的过程；其次，明确管理咨询的功能、特点和要求，把握管理咨询的本质特征；最后，了解咨询行业和咨询市场的发展情况，进而了解管理咨询的领域与内容构成。

　　本章简要介绍管理咨询的一些基本知识，目的是对管理咨询的性质、内容等有个大致了解，为后面的学习提供指南性向导。同时，力图确立这样的观念，即任何事情都要经过谋略策划，制订出多种方案，把未来的不确定性把握在自己的预见之中。

　　本章主要学习以下三个方面的内容：管理咨询的概念与价值；管理咨询的产生与发展；管理咨询的领域与内容。

❋ 1.1　管理咨询的概念与价值

1.1.1　咨询及其种类

1) 咨询的含义

　　随着人类社会的发展，人类实践的经验积累越来越多，从而作为对实践经验规律性总结的知识，也就越来越丰富。受一个人先天条件和后天经验与知识积累乃至思维、性格等的影响，每个人的智慧、能力是有差别的。一般来说，人们在做事情时，都有追求尽善尽美的心理，但又受个人水平的限制，就有了向更高水平的人请教、询问的要求。一个成熟而成功的人乃至由人组成的群体，通常是能够理智而客观地意识到自身能力的局限性，从而向智者请求指点的。在现代社会，没有任何一个人或组织能够什么都精通，再聪明的人，也有其未知的领域和无法达到的思维空间和境界。当社会发展到一定阶段，向别人请教促成了一些人作为职业来从事时，咨询就从个人行为扩展为群体的有组织的行为，进而作为社会分工的结果，形成一种产业——咨询业。

咨询（Consult），从字面上理解，是与别人商量、求问、征求意见（建议）的意思。较为严格意义上的咨询，是指具有专门知识和技能的自然人或法人接受其他个人或组织的委托，提供专门知识、智能帮助的行为。

由上述定义可见，咨询的实现，至少须有以下四个基本要素：首先是咨询客体，即咨询的服务对象或咨询的委托者，可以是某一个人或某一个组织。其次是咨询的主体，即咨询受托者，也可以是一个人或一个组织。通常，咨询的主体是在社会中享有较高的智慧、知识信誉的人或其群体，或经合法程序建立的机构。咨询主体的最主要特征是具有专门的知识或技能，具有为他人提供咨询的能力。再次是咨询关系。咨询主体与客体的委托与受托、服务与被服务关系，有时仅表现为普通的人际关系，但当形成正式的经济利益关系时，咨询就发展为一种有偿的高智能服务业。最后，咨询提供的是专门的知识和智能的帮助，这种帮助表现为委托者不懂的专门知识、未能达到的智能，或者经精心策划设计的一个完整的实施方案。

【案例 1-1】

1950 年年初，朝鲜战争已到了剑拔弩张、一触即发的地步。战争爆发前 8 天，美国有关方面接到一个秘密情报：欧洲有个"德林软件公司"（以下简称德林公司）集中人力，投下大笔资金研究了一个课题——"美国如果出兵韩国，中国的态度将是如何？"第一个研究成果已经出来了。德林公司通过秘密渠道打算把这个结论卖给美国，据说只有一句话，却索价 500 万美元（大约相当于当时一架最先进的战斗机价格）。

用 500 万美元买一句话？美国人认为这简直是发疯，他们一笑置之，当作无稽之谈。

几年后，美国在朝鲜战场一再惨败，美国国会开始辩论"究竟出兵韩国是否真有必要"的问题，才有人想起德林公司的研究成果。此时虽已事过境迁，但在野党为了在国会上的辩论言之有理，仍以 280 万美元的代价买下了德林公司这项过了时的研究成果。成果的内容只有一句话——"中国将出兵朝鲜"，但附有长达 328 页的附录分析资料，详尽地分析了中国的国情，有丰富的历史材料和有关数据，并有充足的论据证明中国绝不会坐视朝鲜危急而不救，且断定一旦中国出兵，美将以不光彩的姿态退出这场战争。

当记者问从朝鲜战场回来的美军总司令麦克阿瑟将军对德林公司的研究成果有什么看法时，他感慨地说："我们最大的失策是——舍得几百亿美元和数万美国军人的生命，却吝啬一架战斗机的代价。"默默无闻的德林公司自此声望大振，扬名四海。

德林公司不仅在政治与战争咨询领域有过成功的经验，在经济领域更是进行过无数出色的策划。下面就是该公司提供经济咨询的一个案例。

1980 年，中国香港 H 公司准备和中国内地 M 厂做一笔大买卖，但对这一计划是否可行把握不大，不敢贸然签约，便慕名向欧洲著名的德林公司提出咨询。德林公司欣然应允，毫不客气地收下了 40 万美元的咨询费。出人意料的是，仅在短短的 6 个小时内，德林公司便蛮有把握地将结果通知给 H 公司：计划可行。

H 公司几经考虑之后，听从了德林公司的意见，和 M 厂签订了一份 3 年的合同。合同规定：第一年，H 公司以最优惠的条件向 M 厂提供一条价值 800 万美元的现代化拖拉机生产线；第二年，M 厂以略低于国际市场的优惠价格向 H 公司提供 1.4 万台拖拉机；第三年，M 厂以同样的条件继续向 H 公司提供 2.2 万台拖拉机。如违反合同，则按规定条款罚款。

如果单从合同来看，H 公司的风险是很大的。因为，H 公司从 M 厂买进 3.6 万台拖拉机，转卖以后每台最多可得约 40 美元的薄利，共计利润 144 万美元。而 H 公司向 M 厂以优惠条件提供设备已经明码亏去约 50 万美元。此外，付给德林公司 40 万美元的咨询费；聘请德林公司有关人员又花去近 10 万美元，还要加上各项杂支费用等。从表面上看，H 公司无利可图。况且，H 公司的实际转卖能力最多也不超过 2.5 万台，如果 M 厂一旦能按合同规定如数交货的话，对 H 公司来说简直是一场灾难，且不说要亏本几许，光是支付堆货场的地皮费一项就足以使 H 公司陷入濒临危机的境地。

然而，H 公司却胸有成竹，因为它已经从德林公司所提供的大量分析资料中得知，按 M 厂目前的工人素质、技术水平和管理水平，在引进设备后的 3 年内根本就无法生产出合同规定的供货数量。为此，H 公司可以从违反合同的罚款中大赚一笔。

不出德林公司所料，第二年，M 厂因未能如数供货而被罚款 160 万美元；第三年眼看首季已过，M 厂仅生产出 1 000 台拖拉机，照此推算，最乐观地估计，到年底也要被罚款 480 万美元。迫于压力，M 厂不得不向 H 公司提出修改合同的要求。H 公司的代表对 M 厂的要求提出一个极为苛刻的条件：如果修改合同，则 M 厂必须赔偿 H 公司经济损失 250 万美元。出于无奈，M 厂在 480 万美元和 250 万美元之间几经权衡之后，不得不同意赔偿损失，修改合同。

M 厂经此挫折之后，发愤图强，励精图治，认真总结教训，改善经营管理，终于使生产线达到设计能力，产量大大提高。第四年，M 厂不仅可以如数供货，而且还可以大大增加供货量。M 厂此时雄心勃勃，希望继续延长合同期限，力图从中补回过去的损失。然而，遗憾的是，当 M 厂向 H 公司提出希望继续延长合同期限的时候，得到的答复是："很对不起，我们现在已经改做其他生意了。十分感谢贵厂能信守合同，合作 3 年。"总之，H 公司在大赚一笔之后，很客气地拒绝了 M 厂的要求。

商场是冷酷无情的，在 M 厂与 H 公司这一场持续 3 年的商战之中，德林公司的神机妙算无疑起了决定性作用。M 厂的"大意失荆州"，当然有其体制、素质上的原因，然而它却为我们上了一堂生动的经济课，特别是为中国的咨询者提供了一个实践的借鉴。

资料来源 谭其秦. 谋事在人 [M]. 广州：广州出版社，1996：56-58.

2）咨询的种类

为了更好地理解和运用咨询，有必要对咨询按不同的特征进行分类。

（1）按咨询的时代特征分类。

①古代咨询。古代咨询又称传统咨询，是凭智者个人的经验与推断提供的咨询，它基本上采取封闭的方式。由于个人经验和推断往往只能解决同类性质的问题，因此带有很大的局限性。

②现代咨询。随着当今社会科学技术高度发展，学科门类高度分化，国际社会合作交往活动日益扩大，就需要集中具有各种专门知识与技能的人组成群体，才能完成一项完整的咨询课题。因此，现代咨询指具有现代科学技术知识与技能的人及其群体，发挥群体优势，在肯定个人经验和推断作用的基础上，依据事物发展的内在规律性，利用最新的科学方法和手段，来实现咨询的科学性和可靠性。

（2）按咨询主体的构成分类。

①个体咨询。在咨询业发展初期，一些有专门知识和技能的个人向他人提供咨询服务，其特征是个人独立的行为，一般不成立具有法人地位的组织。

②集体咨询。这是由多人组成群体，发挥群体优势而提供的咨询，其特征是群体合作，满足难度较大、涉及面较广的咨询需求，通常需成立具有法人地位的组织，如研究所、咨询公司等。

（3）按提供咨询内容的范围分类。

①专业咨询。其指就某一个特定领域而提供的咨询，如法律咨询、财务咨询、工程咨询等。

②综合咨询。其指就涉及多个领域的事项提供咨询，如对一个新建企业的咨询，就涉及土地建筑、企业组建、市场调查、财务管理、生产工艺、经营管理方式、人员培训等若干方面。

（4）按咨询的具体内容分类。

按咨询的具体内容分类，可以就每一咨询内容归类，如工业咨询、商业咨询、农业咨询、工程咨询、技术咨询、管理咨询等。

1.1.2 管理咨询的含义、性质与目的

1）管理咨询的含义

作为现代咨询的一种形式，管理咨询在现代社会得到了飞速的发展，发挥了巨大的作用。它被认为是一种"头脑产业"，帮助管理人员分析和发现问题，出谋划策，摆脱困境，成为管理者的"外脑"。

那么，什么是管理咨询？至今仍未形成统一的认识。下面的三种界定为代表性的概念。

英国管理咨询研究所认为，管理咨询是"由独立的、合格的个人或多数人在鉴别与调查关于政策、机构、程序和方法中所提供的一项服务工作，他们提出采取适当的行动的建议，并协助执行这些建议"。

日本著名经济学家占部都美在其《经营学辞典》中，给管理咨询下的定义是"指调查企业的实际经营状态，诊断经营方面的问题，提出具体的改善建议，或者在此基础上对改善的建议的落实给予指导"。

中国企业管理协会下的定义是："管理咨询是由咨询专家运用管理咨询理论与科学的方法，对企业的管理现状进行调查分析，找出管理上的问题，提出改善的方案，并指导实施，以提高企业的经营管理水平的一种改善企业经营管理的服务活动。"

综上所述，管理咨询是指具有专门知识和技能的自然人或法人接受委托，围绕经营管理的各个层面提供知识、智能、策划等高智力服务的行为。对这一定义要特别说明以下

几点：

（1）管理咨询是一种高智力服务型活动。它不同于管理者直接运用自己的知识、智慧来管理运作一个组织（企业），而是弥补管理者自身能力的不足或基于社会分工的需要，为其提供"外脑"帮助与指点，间接实现管理的效能。

（2）管理咨询的内容围绕经营管理展开。也就是说，管理咨询的服务领域是经营管理，从而区别于其他领域的咨询。

（3）管理咨询的客体或服务对象是一个组织，一般为企业。管理咨询通常建立在企业自愿的基础上，帮助企业寻找与解决存在的问题，提出改进的建议。

2）管理咨询的性质与目的

管理咨询是以咨询者专门的知识、丰富的经验、超常的智慧为基础的。它所提供的服务属于智力性、策划性的无形产品。这种产品是否有价值，必须经过运用间接产生效益才能够得以证明。因此，管理咨询的性质可从以下几方面来把握：

（1）管理咨询提供的是一种智能化无形产品。不论是对委托者提出管理知识的解答，还是针对委托者整体组织管理方案的诊断、策划与制订，都是通过声音、文字等形式表达的服务，从而有别于其他的服务业。

（2）管理咨询在本质上是一项参谋性的服务工作。咨询师不能代替管理当局直接作出权衡与决策。因此，咨询师并不对自己的建议导致的一切后果直接负责，咨询师的职责是提出高质量、完善的咨询方案，并通过此来提高自己的社会信誉，从而高明的咨询师总是个多向思维的分析师，会设计出种种方案并指明利弊以供管理当局自行选择。

（3）管理咨询活动不能直接产生价值。管理咨询主要是一种意识与观念的启发、创新，尽管观念的力量是无穷的，但必须有人将它付诸实施才能最终得以证明并产生价值。

管理咨询的目的在于对管理进行改革、创新，以实现对资源的有效整合。企业为了生存、发展，必须有效地配置与利用资源，实现资本的保值与增值目标。由于管理者所处的环境较固定，精力、思维有限，因此在经过一段时期的管理工作以后，往往就缺乏创新，从而会使企业陷入困境。此时，由管理咨询机构组织有关方面的专家，从"局外"独立、理智地对管理存在的问题进行诊断分析，进而提出改善经营管理的建议，就克服了管理者知识与智能的不足，发挥出管理咨询不可替代的作用。

1.1.3　管理咨询的功能

管理咨询作为一种管理辅助活动，有它内在的功能。尽管人们目前对它的功能尚未形成统一的认识，但就管理咨询所起的作用来看，它主要有以下 5 个功能：

1）传道解惑

所谓传道，即传授、宣讲经营管理的道理真谛，启发管理者形成管理思想的创新，培训有关人员，开发人的智慧。所谓解惑，即解答咨询要求者的疑问，指点迷津，使其弄明白与管理相关的未知问题。

传道解惑是管理咨询的基础性工作。任何高明的管理者都不可能事事明白、样样精通。利用各咨询专家的知识特长，可弥补管理者的知识不足，节省管理者自己弄清楚问题的时间，间接提高管理的效率。

2）诊断评价

诊断是管理咨询进入实质性工作的第一环节。要做好解决实际问题的咨询工作，就必须了解情况，查明真相，判断问题所在，这种诊断是管理咨询的主要手段。

评价是在诊断的基础上，对管理及其相关方面的好坏、优劣等作出总结性结论。

诊断评价的目的是发现问题，把握现状。由于管理者属于局内人，有时会"当局者迷"，因而对所在组织的问题往往熟视无睹，习惯于原有状况而缺乏管理创新，这时管理咨询专家深入现场，给企业等组织"把脉看病"，会使其保持"健康"的运行状态。

3）分析预测

分析是运用经济分析并结合心理行为分析等方法找出一般状况、部分构成等的本质属性、彼此之间的关系以及深层的原因。

预测则是在分析的基础上，按事物发展的内在规律，结合现在和将来影响因素，对未来发展趋势做出预先估测，从而为管理指明方向，如项目的可行性研究等。

4）策划设计

这是管理咨询中最具智慧性的内容。策划是面向未来管理事项，运用智谋、策略所做的谋划、运筹，制订出管理创新方案。

设计是为了规范未来的行为，依据一定的程序和方法，将未来事项程序化、规范化的过程，如会计与财务制度设计等。

5）参谋指导

参谋是指管理咨询师提出各种合理化、科学化建议，分析各种利弊，以供管理者选择、权衡。这种参谋功能充当了管理者的"外脑"。指导职能与参谋职能联系在一起，但相比之下，指导更具主动性、建设性，它是对管理者进行指点、引导。

【案例 1-2】

宣忠的创意工作室开办了已有半年，正经的生意没几个，可竟来一些莫名其妙，甚至啼笑皆非的业务。这不，刚一上班，一位衣冠不整、蓬头垢面的老哥就堵上门来。

"你有什么事吗？"

"您是宣经理吧，我想请您帮我策划策划。"

"你是做什么的呢？"

"说来惭愧，我以前也是个老板，做生意赔了，房子也抵了，老婆也跑了，干老板多年，除了有点脾气，什么本事也没有，现在只好乞讨为生，不过现在乞讨这个行业，门槛太低，竞争太激烈。想让您帮我出出主意，提高一下我的乞讨业绩。"

"你都混成叫花子了，还讲究什么业绩。"

"人即使再落魄，也得精益求精，追求卓越吧。"

"那好吧，就冲你这精神，我接你这活了。"

那人很高兴，说："我现在没钱付给您咨询费，等我挣了钱，我再给您，您看我现在应该怎么办？"

宣忠思考了一下说："你看，你要在乞讨业有所建树，就得先有个品牌。您贵姓？"

"姓李。"

"叫花李，你看这个名字还可以吧？"

"不错不错，挺好听。"

"你有没有固定经营场所？也就是你有没有固定乞讨的地方？"

"有啊，我一般上午在人民广场，那儿人多，上午站累了，下午我就去散散步，顺便捡捡破烂。我干乞讨这个职业，虽然被人瞧不起，但也属于自由职业者。"

"叫花李，我给你一个建议，你一定要走专业化道路，不要又乞讨又捡破烂，你只有把你的乞讨这个主业做大做强之后，才能多元化经营。况且，又干这个，又干那个，品牌不够集中。"

"是，是，我以前就是这样搞死的。"

"你呢，以后每天就在人民广场守着，手里拿个碗，碗里先放上个块八毛的，在你面前立个牌子，上面写上'叫花李'。这样你就与其他乞讨人员不一样了，你已经有了自己的品牌。"

宣忠喝了口水，接着说："有了自己的品牌，这还不够，你必须在乞讨方式上与竞争者区别开来，你必须差异化经营。让别人觉得你有个性、有特色，就是和别人不同。

以后不管什么人给你钱，你只许收人家五毛。你还像过去一样，面对熙熙攘攘的人流，拿个碗，伸向人群，嘴里做着广告：'行行好吧！行行好吧！'我估计大多数人连看你一眼都不看，躲着就过去了。你别泄气，这是正常现象，不要奢望把所有的人都变成你的客户。记住了，我们只为一部分人服务，要找到我们的目标客户群。我相信，肯定会有些人朝你碗里扔个块八毛的，这时候，你一定要看清楚是多少钱，如果是五毛，就对人家说声谢谢。如果比五毛多，例如一块，你不要见钱眼开，赶紧把人家叫住，对人家说：'谢谢，我这里只收五毛。'然后，你再找给人家五毛钱。

如果人家给的不足五毛，比如两毛，你也把人家叫住，对人家说：'谢谢您的好意，我这里最低消费就是五毛，这两毛您还是拿回去吧。'"

叫花李有点不明白："啊？！照你这个策划，人家给一块，找回五毛，人家给两毛还不要，我岂不要得更少了？不行不行。"

"老李，不，叫花李，你听我说，你要想在乞讨业有所突破，你必须按我的话去做，刚开始是有点损失，但你和其他乞讨的不同了。你想想，当你找五毛钱给人的时候，那人是什么感觉，估计那人手里拿着那五毛钱，站在那得愣一会，"怎么回事，要钱的还带找钱的？"你相信不相信，回家他就把这事宣扬出去，他会跟亲戚朋友说："人民广场有个叫花子，我给了他一块，他还找我五毛。"

那个给你两毛的家伙就更惊诧了，估计当时他就得跟你翻脸："什么，你有没有搞错，你这还有最低消费？我问问你，你还是叫花子吗？"回去后，他也会为你宣传："今儿个我可遇见一件怪事，人民广场有个要钱的，有个性，我给他两毛，他还不收，告诉我最低只收五毛。"

这些人都免费为你宣传，免费为你做口碑广告，你想想，你的知名度增加了，无形资产就增加了，现在这个年代，是注意力经济年代。你只要聚集了人气，就不愁不来钱。

"真的？那我就试试。"

过了两个星期，叫花李没有再来，宣忠心里一直想知道策划的效果，于是便来到人民广场找叫花李。一到广场，老远就看到在广场一角围了一群人，挤进去一看，中间果真是叫花李。在他面前，立着一个牌子，上书：著名职业乞讨师叫花李。旁边还放着一本无家可归人员登记证。叫花李正忙着收钱，找钱。人群中有位中年妇女说："嘿，我们家那位回来跟我一说，我还不相信，天底下还有这样的叫花子，只收五毛，多了还不要，到这来一看，还真是，您看人家这个乞讨，还真够职业。"旁边一个小伙子气不过了，"我还不相信，有人会见钱不眼开。"说着，走上前去，拿出一张一百元的大票来，递给叫花李，"看你挺辛苦的，别找了。"叫花李忙把他拉住，一边数出一堆毛票来塞给他，一边说："谢谢大哥的好意，您也不容易，我就收您五毛，多了不收，欢迎您下次再来。"围观的人看到这场景，竟然鼓起掌来。宣忠看到这里，觉得很满意，也没和叫花李打招呼，便从人群中钻了出来。

过了两三天，一个雨天，叫花李来了。"宣经理，多谢您的策划，我现在的乞讨事业蒸蒸日上，要不是下雨，我都抽不出空过来看您。"

"老李，别客气，主要还是你自身的素质好，你本身就长了一个适合乞讨的脸，再加上经历了这么多风雨，满脸都是沧桑，稍微有点同情心的人就想给你点施舍。"

"宣经理，你说也怪了，那几个和我一同在人民广场乞讨的，长得比我惨，可他们一天却要不来几个钱。"

"这你就不懂了，麦当劳的老板曾经说过，不要以为麦当劳是经营快餐的，其实麦当劳是经营房地产的，通过做餐饮，把一个个好地方都给占了。你也一样，不要以为，你是经营乞讨业的，你是经营娱乐业的。你在乞讨的同时，给大家带来新奇，带来快乐。"

"真的？没想到我的工作这么崇高。"

"你是赶上好时候了，要是二十年前，物质还十分缺乏，大家挣的钱只够吃饭，你要钱即使要出花来，也没人理你，可现在不同了，物质丰富了，可人越来越精神空虚，总想寻求刺激，如果听说哪有个三条腿的蛤蟆，都要开车几十公里去看看。大家给你钱，不是因为你值得同情，是因为你这个行为比较有趣。"

叫花李听得直点头，"我有点明白了，您是说很多人吃饱了没事，总想看个新鲜事，我要钱的方式比较奇特，所以就把大家吸引来了。"

"对！"宣忠见有人能听明白，说得更来劲了，"现在是眼球经济、注意力经济，谁有个性，谁有特色，谁就能吸引大家的目光，谁就能把哗哗的人民币吸引来。简单的现象其实背后都蕴藏着深刻的道理！"

"好，我回去继续搞我的眼球经济、娱乐产业。"

又过了两三天，宣忠正坐在办公室里，突然手机响了，看看号码，是一个陌生的号码，宣忠按了一下接听键，说："你好！"对方是一个有些熟悉的声音："宣总啊，我是叫花李啊。"

"啊?！你都买上手机了。"

"信息时代嘛，我找您有要紧事，一个小报的记者要采访我，我该怎么说呀？"

"这是一个好机会，一定要抓住，"宣忠喘口气接着说，"你这回不要就事论事，一定要拔高自己，把自己的认识上升到一定高度。你可以这么说，虽然我干的只是低贱的乞讨业，但也要坚守行业准则，既不能私抬物价哄骗消费者，又不能胡乱降价陷入恶性竞争。"

过了几天，宣忠就在当地的一个地方性小报看到了那篇报道，题目是《一个具有职业道德的叫花子》，宣忠看完之后，心想，这个叫花李，现在已经出名了，我应该找他收点策划费。于是宣忠就来到人民广场找他，老远就看到广场一角围了很多人，比上回人更多了。宣忠走上前去，挤进去一看，虽然地上放的牌子还是叫花李，可人已经换了一个人，"叫花李呢？"宣忠问那人。

"你问我老板啊？你去百货大楼门口找他吧。"

"他去那儿干嘛？"

"他说要在百货大楼门口开个分店。我是他雇来的，在这看着老店……"

资料来源　袁小彤．一个乞丐的营销之路［EB/OL］．（2011-10-10）［2014-07-28］．http：//club. ebusinessreview. cn/blogArticle-102522. html.

1.1.4　管理咨询的特点

管理咨询区别于其他活动的显著特点，在于它是一种高知识（慧）含量的受托服务业务，具体来说可概括为以下几点：

1）知识性

管理咨询师作为有专业特长的专家，其首要的是拥有和掌握专门的知识，他依靠转让知识向委托人服务。因此，管理咨询业是典型的知识密集型产业，表现为它是精通各种专门知识的集合体，以提供知识产品为服务内容。

2）科学性

管理咨询不能主观臆断，感情用事，必须本着科学的态度，运用科学的方法来调查、分析与研究问题，总结与发现事物运行的内在规律。因此，咨询的结论要有科学依据，咨询的效果要经得起实践的检验。同时，管理咨询的过程，也是宣传管理科学理论与方法的过程。

3）创造性

一些管理咨询工作要经过周密的思考、高谋略的策划才能完成，从而要超越前人，打破现状，要体现管理创新，以创造性思维来谋求切实可行的改革方案。

4）独立性

独立性是指管理咨询如果作为一种正式的工作来开展，在机构和人员、经济利益、咨询师的思想意识等各方面，都要保证其客观公正，不受任何一方的影响和干涉，以独立的立场、科学的态度进行咨询，否则就会使咨询失去客观性，进而失去其实际意义。

5）协作性

管理咨询的协作性特点表现为两个方面：一是即使是咨询专家，也往往不可能独立作战，必须组织各方面的专家、教授和有经验者协同工作；二是咨询专家还必须与委托方密切配合，由委托方如实反映情况，同时由委托方依咨询方案去实施。

6）有偿性

当管理咨询作为一种产业来运作时，就要使知识由"无价"转为"有价"，实行有偿服务。但咨询业"产品"的无形性和不可比的性质，使其定价有相当的难度。咨询的价格通常考虑咨询机构的信誉、咨询方案的未来收益性等因素，由咨询双方协商确定。

7）自愿性

管理咨询必须由委托人愿意委托、受托人愿意（能够）提供咨询为前提，每一项咨询业务契约的建立，都是双方双向选择的结果。

1.1.5　管理咨询的价值

如前所述，管理咨询随社会分工的细化，独立发展成为一种特殊的服务产业，起着不可替代的作用，对社会经济发展有着重要的现实意义。

（1）为客户提供业务知识咨询，丰富管理者知识的广度与厚度。管理咨询的一项基础工作是向委托者提供各个方面的业务知识咨询，向管理者解释、说明有关的基本知识，为管理者开展有效的管理打下知识基础。

（2）为客户提供政策法规咨询，促使客户合法经营。管理工作必然涉及国家方方面面的政策法规，而面对众多的政策法规，客户不可能完全掌握。专业咨询师可为客户提供利用政策的建议，让其知道经营管理的规则。

（3）为客户提供专业服务，做客户不能做或做不好的工作。有些工作，对客户来说不是经常发生的，如项目可行性研究、企业改制与证券发行上市等；有些工作客户不能做，如资产评估，需要有执业资格；还有些工作客户自己可能做不好，如会计与财务制度设计、税收筹划等。这些工作委托管理咨询机构完成，既可因工作专业化，提高了科学性、可靠性，又可省时间、省精力，使客户有更多的精力从事自己的日常工作。

（4）为客户提供信息咨询，扩展客户的信息渠道。现代社会是信息社会，信息成为管理的基础和决策的依据，只有掌握有效而及时的信息，管理者才能在竞争中立于不败之地。

✱ 1.2　管理咨询的产生与发展

1.2.1　最早的咨询

要考察管理咨询的产生与发展，首先要从一般咨询说起。咨询作为一种社会活动，具有悠久的历史。奴隶社会将咨询师称为门客、养士；封建社会称之为幕僚、谋士、军师、博士；近代社会普遍聘用顾问、参事、参谋等。据考证，早在春秋战国时期，就盛行国君供奉"养士"。贵族的"四君"（孟尝君田文、平原君赵胜、春申君黄歇、信陵君魏无忌），每人各有"食客"、"养士"数千人。成语"毛遂自荐"就出自赵国平原君与楚国谈判的典故中。此后的历朝历代都有招贤纳士之举以协助国事。

国外咨询活动的开展要比我国晚得多。人们认为国外最早的咨询工作出现在军事、政治领域。如17世纪30年代，法国军队中设立了参谋长的职位。美国陆军在1903年、英国皇家军队在1906年，都先后建立参谋本部。1828年，美国总统杰克逊招用一批人才，安置在白宫中为他提供咨询建议。

1.2.2　现代咨询的开始

现代咨询开始于英国。随着工业革命的兴起，一些企业急需兴建工厂，导致了建筑业的发展，一些有建筑专业知识的工程师开办了土木建筑事务所，兼营建筑咨询业务。此后，随着经济建设的发展，咨询领域逐步扩展到其他领域，英、美等国相继出现了各种类型的咨询公司。

以自由职业者身份参与管理咨询开始于 19 世纪末 20 世纪初。19 世纪下半叶，自由资本主义被垄断资本主义所取代，追逐超额利润和扩大积累的激烈竞争，使经营权和所有权分离，企业投资者和管理者日益认识到管理的重要性。一批有丰富经验的管理专家围绕当时作为竞争关键的"生产效率"问题，进行了反复的试验与研究，并形成了"古典科学管理理论"。因此，有人认为管理咨询应以 1895 年泰勒担任"效率顾问工程师"之时为开端。1886 年，世界上第一家管理咨询公司——阿瑟·李特（Arthur D. Little）公司诞生在美国波士顿，由麻省理工学院的教授创办。

从个体管理咨询顾问的产生到管理咨询组织的产生经历了一个较长的时期。到 20 世纪三四十年代，企业管理咨询公司出现，并于第二次世界大战后发展成为咨询服务的主角。如公认的管理咨询的发祥地美国，在管理咨询领域的发展一直处于领先地位，从业人员达数万人，2/3 的企业都利用管理咨询服务。

1.2.3　管理咨询的发展阶段

综观管理咨询的发展过程，大致可分为四个阶段：

第一阶段：生产组织与效率咨询阶段，大致开始于 19 世纪末 20 世纪初，结束于 20 世纪 30 年代。这一时期，一系列工业发明创造为工业提供了有力的技术支持，工业企业大量运用机械设备为大批量生产创造了条件，统一的国内市场形成并向海外市场扩展，有效的市场需求刺激了生产规模，竞争的焦点变成了提高生产效率、降低成本。管理者为此聘请许多管理专家作为顾问深入生产现场，就生产过程组织、生产工艺流程设计、人事工资奖励制度、组织机构设置、人际关系管理、预算控制等进行研究与提供咨询。

第二阶段：市场营销咨询阶段，自 20 世纪 40 年代至 60 年代。这一时期受经济危机和世界大战的影响，生产的高效率首先要以市场需求为基础，竞争规则的改变，使管理的重心转向市场流通与生产的协调均衡，吸引管理咨询专家致力于市场调研、价值工程、目标管理、系统分析等管理咨询，反过来促使管理学派相继形成，使管理咨询向深层次发展。

第三阶段：经营战略管理咨询阶段，从 20 世纪 70 年代开始至 80 年代。随着全球经济一体化的发展，世界经济的相互依存度提高，跨国公司数量日渐增多，金融业务繁荣，衍生金融工具交易等"象征性经济"的交易额超过了商品、劳务等"实物性经济"的交易额，经营风险加大。过去经济环境持续稳定增长的节奏被各种全球性事件打乱了，环境的不确定性成为时代的重要特征。这时，企业的生存发展，更多地依赖于全球经营战略的选择、对未来的科学预见以及对社会变化莫测的适应能力，企业管理成败的关键是经营战略的制定与实践。因此，管理咨询的主要领域转向"战略管理"以及支持战略实施的研究与开发管理、计算机辅助管理领域，围绕人力资源开发、企业形象设计、营销战略、财务决策、跨国公司管理等展开，参加咨询的咨询专家队伍空前壮大，管理咨询的理论日益丰富，方法日趋规范。

第四阶段：价值创造管理咨询阶段，自 20 世纪 90 年代开始至今。1985 年，迈克尔·波特的创造性著作《竞争优势》出版，首次提出了价值链的概念和创造价值的思想；1993 年，迈克·哈姆和詹姆斯·查姆匹的著作《企业再造》出版。围绕价值链分析与业务流程重组，全方位创造企业价值的综合咨询开始兴起。这里的价值创造管理，是指

"以价值的创造为中心的投资和经营决策的程序或方法"①，该管理程序具体由战略计划的确定、预算的编制、财务报告和报酬四部分相互联系地组成。

✱ 1.3　咨询行业与咨询职业资格

1.3.1　咨询行业的构成

按规模和从业主体的不同，可以把咨询行业分成以下八种类型：

（1）会计公司。以会计为基础扩展出来的咨询业务，如资产评估、可行性研究、税收筹划、财务与会计制度设计等，以"四大会计公司"为代表。

（2）IT公司。以信息技术咨询为中心，带动软件产品、计算机硬件产品的销售。

（3）美国咨询公司。以战略咨询为中心，包括市场营销和品牌管理以及近几年的组织设计和业务流程重组咨询，如麦肯锡、波士顿咨询集团等。

（4）中型综合咨询公司。以综合咨询为中心，有一定的规模，但数量较少。

（5）保险精算公司。凭借全球的保险网络体系，开展精算以及职工福利、薪酬咨询。

（6）以商学院为基础的咨询组织。以大学经济学、管理学的教授为主体，开展咨询。

（7）小型咨询公司。多以专业特色咨询为中心，通常会和大学教授或大中型咨询公司合作，数量多，从业人员10~20人。

（8）个体咨询从业人员。来自各种渠道，咨询范围也广泛，如设计咨询、法律咨询等（干"私活"属于此类）。

1.3.2　管理咨询师考试与职业资格

首次全国管理咨询师考试于2007年11月11日举行。2008年3月，我国首批经全国统一考试取得《中华人民共和国管理咨询师职业水平证书》的管理咨询师诞生。

国家人事部《管理咨询人员职业水平评价暂行规定》和《管理咨询师职业水平考试实施办法》（国人部发〔2005〕71号）规定："管理咨询专业人员职业水平评价，纳入全国专业技术人员职业资格证书制度统一规划。"

管理咨询师职业水平评价采用考试的办法进行。实行全国统一考试大纲、统一命题、统一组织。考试设置《企业管理咨询实务》和《企业管理咨询案例分析》2个科目。

管理咨询师考试是评价管理咨询专业人员和企业内部管理人员自身价值和职业水平的重要手段，是评价报考人员运用管理咨询理论与方法解决各类管理问题的重要方式。

管理咨询师考试合格者，可取得《中华人民共和国管理咨询师职业水平证书》，该证书在全国范围有效。证书不仅是管理咨询人员执业身份的象征，是从事管理咨询工作人员职业素质和能力水平的体现，也是企业选择管理咨询公司和咨询人员的标准。

通过考试取得管理咨询师职业水平证书的人员，可受聘承担企业管理咨询业务工作，用人单位可根据需要和本人专业背景聘任经济师或会计师专业技术职务，这为管理咨询从业人员开辟了新的职业通道。

① Knight J A. Value based management〔M〕. New York：McGraw-Hill, 1998.

中国企业联合会具体负责管理咨询师职业水平考试的组织实施。

✳ 1.4 管理咨询的领域与内容

管理咨询的领域（业务范围）和具体内容，随管理实践和理论的发展而变化，日益丰富其内容。下面我们从两个角度来把握管理咨询的领域与内容。

1.4.1 按资源要素划分的管理咨询领域及内容

管理咨询内容直接涉及管理的全部领域，间接涉及所有层面。按照一个组织中生产经营活动要素（人、财、物）和"资源要素流"（人流、财流和物流），可把管理咨询的内容划分为四部分：人力资源管理咨询、财务管理咨询、物流管理咨询以及统帅前三部分的战略管理咨询。

1) 战略管理咨询

战略管理既是一个高于一般管理的特殊领域，又与一般管理密不可分。就企业组织来说，企业战略是引导企业在未来风险环境中健康、顺利发展的行动纲领和指南，它涉及一个组织整体健康、长远生存的综合方面。因此，战略管理咨询是一种最综合、最长远、最具智慧的管理咨询。

（1）战略管理咨询的领域（范围）。

对企业战略范畴的认识在理论和实践上经历了一个发展过程。开始人们认为企业战略只涉及投资决策，后来人们的认识逐渐深化，将企业战略进一步向资源的配置、企业组织结构设计、企业宗旨、组织目标、组织文化、长远的经营规划等方面发展，并形成一定的体系。

从战略管理的领域看，战略管理体系包括投资（经营领域）战略、资源优化配置战略和组织与行为管理战略三部分。瑞典 STAR 管理咨询公司把资源配置作为一个企业的基本功能，把投资（经营领域）理解为经营产品与市场的耦合，把企业文化看成比组织结构更深刻的组织适应能力的基石，如图 1-1 所示。该战略体系要求产品、市场、组织与文化相互协调，整合为一个有机整体。

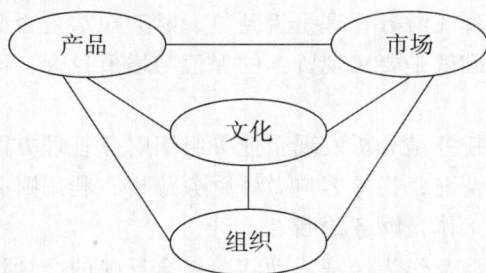

图 1-1 战略管理体系示意图

从战略管理的内容看，企业战略管理体系由企业宗旨和战略方案两部分组成。企业宗旨是企业在一定经营哲学（即企业处理各种内外关系的基本指导思想）的指导下为自己确定的使命。它决定了企业的性质、所从事的事业和在社会中所起的作用。战略方案则是在企业宗旨的指导下确定的在较长时期内的总行动规划，包括战略目标、战略方针、战略重点、战略阶段、战略经营领域等。

（2）战略管理咨询的思路。

战略管理咨询是一项大的系统工程，其任务是就战略制定、战略方案、战略实施、战略效果等关键性问题，提出设想（或改善）方案，指导方案实施，以便从根本上保证一个组织的生存与发展。

战略管理咨询的基本思路可以按如下程序作出判断与设计：是否有战略管理思想（意识）→ 战略制定 →战略实施与指导 →战略效果评价。在这个因果链中，战略管理思想是最初的"因"，战略效果是最终的"果"。战略咨询工作既可循着求因导果的逻辑推理进行，也可从结果入手，逐层以"果"的好坏推断"因"的优劣。前者适用于未进行过战略管理的单位，后者则适用于已进行过战略管理的单位。

2）人力资源管理咨询

人力资源管理咨询涉及资源管理最根本的方面，从而也是貌似容易实则最难做好的工作。当人们逐渐认识到一个组织中人的因素的重要性以后，人事管理就发展为人力资源管理，成为经营管理的一个核心问题。

人力资源管理的主要内容从而也是人力资源管理咨询的主要领域，包括人力资源的取得或替代、人力资源的配置与使用、人力资源的开发与培训、人力资源的报酬与奖惩、人力资源的考核与评价等。

人力资源管理咨询的任务主要是分析判断客户人力资源管理中存在的问题，设计人力资源优化配置、高效运作的机制，协助客户搞好人力资源的开发与培训，指导其健全有关人事管理的制度。

在人力资源管理咨询过程中，由于涉及人的问题，因此更应持慎重的态度，既要做好全面调查，广泛听取各方面的意见，又要防止意见对立而无法取舍或简单折中。既要克服种种阻力，为实现客户长远目标和整体利益而进行必要的改革，又要尊重现行的人事政策、制度和人事安排，特别是应避免陷入其中的人事关系，尽可能保持客观、公正、中立的立场。

3）财务管理咨询

财务管理涉及的是经济活动的价值方面，是管理的基础。一个组织的管理是否有效、管理水平的高低，集中体现在财务管理是否到位、财务规章是否健全上。在市场经济条件下，企业生存与发展的基础就是要实现资本的保值与增值目标，而财务管理就是实现这一目标的有效工具。

财务管理咨询的主要任务是分析发现企业等组织财务管理方面存在的问题，检查与评价财务规章的制定与实施情况，指导客户做好财务分析，利用财务管理的科学方法搞好日常财务运作。其中的核心工作是财务诊断。

财务管理咨询必然要涉及作为经济活动状况综合反映的会计信息。要做好财务管理咨询，就要充分利用会计资料，必要时要利用审计程序，判断会计信息的真实性、正确性。

4）物流管理咨询

物流管理咨询突破了传统的物资保管的狭窄范畴和偏重实物管理的局限性，而是以系统论、控制论、价值工程、市场营销等新的管理理论与方法，结合应用计算机技术，将物质要素的投入、转换、产出有机地协调起来，实现高效地循环。对于一个工商企业来说，物质要素要经过供、产、销等环节，适时匹配，依次更替，形成有规律的物质流动体系。

物流管理咨询的主要任务是分析判断物流是否顺畅、物流管理存在的问题，并提出相应的改善方案。

物流管理咨询首先涉及各种物质要素的技术特性。不同行业的物质要素性质、功能等不同，咨询师就需要了解物质的技术方面，否则，无法提出有价值的物流管理建议。另外，还要运用市场营销、广告等方法，结合人力资源管理、财务管理等，做好软管理方案的设计。

1.4.2　按具体业务划分的管理咨询领域及内容

按目前管理咨询公司、会计师事务所等所从事的业务范围，管理咨询的内容主要包括以下几个方面：

1）项目可行性研究

在确定一个项目进行投资建设之前，必须从各方面对该项目的可行性进行充分的论证，这是减少决策的盲目性，避免重大损失的战略性问题。所谓可行性研究，就是在项目正式投资决策之前，对与项目有关的社会、经济、技术和管理等各方面情况进行深入的调查研究，对各种可能的方案进行认真的技术经济分析，比较论证投资项目的技术先进性和适用性、经济合理性和有利性、项目管理的可能性和有效性，从而为最终决策提供科学依据。

作为管理咨询业务的项目可行性研究，就是咨询师受客户委托，在实际进行可行性研究的基础上，提交一份完整的可行性研究报告。

2）会计与财务制度设计

任何企业都有自己的特殊性，不仅具体业务上有所差异，内部管理的要求也各不相同。这就需要与之相适应的会计制度和财务制度，以对生产经营行为的价值方面进行规范约束。当一个国家（如西方一些国家）通过会计准则来规范会计信息披露行为时，就特别要求企业将这种原则性规定，具体化为具体的会计核算处理程序和方法；而当一个国家（如中国）通过行业会计制度来规范会计行为时，由于企业业务的特殊性以及行业会计制度提供了多种会计政策可供选择，也需要企业制定自己的会计制度。此外，作为企业理财自主权的具体体现，企业内部必须对诸如筹资、投资、成本、费用、利润分配的资金运动的组织和财务关系的处理做出规定。

会计制度设计就是依据有关的理论、法规或准则，并结合企业的实际情况，运用文字、图表等形式对企业自用的会计制度进行系统规划、具体拟定的过程。

所谓财务制度设计，则指运用财务管理的理论与方法，依据相关法规并结合企业内部管理的要求，运用文字、图表等形式对企业自用的财务制度进行系统规划、具体拟定的过程。

以上两项工作，可由企业自己来完成，也可委托给专业的中介机构来完成。

3）资产评估

由于资产的供求关系变化及货币本身的价值变动，资产原有价值会随时间、地点、供求关系等的不同而不同，因此产生了资产评估的要求。所谓资产评估，就是为正确体现资产的价值，保护资产相关者的合法权益，遵循法定或公允的标准和程序，运用合理、科学的方法，对被评估资产的一定时点的价值进行评定和估算的活动。我国目前所进行的资产评估主要是国有资产的评估，有初步的国有资产评估规范，而非国有企业的资产评估规范尚不健全。

4）企业财务诊断与管理改进建议

企业财务诊断是企业诊断的一种，与企业诊断是对企业的所有方面进行调查、剖析、判断相对应，企业财务诊断是由财务、会计专家深入企业经营现场，利用系统和创新的专业知识、经验和科学方法，对企业财务状况、资金运动情况、财务关系的协调情况等，进行深入的调查、分析、鉴别，指出财务管理的水平、特点，断定财务管理中存在的问题，在此基础上，提出改进管理的建议，帮助企业改善经营管理。由于财务管理是企业管理的中心，因此，财务管理诊断不仅仅是财务本身的诊断，更是企业全部经营管理的诊断。

5）企业改制与证券发行上市

按照建立现代企业制度的要求，我国越来越多的国有、集体等企业实行股份制改造，条件成熟的企业还将向社会募集资金、发行股票并上市交易。这些工作涉及国家的相关法规以及财务、会计问题，专业性比较强，需要专业人员帮助企业办理改制、上市的手续，负责企业改制的有关文件的制作，进行产权界定与股权设置等工作，指导股票的发行与上市。

6）税务代理与税务咨询

税务代理是管理咨询人员接受委托，代为纳税人办理税收事宜的一项业务，包括代理税务登记、变更税务登记和注销税务登记，代理发票领购手续、代理纳税申报、代理缴纳税款和申请退税，制作涉税文书以及其他税收事项。这是由于国家的税收法规比较复杂，让精通税法的人进行税务代理，不仅可以帮助企业处理好税务问题，依法纳税，而且可以使国家税收法规切实贯彻执行。

税务咨询则是由具有税收专门知识、精通税法的人员向客户提供有关税收方面的有偿智能服务，如如何办理税务登记、如何计算缴纳某一种税等。

7）其他咨询业务

除以上主要管理咨询业务外，管理咨询还包括代理记账、人员培训、代理工商登记与年检、拟定合同与章程、担任会计（财务）顾问等。

1.4.3 管理咨询的新兴领域

近些年来，随着经济社会的发展，组织（企业）不断提出新的需求，管理咨询业务也推陈出新，衍生出一系列新兴业务，例如，企业领导人形象设计、企业办公室摆放布置、竞争对手或商业伙伴尽职调查、企业家与员工心理疏导、员工职业生涯设计、企业公关、企业内部矛盾解决方案、科技与信息安全咨询、IT规划、危机管理咨询、客户关系管理咨询、知识管理咨询、供应链管理咨询等。这些新兴领域已经远远超越传统管理咨询的领域，成为极具社会需求和生命力的未来管理咨询领域。

❖ 本章小结

一位大师说：诚信是第一财富；正法是第一坦道；实话是第一妙语；智慧是第一生命。这正是本书所推崇的。本课程设置的目的：一是促使大家形成正确的思维观念；二是提高综合素质，造就不可比的能力；三是丰富完善知识结构，提高操作技能。本章简要介绍管理咨询的一些基本知识，目的是对管理咨询的性质、内容等有个大致了解，为后面的学习提供指南性向导。管理咨询既可以作为一种职业去学习，更可以作为从事任何一项工作乃至生活的理念去把握。也许后者对大多数人来说更有价值，因为多数人并不会去直接从事咨询业，但任何一种职业都离不开策划。

❖ 练习与思考题

★ 案例分析

将 70% 的红利分给员工
——慧聪资讯有限公司价值创造管理案例①

　　慧聪是一家商情服务公司，商情服务是它的主业，虽然在中国香港上市不久，也很少做广告，但是，如果你问中国的 IT、汽车、家电、广电设备等许多行业中经常需要资讯的人，就会听到他们说："那是国内一家很有名的商情公司。"

　　慧聪创建于 1992 年，从 14.8 万元起家，已在全国 30 多个城市建立分公司，员工2 000 多名，每周出版各类商情网刊 85 本，建立了近 20 个行业纵向多层次的信息咨询与商务服务系统。慧聪的服务由商情报价拓展到了广告代理、市场研究、市场策划、广告监测、展示公关，以及软件研发、Internet 内容提供等一整套的商务信息服务链。从规模上看，目前慧聪已经是国内首屈一指的商务信息服务商了，因为它已经不再是一家简单的商情公司，除了提供整套的信息服务以外，慧聪已经将自己的业务同互联网进行了完美的结合。慧聪自建的网站同慧聪的业务一样，是一个庞大的群体（目前已拥有近 20 个垂直的专业子网站），慧聪将传统的纸媒体和互联网结合起来，进一步提高了信息服务的效率。不仅如此，慧聪在拓展、完善自己传统业务的同时，又开始新业务的拓展，慧聪自制研发的 I-Search 全文检索软件系统已在业内颇受关注。

　　经过 9 年市场考验，慧聪在竞争中成长起来。业务的拓展、人员的不断增加离不开企业制度。见过慧聪总裁郭凡生的人都知道，最让郭凡生自豪的是由他所创办的"全员劳动股份制"。这种制度是一种类似于乡镇企业的股份合作制的"不伦不类"的东西。慧聪的"全员劳动股份制"限制了所有持股股东的权益，公司章程规定，股东年底分红不按照股份分红，股东全体分红不得超过公司分红总额的 30%，郭凡生个人股份虽占了公司股份的 50%，但年终分红也不得超过 10%。剩下 70% 的红利分给公司内不持股的普通员工。这种分红制度从教科书、理论书中找不到理论依据，而在部分经济学家的眼中这也是一种不规范的股份制。可就是这种从诞生之日起就遭到非议的劳动股份制，已经成为慧聪公司发展历史中的一项最基本的产权制度，并成为慧聪制胜的法宝。郭凡生曾经感慨地说："企业的分配制度必须要从以资本型为主过渡到以知识分配为主。"除了分配制度创新之外，慧聪在产品模式、管理模式、盈利模式、人才模式等方面都很有特色。

　　1）产品模式：真正适合客户需求的产品是企业发展的根本

　　慧聪的产品模式主要有以下几个特点：（1）产品形式随着市场的不断变化而进行不断开发，从商情发展到研究，从研究发展到广告代理，继而又发展到互联网和软件服务；

---

①　张辉. 将 70% 的红利分给员工——慧聪资讯有限公司经营案例［N］. 中国经营报，2001-05-15.

（2）产品的发展和变化始终有一条主线——围绕客户对信息的需求角度和深度的不同，提供不同的信息服务产品，所以可以满足不同层次的客户群，也可以满足同一个客户不同角度的需求；（3）每一项产品之间都有内在的联系和支持，形成内在的核心循环，无形中提高了市场的竞争壁垒和竞争门槛，形成了不太容易被"抄袭"的核心竞争力。

慧聪创业是艰辛的。当时慧聪十几个人，每天骑着自行车，把拿到的各种商品的报价登到报纸上，每个版得到报社稿费400元，每条报价信息向企业收200元。在这种情况下，慧聪迅速向外拓展业务，将业务模式推向上海、南京、武汉、青岛、济南、昆明等城市，很快便在中国30多个城市形成了一个平抑IT、家电市场的体系，并且将所有的数据做成数据库。所以郭凡生说："慧聪的原始财富就是这样积累起来的。"

由于这种商情服务没有任何技术门槛，也不需要什么大笔投资，只要有"人"谁都可以进行商情报价，很快市场中出现了很多家商情公司。竞争无疑是残酷的，很快报社不再向慧聪付稿费，而反过来要求慧聪付分类广告费。市场的变化使慧聪开始进一步分析市场，他们发现，在日益丰富的数据库中，可以根据一段时间的产品价格走势判断出一个企业的营销重点及市场需求。同时，当企业发展到一定阶段时往往容易陷入迷茫，也需要一个较为客观的机构来对整个市场及企业现状做市场调查及其数据处理、分析与研究，于是慧聪找到了新的盈利空间。

慧聪凭借多年积累的产品海量数据库和丰富的市场经验，开始进一步拓展市场，将服务从简单的信息收集和发布延伸到复杂的分析和判断。客户群体也从中小客户延伸到大中型国内、国外企业客户群体。慧聪对市场的分析研究目前已在IT、家电、汽车、广电等领域成为有品牌地位的产品。慧聪以颇有市场深度的策划和传播建议先后服务过诸如EPSON、APC等国际著名品牌。

慧聪品牌体现的例子包括对IT市场电脑销售总量、品牌分布及技术结构的常规调查及其研究报告。这种调查每半年一次，使业界开始了解慧聪的研究实力。为了做好常规调查与分析，慧聪曾专门与厂商一起召开专题研讨会，分析探讨销售总量的调查分析方法。按照研究的惯例，慧聪在自己的分析报告中，均以相当的篇幅来说明自己调查的组织、数据来源及分析方法。这种严谨科学的态度，使得慧聪研究报告成为厂商的重要参考依据。

在分析研究过程中，慧聪建立了咨询电话出现率、最低报价出现率、广告出现率、经销企业排名等八项指标组成的市场竞争力监测分析体系。

广告是企业市场活动的一个重要方面。慧聪从1994年起就开始着手搜集广告数据，到1997年，初步建立起广告监测的组织与分析研究体系，1998年慧聪开始以较大的投入兴建广告数据监测的基地，建立了一整套数据分析的组织（多达数百人）与数据处理分析流程，并且把有关文字资料也纳入其分析系统之中。这一系统的建成为慧聪今后业务的拓展打下了坚实的基础。

1998年，慧聪在内部尝试了基于互联网管理的信息平台，1999年，正式开通了互联网信息服务平台——慧聪商务网（www.sinobnet.com）。这是一个专门针对企业提供商务资讯服务的集中平台，它整合了慧聪近10年积累的信息服务资源和产品，突破了服务的地域限制，让更多的客户能够随时随地地享用慧聪的资源。慧聪区别于其他网站的地方在于：慧聪进入互联网是一种应客户和市场所需的必然，完全不同于当时一窝蜂而上，但没有任何资源的其他网站。有了互联网的优势后，慧聪的影响更大了，原来纸媒体所发行不到的区域客户，都有可能成为慧聪的客户，行业上扩展了十多个新的行业领域，如安防、消防、教育、工程机械、水工业、包装印刷等。2000 年，慧聪商务网被 IDG 在信息量、会员数、行业规模和业务收入等四个方面评估为商务网站的首位。可以看出，慧聪互联网平台的推出，给客户在信息服务上带来了质的转变。

与此同时，慧聪发现，客户面对的信息内容越来越多，越来越繁杂，所以如何帮助客户在最短的时间内获取最有效的信息成为慧聪新的研究方向——用软件技术改造信息服务，慧聪进军软件产业。慧聪自主研发的 I-Search、I-Get、I-Service 等系列信息检索软件能够直接帮助客户进行信息检索、信息分类和信息定制，从本质上提高获取信息的效率和有效性。目前这套软件已经在慧聪商务网上得到全面应用，在市场上的表现也非常突出。

慧聪总裁郭凡生对竞争对手和慧聪竞争情况的分析耐人寻味："现在我了解中国做商情服务的公司最大的不过也就 100 人，100 个人的公司在一两个城市做，我 2 000 人的公司在三十几个城市做……我公司 100 人提供的数据是由 2 000 人在几十个城市拿到的，这就意味着我这 100 个人的公司背后有 2 000 人在作为支持，每个城市都意味着有 2 000 人的时候，我就有 6 万多人，所以把几十个城市的慧聪人作为一个整体来经营的时候，我就变成了几万人的公司，它 100 人的公司怎么能竞争呢？"

2）盈利模式：独特的网刊结合

慧聪在经营和服务中有一个鲜明的特点：比较实际，从不做表面上看起来很先进的事情，也从来不轻视别人看不起的事情，所以就有了慧聪商情刊物和互联网同时并存和同时发展的现象。一个是 10 年前的老本行，一个是时代浪潮的新玩艺儿，但这两者对于慧聪来说却具有非同寻常的价值和意义。自从网和纸媒体结合起来共同发展以后，慧聪仅 IT 业务就在一年内增长了近 20%。慧聪这种自创的网刊结合的模式居然是目前中国市场最有生命力的业务模式之一，或许这就是国情和商情的结合吧。

慧聪现在服务的每一个行业，不管是以前就有的，还是现在新进入的，都是一本纸媒体加上一个网站同时进入。这已经成为慧聪两年多的实践摸索中总结出来的经验，已经成为帮助慧聪盈利的重要手段。

郭凡生说："慧聪的盈利模式就是传统信息服务业和网络的结合，起到网和刊互动的作用。我把刊上的东西放到网上，从而使 90% 不上网的企业也上'网'。我又把网上的东西'荡'下来，印到刊上再发到那些不上网的企业手中，目的就是让所有的买家和卖家都看到他们需要的东西。现在中国上网的企业只有不到 10%，谁靠这 10% 的企业能做活？谁也做不活。"慧聪现在不仅要做这 10%，而且要做 10% 以外的 90%。所以慧聪能够盈利是必然的，因为它没有抛弃 90% 没有上网的企业。

更具体地说，慧聪的信息服务过程与其他的网站不同。慧聪的信息服务包括收集、加工、发布、定制和最后交易的全过程，并且做到了全程挣钱。郭凡生说："我每一步都是挣钱的。比如我的网员企业把它的数据给我，我加工给它做成数据库的时候我就收它的钱了，之后我把数据库转换在网上发布的时候，我还要收它的钱，我把这些数据再做成定制信息，比如企业关注价格波动，还有产品受欢迎的情况等，我还要挣钱。你看其他的网站怎么做的，它们大多先做一个交易平台，所以它们的客户就只有 10%，当它们开始做交易的时候发现没有信息支持的交易是不可能的，于是它们就去买信息，当它们发现信息量不够大的时候就开始收集信息。这就是本末倒置，它们忽略了中国只有10%的企业上网这一事实，而慧聪是在收集、加工、发布、定制的基础上去做交易平台的，这就是慧聪为什么能够盈利的原因，这就是慧聪的盈利模式。"

慧聪商务网以商务信息服务为基点，运用互联网技术，设计了适应自身特点的网络信息与交易服务的平台，拓宽了为客户服务、与客户交流的范围，同时也在条件具备的情况下为客户提供交易服务。凭借网络平台，慧聪商情的印刷品广告也逐渐调整其内容。

传统商情刊物的一个很大的局限性是只能以一种排序方式为主，或按产品，或按企业，供应商往往希望自己的产品排在一起，便于客户查找自己的产品，但这样对采购方很不方便，无法比较同类产品或同一产品的价格。但网站却可以按用户的要求，做出各种检索，使用户马上得到自己所需的信息。慧聪总裁郭凡生在接受媒体采访时曾经表示过，传统商情和互联网的结合给慧聪的业务带来了新的增值，并给企业的发展营造了更广阔的空间。尽管现在美国纳斯达克股市暴跌、国内的网站前途未卜，但这种以扎实的传统业务为基底、以互联网为工具的业务模式却给慧聪带来了无限商机。

3）管理模式：全员劳动股份制

慧聪能在不到9年的时间里发展成为中国信息服务业的领导品牌，这不仅仅是慧聪懂得如何使产品增值，还有更重要的一点就是慧聪自诞生之日起就执行的全员劳动股份制，这种制度在9年的时间里始终贯穿于慧聪的经营活动中，激励着企业不断创新、员工努力开拓。

20世纪90年代初大批中国民营企业迅速崛起，更多的是以家族企业为主，并没有为企业的发展制定出科学的管理、分配制度。慧聪创始人郭凡生对股份制早有研究，有自己一套完整的理论，所以他一开始就确定了全员劳动股份制，这种全员劳动股份制在股权分配上完全合乎《公司法》的原则，但不同的是分配制度。公司章程中明确规定，任何股东的年终分红不得超过分红总额的10%，所有股东的年终分红总额不得超过分红总额的30%，所剩70%的年终分红，将分给公司里所有不持股的正式员工，也就是说，不谈股份，就谈年终分红，不持股的员工的分红总额要远远大于所有股东的分红总额。

这种制度的创立使慧聪及郭凡生本人遭到了各种非议，因为按照《公司法》规定，这种做法损害了投资者的利益，使资本的权益没有得到保护。但是对慧聪来说，其所信奉的是知识经济，就是要按照知识来分配资本，而不是以拥有资本多少为主。让那些有知识的人在以资本为主的经济条件下，变成企业的盈利主体。在工业时代社会发展最短缺的是资本，只要占有了资本，企业就能够得到发展，而到了今天，随着金融环境的不断改善，资本不再是企业发展中最短缺的资源，在很多领域中人才已经成为决定企业生死的关键要素，对慧聪而言，企业的发展少不了资本的力量，但决定企业兴衰的则是慧聪的人。

在30多个城市拥有分部，如何管理就成了最头疼的问题。慧聪所有分公司都是由北京总部全额投资设立，并调配人力、物力尽快开展业务，当分公司孵化成熟开始产生利润之后，总部将对分公司的股份进行分配：分公司总经理拥有20%的股份，给分公司其他管理人员共20%的股份，剩余60%由总部控股。在年终分红上，慧聪各分公司也是按照全员劳动股份制的分配方式来进行。

尽管在互联网这个概念被投资者广泛追捧的时候，给中国的市场经济带来了知识经济这个概念，但人们还没有完全搞懂时，互联网就进入了冬天，市场已经顾不上给人们去解释什么是知识经济了。而慧聪在 9 年的历程中向慧聪的员工充分诠释了什么叫做真正的知识经济。

9 年来慧聪"固执"地认为：企业的生存、发展，最根本在于企业制度的创新。中国企业尤其是民营企业往往是资金不足且技术落后，更缺的是适应市场经济发展的企业制度。慧聪在坚持自己的制度的同时对自己内部的管理也在逐步健全。

当企业规模达到一定程度时，就产生了分级管理的必要性。慧聪也是如此，包括公司管理层的必要分级、各个部门的权限划分、财务制度的规范等。1996 年年初慧聪解散了公司的网刊编辑部，编辑划入业务部门，并在各部门建立了市场研究机构。公司还设立了法律事务部门，使公司所有的业务都正规化、合法化。从律师介入公司管理开始，慧聪非常重视将专家引入公司管理结构中，借用这些专家的理念来管理慧聪走向正规化。慧聪还高薪聘请专业管理咨询机构对企业做诊断，加强企业抗风险的能力。

目前，慧聪的管理结构基本分为两层：一是公司高层，为战略决策层，即董事会及对其负责的管理委员会，以及若干职能部门，负责公司总体的战略发展及管理控制，不直接干预日常经营；二是经营决策层，即各利润中心的总经理，负责各专业公司、事业部的运作，而它们本身也在发展中分化出相对独立的次级营利单位。同时，以公司监事会为首，逐步建立起独立的监察审计体系，对公司的运营及管理实行制约。

慧聪在公司具体业务运作中实行分级核算与分级管理，打破了原有的"一支笔"审批制度，增加了各部门权限，但这需要规范的公司运行及管理制度，需要制订经营计划、建立预算与结算制度。从 2000 年开始，慧聪的经营计划进入正规化轨道，从比较简单的考核指标延伸到经营的全过程，考核指标也逐渐形成体系。

慧聪制定了"事业部体制大纲"，正式推行"模拟公司"、拥有一定的经营决策及人事财务权力的事业部体制，实行分级核算与分级管理，而发展得较为成熟的事业部，则可以向专业公司转变，它们自己也须实行分级核算与分级管理。

从推行事业部体制起，慧聪开始形成自己的"大公司体制"，在保持经营决策层"船小好掉头"的灵活性的同时，注重于发展和利用规模优势，使自己真正进入"船大好冲浪"的状态。正规化往往会伴随着相当程度的官僚化，为避免官僚化倾向，避免僵化习气，按公司的要求，慧聪制度的推行须事先与各专业公司协商交流，公司职能部门须不断强化为业务部门服务的意识，并通过内部网为交流提供广泛的渠道，形成慧聪自己的 e-mail 及 BBS 文化。

4）人才模式：有德有才破格重用，有德缺才培养使用，有才无德限制录用

要说慧聪最大的财富，恐怕就是有一大批有着共同追求理想的人了。慧聪在人才使用中有一个鲜明的观点：小胜靠智，大胜在德。宁愿用德高而能低者，也绝不用有能无德者。

慧聪对人的要求很高，非常注重对员工的培训。慧聪在昌平建立了数据分析基地，最初称其为慧聪"军校"，全体员工都要在那里接受军训，由军队的士官们担任教官，而公司的管理人员是最初几期的"军校"学员，分公司的经理们也被召集到那里穿上迷彩服听从士官们的指挥。他们无论长幼、级别，按军队建制安排训练科目。有的事业部发现，通过短期的共同训练生活使团队的凝聚力得以提高，还自动地组织公司计划外的单独训练。

军队式的管理强调服从、强调划一，在市场经济中运用自有其缺陷。但是慧聪看到，直接搬用国外现代企业的激励制度，在现实的人员素质环境中往往没有好的效果，甚至淮桔为枳、适得其反。慧聪借鉴军队式管理的一些做法，将其融入自己的管理制度之中，从规范员工的行为习惯、业务方式入手，逐渐使公司的价值观为员工所接受。慧聪"军校"的墙上写着"勤业、敬业、精业、创业"八个大字，这是对慧聪人的基本要求。更高的境界则是：有知识请你把智慧留下，有勤劳请你把汗水留下，与公司一齐成长，请把你的心留下。

慧聪开创了商情的市场，以迅速盈利著称，于是也就格外注意富裕心态对公司团队的负面影响。慧聪至今没有公司的公务用车，公司高级管理人员买车也有明确规定，就是自己必须出一半的钱，要将个人消费与公司业务支出区分开来，杜绝高级经理人的"隐性收入"。慧聪非常强调高级经理人员在思想上的自律，有两句话印在每位经理人的心中：听不见奉承的人是幸福的人，听不见批评的人是危险的人。

在慧聪看来，管理制度的规范是最基本的公司行为要求，而能够让员工通过创造性的工作来实现人生的价值，这才是管理的高层次境界。在传统国有企业体制居支配地位的环境中，劳动者行为方式被扭曲，从业心态不利于现代企业的成长，慧聪清醒地看到，造就现代的企业及其制度环境，从而造就新型的劳动者和管理者，需要经过长期艰苦的努力。

在慧聪不断推进国际化的进程中，慧聪也从国外聘请了一批具有国际管理经验的高级经理人加盟，这在人才结构、管理规范和企业国际化方面都给慧聪注入了新的活力。同时，在慧聪的人才库中，有很多从最底层成长起来的高级经理人，这批人有着对慧聪业务的深刻理解和对企业的深度认同，他们大多已经在慧聪工作5年以上，证明了慧聪从一开始就具有良好的人才培养和激励体制。

5）准备上市

有媒体报道说：慧聪要去纳斯达克上市了。外界对此众说纷纭，其实，慧聪在1996年的时候就准备上市成为公众公司。对慧聪来说，上市的目的有两个：一为改善激励机制；二为提高资金门槛。慧聪成立之初，就在公司章程里定下了全员劳动股份制的原则，如果公司上市，是想让股东、员工手中的股份、期权能够得以实现增值，证明慧聪这些年来所坚持的道路是正确的，让更多的慧聪人实现财富梦。上市只是手段，而不是慧聪的目的所在。同时，上市后可以做资本需求量更大的业务。

慧聪很清醒地认识到，现在其取胜的法宝之一是制度优势，但当中国加入WTO以后，国外资本进来，会带来新的产权制度，到那时，慧聪的制度优势将消失得无影无踪，这也是慧聪将提高管理水平、使管理适应国际化需求、增强企业内部竞争力作为头等大事的重要原因。对慧聪来说，目前国内商情市场的首席位置坐得很稳，保持现有的业务固然重要，但更重要的是能够真正成为国际化的企业。

6）在中国香港上市

2003年12月17日，慧聪国际在中国香港上市，在慧聪当日发布的公告中显示，慧聪上市交易代号为8292，股票发行价格为1.09港元，配售股票数量为1.15亿股，相比原计划多出1500万股，集资1.25亿港元。

慧聪国际表示，投资者对于本次配售相当踊跃，共收到约9.6亿股的认购申请，相当于原计划配股数量的9.6倍。据悉，慧聪国际上市之后，公众持股量约占该公司扩大后已发行股本的28.8%，慧聪董事长兼CEO郭凡生表示，该公司配售新股全部由机构投资者认购，80% 以上为大型国际基金。

补充资料：海尔集团的以"市场链"为纽带的业务流程再造①

青岛海尔集团是近 20 年来快速成长起来的大型国际化经营的知名企业。管理的成功经验被广泛学习与推广，1995 年兼并原青岛红星电器厂的被叫做"海尔文化激活休克鱼"的案例，被编入哈佛商学院的案例教材。其推行的"OEC"管理声名远播，在此基础上，海尔公司又积极学习并灵活运用现代管理理论，于 1999 年开始实施以"市场链"为纽带的业务流程再造管理新模式。

这一新模式有两个自己的企业理念作依据：一是"海尔企业源头论"，认为员工是企业的源头，源头活力是企业活力之源。企业是大河，员工是大河的源头，小河是用户。如果员工对企业有忠诚度和责任心，源头就会不断喷涌使大河有水，用户认为哪条大河的水好喝，就到那条大河，同时也给大河源头以回报，即市场份额的保持和扩大，这又反过来使员工喷涌有新的动力。因此，应建立起一种源头和小河相咬合的机制，才能使源头、大河、小河之间形成一种闭环的良性循环。源头论是"市场链"的思想基础。二是"负债经营论"，认为每一个人的工作都要或多或少地占用企业资源，因此可以把企业提供给你管辖的所有资源作为自己的负债，在外部市场效应内部化以后，必须通过经营使资源增值，追求最大的效益，自己的收入是增值的一部分。如果达不到，就等于浪费了企业给你的资源，就应该自己掏钱赔偿。

"市场链"主要是把市场经济中的利益调节机制引入企业内部，在集团的宏观调控下，把企业内部的上下流程、上下工序和岗位之间的业务关系由原来的单纯行政机制（即纵向的依靠自上而下的计划安排和行政指令，横向依靠会议调度和上级命令协调，下级只服从上级、只对上级负责）转变为平等的买卖关系、服务关系和契约关系，通过这些关系把外部市场订单转变成一系列内部的市场订单，形成以"订单"为中心、上下工序和岗位之间相互咬合、自行调节运行的业务链。

业务流程再造是指从根本上对原来的业务流程作彻底的重新设计，把直线职能型的结构转变为平行的流程网络结构，它强调以首尾相接的、完整连贯的整合性业务流程来取代过去的被各种职能部门割裂的、不易看见也难于管理的破碎性流程。每一个业务流程都有直接服务的顾客，领导面对的是市场和顾客，而每一位员工同样面对着市场和顾客，每一流程具有高度的决策自主权，每一个业务流程的经营效果都可以以货币计算。

以"市场链"为纽带的业务流程再造就是把市场链和业务流程再造有机集成，以索酬（S，指向下一流程或工序（内部市场）索取报酬）、索赔（S，指因上一流程或工序原因造成本流程的损失，应按合同向其索取赔偿）和跳闸（T，指在订单履行过程中出现问题时，由利益相关的第三方制约并解决问题）为手段，以流程再造为核心，以"订单"为凭据，重新整合管理资源和市场资源，在 OEC 管理平台上形成每一个人（流程）都有自己的顾客、每一个人（流程）都与市场零距离、每一个人（流程）的收入都有"市场"来支付的管理运营模式。

问题：

1. 慧聪公司的经营是成功的吗？为什么？

---

① 海尔集团. 以"市场链"为纽带的业务流程再造［J］. 企业管理，2001（1）.

2. 运用 SWOT 分析工具分析公司的现状。

3. 何谓"以人为本"? 慧聪公司经营管理中能充分体现"以人为本"的原则吗?

4. 慧聪公司的"全员劳动股份制"如何获得会计系统的支持?

5. 如何在慧聪的经营管理中发挥会计的管理价值?

6. 海尔的"市场链"管理模式对慧聪公司的管理有什么借鉴意义?

7. 请同学自愿担当经营中的董事长、总经理、职能部门经理、员工等各种角色,自行准备,模拟公司运作,从各自的角度谈论问题,提出对策。

★ 思考题

1. 管理咨询的创新业务还有哪些?

2. 如何才能建立正确的思维方式?

★ 讨论题

如何理解价值创造管理? 怎样才能实现价值的有效创造?

❖ 补充阅读材料

1. 任柏良. 成功红皮书、成功黑皮书、成功蓝皮书 [M]. 北京: 中国检察出版社, 1997.

2. 人民日报社市场报财富周刊. 财富智商 [M]. 北京: 中国青年出版社, 2000.

3. 拉赛尔. 麦肯锡方法 [M]. 赵睿, 等, 译. 北京: 华夏出版社, 2003.

4. 张万新. 美国魔鬼训练 [M]. 北京: 中国城市出版社, 1997.

5. 凡禹. 超常思维的修炼 [M]. 北京: 民主与建设出版社, 1999.

6. 任柏良. 成功始于意念 [M]. 北京: 中国检察出版社, 1997.

7. 蔡来兴. 全球 500 强 [M]. 上海: 上海人民出版社, 1999.

8. 姜晓辉. 智力全书 [M]. 北京: 中国城市出版社, 1997.

9. 谭启泰. 谋事在人 [M]. 广州: 广州出版社, 1996.

10. 英晗. 三十六计与经商谋略 [M]. 北京: 经济日报出版社, 1995.

11. 曲迪. 领导学全书 [M]. 长春: 时代文艺出版社, 2005.

12. 马登. 思考与成功 [M]. 吴群芳, 等, 译. 北京: 中国档案出版社, 2003.

13. 邓肯. 伟大的管理思想 [M]. 赵亚麟, 等, 译. 贵阳: 贵州人民出版社, 1999.

14. 萨德瑞. 管理咨询: 优绩通鉴 [M]. 段盛华, 译. 北京: 中国标准出版社, 2001.

15. 羊城晚报财富周刊. 财富沙龙 [M]. 广州: 羊城晚报出版社, 2000.

16. 金马. 情感智慧论 [M]. 北京: 北京出版社, 1989.

17. 刘继勇. 管理咨询方法 [M]. 北京: 华夏出版社, 2002.

18. 李雪注. 咨询的真相 [M]. 北京: 机械工业出版社, 2003.

19. 陈莞, 等. 最卓越的管理理念 [M]. 北京: 经济科学出版社, 2003.

20. 迪克西特, 等. 策略思维 [M]. 王尔山, 等, 译. 北京: 中国人民大学出版社, 2002.

21. 中国管理咨询网, www.chnmc.com.

22. 管理咨询学会国际委员会, www.icmci.org/icmci.

第 2 章

工具：管理咨询的基本
程序与方法

❖ 学习目标

　　管理咨询的基本程序与方法是管理咨询的基础性知识。通过本章的学习，要掌握管理咨询的基本程序，并深入理解和掌握管理咨询的一般方法和具体方法。首先，通过对管理咨询基本程序框架的理解，进而掌握各个基本阶段的具体程序和内容；其次，掌握管理咨询中使用到的一般方法，包括分析发现问题的一般方法、几种常用的分析工具——分析模型、设计和确定改善方案的一般方法、教育培训的一般方法、交流与交往的一般方法；再次，掌握管理咨询中具体项目领域应用的具体方法；最后，在掌握一般方法和具体方法的基础上，要学会创新性思维和融会贯通地运用。

　　本章介绍管理咨询的基本程序与方法，目的是通过对管理咨询的基本步骤、内容、注意事项、工具的介绍，为后面的领域篇与专题篇的学习提供知识铺垫。同时，力图为读者清晰描绘管理咨询的整个过程和比较完整地介绍管理咨询过程中可能使用到的工具。

　　本章主要学习以下三个方面的内容：管理咨询的基本程序；管理咨询的一般方法；管理咨询的具体方法。

❖ 2.1　管理咨询的基本程序

　　在典型的咨询项目中，咨询主体和客户开展一系列为实现期待的目标和变革所必须施行的活动，这些活动一般被称为"咨询程序"。这个程序有明确的起点（关系建立和工作开始）和终点（咨询主体离开）。在这两点之间，咨询程序可以划分为几个基本阶段。国际劳工局在其第四版《管理咨询专业指南》中将管理咨询的业务过程分成五个阶段，即准备、诊断、行动规划、实施和结束。然而，咨询活动有大小、难易之分，不能指望所有的咨询活动都按一个模式安排，而要从实际出发，根据咨询的对象和内容的不同而有所不同。不过，人们从长期咨询实践中总结出来的一些基本步骤是任何咨询活动都必须遵循的。我们采用的模式是六段式，即准备阶段、接洽咨询阶段、预备咨询阶段、正式咨询阶段、方案实施阶段、后续跟踪完善阶段。

咨询程序是一个连续、动态的过程。阶段的划分主要是为了能够相对清晰地理解这个程序。在实际工作中，咨询程序各阶段有时是很难严格区分的，有时还存在前后阶段间反复循环，有时同一项工作内容在不同阶段都存在，有时有些阶段甚至可以省略。因此，整个模式的运用必须灵活，而且要富有想象力。

2.1.1 准备阶段

准备阶段是管理咨询的第一个阶段。按准备的目的不同，可以分为日常准备和特定准备。

日常准备是指咨询主体在日常工作中，为未来可能的需要所作的所有硬件与软件上的积累活动，包括咨询主体人员配备与知识更新、数据收集与整理、广告宣传与公关活动、硬件的维护与更新等。特定准备则是指针对咨询主体意欲主动接触的客户或客户主动寻求咨询的情况，所做的为了获得更进一步的合作而进行的目标明确的特定准备。

1）日常准备

咨询主体要做好咨询，除了积极地做好每个咨询过程外，平常的日常积累是非常重要的。日常准备做得好的咨询主体一般都是一些著名的大咨询公司。日常准备主要包括咨询主体人员配备与知识更新、数据收集与整理、广告宣传与公关活动、硬件的维护与更新四项内容。

咨询主体在开展咨询服务以前，需要具备的第一个条件就是要有符合执业要求的咨询师。管理咨询者解决的是别人难以解决的管理问题，因此，对其在专业知识和专业技能方面的要求必须高于一般人。因此，对于管理咨询师来说，知识更新是其不断满足业务需要的重要一环。对于咨询主体来说，为了实现短长期目标，咨询主体的知识结构和人员储备是很重要的方面。咨询主体整体知识结构的优化除了通过培训来实现之外，吸收新的人员加入也是一个重要的途径。有关管理咨询师的素质要求详见第3章。

科学技术的进步，知识经济的到来，使经济活动的专业分工日益细致，知识的专用性日益明显。因此，咨询主体再多的人员配备也无法了解所有的知识。咨询主体在处理业务过程中，数据库的作用极其重要。同等条件下，拥有庞大数据库的咨询主体比没有数据库的咨询主体从发现问题到提出解决方案所需的时间要少，且得出的结论更准确、更可靠。数据库的内容，不仅要有微观的企业具体数据，还应该有政治、经济、社会价值观与文化等宏观数据。数据库的建设除了这些纯数据及其分析外，专家库的建设也是现代数据库建设的另一种形式和重要方面。日常过程中数据收集得越细致，归类越合理，索引越方便，数据库在咨询过程中发挥的作用就越大。

咨询主体要更好地发展，需要更好地被更多的潜在客户知晓。广告宣传与公关活动是达到这一目标的主要途径之一。广告宣传要得体，要艺术地反映咨询主体的真实实力。除了日常传统的广告投放外，客户之间传播，是咨询主体建立口碑的最佳途径。在咨询主体开展业务活动中，难免会有失败的案例，如何做好危机处理也是日常工作中需要时时注意的问题。在日常工作中，树立好公益形象，对于获得新客户和留住老客户都具有重要意义。可以这样说，广告宣传与公关活动不仅仅是专业服务的补充，它应该是专业服务本身需要建立并保持的一种有效的咨询主体—客户关系。它可以识别客户的需要和要求，揭示客户的心理，确定专业人员能够为客户服务的最好方法，并使整个咨询过程运转起来。当一个服务的销售作出后，服务营销就不会停止。在合同签订后，在项目进行当中，甚至在项目完成以后，咨询主体都要进行持续的营销活动。

咨询主体软件建设的重要性毋庸置疑，硬件建设其实也不可或缺。咨询主体办公场所的选址，办公场所内的硬件配备等都是企业形象的体现，有助于咨询主体最终获得业务和更好地完成业务。

2）特定准备

如果说日常准备是咨询主体可持续发展的保障，那么特定准备则是咨询主体做好承接新业务并最终高效完成的前提。咨询主体承接到业务，主要分两种形式：一种是咨询主体主动接触客户；另一种是客户主动接触咨询主体。这两种形式，对于咨询主体来说一个是主动、一个为被动，但对于准备的内容来说没有差异，只是准备的具体内容安排的先后顺序有些差异而已。

在客户没有提出咨询要求的情况下接触潜在的客户，即贸然造访，是咨询服务的营销方法之一。一次贸然造访有可能引起客户的兴趣，客户也许会记住咨询主体的名字以备将来之用。通过这种贸然的接触马上就获得咨询业务的可能性微乎其微。如果咨询主体在接触客户之前，事先掌握一定信息（客户的问题和需要及客户情况等），并作了充分的准备，那么初步接触获得咨询业务的可能性就会大很多。

在大多数情况下，往往是客户主动接触咨询主体。这意味着客户意识到存在问题，希望得到帮助。这种情况，根据原因来划分，主要有如下可能：咨询主体以前主动接触过客户；客户是咨询主体的老客户；咨询主体的广告宣传与公关活动带来了客户；咨询主体的老客户或第三方介绍了新客户等。在这种情况下，咨询主体应该了解客户为什么选择自己，并进行恰当的沟通与准备。

不管是主动接触客户，还是被动接触客户，在正式接洽前，咨询主体所需做的特定准备在内容上几乎没有差别。从内容上说，主要是客户内外部环境的基本信息及有关行业的典型性问题。具体来说，主要有（以企业为例）：常用术语；所处行业特点与常见问题；市场的性质与定位；主要生产商（或竞争者）的名称与地点；原材料的种类与来源；产品的客户群特点与分布；该行业特殊的经营方式或方法；该行业主要适用的法律、法规和风俗习惯；企业所处地域特点与行业地位；客户系统中主要人员及其分管的工作；企业所处的生命周期与可能存在的问题；企业的发展历史；企业的工艺和设备；当前经济景气情况以及该行业的发展前景等。这些资料在官方网站、企业网站和市场资料中就可以很容易获得。即使有些无法准确获取或得出结论的（比如当前经济景气情况、企业的工艺和设备等），可以尽可能地获取个梗概和尽可能多的背景资料。对于上市公司，则可以获取更多的详细信息，比如财务状况、近期的经营情况、近期的目标和问题等。总之，在正式接洽前，获取充足、细致的信息对于承接新业务具有重要作用，也会对正式咨询产生积极影响。

2.1.2 接洽咨询阶段

这是咨询主体与客户之间的正式接触阶段，咨询业务能否承接成功，在很大程度上取决于这一阶段主客体双方接洽的结果。该阶段的目标和任务是通过沟通洽谈，明确咨询主客体之间合作的意向、内容和条件。该阶段具体分为三个工作步骤：初步接洽、研究回复、深入商谈。

1）初步接洽

这是咨询主客体之间的初次正式接触，双方的态度都趋向积极。这种正式会晤，咨询主体应派一位有丰富知识和经验的高级管理咨询师负责，主要目的是充分理解客户的要求和意图、介绍咨询工作、树立自身形象、衡量受理能力、判断受理条件。咨询主体要重视每一次与客户接触的机会，并尽可能多地与客户的主要决策人交流。为了理解客户的要求，咨询主体应鼓励客户多发言，让客户介绍公司的背景、困难、希望和目标。讨论最好能从一般情况谈到特定情况，最后落到实质性问题上。在这个过程中，客户也许希望与咨询主体的其他客户（过去的或现在的）谈论一下咨询业务，以作参考。咨询主体在提供客户名称时应注意保密，只能引用那些同意作参考的客户。

2）研究回复

为了做出正确的判断，管理咨询师除了与客户直接接触之外，还需要针对准备阶段准备得不够的内容和新出现的需要详细了解的信息进行间接调查。无论是否有合作意向，咨询组织都要给客户以正式答复。有合作意向时要给客户提供双方合作的初步方案，供客户考虑。

3）深入商谈

经过初步接洽，如果客户也有合作意愿，双方需要就咨询主体提供的初步方案进行商讨。当客户是咨询主体不熟悉的行业的企业，或客户的问题不明确时，一般需要通过快速、全面的预备调查来确定具体咨询课题。预备调查的准备工作、管理咨询师的身份以及合作关系类型是深入商谈的重点。至于收费问题，客户可能已了解咨询主体的收费标准和适用的费率。如果不了解，咨询主体就要考虑在什么时机向客户提出收费的问题。有些客户喜欢在一开始就询问费用标准和其他相关费用；有些客户则等到咨询顾问写完建议书或提供报价时才询问收费问题。因此，应根据不同的客户及该项咨询业务的特点，选择在接洽阶段或之后的阶段的恰当时机商谈这个议题。

如果双方能达成一致意见，咨询工作就进入下一个阶段；否则，双方的接触就到此结束。

2.1.3　预备咨询阶段

该阶段的目标和任务是通过快速、全面的调查，明确客户的关键问题，共同确定咨询课题，并签署咨询协议。该阶段的具体工作步骤是：预备调查、确定课题、签订合同。

1）预备调查

这是在前一阶段深入商谈的基础上进行的一次短期的综合性调查。双方在商谈的基础上做好相应准备并在调查中积极配合。咨询主体要组建咨询调查组，选派咨询组长，确定调查计划和调查表格及相关资料；客户要提供调查条件、调查资料，派出联络陪同人员，准备系统介绍情况。调查过程中，调查组首先要听取企业主要领导、主要部门领导介绍各自工作、整个企业及部门现状及存在的问题，随后按照确定的调查计划和要点进行参观访谈，形成对企业的直观印象。调查结束后，咨询主体应以动态和全面的眼光考察研究企业提供的材料和获得的数据。通过调查分析，明确客户存在的关键问题，并形成初步看法。

2）确定课题

在预备调查的基础上，根据紧迫性、可行性、时效性和收益性的原则，咨询主体对客户存在的各关键问题分类排队，内部形成对咨询课题的统一认识，进而与客户领导交换意见，并最终形成统一看法。课题一旦确定，双方还要共同选择最适宜的咨询方式。管理咨询师在此基础上，进一步制订各分课题的咨询计划，并以书面形式提交给客户。这个书面文件也就是项目建议书或项目意向书。项目建议书的基本结构为：咨询项目的背景与应用价值；项目的目标；项目工作内容与提交成果；工作步骤与时间安排；项目人员组织；项目费用与报酬预算、付款方式；其他事项。咨询主体与客户就项目建议书的内容进一步商谈，最终达成合作意向，为签订正式合同做好准备。

3）签订合同

咨询双方以咨询建议书为基础商谈，在达成一致意见后，形成咨询合同书，并正式签订合同。合同条款的语言要清晰、简练、严谨，对于暂未考虑的方面，要在条款中注明一旦出现此种情况，是按照惯例还是由双方商议决定。咨询主体根据合同确定的咨询业务内容，安排咨询队伍和客户方的联络人，制订具体工作计划，进行任务分工，并做好其他咨询准备工作，包括资料、交通等的准备，学习相关知识等。

2.1.4　正式咨询阶段

签署完合同之后，咨询活动进入正式咨询阶段。这一阶段的目标和任务是通过深入细致的调查分析，考察客户面临的问题和追求的目标，找出引起和影响这些问题的因素和范围，进而提出系统可行的改善方案，并为方案的实施作必要的思想和组织准备。该阶段的具体工作步骤是：深入调查研究、分析问题、拟订改善方案、提交咨询报告。

1）深入调查研究

咨询主体展开深入调查，这个事实本身就启动了变革过程，可能对组织立刻产生影响。因此，在深入调查的过程中，应善于发现和培养客户自我解决问题的潜能，并充分使客户员工主动地参与到发现问题和解决问题的思维活动中。客户及其员工不仅感觉到是他们自己在发现企业或部门的实际情况并提出改进措施，而且会觉得咨询主体在与自己分享诊断方法。在深入调查及之后的诊断过程中，客户解决问题的潜力会得到大大提高。如果错过这个机会，在设计和实施行动阶段再鼓励客户及其员工参与就更难了。

所有咨询工作都以事实为基础。为了清楚地了解情况、准确地定义问题并把建议付诸实施，咨询主体需要确认大量的事实。深入调查研究就是为了确认完成咨询任务所需的事实资料。收集的事实资料应该能够检验过程、关系、业绩、原因和相互影响，尤其是没有充分利用的机会以及改进措施的角度。在确认资料范围的过程中，咨询主体应时刻明确，收集资料既不是单纯为了研究，也不是为了对过去的失误追究责任，而是为了针对某个问题采取可以改善组织运行的行动。要收集和调查的事实必须通过与客户密切合作共同确定。双方应该协商的内容包括资料内容、详尽程度、时间周期、覆盖范围、材料的组织方式和制表标准等。从资料来源上说，咨询主体大体上可以从三个渠道获取资料：记录、记忆、事件与环境。从资料获取的方法上说，可以通过观察、特别报告、问卷调查、面访、实验、资料收集会议等。

2）分析问题

分析问题是分析问题的实质、分析发生问题的根本原因，同时分析解决问题的可能性与条件，为制订改善方案打下基础。在《突破思维》（Breakthrough Thinking）一书中，杰拉德·纳德勒（Gerald Nadler）和日比野正造（Shozo Hibno）解释了为什么集中关注目的对于成功解决问题最关键。他们强调，明确处理问题的目的可以保证你的努力能作用于可获得最大效果的地方。咨询主体不应在正式咨询阶段先提出"这儿有什么问题？这是怎么回事？"而应当首先问"我们在这儿想达到什么目的？我们想做什么？"因此，确定目的十分重要。在深入调查和分析问题阶段，咨询主体也许会遇到问题和目的重新审定的情况。这无外乎两种原因：一是在签订合同以后，客户的外部环境发生了大的变化，此时客户的问题和想法也会随之发生变化；二是当初签订合同时对问题的把握不准确，当调查工作开始时，咨询主体可能会发现客户还想咨询其他事情或者对合同正文中使用的不确定的术语有不同的理解。在这些情况下，对问题和目的进行重新审定是必要的。

在分析问题的过程中，要尽量避免犯如下错误：把症状当作问题；对问题原因的先入为主的看法；以偏概全；忽视客户内部各个部门对问题的看法；问题分析半途终止；未能明确核心目的等等。在分析问题的过程中，可以借助各种分析工具，并且综合运用。

3）拟订改善方案

无论如何强调分析问题与拟订改善方案之间的连续性都不为过。分析问题为改善方案的制订确立了基本的方向，但是两者之间在方式方法上仍存在十分明显的差别。拟订改善方案的重点不再是分析工作，而是革新与创造。目标不是为问题的存在寻找更多的数据和进一步的解释，而是要创造出新东西。在很多的咨询任务中，资料的收集整理工作花费了太长时间，等到提出建议阶段，各方面都要求尽快完成项目，给咨询主体留下的时间很少，无法设计几个备选方案，只能匆忙制订一个方案。因此，制定合理的时间表，确保留出足够时间寻求最佳解决方案十分重要。在寻找和拟订改善方案过程中，要依靠经验，同时也要运用创造性思维（把过去没有联系的东西或想法关联起来），重点关注客户的特性，积极吸收客户的关键员工参与其中。不同的咨询主体都有自己的一套工作程序，比较常见的工作程序是：首先，形成总体思路。该思路应在咨询组内外集思广益的基础上产生，并由咨询组组长提出。其次，根据总思路，各课题组分别制订具体改善方案。再次，在咨询组组长的主持下，集体讨论、研究、协调各课题方案，形成若干系统的总体改善方案。最后，对各方案进行评价，选择最满意的方案。权衡备选方案时需要考虑如下因素：一致性、现实性、实践性、未来相关性等。改进方案，其初步设想和框架要尽量征求企业有关领导和管理人员的意见，每个改进方案都应有预计的效果和实施的具体条件，都应是具体可行的。满意方案的最后选定，如能与客户领导取得一致意见则最好，但咨询人员不应放弃自己的客观立场。

4）提交咨询报告

提交咨询建议或解决方案是正式咨询阶段的最后一个步骤。这个步骤的成果形式可以是口头建议，也可以是文字书信，甚至是制度或文件，但是最常用的形式则是咨询报告。咨询报告分总报告和各课题报告。总报告的主要内容包括：客户概况及咨询课题；咨询目标、方针、计划和组织实施过程；咨询报告的总体思路、各课题方案之间的关系；各总体方案预期的效果及实施中应注意的问题。各课题报告的主要内容包括：课题的问题分析；

课题的原因分析；课题的咨询改革方案及其预期效果；课题的改善方案在落实过程中与相关部门的关系及应注意的问题；列入报告附录的调查结果。

咨询报告的正式发表通常采取报告会的形式，参加人员要经咨询主客体双方协商确定。管理咨询师可以先作口头介绍，然后把材料留给客户，在客户详细地审查了建议的方案之后再召开一次会议。客户也可以选择先阅读书面材料，再安排介绍方案的会议。

2.1.5　方案实施阶段

实施是咨询过程的第五个阶段，是咨询主体和客户共同努力的"顶点"。该阶段的目的和任务是帮助客户实施改善方案，使咨询工作产生实效。咨询业的一般趋势是使咨询顾问参与实施，让他们对结果负责，并依据结果取费。这样，实施就越来越被认为是咨询阶段的关键环节而必须加强管理。但是也有不参与方案实施的情况，原因有三：一是问题比较简单，预计实施中不会出现技术或其他问题；二是有些项目前期工作中发现客户对问题的理解很清楚，不需进一步帮助就有能力进行方案实施；三是客户基于咨询活动所需的成本费用的考虑，尽量减少支出。除此之外，咨询主体一般都参与这个阶段。咨询主体保证方案实施的措施和步骤如下：（1）制订详细的工作计划。这是在咨询报告的基础上，与客户一起制订的。目的在于把对客户的正常工作干扰降低到最低，避免混乱，确定各部门的责任，制定合理的实施时间表。（2）对方案实施进行监督。当实施即将开始时，咨询主体要检查是否所有条件都已符合要求、所有前提都已具备。在实施的过程中，咨询主体要与客户一起对实施的进展情况进行定期和经常性评价，应注意实施的进度和更为广泛的影响，必要时要作适度的调整。（3）培训和开发客户员工的潜能。对客户的工作人员进行培训是保证咨询项目成功的关键。咨询主体可以通过咨询项目组对客户的高级管理人员进行培训，也可以培训一组有经验的人，然后由他们培训其他人员，还可以在客户内部开办正式的培训课程或选派人员参加客户外部的培训，甚至可以为不直接参与但应了解情况的人员开设答疑课程。

在方案实施阶段，管理咨询师的镇静表现会影响客户及其员工对待实施的态度。管理咨询师必须被当作一个热心的同事，全面参与并且共同负责，对要取得的成果富有远见，并且能够解释其他参与项目的人员的作用和责任。

2.1.6　后续跟踪完善阶段

跟踪完善是咨询过程的第六个，且最后一个阶段。仅以专业的方式执行咨询任务是不够的，结束合约也需要高度的专业性：应选择恰当的时间和方式，并使客户和咨询主体双方都对达成的各项约定满意。结束咨询主体—客户关系的气氛和方式将影响客户继续实施项目的积极性，以及客户对今后可能使用同一咨询主体的态度。跟踪服务的施行，往往伴随着评价工作展开。在咨询过程接近尾声时，客户和咨询主体或者独立的第三方需要就客户的收益（短期和长期收益）和咨询过程进行评价。根据评价的结果，咨询主体和客户协商确定跟踪服务的细节。展开跟踪服务，是咨询主体了解咨询业务对客户的真正影响以及客户可能产生的新问题的宝贵信息资源。这些跟踪服务可能带来新的咨询任务。客户也可以发现，通过跟踪服务可以在新问题变得严重之前被发现并被解决。但是如果客户不感兴趣，就不应强迫其接受跟踪服务。

在撤离客户企业时，咨询人员要写一份总结报告。该报告应包括两方面内容：一是对整个咨询工作的总结；二是对咨询效果的评价，包括咨询主体离开后如何维护、控制和发展由咨询主体帮助引进的新系统的建议。

综上所述，将准备阶段、接洽咨询阶段、预备咨询阶段、正式咨询阶段、方案实施阶段和后续跟踪完善阶段连接起来可以构建完整的"管理咨询基本程序简图"，如图2-1所示。

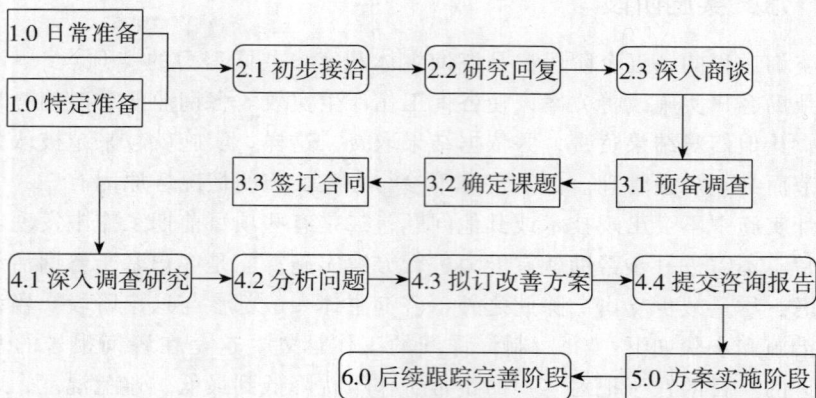

图2-1　管理咨询基本程序简图

✳ 2.2　管理咨询的一般方法

管理咨询的主要任务是帮助企业发现问题和解决问题。古人云：工欲善其事，必先利其器。无论做什么事，都离不开一定的方法，管理咨询也是如此。不少著名咨询机构和管理学者对此作出了突出贡献。例如，兰德公司创造出的德尔菲法、对策论、线性动态规划；波士顿公司创造出的矩阵分析法；迈克尔·波特的五种力量结构模型等。从特征上来分，管理咨询中使用的方法可以分为两大类：定性研究方法和定量研究方法。定性研究方法是指通过研究事物构成要素间相互联系来揭示事物质的规定性的方法。它是在逻辑分析、判断推理的基础上，对客观事物进行分析与综合，从而找出事物发展的内在规律，确定事物的本质。在咨询研究中，在许多难以用计量表达的场所，定性研究方法都能发挥重要作用。定量研究方法则是通过反映一定质的事物的量的关系来揭示事物内在规定性的方法。它是建立在数学、统计学、运筹学、计量学、电子计算机等学科基础之上，通过方程、数学图表等方式对与预测目标有关的历史数据，如各种经济信息，进行科学的加工处理的方法。在咨询研究中采用定量研究方法，可以对复杂事件进行数据处理，进行比较分析，使解决方案更精确。

在绝大多数咨询项目中，管理咨询人员应将定量研究方法与定性研究方法有机结合在一起使用。优秀的管理咨询师应该熟练地掌握大量久经考验的工具。这种分析诊断工具有很多，下面分类加以适当阐述。

2.2.1　分析发现问题的一般方法

分析发现问题是管理咨询最基本的工作。所谓分析发现问题，是指对客户存在问题的性质、界限和状态作出客观的评价，并在此基础上，找出产生问题的原因，以及各种现象的内在联系，为系统而有效地解决问题奠定可靠的基础。分析发现问题的一般方法具有普遍的适用性和相对稳定性。

1）调查研究法（观察法、访谈法、问卷调查法、实验法）

调查研究是收集第一手数据的最佳方法，多以个体为分析单位，通过观察、访谈、问卷、实验等具体方法了解调查对象的有关资料，对所搜集的资料加以分析来开展研究。

观察法是指为了特定的研究目的，以感官活动为基础，结合积极的思维和其他科学手段，在不干涉对象自然状态的前提下，系统地对客观事物进行感知、考察和描述的一种研究方法。

访谈法是调查人员以口头形式直接向被调查者提问，根据被调查者的答复，搜集客观的、不带偏见的事实材料。这种访谈可以是正式的，也可以是非正式的，可以是个别访谈，也可以是团体访谈。

问卷调查法是以书面提出问题的方式搜集资料的一种研究方法。研究者将所要研究的问题编制成问题表格，以邮寄、当面访问或者追踪访问等方式让被调查者填答，从而了解被调查者对某一现象或问题的看法和意见。随着互联网技术的普及和应用，问卷调查法也开始借助网络的方式进行。

实验法则是根据一定的研究目的，通过控制某些因素来研究变量之间的因果关系，以此来认识实验对象的本质及规律性的方法。作为一种特定的研究方式，实验有三对基本要素，它们分别为：实验组与控制组；前测与后测；自变量与因变量。

2）因果关系图法

因果关系图法，简称因果图，俗称鱼骨图法。它是对问题原因进行分析的一种方法，主要是利用鱼刺图把各种影响因素按其影响程度的大小分成若干个等级，影响大的直接因素被称为一级影响因素，以此类推，下一级影响因素是其上一级影响因素的原因。通过层层列示影响因素，可由表及里地把造成问题的原因梳理出来。这种方法在问题分析中运用得较为广泛。

3）黑箱法

黑箱法，又称系统分析法或暗盒法。它把某一系统当做黑箱看待，在判定这个系统是否存在问题时，不考虑系统的内部运行机制，而是在环境与约束条件下，对系统进行输入与输出分析，并以此来确定黑箱中的各种活动及其连带关系。这种方法能够在短时间内迅速判定企业是否存在问题，在预备调查阶段经常使用。

4）问题归类法

这种方法是对企业存在的问题按一定的标准进行分类，并按各类问题的特征进行分析的一种方法。这种方法可以在同类问题的分析上节约时间，并有利于找出同类问题的共性和相应的对策。运用这种方法要注意根据企业存在问题的实际情况确定分类标准，而且这种方法只是对问题的性质进行初步分析，它可以为深入分析某个具体问题的原因提供一种线索，但不能代替具体原因的分析。

5）业务跟踪与框图描述法

业务跟踪是顺着业务交易和处理的路径，全过程了解企业的管理状况。通过业务跟踪可以使咨询者了解企业有关部门的一切基本信息（如基本情况、工作程序、工作计划、工作安排等），了解企业的业务处理细节。框图描述是管理咨询一种常用的分析工具，通过运用符号和图形来直观反映业务流程。它往往伴随业务跟踪一起使用。编制框图的好处在于：将过程中的每个步骤描绘出来，提供了容易跟踪了解、显示从开始到结束全过程的"地图"。当将每个计划或已存在的步骤描绘在"地图"上时，管理咨询师能够更加容易地评估哪个步骤是重要的，哪个步骤被遗漏了，哪个步骤不合理或存在问题。

2.2.2　几种常用的分析工具——分析模型

1）PEST 分析模型

PEST 分析是指从政治法律、经济、社会、文化和技术的角度，分析外部环境变化对企业影响的一种方法。PEST 分析模型属于外部环境分析的常用工具之一，包括以下四个方面：政治的（Political）、经济的（Economic）、社会的（Social）以及技术的（Technological）。该分析模型的意义在于评价上述因素对企业战略目标和战略制定的影响。

（1）政治法律环境。

政治法律环境是指对企业经营活动具有实际与潜在影响的政治力量和有关的法律、法规等因素。具体来说，政治环境主要包括国家的政治制度与体制、政局的稳定性以及政府对外来企业的态度等因素。法律环境主要包括政府制定的对企业经营具有刚性约束力的法律、法规，如反不正当竞争法、税法、环境保护法以及外贸法规等因素。

（2）经济环境。

经济环境主要包括宏观和微观两个方面的内容。宏观经济环境主要指一个国家的人口数量及其增长趋势，国民收入、国民生产总值及其变化情况以及通过这些指标能够反映的国民经济发展水平和发展速度。微观经济环境主要指企业所在地区或所服务地区的消费者的收入水平、消费偏好、储蓄情况、就业程度等因素。这些因素直接决定着企业目前及未来的市场大小。需要重点监测的关键经济变量包括：GDP 及其增长率、向工业经济转变的程度、贷款的可得性、可支配收入水平、居民消费（储蓄）倾向、利率、通货膨胀率、规模经济、政府预算赤字、消费模式、失业趋势、劳动生产率水平、汇率、证券市场状况、外国经济状况、进出口因素、不同地区和消费群体间的收入差别、价格波动、货币与财政政策。

（3）社会文化环境。

社会文化环境是指企业业务涉及地区的民族特征、文化传统、价值观、宗教信仰、教育水平、社会结构、风俗习惯等情况。民族特征、宗教信仰和风俗习惯会禁止或抵制某些活动的进行；文化传统和教育水平会影响居民的需求层次；价值观会影响居民对组织目标、组织活动以及组织存在本身的认可与否；社会结构反映不同的群体的比例构成，不同的群体有不同的社会态度、爱好与行为，从而表现出不同的市场需求和不同的消费行为。

（4）技术环境。

技术环境除了要考察与企业所处领域的活动直接相关的技术手段的发展变化外，还应及时了解：①国家对科技开发的投资和支持重点；②该领域技术发展动态和研究开发费用总额；③技术转移和技术商品化速度；④专利及其保护情况等。

有时，亦会用到 PEST 分析的扩展变形形式，如 SLEPT 分析、STEEPLE 分析。其中，STEEPLE 是以下因素英文单词的缩写：社会/人口（Social/Demographic）、技术（Technological）、经济（Economic）、环境/自然（Environmental/Natural）、政治（Political）、法律（Legal）、道德（Ethical）。此外，地理因素（Geographical Factor）有时也可能会有显著影响。

2）波特五力量分析模型

波特五力量分析模型由迈克尔·波特（Michael Porter）教授于 20 世纪 80 年代初提出，对企业战略制定产生了全球性深远影响。该模型被用于竞争战略的分析，可以有效地分析客户的竞争环境，可以有助于识别行业或者部门内竞争的来源。根据波特的观点，一个行业中的竞争，不只是在原有竞争对手中进行，而是存在着五种基本的竞争力量：潜在的行业新进入者的威胁、替代品的威胁、供应商的讨价还价能力、购买者的讨价还价能力和现有竞争者之间的竞争。

（1）潜在的行业新进入者的威胁。

一个行业新进入者通常会带来大量资源和额外的生产能力，并且要求获得市场份额。除了完全竞争的市场以外，行业新进入者可能使整个市场发生动摇，尤其是当有步骤、有目的地进入某一行业时更是如此。

行业新进入者威胁的严峻性取决于一家新的企业进入该行业的可能性、进入壁垒以及预期的抱负，其中第一点主要取决于该行业的前景如何，行业增长率高说明未来的盈利性强，而眼前的高利润也会具有诱惑力。进入壁垒是那些想成功进行竞争的新进入者所必须克服的障碍。进入壁垒通常会延缓潜在进入者进入市场的时机，但不会构成永久的障碍。进入壁垒通常包括规模经济、进入市场的资金要求、进入分销渠道的门槛、经验、预期的抱负、立法、政府行为及差异化等。

对于上述威胁，企业需要研究进入壁垒难易的条件因素，如钢铁业、造船业、汽车工业的规模是进入壁垒的重要条件；此外，还有产品的差异化条件，如化妆品以及保健品的差异化条件是进入壁垒的重要条件之一。

（2）替代品的威胁。

替代品是与客户产品具有相同功能或类似功能的产品，如洗面奶从功能上可替代香皂，飞机远距离运输可能被火车或轮船替代等。那么生产替代品的企业本身就会给客户或行业带来威胁，替代竞争的压力越大，对客户的威胁也越大。决定替代品压力大小的主要因素有：①替代品的盈利能力；②替代品生产企业的经营策略；③购买者的转换成本。

当客户转向其他选择时，替代品就会减少客户对某一特定"类别"产品的需求，甚至会导致该类产品或服务再也无人问津，这取决于替代品能否带来更高的预期效用或价值。替代品一般有以下几种形式：产品之间的替代、需求替代和同类替代。

（3）供应商的讨价还价能力。

供应商影响一个行业竞争者的主要方式是提高价格（以此榨取买方的盈利），或降低所提供产品或服务的质量。下面一些因素决定他的影响力：供应商所在行业的集中化程度；供应商产品标准化程度；供应商提供的产品在企业整体产品成本中所占比例；供应商提供的产品对企业生产流程的重要性；供应商提供产品的成本与企业自己生产的成本之间的比较；企业原材料采购的转换成本；"供应商前向一体化"的战略意图。

（4）购买者的讨价还价能力。

与供应商一样，购买者也能够对行业盈利能力造成威胁。购买者能够强行压低价格，或要求更高的质量和更多的服务。为达到这一点，他们可能使生产者相互竞争，或者不从单个生产者那里购买商品。购买者一般可以归为工业客户和个人客户，购买者的购买行为与这种分类方法一般不相关，有点例外的是工业客户是零售商，他们可以影响消费者的购买决策，这样零售商的讨价还价能力就显著增强了。以下是影响购买者集团议价能力的因素：集体购买；产品的标准化程度；购买者对产品质量的敏感性；替代品的替代程度；大批量购买的普遍性；产品成本在购买者成本中占的比例；"购买者后向一体化"的战略意图。

（5）现有竞争者之间的竞争。

这种竞争力量是企业所面对的最强大的一种力量，这些竞争者根据自己一整套规划，运用各种手段（价格、质量、造型、服务、担保、广告、销售网络、创新等），力图在市场上占据有利地位和争取更多的消费者，对企业造成了巨大的威胁。

行业中的每个企业或多或少都必须应付以上各种力量构成的威胁，而且企业必须面对行业中的每一个竞争者的举动。除非认为正面交锋有必要而且有益处，例如得到很大的市场份额，否则企业可以通过设置进入壁垒，包括差异化和转换成本来保护自己。

3）SWOT 分析模型

SWOT 分析被大量地用于战略分析过程中，但是它同时也是一个有效地进行战略制定的工具。SWOT 是优势（Strengths）、劣势（Weaknesses）、机会（Opportunities）和威胁（Threats）英文单词首字母缩写词。SWOT 分析法是将企业外部环境的机会（O）与威胁（T）、内部环境的优势（S）与劣势（W）同列在一张十字形图表中加以对照。这样可以一目了然地看出企业的环境情况，又可以从内部环境条件的相互联系中作出更深入的分析评价。优势和劣势是对企业内部能力的总结和评价，而机会和威胁是对企业外部竞争环境的综合和概括。表 2-1 列示的是在 SWOT 分析中一般所需要考虑的因素。

在企业管理咨询活动中，SWOT 分析模型可以帮助咨询师概括主要的事实，分清企业所面临的主要问题和次要问题，制定与企业内部能力（强处和弱点）和外部环境（机遇和威胁）相适应的战略。SWOT 分析可以按以下步骤进行：第一，确认企业当前实行的战略；第二，运用各种调查研究方法，分析企业或组织所处的外部环境因素和内部能力因素，不仅要考虑这些因素的历史、现状，还要预测它们的将来；第三，确认企业外部环境中关键因素的变化，分析可能出现的机会或威胁，并根据企业的资源组合状况明确企业的优势和劣势；第四，按照各因素的重要程度，将其排列于 SWOT 分析图中，确定企业的核心能力；第五，将 SWOT 分析图中的各种因素相互匹配，进行系统分析，得出一系列可供选择的对策，并制订相应的行动计划。如表 2-2 所示，SWOT 分析提供了四种战略。

表 2-1 　　　　　　　　　　SWOT 分析中的潜在关键因素

潜在内部优势（S）	潜在内部劣势（W）
➢ 专有技术 ➢ 充足的资金 ➢ 高市场份额 ➢ 政治保护 ➢ 良好的战略 ➢ 良好的顾客认知 ➢ 优良的研发机构和优秀的管理层 ➢ 其他	➢ 管理不善 ➢ 缺乏资金 ➢ 缺乏战略方向 ➢ 弱的控制系统 ➢ 弱的营销技能 ➢ 缺乏原料供应 ➢ 高成本结构 ➢ 低产品质量 ➢ 缺乏创新 ➢ 其他
潜在外部机会（O）	潜在外部威胁（T）
➢ 进入新的市场 ➢ 多元化经营 ➢ 争取到新的客户群 ➢ 高增长预期 ➢ 出口市场 ➢ 政府合同 ➢ 其他	➢ 新的低成本竞争者 ➢ 技术上的替代者 ➢ 增长缓慢 ➢ 外汇汇率波动 ➢ 顾客需求变化 ➢ 政府管制 ➢ 其他

表 2-2 　　　　　　　　　　四种战略分析

	内部优势（S）	内部劣势（W）
外部机会（O）	SO 战略（增长型战略） 依靠内部优势 利用外部机会	WO 战略（扭转型战略） 利用外部机会 克服内部劣势
外部威胁（T）	ST 战略（多种经营战略） 利用内部优势 回避外部威胁	WT 战略（防御型战略） 减少内部劣势 回避外部威胁

4）波士顿矩阵模型

波士顿矩阵，是美国波士顿咨询公司创立的。它是一种根据市场份额、盈利水平以及成长潜力分析公司活动的方法，如图 2-2 所示。

根据有关业务或产品的产业市场增长率和客户相对市场份额标准，波士顿矩阵可以把客户全部的经营业务定位在 4 个区域中，分别为：

（1）第一区域——"高增长—强竞争地位"的"明星"业务。

这类业务处于迅速增长的市场，具有很大的市场份额。这类业务可能成为企业的"现金牛"业务，需要加大投资以支持其迅速发展。对"明星"业务应采用的发展战略：积极扩大经济规模和市场机会，以长远利益为目标，提高市场占有率，加强竞争地位。

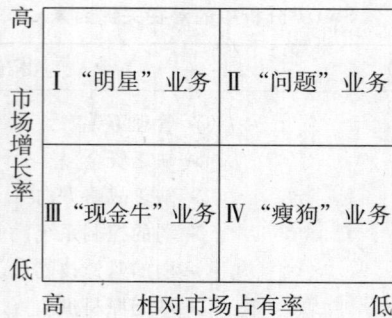

图 2-2　波士顿矩阵

"明星"业务的管理与组织最好采用事业部形式，由对生产技术和销售两方面都很内行的经营者负责。

（2）第二区域——"高增长—低竞争地位"的"问题"业务。

这类业务通常处于最差的现金流状态。一方面，所在产业的市场增长率高，企业需要大量的投资支持其生产经营活动；另一方面，其相对份额地位低，能够生成的资金很少。因此，企业对"问题"业务的进一步投资需要进行分析，判断使其转移到"明星"业务所需要的投资量，分析其未来盈利，研究其是否值得投资等。对"问题"业务的管理与组织，最好是采取智囊团或项目组织等形式，选拔有规划能力，敢于冒风险、有才干的人负责。

（3）第三区域——"低增长—强竞争地位"的"现金牛"业务。

这类业务处于成熟的低速增长的市场中，市场地位有利，盈利率高，本身不需要投资，反而能为企业提供大量资金，用以支持其他业务的发展。对这类业务中销售增长率仍有所增长的产品，应进一步进行市场细分，维持现存市场增长率或延缓其下降速度。对于"现金牛"业务，适合于用事业部制进行管理，其经营者最好是市场营销型人物。

（4）第四区域——"低增长—弱竞争地位"的"瘦狗"业务。

这类业务处于饱和的市场当中，竞争激烈，可获利润很低，不能成为企业资金的来源。对于这类业务应采用收缩、撤退和转移战略：首先应减少批量，逐渐撤退，对那些销售增长率和市场占有率均极低的产品应立即淘汰；其次是将剩余资源向其他产品转移；最后是整顿产品系列，最好将"瘦狗"业务与其他事业部合并，统一管理。

波士顿矩阵模型可以帮助企业分析自己的投资业务组合是否合理。如果一个公司没有"现金牛"业务，说明它当前的发展缺乏现金来源；如果没有"明星"业务，说明在未来的发展中缺乏希望。一个公司的业务投资组合必须是合理的，否则应加以调整。

5）7S 模型

麦肯锡顾问研究中心设计的企业组织 7 要素，简称 7S 模型。7S 模型指出了企业在发展过程中必须全面地考虑各方面的情况，包括战略（Strategy）、结构（Structure）、制度（Systems）、风格（Style）、共同价值观（Shared Values）、员工（Staffs）、技能（Skills），如图 2-3 所示。也就是说，企业仅具有明确的战略和深思熟虑的行动计划是远远不够的，因为企业还可能会在战略执行过程中失误。因此，战略只是其中的一个要素。

在模型中，战略、结构和制度被认为是企业成功的"硬件"，风格、人员、技能和共

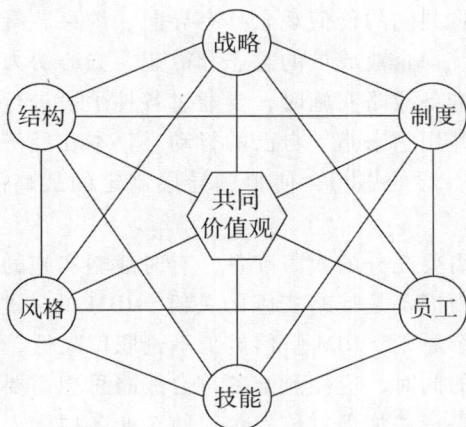

图 2-3　7S 模型

同价值观被认为是企业成功经营的"软件"。"软件"和"硬件"同样重要，它们与公司的成败息息相关，且都应当加以管理，绝不能有所偏颇或者忽略。

（1）硬件要素分析。

①战略。战略是企业根据内外环境及可取得资源的情况，为求得企业生存和长期稳定发展，对企业发展目标、达到目标的途径和手段的总体谋划，它是企业经营思想的集中体现，是一系列战略决策的结果，同时又是制定企业规划和计划的基础。

②结构。战略需要健全的组织结构来保证实施。组织结构是企业的组织意义和组织机制赖以生存的基础，它是企业组织的构成形式，即企业的目标、协同、人员、职位、相互关系、信息等组织要素的有效排列组合方式，就是将企业的目标任务分解到职位，再把职位综合到部门，由众多的部门组成垂直的权利系统和水平分工协作系统的一个有机的整体。组织结构是为战略实施服务的，不同的战略需要不同的组织结构与之对应，组织结构必须与战略相协调。如通用电气公司，在 20 世纪 50 年代末期，执行的是简单的事业部制，但那时企业已经开始从事大规模经营的战略。到了 60 年代，该公司的销售额大幅度提高，而行政管理却跟不上，造成多种经营失控，影响了利润的增长。在 70 年代初，企业重新设计了组织结构，采用了战略经营单位结构，使行政管理滞后的问题得到了解决，妥善地控制了多种经营，利润也相应地得到了提高。由此看出，企业组织结构一定要适应实施企业战略的需要，它是企业战略贯彻实施的组织保证。

③制度。企业的发展和战略实施需要完善的制度作为保证，而实际上各项制度又是企业精神和战略思想的具体体现。所以，在战略实施过程中，应制定与战略思想相一致的制度体系，要防止制度的不配套、不协调，更要避免背离战略的制度出现。

（2）软件要素分析。

①风格。杰出企业一般都呈现出既中央集权又地方分权的宽严并济的管理风格，它们一方面让生产部门和产品开发部门极端自主，另一方面又固执地遵守着几项流传久远的价值观。

②共同价值观。由于战略是企业发展的指导思想，只有企业的所有员工都领会了这种思想并用其指导实际行动，战略才能得到成功的实施。因此，战略研究不能只停留在企业高层管理者和战略研究人员这一个层次上，而应该让执行战略的所有人员都能够了解企业

的整个战略意图。企业成员共同的价值观念具有导向、约束、凝聚、激励及辐射作用，可以激发全体员工的热情，统一企业成员的意志和欲望，齐心协力地为实现企业的战略目标而努力。这就需要企业在准备战略实施时，要通过各种手段进行宣传，使企业的所有成员都能够理解它、掌握它，并用它来指导自己的行动。日本在经济管理方面的一个重要经验就是注重沟通领导层和执行层的思想，使得领导层制定的战略能够顺利地、迅速地付诸实施。

③员工。战略实施还需要充分的人力准备，有时战略实施的成败确系于有无适合的人员去实施。实践证明，人力准备是战略实施的关键。IBM 的一个重要原则就是尊重个人，并且花很多时间来执行这个原则。IBM 坚信员工不论职位高低，都是产生效能的源泉。所以，企业在做好组织设计的同时，应注意配备符合战略思想需要的员工队伍，将他们培训好，分配给他们适当的工作，并加强宣传教育，使企业各层次人员都树立起与企业的战略相适应的思想观念和工作作风。如麦当劳的员工都十分有礼貌地提供微笑服务；IBM 的销售工程师技术水平都很高，可以帮助顾客解决技术上的难题；迪斯尼的员工生活态度都十分乐观，他们为顾客带来了欢乐。人力配备和培训是一项庞大、复杂和艰巨的组织工作。

④技能。在执行公司战略时，需要员工掌握一定的技能，这有赖于严格、系统的培训。松下幸之助认为，每个人都要经过严格的训练，才能成为优秀的人才，譬如在运动场上驰骋的健将们大显身手，他们惊人的体质和技术，不是凭空而来的，是长期在生理和精神上严格训练的结果。如果不接受训练，一个人即使有非常好的天赋资质，也可能无从发挥。

因此，在企业发展过程中，要全面考虑企业的整体情况，只有在软硬两方面 7 个要素能够很好地沟通和协调的情况下，企业才能获得成功。

达维尼（Richard A. D' Aveni）在研究竞争环境变化过程中短期竞争优势和持久竞争优势的关系时，提出超强竞争（Hyper Competition）理论。这个新 7S 分析方法颇有新意，它的含义是：①更高的股东满意度（Superior Stakeholder Satisfaction）；②战略预测（Strategic Sooth Saying）；③速度的定位（Position of Speed）；④出其不意的定位（Positioning of Surprise）；⑤改变竞争规则（Shifting the Rules of Competition）；⑥告示战略意图（Signaling Strategic Intent）；⑦同时和一连串的战略出击（Simultaneous and Sequential Strategic Thrusts）。基于超强竞争环境的本质，新 7S 理论并没有一系列的总体性战略，而是以制胜步骤的方式呈现。从总体上说，这 7 个 S 分为三个部分。前两个 S 组成第一部分，即破坏的远见。在超强竞争环境下，企业必须不断地从事破坏，向客户提供比竞争对手更好的服务，以达成暂时优势。创造更高的股东满意度是目的，战略预测则是看出、制造破坏机会的方法。接下来两个 S 构成第二部分，即破坏能力。在组织中建立快速行动的能力，才能将破坏执行成功，建立让对手惊奇的能力，则能增强破坏的力量。最后要使用到破坏的战术，包含后三个 S，即改变动态竞争中的规则、利用告示行为影响未来的动态策略互动、实施战略出击作为动态竞争攻防的方法。远见、能力和战术是有效破坏的三大要素，既循序渐进，又相辅相成，以打破现状、掌握先机。传统的 7S 是在组织内各个方向之间创造静态的战略搭配，新 7S 强调的则是以对长期的动态战略互动的了解为基础。

2.2.3　设计和确定改善方案的一般方法

设计和确定改善方案，是管理咨询工作的重要内容之一。客户希望咨询主体找到问题的最佳解决方案或寻找抓住发展机遇的最佳途径。然而，立即找出这种最佳方案的可能性极小。多数的经营和管理问题都有很多解决方案，很多情况下，备选方案的数量会很多，尤其当追求的目标比较复杂的时候。因此，在设计和确定改善方案的过程中，灵活运用好各种方法非常重要。

1) 头脑风暴法

头脑风暴法（Brainstorming）又称智力激励法、BS 法。它采用会议的形式，引导每个参加会议的人围绕某个中心议题，广开思路，激发灵感，毫无顾忌地发表独立见解，并在短时间内从与会者中获得大量的观点。

头脑风暴法的特点是让与会者敞开思想，使各种设想在相互碰撞中激起脑海的创造性风暴，其可分为直接头脑风暴法和质疑头脑风暴法。前者是在专家群体决策基础上尽可能激发创造性，产生尽可能多的设想的方法；后者则是对前者提出的设想或方案逐一质疑，发现其现实可行性的方法。这是一种集体开发创造性思维的方法。头脑风暴法的原则是：没有对观点的批评；追求观点的数量；在彼此的观点之上建立新观点；鼓励狂热的和夸张的观点；不准参加者私下交流，以免打断别人的思维活动。

从程序来说，组织头脑风暴法关键在于以下几个环节：

（1）确定议题。一个好的头脑风暴法从对问题的准确阐明开始。因此，必须在会前确定一个目标，使与会者明确通过这次会议需要解决什么问题，同时不要限制可能的解决方案的范围。一般而言，比较具体的议题能使与会者较快产生设想，主持人也较容易掌握；比较抽象和宏观的议题引发设想的时间较长，但设想的创造性也可能较强。

（2）会前准备。为了使头脑风暴畅谈会的效率较高，效果较好，可在会前做一点准备工作，如收集一些资料预先给大家参考，以便与会者了解与议题有关的背景材料和外界动态。就参与者而言，在开会之前，对于要解决的问题一定要有所了解。会场可作适当布置，座位排成圆环形的环境往往比教室式的环境更为有利。此外，在头脑风暴会正式开始前还可以出一些创造力测验题供大家思考，以便活跃气氛，促进思维。

（3）确定人选。一般以 8~12 人为宜，也可略有增减（5~15 人）。与会者人数太少不利于交流信息，激发思维；而人数太多则不容易掌握，并且每个人发言的机会相对减少，也会影响会场气氛。只有在特殊情况下，与会者的人数可不受上述限制。

（4）明确分工。要推定一名主持人，1~2 名记录员（秘书）。主持人的作用是在头脑风暴畅谈会开始时重申讨论的议题和纪律，在会议进程中启发引导，掌握进程，如通报会议进展情况，归纳某些发言的核心内容，提出自己的设想，活跃会场气氛，或者让大家静下来认真思索片刻再组织下一个发言高潮等。记录员则应将与会者的所有设想都及时编号，简要记录，最好写在黑板等醒目处，让与会者能够看清。记录员也应随时提出自己的设想，切忌持旁观态度。

（5）规定纪律。根据头脑风暴法的原则，可规定几条纪律，要求与会者遵守。如要集中注意力积极投入，不消极旁观；不要私下议论，以免影响他人的思考；发言要针对目标，开门见山，不要客套，也不必做过多的解释；与会者之间相互尊重，平等相待，切忌相互褒贬等等。

（6）掌握时间。会议时间由主持人掌握，不宜在会前定死。一般来说，以几十分钟为宜。时间太短与会者难以畅所欲言，太长则容易产生疲劳感，影响会议效果。经验表明，创造性较强的设想一般在会议开始 10～15 分钟后逐渐产生。美国创造学家帕内斯指出，会议时间最好安排在 30～45 分钟。倘若需要更长时间，就应把议题分解成几个小问题分别进行专题讨论。

2）德尔菲法

德尔菲法（Delphi Technique）又称专家意见法。这个方法是就调查内容征求一定数量的专家学者的意见，然后把意见进行综合，再度征求专家意见，每一位专家并不知道其他专家是谁，只是针对问题和大家的意见而发表自己的看法，在每一位专家都充分发表意见的基础上，最后归纳形成结论。德尔菲法与其他许多预测方法不同，不是非要以唯一的答案作为最好结果，其目的只是尽量使多数专家的意见趋向集中，但不对回答问题的专家施加任何压力。

3）比较分析法

这是最常用的分析方法，即通过与参照条件的比较来认识客体的特征、属性、状态。根据参照条件的不同，比较分析可进一步分为纵向比较、横向比较、利弊比较三种方法。纵向比较的参照条件是客体自身在以往时期的状况；横向比较的参照条件是同一时期其他相同或相似客体的状况；利弊比较的参考条件是客体选择一定方案之下的利弊分析。例如，将企业当期的财务报表与往期的财务报表相比，是纵向比较；将企业的财务指标和同期其他企业财务指标或行业平均财务指标相比，是横向比较；将企业选择不同方案的利弊得失进行排列比较，是利弊比较。

2.2.4　教育培训的一般方法

教育培训是企业管理咨询的重要方式之一。由于目的不同，培训的形式和方法有所不同。按照教育培训与企业变革的关系来划分，可以把教育培训分为直接推动型培训和间接催化型培训。

1）直接推动型培训

当客户的变革方针已定，变革条件基本成熟，需要形成变革方案或变革方案已经初步形成时，可以采用这种培训方式。目的是转变受训人员的态度，提高受训人员对即将展开的变革意义的认识，提高受训者实施变革的能力，以取得他们对变革的理解和支持，并推动变革方案的实施。

直接推动型培训的重点应放在提高认识和能力所必需的知识学习和技能训练上。当方案尚未形成时，培训内容应包括：（1）企业环境与企业发展的关系，企业面临的挑战和应采取的一般对策，企业变革的必要性、可能性及可能遇到的困难；（2）分析企业经营管理问题及其原因的方法；（3）设计本部门乃至整个企业改善方案的方法；（4）实施改善方案、控制效果、克服阻力的方法等。当变革方案已经形成时，培训内容应包括：（1）企业变革的重点、难点以及解决难点的办法；（2）如何公布企业变革方案和如何实施方案；（3）如何控制意外事件和如何控制变革进程；（4）如何把握干部、职工的情绪、态度和行动等。

直接推动型培训的具体方法，可以概括为以下几种：

（1）从企业实际出发，从即将进行的变革的需要出发，进行研讨性学习。把培训过程变成受训人员明确改革思路和方法、评价改革方案的过程。

（2）进行双向交流，以互教互学的方式进行培训。在培训过程中，可以介绍专家在有关问题上的见解和企业领导人的见解，让受训人员进行分析比较。

（3）适当运用案例教学。通过分析别人成功的经验和教训，研究、讨论本企业实施改革方案时应注意的问题及预防措施。

（4）采取个别交谈和集体学习相结合的方式。个别交谈主要限于高层领导和情况比较特殊的干部。多数受训人员一般采用集体学习、讨论的方式。

2）间接催化型培训

当客户企业变革条件尚未成熟，企业变革尚处于酝酿准备时期，可以选择这种培训方式。目的是启迪受训人员的变革意识，帮助他们认识本企业或本部门面临的挑战以及改革的必要，提高他们分析问题的能力和设计改革方案的能力，为未来的改革做好思想和能力上的准备。

间接催化型培训的重点应放在树立新观念和提高分析能力上，同时针对各类受训人员实际工作的需要，列入有关的专业知识和能力训练的内容。培训的方法主要包括以下几方面：

（1）从企业存在的问题出发，进行模拟练习或案例分析，介绍分析问题的方法、思路。

（2）把介绍其他企业的做法、经验、教训和理论知识的学习结合起来，既坚持针对性，又避免直接分析客户的问题。

（3）把学习知识、技能与实施结合起来。可以让受训者在学习的基础上进行改革方案的模拟设计，或对本部门、本企业的改革提出初步设想。

与直接推动型培训不同，间接催化型培训在时间安排上可以相对分散，即每次培训的时间不必太长，但可以有间隔地持续一个时期，也可以根据咨询的进展，分二至三期进行。此外，不管是直接推动型还是间接催化型，都可以借助外部培训资源进行课堂培训学习。

2.2.5　交流与交往的一般方法

交流与交往不仅是管理咨询的重要手段，也是工作和生活顺利的途径。交流与交往的核心就是沟通，沟通的内涵就是意义的传递与理解。无论多伟大的思想，如果不传递给其他人并被其他人理解，都是无意义的。沟通可以作为一个过程或流程来看待。如果在这个过程中存在偏差或障碍，就会出现沟通问题。沟通发生之前，必须存在一个意图，我们称之为"要被传递的信息"。它在信息源（发送者）与接受者之间传递。信息首先被编码（转化为信号形式），然后通过媒介物（通道）传送至接受者，由接受者将收到的信息转译回来（解码），编码和解码一致时，信息的意义就从一个人正确地传给了另一个人。接受者做出反馈，这样就完成了发送者与接受者之间的交流（或沟通）。

在管理咨询过程中，按照咨询交流的对象划分，可以分为内部交流与外部交流、个别交流与集体交流、正式交流与非正式交流；按照咨询交流的目的来划分，可以分为传达、调查、交流、分析、协调和决策；按照咨询交流的方式划分，可以分为口头交流、起草书面报告和阅读书面报告等。交流的形式不同，其特点就不同，适用范围也有所差异。不同的管理咨询阶段，要求的交流要点和方法也不同。

(1) 管理咨询接触阶段的交流要点与方法。这里的接触阶段是指在咨询程序中准备阶段和接洽阶段客户与咨询主体的接触。这个阶段是咨询人员和客户双方彼此了解的开端，其中心任务是在短暂的交谈过程中明确客户需要、树立咨询组织形象、判断客户诚意和衡量受理条件。为此，咨询人员必须认真做好谈话的准备工作，并在交流中运用恰当的交流方式和方法。这项工作一般应由经验丰富、有一定权威的主任管理咨询师承担。

(2) 预备调查阶段的交流要点与方法。预备调查是咨询公司受理综合性、中长期咨询项目以前通常要进行的工作，是咨询组与客户彼此加深了解、开始合作，并决定是否正式合作的关键阶段。其中心任务是在较短的时间内对企业的内外部环境进行综合调查分析，初步判断企业在竞争中的机遇和威胁、强势和弱点，确定咨询课题，并以咨询协议书的方式规定完成课题的目标、方式、进度、参与人员、双方的责任和咨询费用等。这一阶段双方交流的中心依次是：情况的调查、问题的分析、观点的交流、协议的商讨。在这个阶段，交谈中除了要适当引导控制话题以外，咨询人员还要做到善于听、善于问。善于听是指应尽量避免多次打断对方讲话，要让对方完整地表达思想；同时，要特别留意对方强调的重点、回避的问题、迟疑的表述等，以达到更深刻的调查目的，即理解企业的人际关系和企业文化，包括人们对企业使命与形象、领导使命与形象、市场经济、管理方式等方面的价值观和行动方式。善于问是指应根据谈话对象的实际情况提问，通过恰当的提问，调动对方的积极性和兴趣，引导交流向纵深发展。谈话气氛尚不融洽时，切忌提敏感的问题。由于咨询组内分工不同，可能会出现轮番向某个部门、某些人进行调查的情况，因而可能会影响客户企业的正常工作。这时要及时调整工作方式，比如采用集体粗访、分头细访，或者由一人综访，汇报后其他人复访的形式。

(3) 正式咨询阶段的交流要点与方法。正式咨询阶段是在客户企业与咨询组织签署咨询协议后开始的。这一阶段双方交流的中心集中在推进变革、设计方案和发表报告上。在推进变革的过程中，交流应坚持先易后难、重点突出、结合实际、及早行动、转变关键人物观念和保证历史继承性的原则，有效地推动变革阻力的转化和消除。在设计方案过程中，交流的要点体现为设计前对问题的分析和设计后方案的实施两个方面。在交流过程中，咨询人员应做到集思广益，启发和集中客户干部和职工的智慧，提出全面可行的变革方案。准备和发表报告是该阶段最重要的交流环节。正式报告发表前，各课题报告应与客户有关部门和人员进行多层次、多形式的交流，充分调动他们的分析判断能力和主观能动性。

(4) 方案实施阶段的交流要点与方法。方案实施阶段的中心任务是改变旧的企业行为，形成新的企业行为规范。该阶段咨询人员不仅要通过交流来帮助指导企业实施改革方案，而且要身体力行，通过言谈举止表达出自己对改革的热情，与企业领导同舟共济。除了表现出热情，在方案的实施过程中，与客户企业领导与员工的交流需要镇静。如果咨询人员都不镇静，企业人员就更没信心了。

(5) 后续跟踪完善阶段的交流要点与方法。后续跟踪完善阶段的中心任务是使客户继续实施项目，并尽可能地帮助客户把新出现的问题及时解决掉。该阶段咨询人员的交流一定要表现出热情，不怕麻烦，要体现无微不至，可以采用定期询问走访和客户随叫随到的方式进行。只有这样，才可以给予客户信心，才可以留住老客户，才可以形成好的口碑，同时也可以得到项目实施后续阶段的宝贵信息资源。

管理咨询中可以使用的工具很多，但是具体使用时要富有想象力，需要创新思维。上文的分类只是为了便于理解和陈述所作的分类。实际上工具的作用完全取决于使用者的思维能力，创新性地使用工具有时会产生意想不到的效果。

✲ 2.3　管理咨询的具体方法

管理咨询除了以上的一般方法外，还有一些具体方法。这些方法在具体项目领域应用时，具有非常好的效果。

2.3.1　波特的价值链分析

波特（1985）首创的价值链分析法源于20世纪50年代发展起来的一种会计工具：价值分析。价值分析的目的是分析公司制造过程中的增值部分。波特把这个原理向前推进了一步，把组织中所有单位的运作过程联结起来，然后赋予每一个活动一定的价值。价值链分析是一种描述组织内以及组织外各种活动的方法。通过这种活动分析来确定公司经济优势的源泉，进而评价公司的竞争优势。

每个企业的运作都有其目的，都是为了取得价值的最大化。为了达到这个目的，需要进行一系列的运作活动，包括设计、生产、营销以及对产品起辅助作用的各种活动的综合，所有这些活动都可以用价值链表示出来，如图2-4所示。

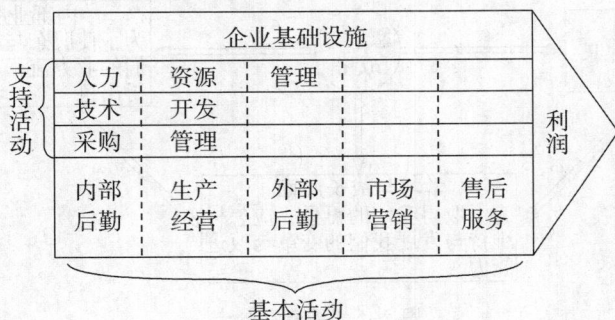

图 2-4　企业基本价值链

在图2-4中可以看出，客户生产经营活动可以分为基本活动和支持活动两大类。基本活动是指生产经营的实质性活动，一般可以分为内部后勤、生产经营、外部后勤、市场营销和售后服务五种活动。这些活动与商品实体的加工流转直接有关，是客户的基本增值活动。支持活动是指用以支持基本活动而且内部之间又相互支持的活动，包括客户投入的采购管理、技术开发、人力资源管理和企业基础设施。采购管理、技术开发、人力资源管理三种支持活动既支持整个价值链的活动，又分别与每项具体的基本活动有着密切的联系。客户的基本职能活动支持整个价值链的运行，而不分别与每项基本活动发生直接的关系。

在具体运用价值链分析模型对客户内部各关键要素进行分析时，首先应对构成客户价值链的基本活动和支持活动的各个具体内容确定评价标准，然后予以量化和进行评价分析。

需要说明的是，不同的产业具有不同的价值链。在同一产业，不同企业的价值链也不同，这反映了它们各自的历史、战略以及实施战略的途径等方面的不同，同时也代表着企业竞争优势的一种潜在来源。同一企业在不同的时期，也具有不同的价值链。因此，在进行企业价值链和行业价值链分析时，要考虑到价值链的各种特点，使分析全面、合理、科学。

2.3.2 平衡计分卡

平衡计分卡（Balanced Score Card，BSC）源自于哈佛大学教授卡普兰（Robert S. Kaplan）与复兴全球战略集团总裁诺顿（David P. Norton）于 20 世纪 90 年代所从事的"未来组织绩效衡量方法"研究计划。它提供了一个将策略如何转换成行动方案或工作计划的思维模式，同时平衡计分卡已经逐渐发展成一项战略实施与监控的管理制度，并结合战略与绩效管理协助企业实现愿景。

平衡计分卡从四个层面关注企业绩效：客户层面、内部业务层面、学习与成长层面和财务层面。这样就使企业的使命和战略转化为一套绩效指标，作为衡量企业战略执行状况和监控企业运作的工具，如图 2-5 所示。

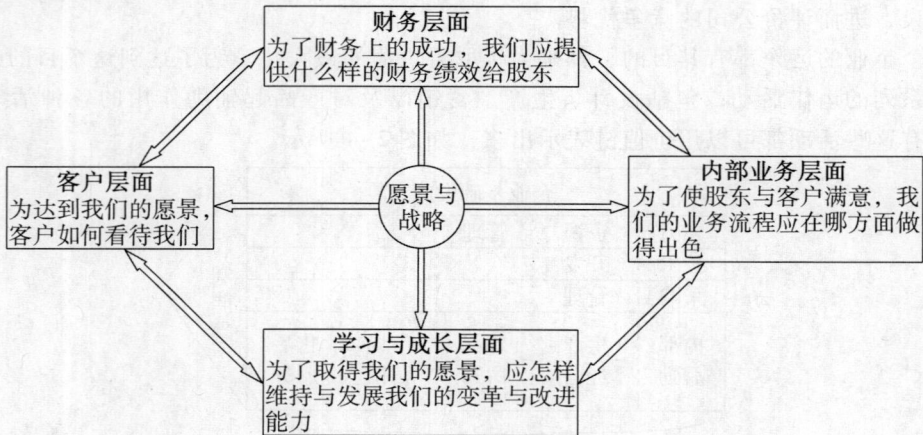

图 2-5 平衡计分卡

平衡计分卡四个层面之间又相互支撑。财务指标是企业最终的追求和目标，也是企业存在的根本物质保证；而要提高企业的利润水平，必须以客户为中心，满足客户需求，提高客户满意度；而要满足客户需求，必须加强自身建设，提高企业内部的运营效率；而提高企业内部运营效率的前提是平衡计分卡四个层面之间相互支撑。也就是说这四个层面构成一个循环，从四个角度解释企业在发展中所需要满足的四个因素，并通过适当的管理和评估促进企业发展。当某一个循环结束后，企业又会面临新的战略目标，开始新的创新、新的循环。

具体到各个层面来说：

（1）财务层面。平衡计分卡的财务绩效衡量层面显示企业的战略及其实施和执行是否正在为最终经营结果的改善做出贡献。常见的指标包括资产负债率、流动比率、速动比率、应收账款周转率、存货周转率、资产净利率、销售毛利率等。

（2）客户层面。平衡计分卡的客户层面衡量的内容包括客户的满意程度、对客户的挽留、获取新的客户、获利能力和在目标市场上所占的份额。在现今这个客户至上的年代，如何向客户提供所需的产品和服务，从而满足客户需要，提高企业竞争力，已经成为企业能否获得可持续性发展的关键。客户层面正是从质量、性能、服务等方面，考验企业的表现。

（3）内部业务层面。内部业务层面重视的是对客户满意程度和实现组织财务目标影响最大的那些内部过程。平衡计分卡方法把革新过程引入到内部经营过程之中，要求企业创造全新的产品和服务，以满足现有和未来目标客户的需求。这些过程能够创造未来企业的价值，推动未来企业的财务绩效。企业是否建立起了合适的组织、流程、管理机制，在这些方面存在哪些优势和不足。内部业务层面从以上方面着手制定考核指标。

（4）学习与成长层面。组织的学习与成长有三个主要的来源：人才、系统和组织程序。平衡计分卡会揭示人才、系统和程序的现有能力和实现突破性绩效所必需的能力之间的巨大差距，从而投资改进。企业的成长与员工和企业能力素质的提高息息相关，而从长远角度来看，企业唯有不断学习与创新，才能实现长远的发展，从而在不断变化的社会中笑到最后。

2.3.3　雷达图分析法

雷达图是对企业财务能力分析的重要工具，从动态和静态两个方面分析企业的财务状况。静态分析将企业的各种财务比率与其他相似企业或整个行业的财务比率作横向比较；动态分析把企业现时的财务比率与先前的财务比率作纵向比较，以发现企业财务及经营情况的发展变化方向。雷达图把纵向和横向的分析比较方法结合起来，计算综合企业的收益性、安全性、流动性、成长性和生产性这五类指标。

下面对涉及的五类指标进行说明：

（1）收益性指标。分析收益性指标，目的在于观察企业一定时期的收益及获利能力。主要指标有：资产报酬率、所有者权益报酬率、普通股权益报酬率、普通股每股收益额、股利发放率、市盈率、销售利税率、毛利率、销售利润率、成本费用率。

（2）安全性指标。安全性指的是企业经营的安全程度，也可以说是资金调度的安全性。分析安全性指标，目的在于观察企业在一定时期内的偿债能力。主要指标有：流动比率、速动比率、资产负债率、所有者权益比率、利息保障倍数。

（3）流动性指标。分析流动性指标，目的在于观察企业在一定时期内的资金周转状况，掌握企业资金的运用效率。主要指标有：总资产周转率、固定资产周转率、流动资产周转率、应收账款周转率、存货周转率。

（4）成长性指标。分析成长性指标，目的在于观察企业在一定时期内经营能力的发展变化趋势，一个企业即使收益性高，但成长性不好，也就表明其未来盈利能力下降。因此，以发展的眼光看企业，动态地分析企业财务资料，对战略制定来讲特别重要。主要指标有：销售收入增长率、税前利润增长率、固定资产增长率、人员增长率、产品成本降低率。

（5）生产性指标。分析生产性指标，目的在于了解在一定时期内企业的生产经营能力、水平和成果的分配。主要指标有：人均销售收入、人均净利润、人均资产总额、人均工资。

上述企业财务能力的"五性"分析结果可以用雷达图表示出来，如图 2-6 所示。

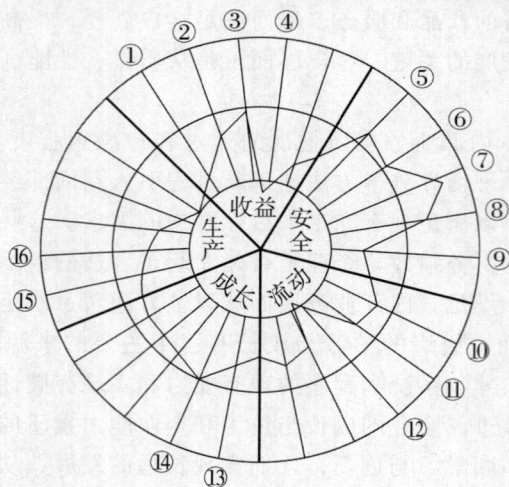

图 2-6　企业财务状况雷达图

注：

收益性：①资产报酬率；②所有者权益报酬率；③销售利润率；④成本费用率。

安全性：⑤流动比率；⑥速动比率；⑦资产负债率；⑧所有者权益比率；⑨利息保障倍数。

流动性：⑩总资产周转率；⑪存货周转率；⑫固定资产周转率。

成长性：⑬销售收入增长率；⑭产品成本降低率。

生产性：⑮人均销售额；⑯人均净利润。

雷达图的绘制方法是：

首先，画出三个同心圆，同心圆的最小圆圈代表同行业平均水平的 1/2 值或最低水平，中间圆圈代表同行业平均水平，又称标准线，最大圆圈代表同行先进水平或平均水平的 1.5 倍。

其次，把这三个圆圈的 360 度分成 5 个扇形区，分别代表收益性、安全性、流动性、成长性和生产性指标区域。

再次，从 5 个扇形区的圆心开始以放射线的形式分别画出相应的财务指标线，并标明指标名称及标度，财务指标线的比例尺及同心圆的大小由该经营比率的水平与同行业的水平来决定。

最后，把企业同期的相应指标值用点标在图上，以线段依次连接相邻点，形成的多边形折线闭环，就代表了企业的现实财务状况。

依据图 2-6 我们可以看出，当指标值处于标准线以内时，说明该指标低于同行业水平，需要加以改进；若接近最小圆圈或处于其内，说明该指标处于极差状态，是企业经营的危险标志；若处于标准线外侧，说明该指标处于较理想状态，是企业的优势所在。当然，并不是所有指标都处于标准线外侧就是最好，还要具体指标具体分析。

2.3.4　EVA

EVA 即经济增加值（Economic Value-added），是衡量公司业绩的一个重要的综合性指标。恰当地运用 EVA，将使公司业绩计量摆脱会计惯例的变幻无常，并使管理人员的利益与股东利益相一致，结束两者之间的冲突。以 EVA 为尺度衡量客户经营效果，可以建立一整套全新的客户治理结构和经营者激励机制。与大多数其他度量指标不同之处在于：EVA 考虑了带来客户利润的所有资金成本。用公式表示为：EVA＝销售额－经营成本－资金成本，亦即：经济增加值＝税后利润－资金成本系数（使用的全部资金）。EVA 的另外一个优点在于它是一套根据硬数据而不是预测来衡量公司业绩的体系。将 EVA 价值与薪酬挂钩，就构成了 EVA 管理模式。因此说，EVA 是企业经营者加强公司战略、财务管理、衡量员工业绩、设定奖罚机制的最佳武器。

2.3.5　KPI

KPI 即关键业绩指标（Key Performance Indicator），是通过对组织内部某一流程的输入端、输出端的关键参数进行设置、取样、计算、分析，衡量流程绩效的一种目标式量化管理指标，是把企业的战略目标分解为可运作的工作目标的工具，是企业绩效管理系统的基础。它可以使部门主管明确部门的主要责任，并以此为基础，明确部门人员的业绩衡量指标，使业绩考评建立在量化的基础之上。建立明确的、切实可行的 KPI 指标体系，是做好绩效管理的关键。

建立 KPI 指标的要点在于流程性、计划性和系统性，确定关键绩效指标有一个重要的SMART 原则。SMART 是 5 个英文单词首字母的缩写：S 代表具体（Specific），指绩效考核要切中特定的工作指标，不能笼统；M 代表可度量（Measurable），指绩效指标是数量化或者行为化的，验证这些绩效指标的数据或者信息是可以获得的；A 代表可实现（Attainable），指绩效指标在付出努力的情况下可以实现，避免设立过高或过低的目标；R代表现实性（Realistic），指绩效指标是实实在在的，可以证明和观察；T 代表有时限（Time-bound），注重完成绩效指标的特定期限。

一般按照以下步骤确定和建立 KPI 指标：

首先，明确企业的战略目标，并在企业会议上利用头脑风暴法和鱼骨分析法找出企业的业务重点，也就是企业价值评估的重点。

其次，用头脑风暴法找出这些关键业务领域的关键业绩指标（KPI），即企业级 KPI。接下来，各部门的主管需要依据企业级 KPI 建立部门级 KPI，并对相应部门的 KPI 进行分解，确定相关的要素目标，分析绩效驱动因素（技术、组织、人），确定实现目标的工作流程，分解出各部门级 KPI，以便确定评价指标体系。

再次，各部门的主管和部门的 KPI 人员一起再将 KPI 进一步细分，分解为更细的 KPI及各职位的业绩衡量指标。这些业绩衡量指标就是员工考核的要素和依据。这种对 KPI 体系的建立和测评过程本身，就是统一全体员工朝着企业战略目标努力的过程，也必将对各部门管理者的绩效管理工作起到很大的促进作用。指标体系确立之后，还需要设定评价标准。一般来说，指标指的是从哪些方面衡量或评价工作，解决"评价什么"的问题；而标准指的是在各个指标上分别应该达到什么样的水平，解决"被评价者怎样做、做多少"

的问题。

最后，必须对关键绩效指标进行审核。审核主要是为了确保这些关键绩效指标能够全面、客观地反映被评价对象的绩效，而且易于操作。

善用KPI考评企业，将有助于企业组织结构集成化，提高企业的效率，精简不必要的机构、不必要的流程和不必要的系统。

2.3.6　工作测量法

工作测量法主要用于工作中的绩效评估流程，一般常用于加工制造行业，主要为员工绩效评估提供准确可行的数据和模式。

工作测量一般按照以下步骤进行：

1）时间研究

时间研究的工作测量技术被用来开发绩效标准。管理中的许多方面能够使用这些标准时间，诸如所需员工、分配工作任务、制定标准成本、评估雇员绩效和建立工作支付计划。

2）工作抽样

时间研究用于决定完成一项任务所需时间，工作抽样则用于决定人们是怎样在不同的活动中安排他们的时间。工作抽样关心的是一个员工从事不同活动的时间比例，而不是完成一项活动所花费的时间，这种技术对个人工作的设计和重新设计最为有用，因为没有对直接的顾客接触活动设置事先程序。

工作抽样可以分为七个步骤：①定义活动。将工作分成尽可能少的种类，且不能重合。②设计观察表格。这种表格应该能轻松应用且将来分析时也不费劲。③确定研究时间的长短。研究时间必须足够长以便能提供一个行动的随机样本。④检测表格。努力将表格用于实践，观察分好的类别是否被很好界定，观察表格是否应用方便而且准确。⑤决定样本容量和观察模型。普通的统计方法可以选择研究样本容量和观察时间长短，一般来说，样本越大，就越准确和越有代表性。可以用一个公式来决定需要多少样本以达到满意的准确度。然后设计一个取得这些样本的时间表。⑥进行研究。观察者必须接受培训以便能正确使用表格。建议使用两种方法来降低任何对项目不利的影响，告诉被观察者并使他们确信他们没有被评估。在不让他们知道的情况下，直接观察。另外，第一、第二天的数据应放弃，以使员工在数据收集的过程中轻松自如。⑦分析数据。一般的统计方法可被用来计算管理者所需要的信息。

3）样本容量

一般而言，对一个过程会提出一个期望水平，这样就可以计算出研究所需的样本容量。样本容量取决于对花在一项具体活动上的时间比例的估计值和期望的精确度。计算样本容量的公式是：

$$N = \frac{Z^2 P (1-P)}{E^2}$$

式中，N——样本容量；Z——期望置信水平的标准正态偏差；P——按小数表示的假设比例；E——按小数表示的最大允许误差。

在实践中，对于花在某一项目具体活动上的时间比例的P可以通过小规模的初始研究得出，或者也可以指定一个保守值0.5（这样能保证样本的容量足够大，达到期望的置信水平）。估计 P 值的第三种方法是根据经验作一个合理的假设。

4）工作方式图

工作活动流程及顾客与员工的交互作用可用图形表示。最常用的有员工—顾客图和活动图。员工—顾客图指当服务人员的工作周期时间比顾客供应要求的短时，交互可以用一个时间尺度表示。员工—顾客图可以用于安排工作活动，使得每个雇员每次不止服务一个顾客。活动图则指当涉及多个服务人员和多个顾客的情况下，需要使用更复杂的图形工具，即活动图。

2.3.7　杜邦财务分析体系

杜邦财务分析体系是由美国杜邦公司的经理创造的，又称为杜邦系统（Du Pont System）。它是一种从财务角度评价企业绩效的一种经典方法。其基本思想是将企业净资产收益率逐级分解为多项财务比率乘积，从而有助于深入分析比较企业经营业绩。

在杜邦财务分析体系中，权益净利率是一个综合性最强的财务分析指标，是杜邦系统的核心。资产净利率是影响权益净利率的最重要的指标，具有很强的综合性，而资产净利率又取决于销售净利率和总资产周转率的高低。总资产周转率是反映总资产的周转速度。对资产周转率的分析，需要对影响资产周转的各因素进行分析，以判明影响公司资产周转的主要问题在哪里。销售净利率反映销售收入的收益水平。扩大销售收入，降低成本费用是提高企业销售利润率的根本途径，而扩大销售，同时也是提高资产周转率的必要条件和途径。权益乘数表示企业的负债程度，反映了公司利用财务杠杆进行经营活动的程度。资产负债率高，权益乘数就大，这说明公司负债程度高，公司会有较多的杠杆利益，但风险也高；反之，资产负债率低，权益乘数就小，这说明公司负债程度低，公司会有较少的杠杆利益，但相应所承担的风险也低。杜邦财务分析体系财务指标关系如图2-7所示。

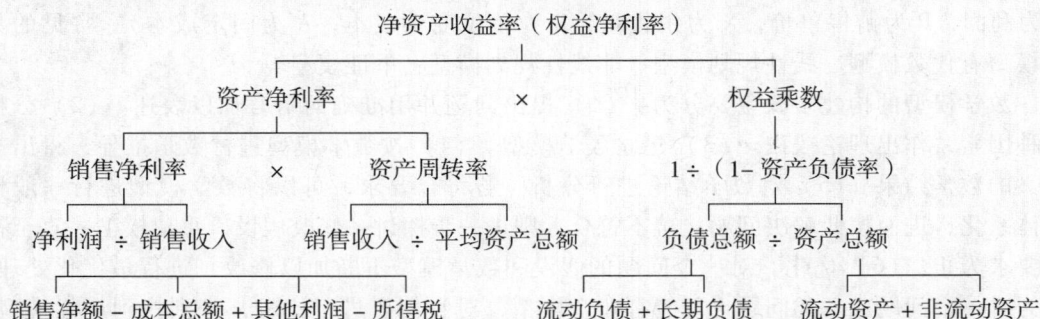

图 2-7　杜邦财务分析体系

2.3.8　ABC 分析法

ABC 分析法又称为重点管理法或分类管理法，其基本原理是根据事物在技术或经济方面的主要特征，进行分类、排队，分清重点和一般，以有区别地实施管理的一种分析方法。由于它把被分析的对象分成 A、B、C 三类，所以称为 ABC 分析法。

ABC 分析法的基本程序是：

1）开展分析

这是"区别主次"的过程。它包括以下步骤：（1）收集数据，即确定构成某一管理问题的因素，收集相应的特征数据。（2）计算整理，即对收集的数据进行加工，并按要求进行计算，包括计算特征数值，特征数值占总计特征数值的百分数，累计百分数；因素数目及其占总因素数目的百分数，累计百分数。（3）根据一定分类标准，进行 ABC 分类，列出 ABC 分析表。各类因素的划分标准并无严格规定。习惯上常把主要特征值的累计百分数达 70%～80%的若干因素称为 A 类，累计百分数在 10%～20%区间的若干因素称为 B 类，累计百分数在 10%左右的若干因素称为 C 类。（4）绘制 ABC 分析图。以累计因素百分数为横坐标，累计主要特征值百分数为纵坐标，按 ABC 分析表所列示的对应关系，在坐标图上取点，并连接各点成曲线，即绘制成 ABC 分析图。除利用直角坐标绘制曲线图外，也可绘制成直方图。

2）实施对策

这是"分类管理"的过程。根据 ABC 分类结果，权衡管理力量和经济效果，制定 ABC 分类管理标准表，对三类对象进行有区别的管理。

ABC 分析法是储存管理中常用的分析方法，也是经济工作中的一种基本工作和认识方法。ABC 分析的应用，在储存管理中比较容易取得以下成效：压缩总库存量；"解放"被占压的资金；使库存结构合理化；节约管理力量。

2.3.9   数学模型

数学模型是针对参照某种事物系统的特征或数量依存关系，采用数学语言，概括地或近似地表述出的一种数学结构，这种数学结构是借助于数学符号刻画出来的某种系统的纯关系结构。它或者能解释特定现象的现实状态，或者能预测对象的未来状态，或者能提供处理对象的最优决策或控制。例如，简化的量本利关系的数学模型为：$E = PX - BX - A$（设 E 为利润，P 为销售单价，X 为销售量，B 为单位变动成本，A 为固定成本）。常见的数学模型有代数模型、线性规划模型、非线性规划模型、举证模型等。

数学模型的构建步骤主要分为：（1）提出问题并用准确的语言加以表述。（2）分析各种因素，作出理论假设。（3）建立数学模型。（4）按数学模型进行数学推导，得出有意义的数学结果。（5）对数学结论进行分析。若符合要求，可以将数学模型进行一般化和体系化，进而按此解决问题；若不符合，则进一步探讨，修改假设，重建模型，直至符合要求为止。（6）优化。对一个问题的假设和数学模型不断加以修改，进行最优化处理。因为对一个问题或一类问题也可能有几个模型，对它们要进行比较，直到找到最优模型。通过数学模型解决分析问题，一般能够比较容易操作，可以解决对客观现象进行试验的困难且模型试验能够比较节约。另外，也能比较好地揭示客观对象本质。

❖ 本章小结

本章详细介绍了管理咨询的基本程序与方法。管理咨询的基本程序分为准备阶段、接洽咨询阶段、预备咨询阶段、正式咨询阶段、方案实施阶段、后续跟踪完善阶段。管理咨询的方法可以分为一般方法和具体方法。管理咨询师应熟练掌握大量久经考验的诊断工具，但是具体使用时要富有想象力，需要创新思维。工具的作用完全取决于使用者的思维能力，创新性的使用工具有时会产生意想不到的效果。

❖ 练习与思考题

★ 案例分析

中国贵州茅台酒厂（集团）有限责任公司总部位于贵州省北部风光旖旎的赤水河畔茅台镇。公司是全国唯一集国家一级企业、特大型企业、国家优秀企业（金马奖）、全国质量效益型先进企业于一身的白酒生产企业。可以说，一说到白酒，自然会联想到茅台。它不仅是我国白酒行业的领头羊，而且可以说一直是高端白酒的代名词。前几年，不论是销量还是价格，茅台领导的白酒行业可谓是一路凯歌，而在 2012 年底却整体出现回落。2012 年底的白酒塑化剂风波、限制三公消费、军队禁酒令以及中央提出的八项规定和厉行节约反对浪费的要求出台等主客观因素都对国内白酒市场造成了巨大冲击。而以高端白酒产品为主的茅台酒业更是面临巨大挑战。零售价曾超过 2 000 元的 53 度飞天茅台，如今 1 300 ~ 1 500 元就能买到。2013 年初，茅台执行多年的限价令被强令取消。与之相应的是，茅台股价也从 2012 年 7 月创下 266 元的天价后一路下挫，截至 2013 年 12 月 27 日收于 126.2 元。2013 年上半年，公司实现收入 141.3 亿元，同比增长 6.51%；净利润 72.48 亿元，同比增长 3.61%。中期个位数的业绩增幅创下了茅台上市以来的最低纪录。而无论从营业收入、净利润、预收账款来看，五粮液的数字都好于茅台。茅台未来的路如何走下去，如何因应市场的变化？这些都是茅台人亟需思考的问题。

1. 根据案例材料，请分析在这个案例中，可以使用哪些管理咨询工具。

2. 如果茅台酒业集团公司寻找咨询主体进行管理咨询，那么咨询主体应当如何做？需要注意哪些问题？茅台酒业集团公司应当如何做？需要注意哪些问题？

★ 思考题

1. 咨询主体在日常准备中需要做哪些工作？

2. 管理咨询活动的基本程序有哪些？各阶段需要注意些什么？

3. 如何利用波士顿矩阵分析企业的产品分布是否合理？

4. 咨询主体如何才能获得新客户和留住老客户？

★ 讨论题

1. 管理咨询的一般方法和具体方法中，哪些方法可以有新的用途？哪些方法可以进一步改进，从而产生新的方法和用途？

2. 管理咨询的基本程序中各步骤之间的相互关系是怎样的？

❖ 补充阅读材料

1. 徐国君. 管理咨询 [M]. 北京：中国商业出版社，1999.

2. 焦玉英. 管理咨询基础 [M]. 武汉：武汉大学出版社，2004.

3. 库布尔. 管理咨询专业指南 [M]. 中国国际工程咨询公司，译. 北京：学苑出版社，2006.

4. 丁栋虹. 管理咨询 [M]. 北京：清华大学出版社，2006.

5. 冉斌. 管理咨询 35 种经典工具 [M]. 北京：中国经济出版社，2005.

6. 方少华. 管理咨询工具箱 [M]. 北京：机械工业出版社，2008.

第3章

基础：管理咨询师的素质与职业规范

❖ 学习目标

通过本章的学习，要了解管理咨询师的素质和职业规范，建立管理咨询师的职业能力和职业道德的基本与全面架构，为管理咨询师的培养和执业奠定一个重要的前提。第一，从管理咨询师的涵义入手了解管理咨询师的角色定位，进而掌握管理咨询师的定义、职能和作用；第二，在了解国内外关于管理咨询师素质框架规范和实证研究情况的基础上，把握管理咨询师的素质和技能构成；第三，在了解国内外关于管理咨询师素质框架的代表性总结的基础上，明确划分咨询管理师素质的依据，运用管理咨询师的鉴别素质模型建立能力素质体系，根据素质能力词典中对各素质的描述，结合咨询人员具体情况而设计管理咨询师的素质框架；第四，在了解国际比较的基础上，理解管理咨询师的职业规范与职业道德要求；第五，在了解国外管理咨询人员培养范式的基础上，分析我国管理咨询人员的培养现状及对策。

本章简要介绍管理咨询师素质和职业规范的一些基本知识，目的是对管理咨询师的角色定位、职业素质、职业规范和职业道德等有个大致了解，为后面的学习提供基础性向导。

本章主要学习以下四个方面的内容：管理咨询师的定义和角色定位；管理咨询师素质框架和鉴别素质模型；管理咨询师的职业规范和职业道德；管理咨询师的培养。

✲ 3.1 管理咨询师的定义、角色、作用

3.1.1 管理咨询师的定义

管理咨询师作为从事咨询服务的职业人士，是咨询服务最直接的创造者和提供者，我们又称之为“企业医生”。按照咨询方式的不同，咨询顾问可以分为内部咨询顾问和外部咨询顾问两种类型，两者的区别主要在于：前者往往是被咨询企业的内部雇员，而后者则

是作为一个独立的主体向客户提供咨询服务并收取一定酬金的外部专业人员，通常所提到的咨询师一般指的是外部咨询顾问。

关于管理咨询顾问，国际管理咨询协会（ICMCI）是这样定义的：管理咨询顾问是独立的、具有良好的素质和能力的人，他为商务、公众或者其他的企业单位提供非常专业的服务，服务的内容包括调查和甄别客户在管理、战略、政策、营销、生产过程、组织领域中发生的问题，通过实际调查与全面分析，提出合适的建议用于商业和管理的应用，在得到客户的认同之后，有必要配合客户的要求协助客户实现这些建议的应用。管理咨询顾问的特质在于他们的独立、客观、正直与诚实。

这一定义可以概括为以下几个方面：

（1）素质要求：良好的素质。

（2）服务性质：接受委托，调查客户在某方面存在的问题，提出专业性的建议。

（3）能力要求：良好的能力，可以提供专业性的服务。

（4）与客户的关系：独立于客户，提供建设性建议并配合客户实施，但没有强制执行权。

（5）道德要求：独立，客观，正直，诚实。

3.1.2　管理咨询师角色与作用

鉴于管理咨询行业的特殊性，管理咨询师在客户中所扮演的角色是不同的，其职能也有所不同。布洛克（Block，1981）认为从总体而言，咨询顾问往往会扮演三种角色之中的一种，他们分别是：（1）帮手。咨询顾问只起到助手的作用，只需要通过研究为既定的问题提供答案，由客户自己来实施。（2）专家。咨询顾问扮演专家的角色，客户将把实施的全部工作托付给咨询顾问来完成。（3）合作者。客户与咨询顾问都参与实施过程，由两者共同推动方案的实施。

在总结国内外研究的基础上，有观点认为管理咨询师相对于客户来说一般扮演以下14 种工作角色。

1）建议者

这是大部分咨询专家都担任的角色，他们利用自己专业领域的专长或者他们对产业或行业的熟悉和了解与客户一起分享他们的经验，并帮助客户应用其需要的知识。建议者的角色通常根据建议的需要进行诊断和分析。

2）诊断者

咨询专家与客户一起工作的第一个角色是与客户一起讨论问题的表现形式和客户对问题的认识，然后诊断问题的性质，通过事实检验后，再确定出现问题的真正原因。一个经验丰富的咨询专家并不是一下跳到结论上，而是在下结论之前，先进行认真细致的调查。

3）分析者

许多咨询专家扮演着分析者的角色——正式的和非正式的。这与项目本身的特殊性无关，他们这样做只是为了积累知识，提高分析水平，所有好的咨询专家都非常注重他们个人的发展，并且在这方面投入时间和资金。

4）研究者

一个优秀的咨询专家应是高效的研究者，他们知道在哪里找到他们需要的任何信息。

5）培训师

因为咨询职能已从比较呆板的咨询方式向易变的方式转变，咨询专家作为培训师的技能的重要性在增长，客户也在不断地寻找技能和知识的转移，他们想在不久的将来，在较少的外部支持下，也能做类似的工作。面对潜在客户或在与客户刚刚建立关系的阶段，咨询专家通常都以培训师的角色出现。

6）辅导员

辅导与被辅导之间是一个比较平等的关系，一个辅导员作为外部人员，通过指导、建议和支持对一个组织提供激励和动力。他是以提供面对面的服务为基础的，通常在一段时期内，通过偶尔和经常的接触来进行辅导。辅导员主要是扮演传播者的角色，通过启发思想，帮助客户找到他们应该找到的结论，辅导员通过回答问题，引导客户自己找到结论，而不是辅导员自己找出结论。辅导员一般比客户具有更广泛的经验。辅导员与客户一起分享经验，并且用这些经验支持客户作决策。在任何情况下，辅导员和客户都将分享他们的知识、经验和思想，这样被辅导的人才能作出更正确的决策。

7）促进者

与辅导员角色紧紧相连的是促进者，这个角色对于咨询专家而言是日益增长的。促进的意思是专家能力的释放，目标是帮助组织中的一群人意识到他们能够获得和利用的有用信息，只是这些信息是潜在的或者没有引起他们的关注，并且帮助他们将这些认识转化成有效的行动，以支持商业目标的实现。

促进主要是归纳总结小组的知识和共识，然后建立一个可以共享的知识库。好的促进行动对于知识的转移是最有效的，客户在促进者的帮助下"自己寻找合适的解决方案"，咨询的目的就是寻找解决问题的答案。

除了对这个小组的一般过程强调归纳总结之外，所做的建议工作也是最重要的部分之一，并对现在或计划进行的活动中的潜在问题进行分析。

8）解译者

咨询专家经常通过两种方式做信息、新技术和商业管理方面的解译工作——专业技术的和一般商务管理的。

9）技术专家

在许多商业领域和与之相关领域中的咨询专家具有良好技术专业背景。有的咨询专家在特殊的领域提供知识和专业经验。

10）项目管理者

咨询专家经常作为项目管理者为他们自己公司和为客户公司工作。他们中大部分工作的角色是项目管理者。一名咨询专家不仅要管理他们自己公司的资源，有时他们也代表客户管理资源，这个资源包括客户的员工，但咨询专家可能没有那么大的权威，所以一般通过激励手段及自己的热情、承诺和人品来达到统辖资源的目的。

11）创新者

作为一名外部咨询人员，他的工作经常是协助组织对快速变化的世界做出反应，这种咨询专家的关键技能是创新能力。创新必须是朝着重新确定和支持组织目标发展，通常咨询专家要起桥梁和纽带的作用，在业务领域涉及相关的技术、发展需求或人的问题。

12）预测者

想象力对创新而言是预期性的，并且具有预测的作用。创新需要有采用新方式做事情的新思想和解决问题的信心，一名外部咨询专家对他的客户要提供新的思维方式，思维的改变是开发的早期阶段，咨询专家要帮助客户在管理思想、技术上实现跨越，以获得领先的竞争力。

13）参谋

咨询专家也必须约束他们宽阔的思维并面对现实，他们必须在许多新思想和新产品的宣传上帮助客户辨别真伪。咨询专家必须将自己的看法与客户的实际相结合，不同的客户有不同的发展阶段，而且它们的能力也是不同的，客户想通过跨越实现自身价值的提高，咨询专家必须帮助客户去做可能实现的梦想。

有另外一种参谋是非常难做的，咨询专家非常偶然地发现：客户的一名领导成员是有问题的，或者一位高级管理人员是有问题的，那么咨询专家要非常敏感地解决这个问题。

14）道义者

最后，咨询专家的主要角色应当是道义者，时而态度婉转，时而直截了当。咨询专家在与客户打交道时应当扮演"不讲道理"的角色，如果咨询专家讲到关于客户自己、客户的员工或客户组织的话，客户不爱听时，咨询专家要表明强硬的态度。

✳ 3.2　管理咨询师的素质框架研究回顾

由于对于管理咨询师的角色定位不同，学者们对管理咨询师的素质框架的定位也有所不同。

3.2.1　素质的内涵

"Competency"这个单词的翻译方法有很多：能力、权能、资质、素质、胜任资格等。其概念最早出现在 1973 年美国著名心理学家大卫·C. 麦克利兰的文章《测量素质而非智力》中。麦克利兰教授认为，素质是驱动员工产生优秀工作绩效的各种个性特征的集合，它反映的是可以通过不同方式表现出来的员工的知识、技能、个性与内驱力等。素质是判断一个人能否胜任某项工作的起点，是决定并区别绩效差异的个人特征。他同时提出，根据素质与工作绩效的关系，可以将素质分为两类：通用素质和特殊素质。通用素质是指从事工作必要的条件（一般指知识和基本技能，如读写能力等），但它不能区分一般员工和优秀员工。特殊素质是指能够把一般员工与优秀员工区分开的素质。麦克利兰的观点对学术界影响很大。

1982 年，美国管理学家波业兹在《有效管理》一书中对素质这一概念进行了发展，使素质这个词流行了起来，并且在管理开发界得到了广泛的应用。他提出，素质指的是个人具有的潜在的特征，这些潜在的特征使其工作产生有效的或是出色的绩效。

1990 年，胡姆斯特拉认为，素质是动机、特性、自我定义、态度或价值、知识内涵，或是认知技能或行为技能，是任何可以被衡量或考察的个体特点，是任何可以用来明确地区分一般业绩者和优秀业绩者或者区分无效业绩者和有效业绩者的个体特点。

1993 年，美国心理学家斯班瑟认为，素质是指能将某一工作（或组织、文化）中有卓越成就者与表现平平者区分开来的个人的深层次特征，它可以是动机、特质、自我形象、态度或价值观、某领域知识、认知或行为技能——任何可以被可靠测量或计数的并且能显著区分优秀与一般绩效的个体的特征。

1995 年，Johannesburg 关于素质的研讨会上数百位人力资源管理专家的共识：素质就是与工作相关的一组知识、技能和态度，与绩效正相关，能被既定标准测量，能通过训练发展改进。

泰德（Tett）等人（2000）在《管理素质多维分类的开发和内容确定》一文中对素质的界定是"那些可以归因为对组织有效性做出积极或者消极贡献的个人预期工作行为中可以确定的方面，是一种未来导向的工作行为"。这一界定强调素质的行为导向和可观察性、可测量性。

自从素质的概念被提出后，关于素质的研究就成为全球管理学界的研究焦点之一（Mclagan，1997）。素质研究热潮的掀起，引发众多的学者对其加以研究，所谓仁者见仁、智者见智，不同的思维模式、不同的实践经验、不同的知识结构，对素质的认识各有不同，也就产生了众多的素质定义，至今还没有一个统一的说法。除了以上所介绍的定义之外，根据所查阅的文献，其他有关素质的定义见表 3-1。

表 3-1　　　　　　　　　　　　　　　　　　　素质定义综述①

学者	素质定义
Burgoyne（1988）	素质是完成一项任务所需要的能力和意愿
Hornby（1989）	素质是有效经理或领导所具有的知识、技能和品质
Albanses（1989）	素质是能产生有效的管理绩效的技能或个人特征
Woodruffe（1992）	素质是为了能胜任行使某一职位的任务和功能，而需要在该职位上进行的一系列行为方式
Hanks（1993）	素质是从事某一职业内的活动所需要的能力
Spencer（1994）	素质是指特质、动机、自我概念、社会角色、态度、价值观、知识、技能等能够可靠测量并可以把高绩效员工同一般绩效员工分开来的任何个体特征
Fleishman（1995）	素质是知识、技能、能力、动机、信念、价值观和兴趣的混合体
Fletcher（1996）	素质是指一类行为，这些行为是具体的、可以观察到的、能证实的，并能可靠且合乎逻辑地归为一类，如分析、主动、敏感等
Stuart（1997）	素质是在能导致优秀绩效的能力域里面，能够直接导致达成某一成功目标所需要的一套综合行为
Mirabile（1997）	素质是高工作绩效者所表现出来的知识、技能、能力和个性
Parry（1998）	素质是一系列相关知识、态度和技能，它能够对某一工作产生主要的影响，能够用一套被大家所接受的标准来测量，能够通过培训和发展来得到提高
Green（1999）	素质是完成工作任务所需具备的工作习惯和个人技能等的综合

综上所述，素质的定义一般主要有以下几个方面：

---

① 根据相关文献整理。

（1）知识，是指对某一职业领域有用信息的组织和利用。

（2）技能，是指将事情做好的能力。

（3）社会角色，是指一个人在他人面前想表现出的形象。

（4）自我概念，是指对自己身份的认识或知觉。

（5）人格特质，是指一个人的身体特征及典型的行为方式。

（6）动机/需要，是指决定一个人外显行为的自然而稳定的思想。

Spencer 等人（1993）经过近 20 年对素质的研究和应用，提出了冰山模型（The Iceberg Model）和洋葱模型（The Onion Model），而通常情况下我们用冰山模型来描述上述素质特征，如图 3-1 所示。

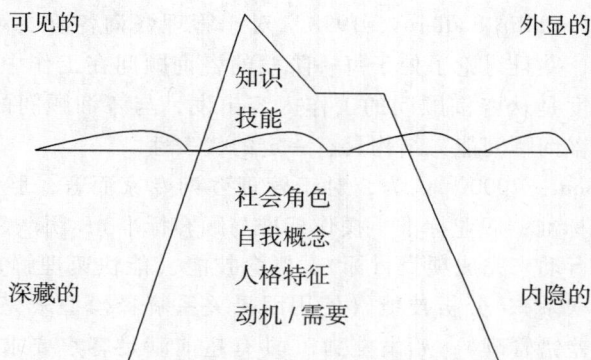

图 3-1　素质结构冰山图

知识、技能属于表层的素质特征，漂浮在水上，很易被发现；社会角色、自我概念、人格特质和动机/需要，属于深层的素质特征，隐藏在水下，且越往水下，越难被发现。深层特征是决定人们的行为及表现的关键因素。[①]

尽管如此，这并不意味着任何技能、知识、个性等都是素质，素质并不是这些方面的简单加总。它有以下三个重要特征：（1）与工作绩效有密切的关系，甚至可以预测员工未来的工作绩效；（2）与任务情景相联系，具有动态性；（3）能够区分业绩优秀者与一般者。只有满足这三个重要特征，才被认为是素质。[②]

麦克伯公司认为，表层素质、潜质与工作绩效之间遵循着以下关系：

（1）从事每项工作，都需要具备相应的表层素质和潜质。

（2）对于做好一项工作而言，潜质比表层素质更加重要。具备表层素质的人，能成为合格者；而具备潜质的人，则能够成为绩效优异者。

（3）表层素质是易于学习和培养的，而潜质是很难通过培训获得的。基于潜质和表层素质的关系，在人员招聘中，就不仅要应用知识、技能等表层素质方面的标准，更要建立和应用潜质方面的标准。

3.2.2　国内外关于管理咨询师素质框架的研究

关于管理咨询师的素质要求，不同的学者有不同的观点，根据其研究方法的不同，可

① 杨东涛，朱武生.基于胜任力的人力资源管理研究［J］.中国人力资源开发，2002（9）.
② 彭剑锋，荆小娟.员工素质模型设计［M］.北京：中国人民大学出版社，2003.

以分为规范性研究成果和实证性研究成果。

1) 关于管理咨询师素质框架的规范研究①

科勃（Kurb，1996）对咨询顾问所需的智力能力与个人素质提出了自己的观点，他将咨询顾问的能力分为智力能力、沟通能力、合作能力、心智成熟度、个人内驱力和积极性、正直诚实、健康七个方面，每一个方面又分别由若干分项组成。科勃对于咨询顾问能力结构的分析比较全面，既涉及与业务工作相关的分析能力、学习能力、人际关系能力等，同时也包括相关的职业伦理、个性、价值观、身体健康等多方面的因素。与此同时，他的分类方法也存在着一定的缺陷，表现在各个能力要素之间存在着一定的重复现象，存在着进一步简化的空间。

菲利普·萨德瑞（Philip Sadleruy，1998）对于管理咨询各阶段对咨询顾问所提出的能力要求进行了分析，并且讨论了处于每一阶段的咨询顾问在工作中所扮演的不同角色。由于萨德瑞的分析角度是从咨询顾问的工作内容出发，与咨询顾问的工作结合得非常紧密，因此他所得到的咨询顾问能力结构具有一定的代表性。

高德鲍特（Godbout，2000）认为，对于管理咨询专家而言，胜任力包括六个部分：绩效导向（包括科学标准、职业标准、操作标准与顾客标准）；团队领导（能灌输愿景并与项目团队成员协调行动来完成项目目标）；概念技能（能快速理解复杂情境，解释模型中各种成分的关系和联系）；分析技能（使用因果关系解释模型来完成目标、形成观点、适应不确定性、进行差错管理）；始发能力（具有超前满足客户要求的能力、发起行动、改善结果、增加附加值）。

在国内，冯锋（1995）对于咨询人员（包括管理咨询顾问）资质认定与培养作出了比较早的思考，他认为作为咨询人员应具有观念素质、品德素质、心理素质、文化素质、能力素质这五个方面的能力。

中国企业联合会咨询服务中心和中国企业联合会管理咨询委员会（1999）则将管理咨询顾问的能力素质要求分为显在与潜在两个部分，前者包括精神、品格、学历以及资历四个方面，后者则主要包括工作能力和体质精力两个方面，各项又由许多分项组成。

江虹（2002）从社会学的角度对于咨询顾问能力进行了分析，他认为咨询顾问的能力实际上是扮演他在咨询过程中所充当的角色的能力，其实质是一种角色扮演能力。他从咨询顾问角色的角度出发，分析了咨询顾问的能力结构，并且认为基于客户的期望进行个人角色学习是提高咨询顾问能力的一条有效途径，这是一种比较新颖的研究思路。

孔雅（2006）将管理咨询师的能力与素质分开来，认为管理咨询师应具备三大素质、九大技能。

三大素质包括：

（1）专业素质。要求管理咨询师必须能够提供针对于某一领域达到深至化、纵深化的服务，但专业素质并不等同于纯粹的专业化。由于管理咨询的行业特点，决定了管理咨询师必须具有比较宽泛的知识存量，其知识结构也必须是综合性、多维度的，因此，一名优秀的管理咨询师不但首先要在某个领域实现纵深化，在此基础上，还必须在更多、更广泛的专业范围内进行挖掘、深化，向多专多能的方向发展。

① 杨廷钫. 管理咨询顾问能力建设研究 [D]. 广州：暨南大学，2003.

（2）职业素质。对管理咨询师职业素质有以下两点基本要求：①责任，要求管理咨询师必须本着对客户负责的原则和态度做到：为咨询客户严守商业秘密，为咨询客户提供与合同相符的服务，只接受咨询机构力所能及的工作；不弄虚作假，不利用咨询客户保密信息为自己或公司谋利。另外，管理咨询师所肩负的责任还包括社会责任、民族责任、国家责任、行业责任、团队责任等。②态度，一个优秀的管理咨询师首先应该是一个热爱这项事业的人，只有心怀热爱、无私敬业的从业者才能最充分地展现出他最优异的职业风范。

（3）身体素质。管理咨询是一项艰苦的、连续性的脑力劳动，因而要求管理咨询师必须能够承受长期的出差、超负荷的连续工作、高强度脑力作业等巨大的身心压力。因此，想要成为一名优秀的管理咨询师就必须拥有健康的体魄、良好的身心素质。

九大技能包括：

（1）知识技能。知识技能主要包括以下四个部分：第一，要求管理咨询师掌握大量的管理理论、咨询程序和工作方法等必备的专业知识；第二，要广泛地涉猎文学、历史，哲学、商务、礼仪、视觉艺术、艺术鉴赏等非专业类知识；第三，准确把握国家的大政方针、政策路线、体制改革、政策变更等信息；第四，必须不断充实新的知识内容，包括发生升级的知识和全新知识。

（2）经验技能。这里所指的经验技能涵盖两个层面上的经验：在咨询实践过程中总结出来的正、反两方面的经验。

（3）快速切入新领域的技能。快速切入新领域的技能是指管理咨询师在拥有大量知识储备的基础上，所具有的在短期内迅速消化知识、掌握知识，迅速填补知识不足部分以满足项目要求的能力。

（4）客户关系管理技能。根据国际知名管理咨询机构的成功经验，管理咨询公司争取到一家新客户要比留住一家老客户付出更大的努力和成本。事实也的确如此，许多国际知名管理咨询机构都与它们的老客户保持了长达十几年，甚至几十年的业务关系。因此，要求管理咨询师必须拥有卓越的客户关系管理技能。

（5）销售技能。所有的管理咨询师都必须具备销售技能，而且要具备在咨询服务提供的全过程中抓住机会促成销售的技能。通常情况下，级别越低、资历越浅的咨询师的销售意识越淡薄，而职位越高、经验越丰富的咨询师则不然。很多时候，对于客户而言，资深咨询师能够使咨询服务的购买变得很容易，而且完全感觉不到他们正在销售。

（6）沟通与展示技能。这其中包含了优秀的文字表达能力和语言表达能力。管理咨询师除了必须具有深厚的文字功底，能够书写具有专业水准的咨询报告外，还必须具备优秀的语言表达能力，能够在与客户的交流和展示过程中，准确、恰当地掌握表达问题的分寸，向客户传达结论和推荐方案，以得到客户的认可。

（7）时间管理技能。时间对于管理咨询师而言是极为宝贵的财富和稀有的资源，因而管理咨询师必须对自己的时间进行谨慎、有效的管理，以提高时间的利用效率，把用于学习、积累、创新、工作的时间进行合理配置。

（8）分析技能。管理咨询师还应具备缜密的分析技能，具有在众多复杂问题中抓住关键问题的能力，具有全面、清晰、结构化的逻辑思维能力，能够迅速、准确地诊断问题，识别管理问题的根源并找出解决方法。

（9）创新技能。创新技能亦是管理咨询师所必须具备的，要求管理咨询师能够在已有的咨询思想、方法、工具基础之上，利用所拥有的知识，进行研究与开发，不断创造新的管理思想、方法和技巧，以及新的咨询方式、新的解决问题的手段与思路。

2）国内管理咨询师能力框架的实证研究

关于管理咨询师能力的实证研究，国内外现有的研究方法有行为事件访谈法、职能分析法、绩效法、趋势驱动方法以及多维度法。[①] 但目前最广泛运用的是调查问卷的方式。杨延钫、杨从杰（2003）通过调查问卷的方式，以接触过或者是做过管理咨询业务的人员为调查对象，分析了管理咨询师的胜任能力需求，得出咨询顾问的关键能力分别是（按均值由高向低排列）：（1）对企业中所存在管理问题的判断能力；（2）人际沟通能力；（3）从实践和理论中迅速学习的能力；（4）获得他人信任与尊重的能力；（5）熟练掌握访谈、问卷、实地观察、内部资料分析等各种信息收集和处理方法的能力；（6）将客户所描述的模糊管理情境具体化的能力；（7）客户心理、价值取向和预期的分析与判断能力；（8）归纳、演绎推理的能力；（9）系统解决问题的能力；（10）以流畅、富于逻辑的结构化思维去组织观点、撰写咨询报告的能力。

与此同时，他们认为最不重要的五种能力分别是（均值由低向高排列）：（1）精通并运用 IT 技术的能力；（2）咨询团队管理能力；（3）创造和灌输共同愿景的能力；（4）高超的讲演和感染能力；（5）咨询项目管理能力。

清华大学中国企业研究中心和香港管理咨询学会（2005）合作，以管理咨询公司职员和企业中的管理人员为对象进行了问卷调查，分能力、知识和道德三个部分来分析管理咨询人员的素质要求。其结果是：在关于管理咨询师的能力素质中，管理咨询师与客户双方都认为"分析问题，规划咨询过程，确定咨询方法"的能力是非常重要的。但是，咨询顾问特别重视沟通与展示能力，企业客户则更重视"咨询计划与资源配置能力"，而最不重视"沟通与展示能力"。这也许反映了咨询机构创业初期拓展市场的艰难，也反映了客户企业要求咨询实效的价值倾向。对于知识方面，双方虽然都重视知识，但是侧重点不同。管理咨询顾问更重视知识基础、融会贯通的学习能力以及分析判断的中肯性，而企业客户更重视对国情、行业、企业的理解以及解决方案的可行性。

从这些研究可以看出，对于管理咨询师的素质，目前还没有统一的说法，而且站在不同的立场，管理咨询师的能力要求也是不一样的。

❈ 3.3　管理咨询师鉴别素质模型的构建

究竟什么样的个人素质对管理咨询的成功十分关键呢？管理咨询公司在招募咨询师员工时（包括客户公司在评判项目组成员的能力时），应以什么标准来评判应聘者的个人素质，来培养、要求员工提升个人素质呢？管理咨询师鉴别素质模型的构建有利于解决以上问题。

---

① Visscher, Klaasjan. Capturing the competence of management consulting work [J]. Journal of Workplace Learning, 2006, 18（4）.

3.3.1　素质模型的发展及应用现状

素质模型的研究方法是由国际知名的美国哈佛大学心理学教授麦克利兰（McClelland）博士倡导创立的。它是在国际上，特别是先进企业中得到普遍认可和广泛运用的企业员工选拔、培养和发展的有效方法。在国外，素质模型的理论研究发展得比较成熟，并且在实践中被频繁应用，其突出特点为：研究和应用涉及的领域非常广泛，包括企业、教育、军事、医疗机构和政府机关等；重视程度高，投入较大，特别是 BP、Schlumberger、Intel、Motorola 等优秀企业已经应用研究成果进行企业提升。

卢西亚（Anntoinette D. Lucia）和莱普辛（Richard Lepsinger）素质模型主要回答了两个问题：完成工作所需要的技能、知识和个性特征是什么？哪些行为对于工作绩效和获取工作成功来说是具有最直接的影响的？

1990 年，Prahalad 提出了组织战略管理胜任力，包括核心胜任力、优势胜任力和决定性的胜任力；1999 年，James 提出了组织领导胜任力，包括概念胜任力、技术胜任力、人际胜任力和政治胜任力；2000 年，Chrisman 提出了组织竞争力胜任力，包括核心技术竞争力、核心运作能力和学习能力。1993 年，Lyle M. Spencer、Sige M. Spencer 等人提出了冰山模型、洋葱模型。[①]

麦克莱根（Mclagan）认为："素质模型是一种用以描述操作一项特定工作的关键能力的决策工具。在很多情况下，素质模型比工作描述（经常忽略知识和技能）更可靠，比技能列表更可靠，比内部感受（Inner Feelings）的目标性更强。"素质模型应当包括那些对取得工作预想结果起关键作用的素质。素质模型使得素质标准在团队和应用中变得具体和可信。这些不同之处使得运用素质作为标准成为新鲜事物。Boyatzis 将 Mclagan 的工作继续推进，并出版了第一本以实践为基础的关于素质模型发展的研究性著作 The Competent Manager: A Model for Effective Performance。在该著作中，他提出的工作胜任力比强调导致高绩效的个性特征有着更为宽广的意义，他从影响工作绩效的三个方面扩展了胜任力模型：个体胜任力、工作需要、组织环境。

勒布（LeBleu）和索波科维亚克（Sobkowiak）（1996）认为素质模型就是指"成功完成任何工作所需要的知识、技能和行为"。素质模型在那些拥有开放和授权的文化，以及管理制度完善和拥有个人发展和实现历史的公司得以最佳实现。

管理学家麦斯菲德（Mansfield）与米切尔（Mitchell）在发表于 1996 年的论文《工作素质模型》中认为：素质模型通常是"全息"的，包括对一职务所有工作角色的期望，以及不同工作角色之间的关系。工作素质模型以比较简要的方式描述了完成一项工作所涉及的四个方面，这四个组成部分被概括为：技术性要求、对例外情况的处理、对不同工作行为关系的处理、处理工作环境中各种关系的能力。这四个方面都通过工作中的行为得到体现。

现在通常认为素质模型就是为完成某项工作，达成某一绩效目标所要求的一系列不同素质要素的组合，包括不同的动机表现、个性与品质要求、自我形象与社会角色特征以及

---

① Visscher, Klaasjan. Capturing the competence of management consulting work [J]. Journal of Workplace Learning, 2006, 18 (4).

知识与技能水平。通过员工素质模型可以判断并发现导致员工绩效好坏差异的关键驱动因素，从而成为改进与提高绩效的基点。

素质模型有三个重要特征：（1）具有行业特色。它反映的是某类行业内对人员的整体素质要求，包括知识和技能的范围，对所服务客户的认识程度等。（2）具有企业特色。它反映的是单个企业对特定人员的要求，并且细化到行为方式的程度，即使是处于同一行业的两个企业，由于企业文化、经营目标、经营策略的差异，纵然企业在人员要求的能力条目上完全相同，也很少有两个企业的能力素质的行为方式要求是完全一致的。（3）具有阶段性。素质模型的行为模式由于与企业经营相联系，因而具有阶段性。在企业的特定时期内，某项素质能力，甚至是某一组能力是至关重要的，而在另一个阶段，由于企业的经营目标或经营策略发生变化，能力素质模型就会定期随之更新和改变。

3.3.2　构建管理咨询师素质鉴别模型的依据

根据上文对素质模型的定义，我们可以知道，素质模型的构建需要一些基本的要素，例如行业的划分、素质要素的构成等。

1）国内外关于管理咨询师素质框架的代表性总结①

根据第 2 章对于管理咨询师素质能力的研究，各国或各个学者对于管理咨询师的能力框架的定义是不完全相同的，代表性观点见表 3-2。

2）划分咨询管理师素质的依据——级别和工作性质的划分

我们总结了各国对于管理咨询师素质框架的要求，不过我们得出的是一个一般意义上的框架，因为根据管理咨询师工作性质的不同，在咨询公司中级别的不同，可能就不会具备上面所说的全部能力，而由于管理咨询师的工作情景、内容的差异，可能就需要具备表中没有的能力。

因此，素质模型构建的第一步，就是根据管理咨询师工作性质和级别的不同，来划分其应具备的素质。因为素质是解释员工绩效优劣差异的核心原因，从企业角度而言，对同类素质进行分级，可以准确反映从事不同工作性质与内容的素质要求以及工作绩效目标的差异；对于员工而言，素质分级为员工选择合适的工作提供了依据与参考，也符合素质的提出对于员工规划其职业生涯的现实指导意义。换句话说，员工可以根据自身所具备的素质坐标，选择自己在企业中的进入点乃至未来职业发展的路径。因此，员工素质模型通常体现为一系列不同级别的不同素质组合，它既代表了企业对于工作所需素质的界定，也为员工提供了有效的指引。

德里福斯（Dreyfus）将员工能力发展划分为五个阶段，它们分别是：新手、高级入门者、胜任者、精通者和专家。著名管理学家 Milan Kubr 在 Management Consulting：A Guide to the Profession 一书中，总结了在通常情况下职业发展道路的五个代表性等级。按照 Milan Kubr 分法，咨询公司的职业结构可以分为初级咨询顾问、执行咨询顾问、高级咨询顾问、首席咨询顾问和合伙人五个等级。② 详情如下。

---

① 王瑞珍. 我国咨询人员素质指标体系的探讨［J］. 四川图书馆学报，2009（1）.
② 库布尔. 管理咨询专业指南［M］. 中国国际工程咨询公司，译. 北京：学苑出版社，2006.

表 3-2   对于管理咨询师素质要求的代表性观点

国家	代表人物或机构	咨询人员素质要求
美国	P. W. 谢伊	1. 身体健康；2. 通晓职业和礼仪；3. 举止稳重；4. 有自信心；5. 有效率；6. 正直；7. 有独立性；8. 机智；9. 善断；10. 有分析和解决问题的能力；11. 具有创造性想象力；12. 具有交际和沟通本领；13. 具有表达和说服能力；14. 心理成熟
美国	世界观察研究所	1. 为事业献身的忘我精神；2. 跨学科的丰富的知识面；3. 深刻地理解和解决问题的能力；4. 丰富的想象力和强烈的创造心；5. 清晰地剖析和鉴别疑难问题和资料的能力；6. 要有较强的写作能力；7. 较好的口头表达能力；8. 善于交际
英国	罗伯特	1. 职业道德准则；2. 信誉度；3. 个性的品质；4. 所需的技能；5. 必要的知识；6. 对咨询过程的认识；7. 生活方式好；8. 有一定的关系网
日本	日本野村综合研究所	1. 研究能力；2. 发现问题的能力；3. 善于同委托者交涉的服务能力；4. 与同仁共事的合作能力；5. 要求能够适应课题的改变，具有专业转变能力
日本	生产性本部	1. 要求咨询人员应该具备渊博的知识，包括：关于企业外部环境的知识；关于企业内部的知识；个人专业技术知识。2. 要求咨询人员具有丰富的实践经验，要求在大学毕业后至少工作 3~5 年，最好是 10 年左右，以便积累足够的实践经验，胜任咨询工作。3. 要求咨询人员组织能力强，基本素质好，具体要求有：对企业内外环境要有分析判断能力；思维敏捷，见识广阔；作风正派，有魄力、组织能力；机动灵活；有高度的事业心和责任感；能应用科学知识，迅速发现和解决问题
中国	企业管理咨询协会	1. 精神和品格：事业心，合作性，创造性，责任心，不妥协性。2. 学历：大学专业技术学历，经营管理知识的进修、考察、深造。3. 资历：在企业实践 3 年以上，有咨询工作的经历，取得一定的业绩，在企业管理方面有一定的影响和威信。4. 工作能力：深入解决实际问题的能力，独立思考、迅速判断问题的能力，综合分析的能力，善于交际的能力，表达说服指导的能力。5. 体质精力：健康，精力充沛，富有热情和耐久力

第一级：初级咨询顾问，指新人担任咨询助理开始，往上成长的第一步，可独立承担某一板块的工作。

第二级：执行咨询顾问，他们是一线专业人员，承担大部分客户和组织的咨询工作，每个执行咨询顾问都应擅长某一个领域，一般是一种管理职能或者是一种专门技术。通常，咨询顾问要独立地或者作为小组成员担当不同情况下的许多执行性任务，经过 3~5 年后，才可考虑晋升下一个级别。

第三级，主管咨询顾问（小组长、项目经理、高级助理、高级咨询顾问、经理），其主要责任包括担任小组长（例如，其职责可能需要综合管理专长并涵盖几个职能领域），并且监管执行咨询顾问。这个级别的咨询顾问也直接负责执行需要丰富经验的咨询任务，其他责任还包括执行培训、管理考察、营销新任务以及与客户保持联系。

第四级，初级合伙人或者相当者（负责人、经理、调查咨询顾问），承担营销和管理的职能，典型的工作是他们需要花费大量时间从事促销（访问客户、管理考察、计划和谈判新任务）。有些人可能负责重要客户的任务，而另一些则在公司内领导若干部门，或者协调和控制一些客户项目。

第五级，高级合伙人或相当者（官员、董事、合伙人、董事合伙人、副董事长、董事长），高层和最高管理层的责任属于这个最高级别，包括制定公司策略和政策方针。这个级别的咨询顾问也要考虑业务的发展，做一些重要客户的促销工作，也可能亲自负责复杂和主要的任务，在大多数公司，他们都是公司的所有者。

3.3.3 管理咨询师的鉴别素质模型

管理咨询师鉴别素质模型的构建是站在管理咨询师的角度来综合考察一个管理咨询人员能不能胜任管理咨询的工作，并且区分不同等级的管理咨询人员的能力。

1）模型基本构成简介

模型根据素质的五个层面的不同定义，来确定在每个层面所需要的能力，组成一个综合的素质体系，而每个能力素质都有以下三个组成部分：定义、基准、行为描述。

定义是一系列对于该能力素质项目的描述，通用于整个行业的各个级别（从初级到高级）。

基准是在这个定义下，具体应该具备哪些技能。

行为描述是衡量工作的标准。每个能力素质项目，对于行业中每个级别，都有特定的基准，随着级别的不同，在复杂程度等方面也有所不同。随着个人在组织中级别的上升，基准会由易到难变化。

鉴别素质模型可以用于招聘选拔和个人职业规划等方面，也可以用于管理咨询公司对员工的培训计划。

2）能力素质体系

根据对素质的定义和对管理咨询从业者级别划分的不同，综合各国学者对素质能力框架的不同表述，根据实证研究得出的管理咨询师素质的重要性的不同要求，合并其中重复的素质要求，并按照素质的各个层次进行划分，我们得出其能力素质体系，见表3-3。

表3-3　　　　　　　　　　　　　管理咨询师能力素质体系

知识	1. 专业知识；2. 跨学科知识；3. 实践经验；4. 学历要求
技能	1. 综合分析和解决问题的能力；2. 写作能力；3. 想象和创新能力；4. 交际和沟通能力；5. 表达和说服能力；6. 学习发展能力
社会角色	1. 信誉度；2. 职业礼仪；3. 职业道德；4. 以客户为中心
人格特征	1. 有自信心；2. 有独立性；3. 感染力；4. 控制力；5. 团队合作能力；6. 领导力
动机/需要	1. 事业心和责任感；2. 心理成熟度

在以上的各项素质中，知识和技能属于表层次的能力，社会角色、人格特征和动机/需要，属于潜层次的内容。一般来说，属于表层次的内容容易培养，而属于潜层次的内容

则较难培养。

除了表 3-3 中属于素质的要素外，还有一个重要的条件就是健康状况，就是要有健康的体魄和旺盛的精力。

3）对各素质各项目的描述举例

对各素质各项目的描述来源于素质能力词典，并结合咨询人员具体情况而设计。

（1）综合分析和解决问题的能力。

【定义】能够把那些原始的、零散的材料经过归纳整理，综合分析，去粗取精，去伪存真，变成系统的、具有较强操作性和指导性的意见、建议。

信息搜集　能够通过网络、报纸杂志书籍、会议和人际交流等多种途径，快速获得大量信息。

信息管理　能够有意识地做好信息的分类、整理和贮存，以便在必要时可以迅速调用。

信息加工　能够从零散的信息中，敏锐地洞察社会、行业以及市场等的新动向、新趋势，并判断分析出潜在的发展机会。

整合与应用　能够将来源不同的信息整合起来，并将信息分析中呈现的新动向和新趋势与企业实际相联系，提出预见性建议，为规划企业发展以及应对市场变化提供依据。

行为描述见表 3-4。

表 3-4　　　　　　　　　　　　行为描述

等级	行为描述
初级	能应用一些基础的信息搜索工具，明白信息的重要性，平时会积累一部分信息资源，能对零散的信息进行加工，从而提炼出自己的观点
中级	能熟练地掌握和使用信息搜索工具，视信息为资源，认为"掌握了信息就掌握了工作主动"，能经常性地用大量的信息证明自己的观点，能够对零散的资料进行整合，提炼出精华
高级	有卓越的信息收集能力，精通各种搜索工具，能快速地将原始、零散的资料整理归纳；有卓越的综合分析能力，能够通过信息的整合，提出系统性、指导性的观点和建议

（2）想象和创新能力。

【定义】不受陈规和以往经验的束缚，不断改进工作学习方法，以适应新观念、新形势发展的要求。

开放性　对信息持开放的心态；密切关注业内外的新动态和新发展。

挑战传统　敢于质疑传统和常识，能够提出与众不同的观点、见解和方法。

敢于冒险　敢于承担风险去制定新政策、采取新措施和尝试新方法。

危机意识　对潜在的危机较敏感，努力通过自身不断革新和发展，积极应对未来的挑战。

鼓励创新　积极营造创新氛围，对新观点、新方法的提出表示欢迎和赞同。

行为描述见表 3-5。

表 3-5   行为描述

等级	行为描述
初级	对新事物抱有无所谓的态度；解决问题时愿意尝试新的方法；对于上级布置的各项工作，会从自己的角度出发，灵活变通地完成；不反对创新
中级	对新事物具有良好的接受性；能够作为公司创新精神的创导者；创造性地落实上级布置的各项工作；鼓励下属多角度思考，提出各种解决思路；决策时，稳健而不保守，敢于创新但不冒失；提倡创新
高级	行业内创新的先驱，热衷于创造性地解决问题；对新事物有强烈的偏好，对旧事物非常反感，积极倡导新思维，决策时比较大胆激进

（3）学习发展。

【定义】通过吸取自己或他人经验教训、科研成果等方式，增加学识、提高技能，从而获得有利于未来发展的能力。

学习意识　对新知识、新技能具有强烈的渴求；积极利用多种途径为自己创造学习机会。

经验总结　善于总结成功和失败的经验，以寻找提高自己能力的途径。

缺口分析　善于分析自身的知识和工作要求的差距，并快速采取行动弥补之。

学习过程　善于利用多种途径为自己创造学习机会，不断尝试新的学习方法。

学习目标　能够将个人学习目标与职业生涯规划相结合，并制订相应的学习计划。

行为描述见表 3-6。

表 3-6   行为描述

等级	行为描述
初级	能有意识地学习一些新知识、新技能，也能够接受企业给予的培训；愿意就自己不明白的问题向上司请教；经常性地总结一些工作经验，认为不断学习是职业生涯中重要的一环
中级	对新知识、新技术、新领域保持关注，并乐于尝试新方法；以学习为乐，不耻下问，愿意就自己不了解的问题向下属请教；定期对工作作阶段性的总结；在制订业务发展计划时，考虑业务内容对员工知识、技能要求的变化，并考虑相关应对措施；当工作内容发生变化时，积极主动弥补自己缺乏的知识与技能；将工作视为重要的学习过程
高级	有强烈的学习心理，对于新技术、新领域保持高度的热情，提倡在发展中不断学习，在学习中不断促进发展；经常性地总结经验，增加学识，提高技能，为获得未来有利的发展作准备

（4）以客户为中心。

【定义】关注客户需求和利益，以追求客户满意为组织工作的中心任务。

关注客户　深刻理解客户利益与企业利益的关系，利用多种渠道不断了解客户感受，预测客户需求，以此作为改进工作的行动指南。

追求客户满意　以赢得客户满意为使命，致力于开发符合客户需求的产品，并持续努力为客户提供快捷、周到和便利的服务。

发展客户关系　从客户的角度出发，与客户建立并保持稳固、信任的伙伴关系，在客户中树立良好的企业形象与口碑，以提高客户忠诚度。

创造客户价值 关心客户的发展和困难，通过向客户提供可能的支持和帮助，实现企业与客户的双赢。

行为描述见表 3-7。

表 3-7 行为描述

等级	行为描述
初级	有较强的客户意识，渴望去了解客户的真正需求；能够进行客户关系管理，努力提高客户满意度与忠诚度，努力建立起与客户的长期关系
中级	有非常强烈的客户意识，把"客户的满意度与忠诚度是企业重要的无形资产"的理念作为企业的价值观，把客户看作重要的合作伙伴，力求实现双方的共赢，以客户为中心
高级	以客户为中心，将企业的组织架构、工作流程按照客户第一的理念再造，将客户视为企业最宝贵的资源；具有优秀的客户关系管理能力，为客户创造价值，将提升客户生命周期作为自己的努力方向

（5）社会交际能力。

【定义】有目的的、有计划地为改善或维持某种公共关系状态而进行实践活动的能力。

形象管理 在工作生活中，以身作则，通过形象的展示，塑造和提升企业在公众中的形象。

人际影响力 善于洞察别人的心理，能够根据公关对象的特征和特定的情景，迅速采取行之有效的应对策略，把握主动，占得先机。

社会适应性 有较强的情绪控制能力，在为企业争取权益的过程中，能屈能伸，刚柔并济，能够承受较大的心理压力。

冲突管理 在复杂的外界压力下，能够迅速抓住症结，分析利害关系，化解危机，使形势向有利于自己的方向发展。

行为描述见表 3-8。

表 3-8 行为描述

等级	行为描述
初级	有一定的社交能力，与上级、同级、城市相关信息保持较好的联系，能为业务发发展提供一定的便利；具备洞察别人心理的能力，能在较复杂的环境中处理一部分事情，有一定的关系网络
中级	与上级、同级、城市相关信息等建立良性关系，为业务开展赢得更大的空间与机会；能屈能伸，面对压力能够泰然处之；具备较强的社交能力，能够应对各种复杂的人际情景；能够快速处理冲突和矛盾；具有一定的社会关系网络，在社交圈中有一定的地位
高级	具备卓越的公关能力，善于与社会各个层次的不同人群搞好关系；在外界有着良好的形象，在任何公共场合都是人们眼中的热点，面对复杂的社交场面都能游刃有余，能为企业在外面树立良好的形象，并赢得很多潜在客户

（6）沟通协调能力。

【定义】妥善处理与上级、平级以及下级之间的关系，促成相互理解，获得支持与配合的能力。

积极沟通   重视且乐于沟通，愿意与人建立联系；在遇到沟通障碍时，能够以积极心态和不懈的努力对待冲突和矛盾，而不是强权或回避。

换位思考   能够打破自我中心的思维模式，尝试从对方的角度和立场考虑问题，体察对方感受，促进相互理解。

及时反馈   重视信息的分享，用心倾听各方的意见，并根据实际情况及时做出调整和回应。

机制保证   能够有意识地在组织中搭建沟通平台，通过机制建设确保沟通渠道的顺畅。

行为描述见表3-9。

表3-9   行为描述

等级	行为描述
初级	了解沟通的作用，与工作中的各方都有比较好的关系；遇到问题与冲突时愿意体谅与理解别人，能及时回复一部分信息；略懂得聆听的艺术，愿意以制度方式明确沟通职责
中级	与工作中的各方保持密切联系与良好关系；能够体谅和理解他人，愿意就具体情况做出调整与妥协；愿意就对方疑问做出及时的回应，确保信息的准确表达；倾向于以制度的形式明确沟通职责；懂得倾听的艺术
高级	是企业内部的桥梁，有着卓越的协调能力，能与上下级充分沟通，并妥善处理好相互之间的关系，促进相互理解，获得他们的支持与配合

（7）自信。

【定义】一种有能力或采用某种有效手段完成某项任务、解决某个问题的信念。

优势认定   对自己的优势与劣势有正确的认识，并对自己的实力、优势有正确的估计和积极的肯定。

信念   相信自己有能力实现既定目标，特别在问题难度加大时，表现出对自己决定或判断的认可。

敢于挑战   主动地接受挑战，将自己置于挑战性极强的环境中。

坚持不懈   即使在受到阻挠、诽谤等困难境地，也不改变目标，直到实现预期的目的。

行为描述见表3-10。

表3-10   行为描述

等级	行为描述
初级	对自己有一点自信，相信自己，有着较明确的定位；遇到挑战能积极面对，遇到困难也能以积极的心态去寻找解决方法
中级	有自知之明，对自己有准确的定位，不妄自尊大，也不妄自菲薄；敢于迎难而上，不断挑战自我；具有坚强的毅力，不轻言放弃
高级	对自己有超强的自信，甚至有点自负；不惧怕任何困难，认为自己能战胜一切；强烈的个人主义、英雄主义者

（8）事业心。

【定义】渴望有所建树，争取更大、更好的发展；为自己设定较高的工作目标，勇于迎接挑战，要求自己工作成绩出色。

好胜心 有强烈的好胜心，不甘落后，勇于向未知领域挑战，以成功的事实去证明自己的能力和才华。

主动学习 有旺盛的求知欲和强烈的好奇心，从而能不断接受新事物的出现，及时学习，更新自己的知识，提高自己的个人能力。

自我发展 根据组织总的目标，制定个人的发展目标，并为之努力奋斗。

行为描述见表 3-11。

表 3-11 行为描述

等级	行为描述
初级	有较强烈的好胜心，对事业有一定的追求，敢于向未知领域挑战；有比较强烈的求知欲与好奇心，会及时学习，更新自己的知识，提高职业素养；有较明确的个人目标，并为之奋斗
中级	能够虚心求教，主动从多种渠道吸收信息；能够迅速提高业务素质，并成为骨干；有好胜心，有必胜的信心，主动去学习各方面知识，加强自身素质的提高；对新事物有强烈的好奇心，并能很快地吸收新知识、新技能
高级	工作中争强好胜，制定高目标，并为之奋斗；不断地追求完美；具有旺盛的精力，对待任何事物都有良好的工作面貌，谦虚、主动、积极进取、主动好学；勇于接受挑战，要求自己工作成绩出色；对新事物有强烈的求知欲，并学以致用

（9）责任感。

【定义】热爱自己的职业，有良好的职业道德和强烈的职业使命感，工作兢兢业业、任劳任怨，为了自己的职业而乐于奉献。

组织接纳 理解和认同企业文化与价值理念，为自己身为企业一员而感到骄傲。

职业使命感 对自己在组织中所扮演的角色与承担的职责有清晰的认识和强烈的使命感，能够积极地将个人的目标与工作职责有机地结合。

追求绩优 不论是大事还是日常的琐碎工作，都试图做得更好，力求精益求精。

乐于奉献 能够在攸关企业和团队整体利益的时刻，为了保证整体目标的实现，不计较甚至牺牲"小我"的利益，兢兢业业、任劳任怨地工作。

行为描述见表 3-12。

表 3-12 行为描述

等级	行为描述
初级	比较认同公司的企业文化，有较高的工作热情；爱岗敬业，有较强烈的使命感；有较高的事业心和上进心，努力追求更好的业绩；愿意为企业利益做出一定的自我牺牲，有较强烈的归属感
中级	有较高的工作满意度，对工作热情投入；有较高的工作责任心，立足本职，兢兢业业；有事业心和上进心，不断追求更好的表现与更高的业绩；能够与企业共患难，在组织需要时愿意做出自我牺牲；对企业有强烈的认同感与归属感
高级	有强烈的主人翁意识，对企业的价值观与使命感完全认同；始终保持着创业般的工作热情，对工作本身具有非常高的满意度；愿意在事业上尽其一身精力，不断追求，与组织同甘共苦，愿意在企业危机时牺牲自己的任何利益，视事业为生命

（10）感召力。

【定义】为了使他人赞成或支持自己的态度、观点或行为，采取说服、示范等方法使他人信服、赞同的能力。

愿景共享　根据对企业使命的深刻理解，构建一个美好而切合实际的发展蓝图，并使得员工愿意为之共同奋斗。

理念传播　能够有意识地在企业中大力培育和倡导团结协作、共同发展、追求卓越的企业发展理念。

人格感染　能够通过塑造开放、亲和、自信和正直的领导者形象，获得员工的信任与支持。

行为示范　能够身先士卒、以身作则，为员工树立良好的榜样。

行为描述见表 3-13。

表 3-13　　　　　　　　　　　　行为描述

等级	行为描述
初级	有一定的人格魅力，能获得不少的员工的支持；能够为员工构建一个美好而实际的发展蓝图，提倡共同发展、追求卓越，有较好的企业领导者形象
中级	令人信服，在员工中有良好的口碑，能获得大多数人的支持；为员工描绘发展的蓝图，使他们对企业未来发展充满信心；倡导团结协作、上下一心才有战斗力的思想；在领导过程中突出"人格魅力"，是"人格魅力"型领导者
高级	是企业中的精神领袖，员工都视他为企业的灵魂人物；他所构建的企业发展蓝图，为所有员工接受并为之奋斗；很多人都因为崇拜他的个人魅力而来到企业，对于他很多的言论都奉为经典

（11）领导力。

【定义】在团队中扮演"主心骨"的角色，以干练、果断和坚强的形象赢得团队成员的信任，使之愿意在其组织和指挥下完成工作的能力。

赢得信任　以良好的工作能力、卓越的业绩以及正直诚实的品性等赢得下属及周围人的信任和尊重，使得大家愿意追随和服从。

组织能力　能够对工作进行统筹规划，任务、职责与权限的界定明晰合理，各位下属能够各司其职，有条不紊地开展工作。

危机决策　在面对复杂情况时，能够迅速分析，果断做出决策，保持团队"阵脚不乱"，使得团队成员迅速获得行动的方向感。

震慑力　在需要时，善于使用权力与规则令人服从和执行。

行为描述见表 3-14。

表 3-14　　　　　　　　　　　　行为描述

等级	行为描述
初级	有着比较良好的组织能力，能把企业资源进行一定的统筹利用；有较好的危机管理能力，能临危不乱；下属对其有相当的认可程度
中级	让下属觉得自己是公司的"主心骨"；有优秀的组织能力，能统筹好各项资源，并保证物尽其用；有优秀的危机处理能力，能在面临危机时，保证企业的各项工作有条不紊地进行
高级	以良好的工作能力、卓越的业绩以及正直的品质赢得所有人的认可和尊重，使得大家愿意在其组织和指挥下完成工作

（12）团队合作。

【定义】团结同事，并密切配合同事完成工作任务。

建立信任 能够以务实勤恳的工作作风、诚实守信的良好品行、聪敏的专业形象等，赢得他人的信任和尊重；同时能够以开放的心态对待合作者，懂得欣赏他人、信任他人。

善于沟通 善于通过正式及非正式的形式与他人进行沟通，及时了解他人需要和观点，澄清自己的要求和认识，以便迅速明确问题、达成默契，开展工作。

角色调适 能够在较短时间里，找到自己对于团队的最佳贡献区，调整并承担起相应的角色职责。

集体荣誉感 能够为团队目标的实现尽心竭力；不计较个人得失，能够以团队整体利益为重，以作为团队的一员而骄傲。

行为描述见表 3-15。

表 3-15   行为描述

等级	行为描述
初级	有一定的团队合作意识，能与团队成员配合好；意识到自己是团队中不可或缺的成员，能在自己的范围承担起责任；与团队成员沟通较好，与成员有较好的协作性；以团队利益为重，以作为团队的一员而骄傲
中级	尽可能地彼此支援与配合，认为自己所在的团队是一个充满战斗力与活力的集体；在团队中扮演重要角色，能够利用自己的特长为团队做出贡献；能够以欣赏、信任和支持的心态对待工作伙伴，尊重每个人为团队所做的努力
高级	能够以自己的专业知识与素养建立信任，具有优秀的团队沟通能力与协作能力；角色适应能力极强，能够在最短时间内找到自己对团队的最佳贡献区，调整并承担起相应的责任；有强烈的集体荣誉感与责任感

�֎ 3.4 管理咨询师的职业规范与职业道德

3.4.1 国外咨询人员的资格认证

国外咨询人员的资格认证主要有三种形式，即协会会员制度、资格审查制度和国家注册登记制度。

1）协会会员制度

采用这种制度的主要代表国家是英国。在英国政府部门中，没有专门的部门负责管理咨询业。英国的咨询业主要由各个行业协会管理，由这些协会制定出适合本行业的、严格的接纳会员的标准和规章制度。一般来说，这些协会的入会条件都非常苛刻。例如，英国咨询学会规定会员必须首先是土木、机械、电气、结构、化学、矿山和金属、热力学等学会的会员，因此，在英国没有专门的咨询人员考试制度。取得咨询协会会员资格，便获得了咨询资格的"通行证"，否则就不能领取营业执照和承揽咨询项目。

2）资格审查制度

这种制度的代表国家是法国。法国咨询人员的执业资格由专门的政府机构来认定。在

1973 年以前只要是大学或高等学校的毕业生就有资格从事咨询工作；在此之后则必须经严格选拔。例如，在工程咨询领域，只有经过层层选拔出来的优秀工程师和遵守咨询工程师职业道德的人才能获得执业资格。

3）国家注册登记制度

采用这种制度的代表国家是美国。为了保证从业人员的高素质，美国政府在工程、技术、医疗、法律、会计等咨询领域，规定了执业资格标准。凡要获取执业资格者，要通过以下程序：

（1）考试资格审查。主要有两方面：①学历：报考者需有美国政府承认的学士、硕士、博士学位，如果是在其他国家获得学位，可根据政府规定的标准衡量。②资历：主要是工作经历和经验，例如，有学士学位、在咨询公司工作两年以上者，有硕士以上学位、在咨询公司工作一年以上者方可申请参加考试。

（2）执业资格考试。获得考试资格的人参加资格考试，考试内容根据咨询领域不同而异，例如，工程资格考试（ERT），考试时间为 8 小时，内容除包括工程设计、土木构造、选址等专业知识外，还有相关法律、税务、会计等方面的知识。

（3）注册登记。考试合格后要到政府部门进行注册登记，获取执业资格证书。如果在后来的工作中发生业务过失或有违背职业道德的行为，政府可随时取消其执业资格。获取执业资格的人才有独立注册公司的资格。这里讲的执业资格，不是从业资格。从业人员可以不获取资格，但其咨询报告要有执业资格人的签字。

3.4.2　管理咨询师的执业规范（基本要求）

管理咨询在理论与实践中逐步形成了自己的执业规范和业务要求。

1）要遵纪守法

向客户提供咨询的内容之一就是有关的国家法律、规章。在咨询过程中，应促使委托方懂法、守法，利用好法规所赋予的权限，明确法规所限制、禁止的行为。管理咨询不能鼓动客户无视国家法纪，用违法或不正当的手段来谋取利益。

2）要避免对预期事项的结果作出许诺

咨询专家在按客户委托进行计划编制、趋势预测、可行性研究等时，都涉及未来预期事项的可实现程度问题。作为客户，自然希望咨询师作出保证承诺，但由于管理咨询毕竟是参谋性工作，因此不能提出完全肯定的意见。尽管所作的分析、推测、策划等都要求以充分的事实资料为依据，遵循科学的方法，但由于未来的不确定性以及不可避免地带有咨询专家的主观性等原因，咨询专家不可能完全或事事正确。因此，管理咨询者应尽可能避免对未来事项的结果作肯定的承诺，而是通过长期的探索和努力，使咨询卓有成效并提高信誉。

3）不能代行管理决策权

管理咨询往往涉及客户管理工作中疑难问题的解决，或提出作为改进建议的各种方案，这就影响到方案最终的选择以及意见是否被采纳，这本是管理者自己的权利和职能，若咨询专家越俎代庖，不仅是越权行为，而且也要承担本不应该承担的决策责任。麦肯锡有句名言："做咨询一定不要过多插手客户的内部事务。"

4）要有咨询胜任能力

管理咨询师虽然作为专业咨询师应具备相应的咨询能力，但面对客户的各种业务委托，未必样样都可以胜任。若受经济利益所驱动，接受自己力所不能及的委托，短期看有一定的收益，但从长远看则会失去信誉，影响未来收益，同时也是对客户不负责任的做法。因此，在作出是否接受客户委托的决策时，首先要衡量自身的水平和能力是否胜任，对不能胜任的委托，要如实说明，必要时可向客户提出建议。

5）要签订书面协议

管理咨询是一种有偿服务，必然涉及委托与受托双方的权利和义务关系。为了避免以后出现各种可能的误解、纠纷，管理咨询机构在接受委托时，应与客户签订业务约定书，必要时经过公证，从而明确双方的权利、责任和义务，有效地保护各方的利益。

6）尽可能避免给同行业竞争双方进行咨询

管理咨询机构由于受执业地域的限制，很可能接受同行业竞争双方的委托。由于咨询机构了解各方的情况，特别是掌握各方的弱点，若同时为对立的双方提出建议，有"以己之矛、攻己之盾"之嫌。不过若在协调两者关系、消除对立、促使双方"双赢"上做文章，也不失为管理咨询的一个重要职责。

3.4.3 各国对管理咨询顾问的道德要求

有关调查资料显示：管理咨询公司的信誉是企业选择它们的最重要因素。管理咨询公司作为社会的构成细胞，在追求经济利益的同时，必须追求基本的伦理价值，这就要求管理咨询师在与客户、同行的合作中，遵循公正、平等、诚实、守信等执业规范，进而形成企业良好的信誉，才能谋得管理咨询业的长远发展。世界各国对管理咨询顾问的道德要求不尽相同，但其内在的基本精神是大体一致的。

1）中国企业管理咨询公司联合会

中国企业管理咨询公司联合会在颁发企业管理咨询顾问资格时提出了对咨询顾问的道德准则。

（1）坚持四项基本原则，严格遵守党和国家的有关方针、政策、法令。

（2）恪守独立、公正、客观的立场。

（3）坚持社会效益和企业经济效益的统一。

（4）一切判断基于事实。

（5）我们的服务不仅要为企业解决问题，更要着眼于提高企业管理水平。

（6）为委托者恪守秘密。

（7）不做因维护委托者的利益而损害第三者的事。

（8）不接受力不胜任的委托。

（9）不做诋毁同行的事情。

（10）除事先商定的报酬外，不接受其他额外酬金。

2）日本生产性本部咨询人员的道德准则

（1）日本生产性本部的咨询人员，必须根据提高生产率的原则，通过咨询活动，努力推进生产率的提高。

（2）作为咨询人员必须不断提高自己的能力和水平。

（3）咨询中必须优先考虑委托者长期的、持续的利益。

（4）不是把个别经营技术引进给企业就告完成，目标必须是给经营者以能充分理解和应用的能力，使他们在接受指导终了后，也能靠自己的力量去提高。

（5）不论行业和规模的大小，只接受通过咨询能够收效的企业或组织的咨询委托。

（6）咨询活动必须根据客观性与真实性作出判断。

（7）要保持自信和尊严，不得接受超过能力的工作。

（8）对于工作中得到的资料和情报，必须严守秘密，如要发表，事前必须取得委托者的同意。

（9）必须事前说明咨询的目标、范围和费用，并同委托者达成协议。中途发生必须变更计划的情况时，也需及时向客户说明。

（10）原则上不做人事的推荐和介绍。

（11）要让委托者引进和购买机器设备时，不得从事以委托者以外的利益为目的的推荐或介绍。

（12）不得吹嘘自己的业绩，诽谤其他咨询人员和咨询团体。

3）美国咨询工程师学会道德准则

美国咨询工程师学会的任何会员，如有以下行为，应作违反规则处：

（1）作为客户工程业务方面的代理人或信托人而不忠诚办事。

（2）接受合理规定之外的任何报酬。

（3）在为工作商谈时付佣金或送礼给非正式的雇员。

（4）为得到雇用而与同行咨询工程师在报酬上竞争，或邀请另一名工程师来这样做。

（5）知道别的工程师将被雇用而去挖墙脚。

（6）评论客户雇用的另一名咨询工程师的工作，除非该工程师同意。

（7）试图损害另一名咨询工程师的名誉、前途或业务。

（8）与不遵守道德准则基本原则的人共同从事工程咨询工作。

（9）以自我标榜的方式做广告或公开声明。

（10）从事任何有损职业信誉或尊严的工作。

4）英国管理咨询协会（MCA）职业行为规范

管理咨询协会是英国大型咨询公司的贸易协会。任何成员在所承担的职业工作中以及同客户利益有关的事件中都必须恪守最严格的道德规范，唯一目的就是维护客户的利益。对于任何成员来说，下列行为都会被认为是非职业行为：

规则1：披露或允许披露有关客户或客户职员的机密信息。

规则2：接受咨询公司不能胜任的工作。

规则3：所达成的协议将偏离提供给客户的建议的客观性和中肯性，尤其是下列情况更加被视为非职业行为：（1）接受或允许其职员接收来自第三方、同向客户提供的商品或服务相关的贸易佣金、折让等；（2）向客户提供或建议的商品或服务中拥有直接或间接的利益，同时没有把这种利益关系向客户说明；（3）向非公司职员因为项目的引荐而支付佣金或其他任何形式的报酬。

规则4：没有提前就报酬条款以及相应的计算基础达成协议。

规则5：采取了很可能会降低管理咨询形象的行动。

按照协会的观点，任何成员如果不能遵守职业行为规范就会被吊销会员资格。

向协会陈述事实证明相应的会员没有遵守职业行为规范中规定的条款，是协会执行董事的职责以及任何成员或受害方的权利。

✱ 3.5　管理咨询师的培养

国外管理咨询人员的培养范式已经有了相对成熟的经验，这些不同国家的惯例对于我国的管理咨询从业人员的培养具有重要的借鉴意义。

3.5.1　国外管理咨询人员培养范式的比较

国外咨询业历经了百余年的历史，世界上第一家管理咨询公司由美国麻省理工学院教授 Arthur D. Little 创办，同名公司成立于 1886 年。20 世纪 80 年代以来，在信息技术的推动下，管理咨询业更以每年 20% ~ 30% 的速度快速增长，没有哪一种行业的发展速度能与之相比。在欧美主要发达国家和地区，崛起了一大批世界顶级管理咨询公司，如麦肯锡（McKinsey & Co.）、波士顿咨询公司（BCG）、贝恩（Bain）、埃森哲（Accenture）、科尔尼（A. T. Kearney）、博思艾伦（Booz Allen Hamilton）以及英国 PA 咨询集团（PA Consulting Group）。它们在整个管理咨询行业中处于领先位置，也相继建立起相对规范的组织结构和完备的人员培养机制。但是各国的具体要求和做法各有千秋。下面对美国、德国、日本和印度的主要情况作简单介绍。

1）强调咨询人员的素质及结构

美国：①专业人员成为中坚力量。美国拥有世界上规模最大的咨询公司，美国的咨询企业大约有 1 万家，其中智囊团类型的综合咨询研究机构有 400 ~ 500 家。有些公司咨询人员多达几千人。据《咨询新闻》统计，美国咨询业中专业"顾问"总数达 8 万余人，最小的一家"预测公司"也有顾问 340 名。②人员配置结构合理。高、中、初级人才的比例是倒三角形结构，即高级、中级研究人员占绝大多数，初级研究人员所占比重很小。如著名的"脑库"兰德公司，在 2011 年 1 600 名专业人员中，博士 928 名，占 58%，硕士 448 名，占 28%，两项相加达 86%。③人员学科结构、知识结构既具专业性，又具综合性，即一专多能。仍以兰德公司为例，咨询人员学科、专业比例为：经济学 12%，政治与国际关系 12%，行为科学 11%，法律及商业 11%，工程学 10%，其次是数理统计 9%，社会科学 8%，政策分析 8%，生命科学 7%，文学艺术 5%，物理学 3%，计算机科学近年来增长较快，已占到 3%，其他无学位者为 1%。[1]

德国：①对人员素质要求高。一般来说，人员录用时除专业的学历要求外，资历、实践经验和工作能力同样受到重视，且要求 4 ~ 6 年的工龄。②咨询人员数量少，但效率高。德国咨询产业咨询人员人均营业额为 17 万欧元，英国只有 1.6 万欧元。主要原因在于咨询人员虽人数不多，但工作效率高，为公司带来了良好的效益。[2]

---

　　① 王继承，冯巍. 兰德公司人力资源管理经验启示［EB/OL］.［2011-08-31］. http://mgmt. cssn. cn/glx/glx _ rlzygl/201310/t20131022. 450360. shtml.
　　② 佚名. 西方智库系列谈之六：德国咨询业［EB/OL］.［2009-12-13］. http://blog. sina. com. cn/s/blog_ 5dofalbe0100fyg5. html.

日本：①对从业人员要求高。日本从事管理咨询的人数达 6 万人左右，日本政府要求咨询人员具有渊博的知识（包括专业知识和一般知识，如政治、经济、法律知识等）、丰富的实践经验（一般要求在相关行业的企业或其他单位工作 5 年以上）、准确分析判断的能力及较强的交往和组织能力等。②咨询人员精干，工作能力强。日本除少数大型"脑库"拥有庞大的研究队伍外，大多数咨询机构规模并不大，有些甚至只有 2～3 名成员。虽然人数不多，但业务能力强，工作效率高。如野村综合研究所，它是日本规模最大、研究人数最多的思想库，拥有研究人员 260 人（其中社会科学、人文科学专业研究人员为 135 名，自然科学专业研究人员为 125 人），一年内完成了日本政府委托的研究题目 54 个、地方政府委托的研究题目 49 个、民间企业委托的研究题目 119 个、民间团体和学会委托的研究题目 34 个、外国企业委托的研究题目 29 个、外国政府委托的研究题目 3 个，共计 283 项，总金额达到 29 亿日元。

印度：①咨询人员整体素质高，专业面广，主要是工程师、会计师、市场和经济方面的管理专家及一部分技术辅助人员。以印度国家科学技术和开发研究所为例，其拥有近 140 多名咨询人员，专业领域涉及自然科学、工程技术、经济学、社会学等诸多方面。②英语水平高。由于特定历史原因，其咨询人员大多擅长英语，为及时掌握国际最新前沿信息创造了有利条件。

2）具有严谨的人员认证体系

美国：①咨询人员要求严格。在工程、技术、医疗、法律、会计等咨询领域规定了执业资格标准，执业人员必须具有政府专门颁发的执业资格证书。一般来说，执业资格申请者要有政府承认的学士以上学位和一年以上工作经历，还要通过资格考试审查、执业资格考试、注册登记三道手续。②重视人员的职业道德。各咨询公司和行业协会都制定了严格的职业道德准则和相应措施，以保证从业人员的水准。

德国：一般而言，申请者要具备某个专业领域的专家资格才能进入咨询组织，如经济师、建筑师、会计师或经济学博士、法学博士等，各咨询公司对咨询人员的考核主要包括：分析判断能力、实践能力、解决问题的能力、协调组织能力、表达能力、创造性、灵活性、事业心和上进心等。

日本：从业人员必须具备相应的行业资格标准。根据（社）全日本能率联盟的推测，目前，日本的经营咨询师的人数为 6 万人左右，从事咨询的各种公司、机构、团体等约 6 000 家，大型咨询公司 250 余家。其中，具有中小企业诊断师资格的占 33%，社会保险劳务师占 21%，税理师占 11%，技术师占 5%，公认会计师占 4%。

印度：咨询人员一般要求具有某一领域的专业知识，便于咨询公司在承接课题时最大限度地发挥专业优势。

3）重视对人员的培训与管理

美国：各类大学在本科高年级、硕士生和博士生中开设咨询选修课，使学生毕业后能较快适应咨询工作。还派学生到咨询公司实习，费用由公司支付。此外，有些咨询公司本身设有研究生院，进行咨询人员的专门培训，比如兰德公司。许多咨询公司使用类似"学徒制"的个别职业指导的培训模式，即初级咨询顾问由一名高级咨询顾问指导其工作，帮助初级咨询顾问进行职业发展。① 哈佛大学的企业管理学院，备有各类案例分析资料，供教学及咨询人员培训用。

德国：认识到咨询业自身的快速发展需要高素质人才，因此咨询公司采取增加合伙人、提供更多的带薪进修培训机会等各种手段吸引、稳定高素质咨询人才。德国录用新的咨询人员，要经过专家小组的集体评定，评定时既注意专业学历，又重视资历和经验，并定期对咨询人员进行培训，要求所有的咨询人员包括公司经理、项目负责人，每年都要有一定的学习培训时间。

日本：一方面向大学宣传培养工程咨询人才的迫切性，另一方面鼓励企业举办业务研究班，吸收新的知识技术，加强企业间人才流动。此外，为使咨询人员积累丰富经验，还向国外派遣咨询项目研究生，接受实地训练，或通过向国外大专院校、研究所派留学生来培养咨询人员。

印度：同样注重对咨询人员的培养与管理，对从业人员的专业素质、业务能力要求高。

3.5.2 国内管理咨询师发展现状

作为一个智力密集型的服务行业，管理咨询业在我国起步较晚，基础相对薄弱，与国外相比还有相当的差距。资料显示，虽然国内管理咨询机构呈现出蓬勃发展之势，其中还产生了一批运作规范、成长迅速的专业咨询公司，但国际知名咨询公司仍占据着中国咨询市场的最高端，至今，我国管理咨询公司排名前五的都是外国咨询公司，占领了50%以上的市场份额，一个非常重要的原因就是这些公司拥有一批高素质的咨询专家。有专家预言，如果我国不加快管理咨询队伍的建设和培养，今后国内管理咨询市场90%以上的份额将被国外机构占据。因此，国内管理咨询业要实现科学发展、健康发展，必须实施"人才强业"战略，加强管理咨询专业人才培养，尽快形成拥有一定数量和职业水准的咨询专家队伍。在这种思想的指导下，国家人事部于2005年9月颁发了《管理咨询专业人员职业水平评价暂行规定》和《管理咨询师职业水平考试实施办法》。这两个文件明确规定，管理咨询专业人员职业水平评价将纳入全国专业技术人员职业资格证书制度统一规划。这个规定为我国管理咨询业的健康发展提供了强有力的政策保障，它标志着我国管理咨询业进入了一个崭新的发展阶段。2010年2月，国家发展改革委作为工程咨询行业管理部门，已制定完成并颁布《工程咨询业2009—2015年发展规划纲要》，这是我国工程咨询行业首个发展规划纲要，将指导我国工程咨询业又好又快发展。

据有关部门统计，至2012年，注册名称含"管理咨询"的我国本土咨询公司近2000家，各类管理咨询公司已超过3万家，从业人数超过百万，且以年均约10%的速度增长，但取得管理咨询师资格的人员并不多，自我国开始实行管理咨询师资格考试后，至2009年，据统计，全国真正的管理咨询师尚不足百人，管理咨询师人才严重匮乏。"没有规范化的培训机制、管理咨询业的快速发展及企业对管理咨询师的高薪吸纳，是造成咨询公司管理咨询人才奇缺的三大因素。同时，管理咨询业务缺少规范和标准，管理咨询活动的质量难以评估，都是制约管理咨询行业发展的重要因素。"

① Philip S. Management consultancy: a handbook forbest practice [M]. London: Kogan Page, 2001.

3.5.3 我国咨询人员培养的发展对策

从国内外咨询人员培养范式的比较中,不难看出存在种种原因,使得我国目前尚缺乏一支高素质的咨询队伍,严重制约着咨询业的发展。根据国外的发展经验带给我们的启示,以及管理咨询师在不同等级的素质要求,我们可根据具体情况采取不同的培养措施。

1) 初级管理咨询师的培养

由于对初级管理咨询师的实践经验要求较少,他们工作时间不长,而且其来源主要是高校毕业生,所以最主要的就是在高校中的教育,另外就是在管理咨询公司中对员工的培训。

第一,高校教育。

这就要求在高等院校中设置相关专业及课程,使学生不仅具备一定的专业知识,而且能掌握现代信息服务技术和实际应用能力,如在本科阶段设立管理咨询专业,设置管理咨询选修课,讲授咨询方面的知识;在博、硕士阶段设立研究方向;签订校企定向委培协议等。

(1) 设置管理咨询相关专业。在大学设立咨询专业,培养目标应能达到:一是掌握专业知识、信息咨询的基础理论和方法、计算机应用及数据库建设与管理等技术方法,至少一门外语达到四级以上;二是能动性、创造性的培养,具有创新意识。课程设置可以包括咨询理论、计算机、外语、法律、心理学等课程。另外,咨询专业的学生在校期间至少应有半年时间参加咨询实践活动,培养从业实践技能,将理论知识应用于实践,这个环节是必不可少的。咨询专业的学生,应获得国家统一发放的咨询人员从业证书,方可毕业。

(2) 开设咨询选修课。在大学开设咨询选修课,这种形式适合于毕业后欲从事咨询工作的其他专业(如建筑专业、法律专业、会计专业、金融专业等)的学生学习咨询知识,可以采取辅修或双专业的形式,修满学分后,取得咨询人员从业证书的学生可加入到咨询行业中来,这样就为咨询业培养了大量的各项专长的后备力量。

硕士和博士研究生开设管理咨询方向,其课程的设置应更加注重培养中高级的管理咨询师,在学习期间,其参与管理咨询实践的时间应该比本科生多一些。

第二,公司培训。

(1) 采用以提升基本技能为主的入门培训和矫正培训。不同的咨询公司对于咨询顾问的基本技能所下的定义有所不同。如在麦肯锡,将思维能力、信息收集能力、表达与演示能力、人际能力视为咨询顾问的基本能力要素,在招聘与甄选中对应聘者进行非常严格的考核,经过考核,如果条件基本合格,将会在进入公司的前几年里接受大量系统的培训以提升其业务能力水平。在麦肯锡,培训计划是按照业务工作的各个环节对于能力的需求来设计的,具有很鲜明的特色,所制订的培训计划非常细致,大至思维能力、领导能力,小至如何进行访谈、如何用简洁的图表向客户表达观点和主张、如何撰写条理清楚的咨询报告等,其都能提供一整套完整的培训计划与方法。针对初级咨询顾问的培训则主要有人际交流培训、信息收集方法培训等。此外,对初级咨询顾问还实行一系列的纠正式培训,如思维方式矫正培训(在麦肯锡适用的是"相互独立、完全穷尽"的结构化思维方式)等。

在德勤(香港)管理咨询公司,针对初级的会计咨询人员的培训内容包括德勤公司业务情况、公司文化和管理制度介绍、职业伦理培训、德勤审计方法和审计系统培训、陈述技能培训、语言技能培训等。德勤（中国）要求所有从事会计和审计业务的新员工和初级咨询顾问在 3 年之内必须拿到注册会计师（CPA）资格，为此公司还制订了考试辅助计划，向员工提供考试所需的教材、考试资料、视听材料等，允许员工休假以准备考试，休假期间规定时间必须用于复习，而不能挪作其他用途，休假期间照常支付薪水。

（2）采用适应咨询团队工作的交叉培训。咨询团队通常是由一些在能力与知识结构上存在互补作用的咨询顾问所组成的，在工作的过程中，各个咨询顾问之间需要相互配合与协作。要使得团队协作取得很好的效果，就必须要求团队中的每一个咨询顾问在精通自身业务的同时，对于其他团队成员所专注的领域也要有所了解，即需要咨询顾问的知识结构与能力结构复合化，只有这样，个人的工作成果才能相互结合形成团队共同的产出。举例而言，在一个提供综合性管理咨询服务的团队中，每一个咨询顾问分工都可能不同，都只被要求负责咨询服务中的某一个部分，但是一个好的咨询方案往往要求其中的每一部分之间必须是相互衔接、相互支持的，这种情况要求咨询顾问的知识结构与能力结构不仅需要存在互补关系，也要存在着交叉关系。所以，在制订初级咨询顾问的培训计划时，不仅要从个人能力提升的角度出发，还要从团队工作的角度出发采取交叉培训战略，以实现咨询顾问能力的复合化。

（3）采用具有实践性的模拟培训。在美国，一些非常著名的咨询公司曾经被它们的客户以"利用咨询项目培训新人，严重影响服务质量"的名义起诉。这种情况告诉我们：向初级咨询顾问提供的培训应讲求其模拟性，需要提供给被培训者更多具有仿真模拟性质的培训内容，而不能拿客户来进行实战演练，否则将会给双方都带来巨大的损失，从这一点来看，咨询顾问的培训与飞行员的培训非常相似。就咨询顾问而言，角色扮演是一种比较好的培训方法，因为在工作的过程中他们往往同时充当着一个或多个不同的角色模式，如果能提供一个较为逼真的模拟情境，则能让他们在这样的情境中自行体会成功扮演角色所需要的心态和个人特质，这对他们的工作将大有裨益。咨询顾问也可以借助现代计算机技术和网络技术开展电子行动学习（Electronic Action Learning），个人或者咨询团队运用网络技术制订并具体实施一个行动方案，以解决实际工作中所面临的问题。电子行动学习强调通过行动演练获得具体的技能，而不是概念、理论的学习和灌输。学习者需要采取演习的方式，将训练和具体工作任务结合起来，例如，在参加"决策"内容的学习时，咨询人员要完成以下训练并达到以下目的：将注意力集中于将要作的决策，确定参加决策的人选，分析决策的风险和利益；同时，要作出行动计划，包括采取的步骤、参与人员及每一步骤完成的日期等。采用这种团队学习方法，在提高咨询顾问的信息素养、培养团队工作能力、建构咨询顾问分析具体问题和寻求解决办法等方面具有其他方法所无法比拟的优势。

2）中高级管理咨询师的培训

（1）培训和开发的目标。

中高级咨询顾问大多从业时间比较长，积累了丰富的工作经验，往往也积累了不少咨询技术诀窍，对于问题形成了较为敏锐的直觉和判断力，所具有的能力已经能胜任其所承担的工作，因此他们的能力应处于胜任者、精通者和专家的层次。但这并不表明他们就不再需要进行进一步的培训和开发了，恰恰相反，由于新咨询业务的不断涌现，来自客户行业环境的不断变化等诸多原因，管理咨询公司必须针对中级和高级咨询顾问制订一系列具有前瞻性的培训计划。对于中高级咨询顾问培训的重点不应放在基本技能方面，而应以培养新兴业务技能、提升高级业务技能、培训特殊业务技能等作为指导原则。

（2）培训与开发的原则与方法。

第一，前瞻性培训。

对于中高级咨询顾问的培训开发在着眼于当前业务的同时，也应适应业务转型的需要，这是现代培训的一个重要思想，这种培训方法被称为前瞻性培训。在这方面，德国的管理咨询公司为我们提供了很好的例证。早在两德统一之前，针对东德地区企业的特点，许多西德的管理咨询公司就开始着手对东德企业的私有化、企业改造和转型、企业的破产和拍卖、企业管理与市场开拓等方面作准备，对于自己的咨询顾问进行新业务的培训，待德国统一之后，这些咨询公司纷纷进入原东德，承接了大量的咨询业务，由此获得了巨大的经济利益。

目前我国国有企业主要面临企业改制、激励机制低效、管理方法落后、组织结构臃肿等各类问题，因此需要咨询公司提供战略、组织结构设置、职能管理、技术运用等方面的服务；大型民营企业正面临突破发展中的"玻璃天花板"，改变混乱的管理制度等现状，因此更多地需要咨询公司提供培训、融资、制度设计、战略等方面的服务；外资企业则因为对于中国的经济、政治、文化环境的不甚了解，因此更多地要求咨询公司提供市场进入策略、经营环境分析、解决文化冲突、员工心理等方面的服务。从未来而言，信息管理咨询（MRP/ERP）、战略咨询以及业务流程再造（BPR）将逐渐占据主流地位，咨询活动也将向综合性、集成化、全程化的方向发展。这些情况都使得对于中高级咨询顾问的培训的着眼点不仅要放在现在，更要从长计议，具有前瞻性。

第二，自我指导学习。

中高级咨询顾问大多同时参与一个或多个咨询项目，这些项目经常分布在不同的行业和地点，因此他们的工作一般都比较繁忙，如果占用大量的工作时间进行脱产培训将会影响到项目的进度与质量，所以对于他们的培训可以采用以自我指导学习为主的方法。首先，咨询顾问应善于向失败学习，用咨询顾问自己的话来说就是"我们不可能不犯错误，因为我们总是在做新鲜的事情，但是我们不能犯重复错误；我们不可能没有问题，但是我们不能积累问题"，对于失败的项目要善于总结和分析，进行正确的归因，不断提高自己；其次，咨询顾问应加紧向客户学习，在咨询过程中并非只发生知识从咨询顾问向客户一方转移的运动，实际上在向客户企业提供咨询服务的过程中，咨询顾问也可以了解到在客户企业中存在着许多可取的管理经验和方法，这些都值得咨询顾问进行学习和吸收，以运用到其他的咨询项目中。此外，咨询顾问还应加强向同行的学习。例如，在麦肯锡公司有一个特殊的名词叫"麦肯锡校友"（指曾在麦肯锡工作过的职员），现任的咨询顾问可以通过各种正式或非正式交流渠道向"校友们"请教和咨询各种问题，而后者即使工作再繁忙，也一定会抽出一定的时间与前者进行交流，这在麦肯锡早已形成了一种大家共同遵守的不成文规定。

第三，承担一定的研发任务和培训任务。

客户的咨询需求总是在变化的，咨询公司作为方法论、新的管理方法和理念的提供者，就必须适应这种变化的需求，开发出新的诊断技巧和解决方案，为此许多大型咨询公司（如安永与麦肯锡等）都成立了专门的研发中心。相对而言，中小型咨询公司一般不具备这样的条件，但是可以让中高级咨询顾问利用他们资深的经验从事一定的研发工作（如出版著作、编写教材和手册、发表文章等），由此可以促进中高级咨询顾问不断对于新的业务问题进行相对深入的思考，也可以使其知识体系更趋系统化。此外，让咨询顾问承担一定的培训任务，也能提高咨询顾问的职业能力水平。所谓"给别人一瓢水，自己必须先有一桶水"，让中高级咨询顾问承担一定的培训任务，将会促使他们不断地总结和反思自己以往的知识和经验，并使之系统化，即"在教中学，在学中教"。

3）管理咨询师自身的角色学习

所谓角色学习是指人们依据外界对于角色的期望，培养和提升角色所需要的诸多能力要素。社会学家艾尔伯特·班杜拉提出了社会与认识学习模式，他认为促进学习的三个因素分别是替代性学习、自我控制学习以及提高自我效能感。在此可以借用这个学习模式来讨论咨询顾问的角色学习。

（1）替代性学习。

替代性学习是指一个人（学习者）通过观察另一个人（模型）的行为及其结果来进行学习。社会与认识学习模式认为，要使学习有效，必须满足以下几个基本条件：第一，当行为正在执行时，学习者必须观察行为人（模型）；第二，学习者必须准确地认识该行为；第三，学习者必须认定该行为是值得学习与借鉴的。

管理咨询顾问进行替代性学习的前提条件是找到自己的角色模范（Role Model），这样的角色模范既可以在内部产生，也可以在咨询公司外部产生。例如，麦肯锡公司的"个人引导计划"，每一个资历较浅的咨询顾问都可以自行选择一个他认为是非常优秀或非常适合的咨询顾问来充当他的导师，许多咨询顾问甚至将这视为在麦肯锡生存下来的一个重要手段。导师会刻意将自己的"学生"经常安排在同一个项目之中，在共事的过程中，向他的学生提供指导与帮助；学生则经常与导师一起对客户进行访谈、制订解决方案和落实方案实施。在这个过程中，学生可以直接观察导师所扮演的角色，以及他是如何处理该角色所承担的任务的，从而反思自身的角色扮演。

推而广之，替代性学习关系其实不仅仅只在这种内部人指导计划中产生，角色模范其实在许多场合里都可以找到，咨询顾问埃森·拉萨尔曾经说："你可以从你的导师那里学到很多，但是如果你想得到更多的指导，你就必须到外面去找"。在寻找角色模范的过程中，一般需要注重以下几个原则：第一，所选择的角色模范在能力和业绩方面在业内为人称道，客户对其提供的咨询服务满意度高，而自身又与他存在着较大的差距；第二，角色模范在个性、教育背景、工作方式、工作类型上与自己非常相近，如果通过自身的努力也极有可能达到与他同等的能力水平，这样可以产生替代性经验，使得自己对于提升角色扮演能力充满信心。

（2）自我控制学习。

所谓自我控制学习，是指个人在主观能动性的驱使下，不需要管理者的控制自行进行的学习与提高。传统的个人学习的目的是适应岗位工作内容变化、技术革新、企业战略变革等需要，而角色则是客户与咨询顾问之间的结合部，是在客户期望下的咨询顾问的行为模式，因此咨询顾问的角色学习应基于客户的期望，咨询顾问需要充分了解客户对于角色的期望。例如，在促进推动式模式下，客户对于一个人力资源管理咨询顾问所提出的角色期望可能是：第一，精通工作分析、绩效管理、薪酬设计、培训与开发等人力资源管理理论的技术专家；第二，能与客户员工进行充分沟通，了解员工对于现行薪酬制度、考评制度等各项人力资源管理制度抱怨的知己与朋友；第三，调解各方利益使新方案内化到企业制度中去的协调者；第四，遇到具体策略性难题时充当给客户提供帮助的企业助手等。在这种情况下，人力资源管理咨询顾问需要对这些角色期望进行认知与分析，找到要成功扮演好这样一些角色，需要具备哪些方面的能力，对于自身的能力现状进行评估，借助组织资源的帮助制订出相应的个人的能力发展计划和职业发展规划。

（3）提高自我效能感。

如果咨询顾问将"努力扮演好自身的角色"当作个人愿景的一个"构面"，在实现的过程中不可避免地将遇到结构性冲突的影响，在这种情绪张力中最主要的因素即"自我效能感"。社会学家艾尔伯特·班杜拉指出，自我效能感是人们对于自己为获得某种预期结果所需实施的特定行为能力的信念，而以往个人的经验是个人效能感最大的影响因素。

管理咨询顾问在角色扮演过程中不可避免地将遇到许多挫折、失败与困境，如充当技术专家的角色时，所提出来的解决方案遭到客户的否定；充当资源联结者的角色时，无法得到客户企业中层以及基层的员工的支持等等。这些角色扮演中的失败经历都会影响到在角色学习中的自我效能感，会导致咨询顾问对于能否扮演好自身的角色产生怀疑。如果不能提高咨询顾问在扮演角色中的自我效能感，将很难实现个人能力的提升。要提高在咨询顾问个人发展中的自我效能感，可以从以下两个方面着手：

①设定较高的能力标准，并对能力提升的过程进行评估。组织行为学认为，个人往往都只会做那些自认为能够做到的事情，而回避自认为超越自身能力的事情。在特定领域内的这种"自认为"就是自我效能感。但是事实是，个人如果不能为自己设定较高的目标，并去挑战那些看似不能实现的目标，其能力水平就将长期在低水平徘徊。在国外的咨询公司中，如埃森哲、普华永道等，咨询顾问都会自觉地为自己设立较高的业务标准，他们往往会为自己提供的高服务水准引以为荣，而一旦"有失水准"，会认为这是自己职业生涯的污点。在每一次项目结束之后，咨询顾问还会结合公司的360度绩效考评，对于自身的能力水平（如分析技能、人际交往技能、领导能力等）进行自我评定，分析自身的不足之处，这种做法可以使得咨询顾问正视自身的能力缺陷，不断挑战自己，能力就会不断提高。

②正确地分析自身的失败经历。咨询服务的失败对个人而言是咨询顾问无法成功扮演某种角色，在心理学上称为角色失败。个人失败的经历是影响个人效能感和角色学习最大的障碍，可以让人产生"我再怎么努力也无法成为优秀的咨询顾问"这样的心理障碍，而要克服这种障碍，最重要的就是对失败进行正确的分析和归因，采取这种做法有助于咨询顾问正确地看待角色失败，并且对于未来的事件与行为产生积极的期望，从而使咨询顾问迅速从失败中走出来，取得更大的成功。

❖ 本章小结

本章首先对管理咨询师的涵义、职能、作用等作了界定，然后在国内外相关研究的基础上，运用胜任素质模型对管理咨询师的能力框架进行了总结和进一步的说明。在介绍管理咨询师的职业规范的基础上对管理咨询师的职业道德要求作了简明的国际比较。初步构建了管理咨询师的鉴别素质模型，此模型可以应用于客户选择管理咨询公司，也有利于管理咨询公司招聘并培养合格的人才。另外，本章还对管理咨询师能力的进一步培养作了阐述，在我国高素质的管理咨询师相对缺乏的情况下，对管理咨询师的进一步培养显得尤为重要。随着管理咨询师角色的进一步明朗与细化，相信管理咨询师素质鉴别模型也能够进一步完善。

❖ 练习与思考题

★ 案例分析

案例一：马可是一位管理咨询师，他在生活和工作中遇到以下情况，您认为其做法是否可以接受？为什么？

1. 马可的客户想要得到马可在另一个客户项目中得到的专有信息，并承诺如果得到这些信息，将会长期与马可合作。

2. 在马可对项目最终做出报告之前，马可的客户要马可透露书面报告中的重要信息，以便提前得到解决问题的方法。

3. 马可的客户希望马可开出的发票额比实际的款额高。

4. 马可搬进了一个新的公寓，连上了有线电视，有线电视是收费的，但是马可从来没有收到过收费单，马可依然故我。

5. 银行的失误让马可多得了一百美元，马可考虑再三决定让银行知道。

6. 马可拥有一家客户的股票，并且在马可的收入中占有较大的份额。

7. 马可的商业合作伙伴，一个律师，是马可的客户的法律顾问。

案例二：以下是管理咨询师为企业管理提供咨询的过程，通过案例分析以下问题：

1. 管理咨询师在这个企业中担当了什么样的角色？

2. 通过本案例，反映管理咨询师应该具备哪些方面的技能？

一、基本情况

某石油化工有限公司（以下简称某石化），是一家已建厂 20 多年的老企业，属某上市公司的核心企业，是所在城市的利税大户和所在省的知名企业。在长期计划经济的影响下，企业内部的管理模式与组织架构已日益显露出企业的发展后劲不足，资源有待整合，协同效应有待有效发挥。这些都直接影响到企业的今后生存与发展，急需在市场经济条件下按现代企业管理制度和规范对企业管理模式及组织架构、核心业务管理流程、岗位职责和绩效薪酬体系进行必要的梳理与调整，使企业在市场经济的大潮中重新焕发青春，尽快做大做强，成为在本行业具备竞争实力的企业集团。

二、客户面临的问题

通过了解和访谈，咨询师认为某石化目前由于市场环境、政策以及内部机制等因素的影响，从全局上都处于转变经营管理、寻求新的利润区、整合资源要素的变革时期。问题主要集中反映在：

● 管理体系与企业发展要求不匹配，对公司的进一步发展形成了非良性的制约和阻碍；

● 没有基于职位评价的部门及岗位的描述，业务没有梳理，导致组织结构臃肿、职责不清；

● 核心业务管理流程存在脱节和"多头指挥"的现象，一些关键业务存在明显的漏洞和不合理现象，导致企业资源的浪费和经营成本的加大；

● 核心业务和非核心业务混杂，使得企业的经营效益受到影响；

● 没有建立有效的人力资源管理体系，薪酬设计不合理，缺乏激励机制，导致人员工作绩效不高；

● 没有立足于"企业效益"和发展，过多继承了传统和习惯，使得在"产品不愁销"的良好环境下失去了许多发展良机；

● 企业的战略决策层、管理层之间没有清晰的职责分工，缺乏把企业的战略规划分解为组织各层级、部门和组织成员的具体行动目标。

三、项目目标

帮助某石化明确经营理念和业务策略，按照上市公司的要求设计符合现代企业管理规范的模式与组织架构，建立科学的管理运作机制，整合企业组织机构，理顺企业业务管理流程，明确部门与岗位职责，建立绩效考核体系，完善企业的薪酬体系和激励与约束机制。

四、解决方案

立足企业愿景、使命以及战略目标的高度，以某石化的核心业务为基础，从组织层面入手，建立以企业发展目标为导向，关键业绩指标为主线，关键业务流程梳理、管控一体化建设为核心的业务管理平台。其主要内容包括：

● 根据企业现状和调研结果进行管理诊断分析，提出解决的方法与思路；

● 建立满足企业发展战略、目标设计合理的管理模式与组织架构；

● 构建基于价值评价的绩效考核体系；

● 设计部门工作职责和各业务与管理岗位职责；

● 梳理、优化关键业务流程和相关流程的监控体系；

● 构建合理的岗位薪酬设计方案和人力资源激励体系。

五、方案实施及成果

1. 在企业管理模式与组织架构、核心业务流程、部门与岗位职责、绩效考核体系、岗位薪酬体系等方面制定了一套完整的管理文件，包括：

● 某石化调研与管理诊断报告；

● 某石化管理模式及组织架构设计方案；

● 某石化核心业务流程规范与优化设计；

● 某石化业务部门与岗位职责权限划分；

● 某石化绩效考核体系（KPI）设计方案；

● 某石化薪酬体系（岗位技能工资）设计方案。

2. 企业明确了发展目标和策略；明确了价值分配原则；理顺了组织运作机制，提高了组织运作效率；建立了考核和激励机制，在员工压力增强的同时，积极性也得到了提高。

★ 思考题

1. 结合我国当前实际情况，你认为我国管理咨询师的职业道德规范应该相比世界各国管理咨询师的道德准则规范有哪些特别之处。

2. 根据已有的管理咨询师的素质鉴别模型，总结你认为最符合管理咨询业的能力素质模型并针对你的能力素质模型作出自己未来的能力培养规划。

★ 讨论题

有专家表示，管理咨询业是 21 世纪最具发展潜力的朝阳产业之一，其对提高企业经营管理水平、促进科学管理发挥着日益重要的作用，已成为促进经济社会发展的不可忽视的力量。为引导我国管理咨询业健康发展、提高管理咨询从业人员的素质，国家人事部于 2005 年颁布了管理咨询人员职业水平评价与考试的相关规定，要求"通过考试取得中华人民共和国管理咨询师职业水平证书的人员，可受聘承担企业管理咨询业务工作"。管理咨询师职业水平考试设《企业管理咨询实务》和《企业管理咨询案例分析》两个科目。在管理咨询市场上，"咨询机构和咨询人员的素质良莠不齐"，"个别咨询机构和从业人员在服务质量和职业道德方面还存在问题"，你认为目前的管理咨询职业水平考试能否起到对管理咨询师素质把关的作用？还应该采取哪些措施以提升管理咨询师的服务质量和道德水准？

❖ 补充阅读材料

1. 陈永东. 破解胜任素质模型应用难题 [J]. 中外管理，2005.

2. 杨廷钫，杨从杰. 管理咨询顾问胜任力结构分析 [J]. 科学学与科学技术管理，2004（12）.

3. 清华大学中国企业研究中心（CBRC）. 管理咨询顾问应该具备怎样的素质——管理咨询顾问素质评价 [J]. 咨询，2005（7）.

4. 冯锋. 关于咨询人员资质认定与培养的几点思考 [J]. 科学学与科学技术管理，1995（1）.

5. 鲍粮库. 构建素质模型的六个步骤 [J]. 人力资源管理，2007（1）.

6. 李慧渊. RO/SRO 素质模型——特殊岗位素质模型的构建 [J]. 人力资源，2007.

7. 杨廷钫. 管理咨询顾问能力建设研究 [D]. 广州：暨南大学，2003.

8. 叶继红，聂卉，施琴芳. 管理咨询公司知识管理的路径分析 [J]. 科学管理研究，2003（8）.

9. 卢焰. 运用胜任力模型实现管理人员培训的突破 [J]. 中国科技信息，2008（20）.

10. 璐羽. 咨询专家的角色讨论 [J]. 科学学与科学技术管理，2004（9）.

11. 麦克利兰. 胜任素质词典 [EB/OL]. [2014-07-08]. http://wenku.baidu.com/view/5298780f4a7302768e993974.html.

12. 萨德勒. 管理咨询优绩通鉴 [M]. 段盛华，译. 北京：中国标准出版社，2002.

13. 顾元勋，等. 企业管理咨询——全周期卓越运作 [M]. 北京：清华大学出版社，2007.

14. 王璞，等. 管理咨询理论、方法与实务 [M]. 北京：机械工业出版社，2007.

15. 托平，等. 企业咨询：咨询业如何运转及如何使之运转的指南 [M]. 付彦，刘勇，等，译. 大连：东北财经大学出版社，2008.

16. 王璞. 新编人力资源管理咨询实务 [M]. 北京：中信出版社，2005.

17. 强志源. 现代西方管理咨询业的发展及其启示 [J]. 南开经济研究，2000（4）.

18. 佚名. 西方智库系列谈之六：德国咨询业 [EB/OL].（2010-08-26）[2010-11-05]. http://wenku. baidu. com/ view /7e83c917866fb84ae45c8df3. html.

19. 佚名. 西方智库系列谈之五：美国智库特点 [EB/OL].（2010-08-26）[2010-11-05]. http://wenku. baidu. com/ view /fbd7b036a32d7375a41780f3. html.

20. Philip S. Management consultancy: a handbook forbest practice [M]. London: Kogan Page，2001.

21. Thomas A. The economics and sociology of management consulting [M]. Cambridge: Cambridge University Press，2006.

22. Milan K. Management consulting: a guide to the profession [M]. Geneva: International Labour Office，2002.

23. Timothy C，Graeme S. Creating the "right" impression: towards a dramaturgy of management consultancy [J]. Service Industries Journal，1998.

24. Sarkar R J，Bandyopadhyay S. Developing an intranet-based knowledge management framework in a consulting firm: a conceptual model and its implementation [M]. Athens，Greece: National Technological University of Athens，2004.

25. Fopp，Leonhard. Consulting & IT—management consulting in Switzerland [J]. Consulting to Management，2004.

26. Law M. Managing consultants [J]. Business Strategy Review，2009.

27. Creplet F，Dupouet O，Kern F，et al. Consultants and experts in management consulting firms [J]. Research Policy，2001.

28. Visscher，Klaasjan. Capturing the competence of management consulting work [J]. Journal of Workplace Learning，2006.

29. Ko，Dong-Gil. Consultant competence trust doesn't pay off，but benevolent trust does Managing knowledge with care [J]. Journal of Knowledge Management，2010.

30. Allen J，Davis D. Assessing some determinant effects of ethical consulting behavior: the case of personal and professional values [J]. Journal of Business Ethics，1993.

31. Mosley，Donald C. Professional ethics and competence in management consulting [J]. California Management Review，1970.

第4章

谋略：商务策划

❖ 学习目标

通过本章的学习，要了解商务策划的基本内容与构成，对商务策划有个总体认识。首先，从策划及其种类入手了解商务策划在其中的地位，进而掌握商务策划的概念、特征、基本要素和基本原则；其次，理解商务策划的原理；再次，熟悉项目策划的具体流程；最后，掌握项目策划创意的过程与思维方法。

做管理咨询工作时，管理咨询师首先必须具备一定的谋略，这就是商务策划。本章简要介绍商务策划的一些基本知识，主要包括以下四个方面的内容：商务策划的概念及特征；商务策划原理；项目策划的具体流程；项目策划创意。

❋ 4.1 商务策划概述

4.1.1 策划及其种类

在中国古代，就已经存在各种各样的策划活动。散见于古籍中的中国古代策划思想和策划经验比比皆是，如《后汉书·隗嚣传》中"是以功名终申，策划复得"。策划从中国远古而来，与西方的战略管理、日本的企划应用和各种学科知识逐步融合，在经济和社会发展中发挥着重要作用。

1）策划的概念

从广义上讲，策划不是专指由专业策划人员、策划部门或策划公司根据任务要求所做的实施方案，它应当存在于政治、军事、文学、艺术、宗教、生产、生活等各行业、各领域之中，无处不在，无时不有。尽管策划在中国有几千年的历史，人们在日常工作和生活中也频繁使用"策划"一词，但对其概念尚无统一认识。

美国哈佛企业管理丛书认为："策划是一种程序，在本质上是一种运用脑力的理性行为。基本上所有的策划都是关于未来的事物，也就是说，策划是针对未来要发生的事情作当前的决策。换言之，策划是找出事物的因果关系，衡度未来可采取的途径，作为目前决策之依据，即策划是事先决定做什么，何时做，如何做，谁来做。策划如同一座桥，它连接着我们目前之地和我们要经过之处。"①

梁朝晖认为："策划就是策略、谋划，是为达到一定目标，在调查、分析有关材料的基础上，遵循一定的程序，对未来某些工作或事件事先进行系统、全面的构想、谋划，制订和选择合理可行的执行方案，并根据目标要求和环境变化对方案进行修改、调整的一种创造性的社会活动过程。"②

周培玉认为："策划是一种创造性的思维活动，它一方面是针对未来的构想、谋划，制订计划、决策和实施方案；另一方面是运用各种工具及手段改变现状的实施过程。"③

从以上概念不难看出，策划是要实现一定目标；策划的核心内容是出谋划策，构思出达到目标的方案；策划的作出必须考虑实际情况，具有可操作性；策划是一个动态过程，在实施过程中会不断地作出修正和调整；策划具有独创性，在一定环境下经过反复策划所得出的决策结果是独一无二的；策划具有超前性，是在事情发生之前作出的。

值得注意的是，策划并不等同于点子。所谓点子，就是人们通常所说的出主意。点子只是一个"点"，而策划则是一个"面"或"体"；点子只是策划中的一个环节，而策划则是一个整体的、系统的实施过程，而不是一个片面的环节。一个单位有了好点子，如果缺乏人、财、物等方方面面的配合，仍然难以取得成功。

2）策划的种类

按照策划所涉及的领域，大致可以分为政治策划、经济策划、文化策划、军事策划、城市策划、商务策划、个人成长策划等。

（1）政治策划。政治策划是指政府公务人员为了某个政治目的而进行的各种策划。例如，政府为提升政府形象所进行的策划等。

（2）经济策划。经济策划是指政府部门为了某个经济目的而进行的策划，包括长期经济策划和短期经济策划。当然，经济策划又往往与政治相关。例如，中国改革开放的"总设计师"邓小平先生关于建立深圳特区的策划，重点考虑了对中国香港顺利回归的影响，但这一策划的经济意义十分明显，属于一项经济策划。

（3）文化策划。文化策划是指为举行各种文化、体育活动，以及推出各种文化产品而进行的策划。例如，为了弘扬京剧进行的策划、为各种文化演出进行的策划。

（4）军事策划。军事策划是指政府部门为了某个军事目的而进行的策划。在我国，这是策划较早涉及的领域。例如，成吉思汗采取的逐步推进、迂回包抄军事策略，使子孙组建了一个人类历史上领土空前绝后的庞大帝国。

（5）城市策划。城市策划是指为提升城市形象、促进城市发展而进行的策划。例如，城市形象宣传。

（6）商务策划。详细内容见本章后续内容。

（7）个人成长策划。个人成长策划指个人为发展自身事业或为某项重大私人事务而进行的策划。比如，想选定自己的人生事业，需要策划。

当然，上述各领域的策划也不是孤立的，有时它们是彼此包含、互相联系在一起的。例如，有的事业策划既包含文化策划又有商务策划；各种经济策划往往涉及政治策划。

①　哈佛企业管理丛书编纂委员会．企业管理百科全书［M］．台北：哈佛企业管理顾问公司出版部，1979.
②　梁朝晖．TOP策划学经典教程［M］．北京：北京出版社，1998.
③　周培玉．商务策划原理［M］．北京：中国经济出版社，2007.

4.1.2　商务策划及其特征

1）商务策划的概念

如前所述，目前其概念也未有统一表述。

世界商务策划师联合会（WBSA）将商务策划界定为："商务策划是经济组织为了谋求自我生存的最佳环境和市场竞争的必要优势而进行的创新性或精密型的决策思维方式。"思维方式就是一种排列各种因果关系的程序；决策就是对即将付诸的行动而作出最后的决定；创新性就是有别于传统；精密型就是把即将采取的行动在一些方面规定得更加细致。

周培玉将商务策划界定为："商务策划是更加获益的经营创新决策方式，是整合企业有效资源，实现最小投入最大产出，把虚构变成现实的商务过程。"[①] 这是国内首部经营创新人才评价标准——《商务策划师资质评价标准》中关于商务策划的基本定义。这里的商务是指一切以利益为目的、以交换为手段、以货币为表现的个人或组织活动。现代商务策划可以划分为战略策划、生态策划、融资策划、管理策划和营销策划五大领域；广告策划、品牌策划、销售渠道策划、市场推广策划、促销策划、公关策划、企业形象策划、企业文化策划和企业重组策划九大专题。

2）商务策划的特征

综合专家学者们的观点，商务策划的特征如下：

（1）相对新颖性。商务策划是一种创新思维，要求独到、不落俗套，不断创新思想、方式、举措和方法。但这种创新是比较而言的，不是绝对的。相对新颖性可以从以下两个方面来体现：一是相对于策划人或决策者自己以前的思维新颖；二是相对于实施对象和区域发展新颖。例如，一个方案对于策划人来说是陈旧的，但对实施企业和地区来说却是新颖的（如在适当的条件下，把国外常识引入中国国内加以运作，以用最短时间把西方经济历程加以中国式的重复）。

（2）整体性。商务策划必须首先反映企业的整体性的功能发挥和整体效益最大化的要求。在推销项目或商品的过程中，销售、广告、公关、人员、资金、生产、战略、管理等必须一起配套、综合实施，才能取得较好效果。同时，企业又是社会大系统中的一个子系统或系统层次，它又必须在和社会的关系中遵循开放性系统属性，服从社会大系统的属性需要。因而，在策划时既要注意企业活动自身需要的整体性和全面性，也要注重社会性的全面性、大局性，把企业整体融汇于社会全局之中，综合考虑、协调、处理好企业内部各方关系，以及企业与外部各方的关系，使企业内外和谐。

（3）完整性。通过创意、市场调研、优势确定、付诸实施等步骤而形成的商务策划是一个完整的、系统的项目方案，这也是策划不同于点子之处。出点子没有系统性，要使之扩展完善为策划方案，则要在许多方面做工作。一个完整的商务策划方案至少包括以下几个方面：社会与经济背景分析、政策的有利因素分析、项目先进性分析、金融保证、管理方面的组织保证、占有市场的战略战术、转移危机的方式和办法。

（4）可操作性。商务策划是在企业的现实条件的基础上进行的，必须立足企业现实

---

① 周培玉. 商务策划原理 [M]. 北京：中国经济出版社，2007.

发展状况，从实际出发展开对企业未来发展的谋划。实施商务策划时，要考虑项目方案是否符合政策和环境；是否切合企业自身需要和实际条件；是否有明确且可执行的工作程序。企业应当能够理解方案，能把综合、复杂的思路分解成一般的商务步骤，再比照企业的能力，采用常规的、现有的手段来实现各个商务步骤，使策划方案具有可操作性。

（5）前瞻性。商务策划是针对企业未来的社会活动开展而进行谋划，因此必须具有前瞻性。早作准备，争取主动，谋划的方式方法、策略手段要超前，不能落后于事物的发展。具体来说，商务策划应当相对于其他策划人思维形成所需的时间超前，以防其他策划人首先形成并实施与自己相同的方案；商务策划要相对于市场形成或成熟的时间超前，以在市场形成或成熟时达到事半功倍的效果。

4.1.3　商务策划的基本要素

商务策划从要素组成上看，其基本要素主要包括商务策划目标、商务策划主体、商务策划客体、商务策划方案、商务策划环境五项。

1）商务策划目标

商务策划目标是商务策划所要达到的预期结果和策划主体将要完成的任务。它指导商务实践活动，指引相关企业或个人取得成功。同时，商务策划目标是评价和检查策划任务完成程度的唯一标准。例如，在下述金星啤酒促销策划案中，将"全面推广中国名牌金星啤酒，加强中国名牌金星啤酒的品牌信息传播，提升品牌的影响力和美誉度，进一步提高中国名牌金星啤酒的市场占有率和市场竞争力"作为策划目标。

2）商务策划主体

商务策划主体是商务策划活动任务的承担者、策划工作的实际操作者。承担策划的人不是为自己策划就是受别人委托而策划。因此，商务策划的主体既可以是企业内部的相关人员，也可以是企业聘请的咨询公司或策划公司的相关人员；既可以以策划团队（智囊团）的形式出现，也可以以个体的职业策划人员的形式出现。需要强调的是，不论是策划团队中的策划人员，还是个体职业策划人员，都必须具备较高的道德素质和业务水平。关于咨询师的素质要求详见第3章。策划人的思维能力及创新方法和手段在商务策划活动中起着至关重要的作用。

3）商务策划客体

商务策划客体是指在商务策划活动中，策划目标指向的对象。策划客体的范围非常广泛，但是只有那些处于人的能力可以影响和控制的范围之内的事物才能成为策划客体。同时，商务策划客体具有人的参与性和动态的系统性。策划对象既可以表现为企业内部的员工群体、个人、决策层以及企业外部的顾客、供应商、代理商、客户等由人构成的对象要素，也可以是由产品、部门、地区等组织构成的对象要素。由于商务策划客体处于不断的变化中，这就要求商务策划主体在任何时段都要正确认知策划客体。

4）商务策划方案

商务策划方案是策划主体从策划目标出发，创造性地作用于策划客体的产物，是在策划主体的创造性思维过程中，遵循科学的策划运作程序设计完成的最终结果。商务策划方案应当详细记录策划的方法以及实施内容，是进行商务活动的依据。以下列示了金星啤酒促销的策划方案①：

（1）激励终端。

为提高终端销售中国名牌金星啤酒的积极性，召开全市经销商大会，传达活动方案内容：凡在 2003 年 6 月 25 日之前一次性现金购进 10 度中国名牌金星啤酒 100 件的终端店（社区终端和饭店终端均可）奖励自行车一辆。

（2）激励社区消费。

在社区张贴海报或发放传单，文案如下：

清凉一夏贴心到家——中国名牌金星啤酒伴你度过清凉一夏

金星啤酒中国名牌的获得离不开您的关心和厚爱，这块金牌有您的一半。恩情难相忘，相报无尽日！为感谢您的关爱，中国名牌金星啤酒特为您在炎炎夏日里送上一份清凉，伴您度过清凉一夏。我们为您奉献的礼品如下：

购买中国名牌金星啤酒一包即可获得优质牛奶一袋；

购买中国名牌金星啤酒两包即可获得优质白糖一斤；

购买中国名牌金星啤酒三包即可获得名牌饮料一听；

购买中国名牌金星啤酒四包即可获得薄荷香皂一块；

购买中国名牌金星啤酒五包即可获得沐浴露一瓶。

数量有限，发完为止，快快行动，感受清凉！

（3）激励整个消费群体。

在中国名牌金星啤酒系列中设瓶盖奖，奖项只设一种，中奖者获名牌空调一台（TCL 大众数码，每台 1 200 元左右），提高消费者对中国名牌金星啤酒的注意力。为了提高消费者对开盖有奖的信任度，前期投放空调数量要多，且对中奖者名字和联系方式在电视、报纸或终端进行公布宣传。

5）商务策划环境

商务策划环境是策划运作的必要条件，任何策划运作都是在一定的环境中进行的。策划环境如何，对于策划的进行和实施具有巨大的影响。它包括自然环境和社会环境两个方面，如地理位置、气候、交通、天气状况、政府相关方针和政策等。

4.1.4　商务策划的基本原则

1）利益原则

"利益"包括经济利益、政治利益、社会利益、长期利益、中期利益、短期利益、个人利益、局部利益、整体利益等。企业无论谋求哪种利益都离不开策划，利益的实现过程也就是策划的构思和实施过程。企业商务策划首先应当谋求战略利益和长远利益，而且策划必须谋求最大化利益。在谋求最大化利益时，可以千方百计，但不能不择手段。任何策划的操作手段必须合情、合理、合法，即所谓"君子爱财，取之有道"。这里的利益最大化不仅指经济利益最大化，而且还包括社会利益，乃至政治利益的最大化。

2）创意创新原则

策划活动的关键是以创意求得创新，通过创新创造出理想的活动效果才是真正的创

① 陈火金. 策划学全书 ［M］. 北京：中国社会出版社，2005.

新。创意要讲求实际效果，否则，停留在思想中的创意也只能是空中楼阁。商务策划的创意具有经营价值、市场价值，有些创意甚至可以直接出售。著名策划专家王志纲把这一原则称为策划的"三性"，即唯一性、排他性、权威性。他指出："任何一个项目要提升出它的特异性，然后强化它与众不同的地方，这就是排他性，并赋予它一个权威的说法，这样才能在市场中处于引导地位。"

3）整合原则

一个完整、有效的商务策划要求在观念层面必须有独到的眼光或创意；操作层面必须有很强的执行力；现实层面有可遇而不可求的时势。也就是说，商务策划应统筹兼顾，以确保每一个环节的顺利实施和整个策划的最终成功。具体来看，商务策划方案应从整体出发，注重全局的目标、效益和效果；商务策划主体应以整体、大局的眼光来衡量整个策划的兴衰成败，统筹利用自身现有的或可以利用的各类资源优势，以达到用最少的投入实现最大的效益目标。

4）客观可行原则

客观原则就是要求必须以策划客体的客观实际作为策划的依据和出发点，一方面策划主体不应该有先入为主的偏见，不应该一开始就有某种框框，更不能凭事先已经理想化的方案去套客观实际；另一方面，不能搞那种为领导者已经圈定的方案寻找理论依据和实际依据的所谓策划。

可行原则要求商务策划方案应该能够实施，并取得卓有成效的结果。可行原则的具体操作步骤包括可行性分析、可行性实验和有效性分析。其中可行性分析包括利害性分析、经济性分析、科学性分析和合法性分析；可行性实验一般以局部的试点方式进行，来检查策划方案的重心是否放在了最关键的现实问题上，策划方案的整体结构是否合理，实施结果是否有效等；有效性分析包括检查策划方案实施过程中是否能够合理有效地利用人力、财力、物力以及时间等资源，方案的实施效果能否达到甚至超过方案设计的要求。

客观是可行的前提，但客观未必都可行。从一定意义上来说，可行是对客观的延伸，是对客观的深度反映。商务策划方案要求客观和可行两者并存。

5）应变原则

应变原则要求商务策划主体在动态变化的环境中，及时准确地把握事物发展变化了的信息，预测事物可能的发展变化的方向、轨迹，并以此为依据来调整策划目标和修改策划方案。它强调的是策划活动应因时、因地、因人而进行。

✳ 4.2 商务策划原理

商务策划从本质上看是以获取社会交换中的更多优势和利益为目标的一系列创造性思维活动。探究商务策划的基本原理，有利于充分理解和把握其内在规律与特性，更好地实现策划目标。

4.2.1 奇正原理

奇正原理是策划的第一大原理，它是思维创新的核心表现。但怎样理解"奇正"思想的含义和运用方式，自古以来众说纷纭，古《十一家注孙子》中对"奇正"及其运用有八种解释，现代《孙子》研究者们也提出多种多样的说法。这些情况既说明了"奇正"的复杂性，也表明了"奇正"在谋略思想中的重要地位。

1）奇正的含义与特征

对"奇正"的完整、辩证的阐述，后人尚无盖孙子者。从《孙子兵法》的阐述来看，"奇正"范畴充满着丰富的辩证法思想。所谓正，是指社会所公认的正道，包括一整套行之有效的方针和路线；所谓奇，是指巧妙、诡秘、临机制断、随机应变，没有固定的程式。具体来看，奇正具有如下特征：

（1）动态性和无限性。《孙子兵法》第五篇《势篇》说："战势不过奇正，奇正之变，不可胜穷也。奇正相生，如循环之无端，孰能穷之？"孙子论"奇正"，不断强调"变"，"变"是"奇正"的灵魂。"奇"可以生"正"，"正"可以生"奇"，"正"中有"奇"，"奇"中有"正"；而且，奇正配合变化、无穷无尽，奇正互相转化、周而复始、无始无终。

（2）主客观统一性。成功地运用"奇正"，往往要造成一种"我用正，敌以为奇"的效果，或反之。这说明"奇正"运用不仅要从客观现实条件出发，更需要谋略人员的主观创造性，所以"奇正"运用的主客观统一性是理解"奇正"思想的关键。这种统一性既要求分析的、系统的思维，又要求直觉的、创造的思维。

（3）相倚性。古人说："有正无奇，虽整不烈，无以致胜也；有奇无正，虽锐无恃，难以控御也。"这说明，一方面，用"正"往往是常规的，它尽管比连常规方法都不会正确运用要强，但它却没有"锐"气，没有"烈"性；另一方面，仅仅用"奇"也难以控制整个局势。

2）奇正原理在商务策划中的运用

（1）商务策划应以"正"为基础

在商务策划中，所谓"正"是指"一般的、正常的"市场运作手段。这些平平无奇的"正"的手段，哪家企业都会用，哪家企业都知道。《孙子兵法》言："以正合，以奇胜。"这说明无"正"的配合，就无"奇"的制胜。因此，"正"道一定要做好、做精，要优于其他竞争对手。这就像金庸的小说《天龙八部》中描写的萧峰，几乎人人都会的太祖长拳在他使来也能达到出神入化的地步，不由不令人惊叹：太祖长拳原来也可这么使。

（2）商务策划中"奇"是制胜的关键

在商务策划中，所谓"奇"是指"特殊的、变化的"市场运作手段。它能够发现、利用在策划全过程中某个环节上的优势，并将其充分发挥，使其具有竞争对手所不可比拟的优势。《孙子兵法》言："以正合，以奇胜。"所谓"正合奇胜"之法，用"奇"从来是"制胜"的关键。出"奇"之所以能够制胜，在于"奇"达到了"攻其不备、出其不意"的效果。"奇"的行动击中了敌人的虚弱和要害之处。例如，脑白金愣是使褪黑素这个还没红就要失去新鲜感的东西变得比太上老君的仙丹还神奇，完成了这种类似丑小鸭变白天鹅的童话，在礼品市场再创神奇，脑白金一时之间似乎成了礼品的代名词，连三岁小儿都知道"收礼只收脑白金"。脑白金的"奇"表现了操作者对消费者研究的透彻：当把产品当作自用产品时，他知道消费者想什么；当把产品当作他用礼品时，他知道消费者想什么。

（3）商务策划永远立于不败之地的法宝是奇正结合

策划贵在用奇，奇在众所不意，也就是在众人所忽视或意料之外而又在情理之中。奇于对方之外，则胜；奇于对方之同，则平；奇于对方之料，则败。但策划必须以正合为基础。企业与个人的生命力都有周期性的盈与缩。出击与休整、动与静、劳与逸要相互转换，出击部分与后备部分要交替使用。要想出击时有力地用"奇"，平时就要有效地用"正"，即用正常之法积蓄力量，用奇招一举求成。例如，松下公司独具一格的经营策略是运用"正合奇胜"谋略的一个典范。20 世纪 30 年代世界经济大萧条时，日本工商企业也受到沉重打击，工厂纷纷倒闭破产，经济陷入空前的混乱之中。松下电器公司也没有幸免，产品销售额锐减，库存产品急速增加。决策层中也有人提出要像其他公司一样大幅度压缩生产、人员减半等。正在养病的松下幸之助经过深思熟虑，断然决定一人不裁，生产实行半日制，工资按全天支付。与此同时，要求公司职工利用星期天、休息日的空闲时间，全力推销公司产品。在公司上下员工的齐心努力下，短短几个月，公司库存销售掉了，生产又恢复了正常。松下幸之助的做法，乍看很普通，但与其他公司相比，不能不说是"奇"，而这种"奇"又是建立在把人看成是有用的资源的"正"的观念之上的。

4.2.2 系统原理

系统原理就是运用系统论的基本思想和方法指导商务策划活动，解决和处理策划的实际问题。

1）系统和系统论

系统是指由相互作用和相互依赖的若干要素结合而成的具有特定功能的有机整体。也就是说，系统应当由两个以上的要素组成；要素之间存在相互作用和相互联系；系统整体具有确定的功能。可以说，要素、联系、结构、功能和环境是构成系统的基本条件。从系统组成要素的性质来看，可以划分为生态系统、星际系统等自然系统和生产系统、交通系统、商业系统、管理系统等人造系统；从系统与环境的联系程度来看，可以划分为封闭系统和开放系统。一般来说，系统具有目的性、整体性、相关性、层次性、动态平衡性和适应性等特征。

系统论是指研究系统的一般模式、结构和规律的学问，它研究各种系统的共同特征，用数学方法定量地描述其功能，寻求并确立适用于一切系统的原理、原则和数学模型，是具有逻辑和数学性质的一门新兴的学科。系统论不仅能够认识系统的特点和规律，而且还能利用这些特点和规律去控制、管理、改造或创造一个系统，使它的存在与发展合乎人的目的需要。

2）系统原理在商务策划中的应用

在商务策划中，策划目标、策划主体、策划客体、策划环境等构成了一个完整的策划系统，而策划客体、策划环境等又是构成该大系统的子系统。为了使商务策划更加有效，可以利用系统论的原理进行策划，具体至少可以从以下两个方面考虑：

（1）贯彻系统的优化原理。在系统分析的基础上，追求整体效应，找出最优的行动方案，以最少的消耗，实现系统功能的最大化。系统优化的实质，是放大系统的功效，即整体功能大于各部分功能简单相加之和，即实现"1+1 > 2"。

（2）恰当运用系统的整分合原理。整就是整体，分就是分工，合就是合作。也就是说，整分合原理就是在整体规划下明确分工，在分工基础上进行有效合作。该原理的基本要求是充分发挥各要素的潜力，提高企业的整体功能，即首先要从整体功能和整体目标出发，对管理对象有一个全面的了解和谋划；其次要在整体规划下实行明确的、必要的分工或分解；最后在分工或分解的基础上，建立内部横向联系或协作，使系统协调配合、综合平衡地运行。

总之，系统原理要求策划人能够高瞻远瞩、深谋远虑，能够从整体上把握、控制和驾驭全局。系统原理的核心，是把"策划"当作一个完整的系统和过程，用控制论、信息论、系统论等方法中整体的、联系的、结构的、功能的、层次的、非线性的观点，对某一策划对象进行分析、综合、归纳，从而求得好的策划方法，最终达成整体效益。

4.2.3　博弈原理

博弈原理的核心与著名的博弈论有关。博弈论不仅属于经济学、数学和运筹学，在商务策划中也被使用。博弈论（Game），也称对策论，按照 2005 年 Robert Aumann 教授的说法，博弈论就是研究互动决策的理论。所谓互动决策，即各行动方（即局中人）的决策是相互影响的，每个人在决策的时候必须将他人的决策纳入自己的决策考虑之中，当然也需要把别人对于自己的考虑也纳入考虑之中……在如此迭代考虑情形下进行决策，选择最有利于自己的战略（Strategy）。不论何种博弈，一般都具有四个基本要素：局中人（Players），博弈参加者；策略（Strategies/Actions），博弈者可能的行为；规则（Orders），策略和结局的关系；结局（Payoffs），博弈者得到的回报。中国古代"田忌赛马"的典故就是著名的博弈；"囚徒困境"和"智猪博弈"也是博弈论的典型案例。

博弈包括静态博弈和动态博弈。静态博弈指参与者同时采取行动，或者尽管有先后顺序，但后行动者不知道先行动者的策略；动态博弈指双方的行动有先后顺序并且后行动者可以知道先行动者的策略。在静态博弈中，要求策划主体制订行动方案时考虑竞争对手可能采取的方案，权衡得失，作出决策；在动态博弈中，要求策划主体不断收集相关信息、积累知识、修正判断。

商务策划中，博弈制胜，真正的难点往往不是技巧的运用，而是心态上对得失平衡的把握，是对代价、损失的看法，以及对竞争对手的正确分析判断。世界永远是动态的平衡，先舍后得，方为成就大事业的大智慧。

4.2.4　裂变原理

裂变，是现代物理学的概念，是指把重核分裂成质量较小的核而释放出核能的反应。现代物理学认为原子核能是能够裂变的。例如，1 千克铀裂变后可以释放出约 900 亿度电的能量，可供北京城区用好几年；13 克铀就可以支持美国的航空母舰绕地球一周。

策划创意是商务策划的核心和前提，在现代策划活动中它已成为一种极具潜在号召力的活动方式。那么，创意、智慧能不能裂变呢？回答是：完全能。不但能，而且其裂变后的能量是不守恒的，即可以是"无限的智能与智能的无限"。裂变原理体现在策划的过程中，表现为策划思路的不断延伸和丰富，产生了一系列的变化，使得策划方案的全过程更加完善与生动。人的思维、创意、信息、知识和智慧通常都遵循裂变原理，表现为策划思维碰撞和创意互动激发。

商务策划中，可以通过量的增长扩展现有优势实现裂变，如麦当劳通过连锁经营获得更大的市场占有率，也可以在新领域复制自身独特的技能、优势和能力等构成的成功模式而实现裂变，如 TCL 在彩电行业的速度优势导入手机行业而获得巨大成功，还可以通过兼并实现裂变。

4.2.5　整合原理

整合是将各分离部分统一并合成一个完整、和谐的整体。也就是说，整合是发现并利用事物之间的有机联系，利用有效的策略，引导事物向策划目标方向前进。毛泽东同志在充分了解了当时中国的国情（经过充分调查）后，认为占绝大多数人口的农民最需要的是土地。因此，他以"打倒土豪劣绅，进行土地改革"作为革命的开始与旗帜，团结了当时最广大的力量——农民，最终取得革命的胜利。

整合是一个优劣互补、资源匹配、功能放大的再造过程。整合原理要求策划人把策划对象所在系统可能涉及的各元素、各层次、各结构、各功能等，按照创意、目标的主线整合起来，扬长避短，避实击虚，以实现"1+1 ＞ 2"的系统整体功能。

为了实现整合的目标，首先确定实现目标所需满足的条件及其所需要的资源，并在此基础上发现各要素和资源之间的联系，最终各种资源都会为我所用。例如，大连市某民营眼科医院建院不久，技术是一流的，设备是最先进的，服务是星级的，可是知名度不高，周围有三家三甲医院、六家二甲医院。如何在此种情况下打开局面，提高医院的知名度？广告已经失灵。当时"八一"建军节即将到来，医院市场部门策划了一个老红军复明的免费义诊活动，并将此事做实、做好，免费为辽宁省的几十位老红军做白内障手术。建军节当天《解放日报》头版头条报道了此事。将建军节与医院的知名度宣传联系起来，提高了医院的知名度与美誉度。

4.2.6　简易原理

"简易"意指"简单、易行"。简易原理即要求策划方案简便、易行。大道从简，越是深刻的往往越是简单的。简易原理要求策划人在商务策划中力求抓住主要矛盾，重点解决关键问题，着重从整体中把握事物发展的总趋势，追求事物整体的效率，而不要拘泥于具体的管理方法。用两个成语解释比较贴切，那就是"法无定法，万法归宗"。也就是说，在商务策划中，我们不可能事先设计好静态的策划方法和过程，但只要我们紧紧抓住策划的目标不放，随时进行调节和反馈控制，最终是能够实现策划目标的。如前些年上海某房地产公司的广告语：好房子来了，实在是再简单不过了，实际的销售却取得了相当的成功。

实质上，最卓越的策划应是最简单的策划。对一个卓越的策划人来说，他的策划水平体现在了解最基本的策划原理。一套策划方案是否简洁明了，是否切实可行，最能反映策划者的策划水平。复杂而牵强的策划方案不但难以操作，而且会大大增加实现的成本。

随着社会的发展，人们认识世界和改造世界的广度和深度都大大地扩大和加深了，商务策划活动也越来越复杂。掌握简易原理有助于迅速找到解决策划问题的途径和手段，在不断变化的环境中，始终把握方向。

✱ 4.3 项目策划的具体流程

项目是指在既定的资源和要求的约束下，为实现某种目标而相互联系的一次性工作任务。项目具有一次性特征，没有重复相同的两次任务；同时，项目具有不可逆转性，失败了就不能再重新开始。本节所述项目策划是针对某一项目所进行的策划，以具体的项目活动为对象。管理咨询师所做的商务策划往往是针对某一具体项目进行的，也即属于项目策划。因此，本节重点介绍项目策划的具体流程。

项目策划的具体流程是项目策划运作的先后次序，它是一个系统性工作，按照科学合理的流程进行策划是策划成功的必要条件。世界上没有完全一样的企业，也没有完全相同的项目，因此项目策划不存在完全固定的运作流程。就一个典型的项目策划而言，一般包括项目或商机的发现、项目的提出、项目调研、项目定位与选择、项目创意与设计、项目策划方案的编写和项目的实施七个流程。

4.3.1 项目或商机的发现

如前所述，项目策划具有功利性，它能给策划主客体带来经济上的满足或愉悦。商机从经济意义上讲是能由此产生利润的机会。从某种意义上讲，发现了可行的项目，也即发现了商机。商机表现为需求的产生与满足的方式在时间、地点、成本、数量、对象上的不平衡状态。旧的商机消失后，新的商机又会出现。那么，如何发现可行的项目或商机呢？可以通过如下方式：

（1）寻找短缺品。一切有用而短缺的东西都可以是商机，如技术、知识等。一般情况下，空气不短缺，但在高原或在密封空间里，空气也会是商机。

（2）研发较低成本替代商品。在需求的满足上，能用更低成本满足时，低价替代物的出现也是商机，如国货或国产软件。

（3）提供方便性物品。江山易改，"懒"性难移。花钱买个方便，所以"超市"与"小店"并存。手机比固定电话贵，可实时性好，手机是好商机。

（4）发掘商品新用途。天生某物必有用。一旦司空见惯的东西出现了新用途定会身价大增，如传言板蓝根能防"非典"时其销量猛增。

（5）考察事物的关联性。一荣俱荣，一损俱损，由需求的互补性、继承性、选择性决定。可以看到地区间、行业间、商品间的关联商机情况。例如，2001 年中国申奥成功后，有这样一则有关奥运会投资额的报道："……预计与 2008 年奥运会相关的投资将在3 000 亿元人民币左右，其中，北京市政府将对市政基础设施建设投入 1 800 亿元。在这1 800 亿元投资当中，有 900 亿元用于修建地铁、轻轨、高速公路、机场等；有 450 亿元用于环境治理，兑现'绿色奥运'的承诺；有 300 亿元用于信息建设，奠定'数字北京'的基础，初步实现电子政务、电子商务、信息化社会实践区和远程教育，兑现'科技奥运'的承诺；其余 150 亿元将用于水、电、气、热等基础生活设施的建设和改造……"。清华同方和中体产业从这则报道中敏锐地捕捉到了将科技注入体育的商机。

（6）发现事物的系统性。发现源于某一独立价值链上的纵向商机。如电信繁荣，IT需求旺盛，IT 厂商盈利，众多配套商增加，增值服务商出现，电信消费大众化。

（7）注意所在国家或地区人们的文化和习惯。注意由生活方式决定的一些商机。例如，中国人用在孩子教育身上的投资是最不惜血本的，而父母对孩子的教育普遍关心的是英语教育，基于此认为数码单词学习机销量将会有很大的提升。

（8）预测商品的回归性。人们的追求，远离过去、追随时尚一段时期之后，过去的东西又会成为"短缺"物，回归心理必然出现。

（9）研究所在国家或地区的政治经济政策。某一国家或地区的某一重大政治经济政策的颁布和执行，往往会给企业带来重大商机。例如，20世纪70年代末我国实施改革开放政策，日本电子行业派驻我国的推销人员及时研究了这一新的经济政策对消费者需求的影响，并深入调查了我国其他产品的一些价格，认为中国人的消费水平将会迅速提高，但购买能力仍然有限，因此黑白电视机将会有很大的销售空间。

当然，上述方式不是发现项目或商机的全部方式，它仅是给企业或相关人员提供了指引。

4.3.2　项目的提出

项目的提出过程就是确定策划主题的过程。当发现可行的项目或商机时，要明确项目策划的主题。例如，如何提高××产品销售额，如何将科技与体育融合为一体等。这一过程，实际上就是提出问题的过程。在策划的起始阶段，提出一个好主题胜过解决一百个实际问题。发现并设定策划主题就像一场比赛的开局一样，可以在很大程度上影响整场比赛的成败。虽然在策划主体与客户不是同一主体时，主要由客户来发现并设定主题，但策划主体的参与、修正也是必不可少的。

4.3.3　项目调研

项目调研是指在一定的营销环境下，系统地搜集、分析和报告有关项目信息的过程。项目调研是编写项目策划案的前提和基础，是项目策划非常重要的步骤。通过项目调研，可以进一步深化策划问题并最终明确策划主题。只有通过科学的项目调研，才能减少项目的不确定性，使市场决策更有依据，降低项目策划的风险。

1）项目调研的种类

（1）按照调研的方式可以分为资料调研、实地调研和访问调研。

资料调研是指从报纸杂志、各种书籍、报告和相关网站中收集资料，然后加以分析的过程；实地调研是指通过对购买者、竞争对手、经销（分销）商及原料供应商现场接触进行调查来搜集资料，然后加以分析的过程；访问调研是通过访问相关部门和人员的方式搜集资料，然后加以分析的过程。

（2）按照调研的领域可以分为企业内部调研和企业外部调研。

企业内部调研是在企业内部收集与项目策划有关的资料，然后加以分析的过程，包括调研企业的目标、经营管理情况、投资情况、人事制度、办公现代化情况、产品研究开发情况、销售情况、生产能力、经营业绩等。企业外部调研包括宏观环境调研、行业动向调研和市场调研等。

2）项目调研程序

项目调研是一种有计划、有组织的策划活动，必须遵照一定的工作程序，具体来说包括确定调研专题和目标、制订调研计划、实施调研、归纳调研结果四个阶段。

（1）确定调研专题和目标。

项目调研的问题很多，不可能通过一次调研就解决所有的问题，因此，在组织每次项目调研时应找出关键性问题，确定调研的专题。调研专题选择要适当，既不能太宽，使调研人员无所适从，也不能太窄，以致不能充分反映市场的状况，使调研起不到应有的作用。针对每一专题确定调研目标，并且使调研目标尽量定量化。

（2）制订调研计划。

调研计划的内容主要包括资料来源、调研方式、费用预算等项目。如前所述，调研的方式包括资料调研、实地调研和访问调研，各种调研方式获取资料的种类不同，获取成本也不同，因此必须事先确定调研方式和资料来源；项目调研需要一定的费用支出，因此必须合理地制定费用预算，确保调研费用支出小于调研后产生的收益，符合成本效益原则。

（3）实施调研。

该阶段包括数据资料的收集、加工和分析三个步骤。数据资料的收集阶段对整个项目活动的开展具有重要意义，而且往往费用很高，调研主管人员必须监督现场的工作，采取相当的措施防止失真信息的出现；收集的数据资料要经过一个去伪存真、去粗取精和科学加工处理过程，从而保证分析工作的客观科学；数据资料经过搜集、加工之后，要对其进行分析，从中得出具有普遍意义的规律。

（4）归纳调研结果。

归纳调研结果也就是撰写和呈报调研报告的过程。调研报告是将调研数据分析结果书面化的形式，也是对整个调研工作的总结。一般来说，项目调研报告包括两种形式：一种是技术性报告，着重报告市场调研的过程，包括调研目的、调研方法、数据资料处理技术、主要调研资料摘录、调研结论等，报告的面对对象是调研人员；另一种是结论性报告，着重报告调研的成果，提出调研人员的结论与建议，供上级决策者参考。

4.3.4 项目定位与选择

在对项目进行全面的调研之后，需要进一步明确项目策划主题，对项目进行定位，这实际上也是调研的目的之一。项目定位有两个基本的层面，即市场定位和目标客户群定位，同时也包括对销售渠道、促销方式等方面的定位。而要进行市场定位，实际上是对项目市场进行细分与选择。

1）项目市场细分与选择

项目市场细分就是指按照项目消费者或用户的差异性把市场划分为若干个子市场的过程。项目市场细分是一个连续的过程，具体要经过划分细分范围、确认细分依据、权衡细分变量、实施小型调查、评估细分市场、选择目标市场、设计项目策略等步骤。对项目消费者细分，主要考虑到地理因素、人口因素、心理因素、行为因素、受益因素等。

项目市场细分化之后，存在着众多的子市场，如何在子市场中选出自己的目标市场，主要有以下几种策略：

（1）集中性策略，是指将主要力量放在一个子市场上（而不是面向整体市场），为该市场开发具有特色的项目活动，进行广告宣传攻势。如何确定该子市场呢？通过前述调研和市场细分，已经能够明确竞争态势、本项目在未来可供选择的市场取位、本项目相对于竞争者的优势和风险所在。在此基础上，通过三面交叉分析定位法，寻求项目"我"所能（达到）、整体（或区域）市场所需（空白）、市场竞争者所弱（不足）三个市场状态面的交叉地带，就可以确定该子市场。这种策略主要适合于短期项目活动，成本小，能在短期中取得促销的效果。

（2）无差异策略，是指项目活动不是针对某个市场，而是面向各个子市场的集合，以一种形式在市场中推展开来。这种策略应配以强有力的促销活动，大量的、统一的广告宣传，但是成本比较大，时间比较长，一般适合于大型项目活动。

（3）差异性策略，是指项目活动面对已细分化的市场，从中选择两个以上或多个子市场作为目标市场，分别向每个子市场提供有针对性的活动。这种策略配置的促销活动应有分有合，在不同的子市场，广告宣传应针对各自的特点而有所不同，从而调动各个子市场消费者的消费欲望。

2）目标客户群定位

市场定位确定了，其实在某种意义上项目其他的（产品、渠道、价格、促销等）定位也随之产生。与市场定位紧密联系在一起的就是目标客户群定位，它是项目策划的关键所在。目标客户群的定位方法是目标客户群四步刻画法，具体操作步骤如下：首先，要在地理上确定展开销售的区域；其次，要确定预想的客户群的人文特点；再次，要描述客户群的内在心理特点；最后，要描述客户群的外在行为特征。实际上，四步执行的目的是从地理、人文、心理、行为等方面来全方位刻画客户群，为营销推广提供准绳、靶子；通过这四步的执行，起码要明确客户的生活惯性、消费习惯、居住意识等，为项目定位提供对象。例如，从客户购买心理分析：客户面对一个项目/产品作购买决策时一般要从用得上→买得起→信得过→看得中→急着用五个层次来综合考虑。从市场开发的层面上分析，每增加一个决策条件，目标客户群的规模和数量会相应减少一些；换句话说，在目标客户群定位时要把所有的客户摆放成金字塔，最上层的客户（即满足用得上、买得起、信得过、看得中、急着用五大条件）是最好开发的，最底层的客户（即满足用的上条件）是最不好开发的，在操作中要从易到难，一步一步地把销售引向深入，一步步把市场规模做大。

通过上述项目定位与选择过程之后，在项目提出阶段所确定的主题就会更加明确。例如，上述"如何提高××产品销售额"就细化为"为了提高××产品销售额，在 A 地以 B 客户群为对象，在××期间如何进行促销"。

4.3.5　项目创意与设计

项目的策划主题最终确定之后，接下来的关键就是要进行创意设计，以实现策划目标。创意是项目策划必不可少的要素，也是最能体现项目策划主体创造性的地方。完美的创意表达是策划创意形成的重要标志。没有好的创意表达，即使发现了很有价值的问题也无法很好地完成。一个好的创意可以是时间、空间的巧妙契合，可以是人文、历史、政策趋势的完美统一，也可以是任何其他的惊人之举。关于项目创意的具体内容将在4.4节详细介绍。

4.3.6　项目策划方案的编写

1）项目策划方案的形成与选择

项目策划创意形成之后，考虑上述调研结果、创意内容等因素形成项目策划方案，这也就是将创意进行规范化、系统化，变为可以实施的行动方案。项目策划方案应当包括设定方案的宗旨、方针、目标，以及方案的实施步骤、措施、方法和人员配置等内容。需要注意的是，策划主体应当拟订多种策划方案，至少两个，以备挑选。每个方案都应当尽可能地考虑到多方面的情况，而且必须保证每个方案都有各自的特色，有不同的策划思维和策划手段。

策划方案形成之后，策划主体应当选出最优方案，再确定一至两个备选方案。有关方案的选择应当遵循目标原则、可行性原则、价值原则和择优原则。选择策划方案的标准应当依据以下三个方面来确定：一是策划方案中所体现的策划目标应当具有层次性、可量化性；二是策划方案执行程序应当具有可操作性；三是策划方案应当能够实现经济、社会、政治效益的最大化。策划方案的选择可以采用经验判断法、数学分析法和实验法。

2）项目策划书的结构与内容

项目策划书是策划主体赖以展开策划内容，获得他人认同，并据以组织实施的"设计图"或"剧本"，是策划主体由想法到现实的重要环节之一。一般来说，项目策划书的结构与内容如下：

（1）策划书封面，由策划书名称、策划者姓名、策划书制作日期和策划书编号组成。

（2）策划书摘要，对项目策划的目的和内容的简要说明。

（3）策划书目录，策划书内部的层次排列，给阅读人以清楚的全貌。

（4）策划书正文，包括市场现状、现状分析、策划思路、执行计划、费用预算和效果预测。市场现状主要是对市场调查搜集到的数据进行整理后的文字表述，要求客观地介绍，不能有主观的分析；现状分析主要是运用分析工具对市场现状所提供的数据和情况进行定性与定量分析；策划思路主要是根据市场现状和现状分析的结果，提出具有相对新颖性、可操作性、前瞻性的解决问题的办法；执行计划主要是策划思路的具体化时间表，要做到组织落实、时间落实、人员落实、质量落实、检查落实和整改落实，具体可以将策划活动的全过程拟成时间表，明确何月何日做什么，以及工作阶段、工作任务、工作方式和注意事项等；费用预算是对各个环节及整个活动费用的预算；效果预测是对策划实施后的经济效益及对可能产生的社会效果进行预测和评估。

（5）附件。附件是资料搜集情况的工作量的具体体现，也是对策划书未尽事宜的解释，包括各种调查资料及分析数据的统计和说明，如市场问卷样卷与收回问卷、策划工作的实况照片等。

3）项目策划书的编写技巧

（1）突出重点，切忌面面俱到。在策划书的写作过程中，应当突出主要内容和构想，删除与主题无关的内容。如果将过多的想法都纳入策划书之中，就会使策划书中观点和想法过多，无法突出策划书的焦点和主体，使阅读者和执行者无所适从。对于重点部分，从形式上看要有一定篇幅，从内容上看要对来龙去脉、前因后果有一个明确交代。

（2）力求语言明白易懂。首先，使用逐条列举法来表现相关内容。其次，注意句子的顺序及结构：可以将复句改成分句，用一个个分句并列陈述，以示相互区别，也可以将各句按适当的顺序排列，使结构具有鲜明的逻辑性。最后，注意文笔的流畅。

（3）提高视觉化效果。一是在文字上下工夫，通过给文字加网、重要部分用不同字体表现、使用英文标记标题或小标题等方法突出相关文字；二是注意版面处理带来的视觉化，例如篇幅长的文章以句子为单位分为几个小块、在每一句上设小标题等；三是使用流程图；四是使用图表或图像。

4.3.7　项目的实施

项目策划方案编写完成之后，就可以进入实施阶段。再好的设计方案，如果不进行有效的实施也不能产生效益。因此，在项目实施时，必须关注一些重要环节，必须对策划方案的实施过程进行实时指导、监督和控制。

1）进行模拟布局

舞台剧在正式上演之前，都需要彩排，项目策划案在正式实施前，也需要彩排，类似于文艺晚会上演前的彩排。项目策划案的彩排就是模拟布局。通过模拟布局，可能发现策划案中存在的问题，并予以及时修正。

2）注意强制性和灵活性的结合

强制性是指策划方案的行动计划一经确定，任何部门或个人未经策划实施负责人同意，不得擅自更改内容或改变行动方向、路线等，必须在统一的号令之下，以多方的协调一致保证策划方案的落实及策划目标的圆满实现。灵活性是指在执行策划方案时，策划的执行者不仅只是服从、听命，还要作出许多关于如何执行的决策，只有当服从则服从，当自主处理则自主处理，使服从与自主处理交相辉映、相得益彰之时，才能有效地保证策划目标的圆满实现。

3）落实执行组织和人员

策划执行组织和人员的落实是按行动计划的规定明确承担执行策划方案的机构，组编、调配各层各级组织及其领导班子，划定每个职位的职权范围、职责及其与周邻组织的关系，制定必要的制度、规章和注意事项等。策划方案执行组织和人员确定之后，还需要集中一段时间培训，然后才能进入实际操作。总之，建立一支精明能干、吃苦耐劳和团结向上的实施队伍，是策划组织实施过程中最重要、最关键的问题。

4）进行有效的沟通

在项目实施过程中，要求策划人与策划有关的执行者和实施部门加强沟通。为了向策划实施者传达策划意图、内容、方法和实施中应注意的重点，策划人要尽可能与策划实施者多交谈，一一说清楚，并要求对方熟悉和协助，而不能只是把策划书交给实施者就了事。例如，某批发商拟了一份以零售店为对象，由厂商赞助协办的"产品活动会"策划案，在策划案中注明"希望零售商大力支援，并指定相关人员进行试销"，但由于没有进行适当的沟通，零售商误以为批发商会派促销人员，结果可想而知。

5）进行事中监控

在策划方案实施过程中，策划实施负责人和策划人应密切跟踪其运行效果，发现问题应及时调整，以避免产生大的损失，保证策划的服务质量，提高策划成功率。这种事中监控包括策划方案实施的负责人对其下属的思想认识、工作目标、策略等方面的指导，通过行政命令或指示等方式组织指挥项目方案的实施，以及控制行动计划的进度、工作的质量、执行的方向、执行的手段、横向关系的配合、所付代价的大小等。例如，一家美国命名策划公司为一家鞋业公司推出的女式新产品起了一个新名字，但在产品推出后不久，发现这个名字在其主要出口国中含有对女性非常不尊重的意思，于是立即停止了这个品牌产品的出口，避免了更大的损失。

6）进行多方协调

协调是指引导、调解策划执行组织内外各方关系并使之达到有效的配合。协调主要包括情况协调、力量协调、利益协调和认识协调。情况协调主要解决工作进度的快与慢、规范执行与非规范执行等方面的矛盾；力量协调主要解决用力方向、用力配比等方面的矛盾；利益协调主要解决全局利益和局部利益、集体利益和个人利益之间的矛盾；认识协调主要解决人们对形势的不同估计、对计划及实施策略有不同理解等方面的矛盾。

7）进行反馈修正

就策划过程来说，当策划方案实施并得到结果时，策划即告结束。但对策划人来说，这并不意味着策划结束。策划结果出来后，一方面策划人要对策划结果和经过进行分析和检讨，总结经验和教训，为下一次策划提供借鉴；另一方面，策划人应做出一份策划总结报告书，及时提交给上级或委托方。

✱ 4.4　项目策划创意

4.4.1　创意与项目策划创意的含义与特征

1）项目策划创意的含义

如前所述，创意是项目策划的核心和关键，也是项目策划方案的生命和灵魂。策划往往由创意引发，创意是策划的前提。创意的目的就是使"现实状态"向"理想状态"发展，从"界定的问题"出发，充分发挥想象力，创造性地利用一切可利用的资源、条件与机会来解决问题。

究竟何谓创意？创意一词最早出自著名广告人詹姆斯·韦伯·扬（James Webb Young）的广告名著《产生创意的方法》（A Technique for Producing Idea），从此，Idea 作为创意一词便被普遍认同并被广泛使用[1]。创意就是创造主意，也就是点子[2]。创意就是具有创新的想法或建议[3]。据此可以认为，创意是一种思维创新，是一种创造性思维活动。

项目策划创意就是在项目策划中产生创新思维的过程。

2）项目策划创意的特征

（1）适度超前性。所谓"难得者时，易失者机，迅而行，速哉"（《兵经百篇·速字》），时间和速度是创意必须具备的重要因素。要抓住机会，就要提前发现和把握。但需要注意的是，这里的超前必须是适度超前，如果过于超前就会因为与其环境不相适应而难以取得成功。

（2）创新性。创意会打破传统和习惯，解放思想，向陈规戒律挑战，对常规事物怀疑，否定原有的框框，锐意改革，能从与众不同的新角度提出问题，探索开拓新领域。在瞬息万变、新奇点子层出不穷甚至"过剩"的高速发展时代，成功有效的创意是新颖而敏锐的，能够把握和引领新鲜时尚的脉搏。

①　周培玉. 商务策划管理教程［M］. 北京：中国经济出版社，2006.
②　廖灿. 商务策划实务教程［M］. 北京：中国经济出版社，2005.
③　艾特. 商业策划创意与实例［M］. 北京：长征出版社，2003.

（3）科学性和艺术性结合。创意是科学和艺术思考的完美结合，创意运用的方法越科学、越艺术，创意的水平就越高，反之则低。因而，卓有成效的创意正是运用科学和艺术的思维创意方法获得的。

（4）灵活性。创意不受传统单一的思想观念所限制，能够从全方位提出假设，能够提出较多的设想和答案。创意能够根据环境因素的改变灵活变换思维角度，巧妙转变思维方向，产生最合时宜的办法。

4.4.2　项目策划创意的规律

从表面上看，创意似乎总是在违背一定的规律，但从根源上来说，创意一定是符合某种规律的。研究创意的内在规律，将有助于项目策划的顺利进行。

1）择优律

择优律就是项目策划的创意应当"择优选取"。也就是说，针对一个项目的创意可能有很多，策划人应当选择其中最优的一个。而择优的标准会随着项目策划的具体环境和相关因素的改变而不断变化。优劣是相对的，是比较的结果，所以项目策划创意的择优过程是永无止境的。

2）相似律

相似律就是项目策划创意的形成过程是以对客观事物中存在的大量相似的现象加以研究和运用为基础的。也就是说，项目策划创意是一种举一反三、触类旁通的思维方式。例如，飞机设计的基础，其灵感来自天空中的飞鸟；蛙鞋的发明，其灵感来自青蛙的后脚；连接山谷间的吊桥，其灵感来自蜘蛛结的网；工程上嵌板的蜂巢式设计，来自蜜蜂窝的启示。策划活动中有很多问题存在着相似之处，对这些相似深入研究，了解它们之间的关系和规律，往往能产生新的创意。

3）综合律

综合律就是项目策划创意中把解决商务问题的某些要素、方法等加以重新组合，以实现创造意图的规律，也就是打散构成，集众为一，把两个或两个以上不同物体、信息等进行分解和重新组合。例如，收录机就是收音机与录音机的组合，坦克是汽车与大炮的组合等。在项目策划活动中，以组合为手段，以提高协作水平为标准，就可以有所创意，并取得一定成效。

4）对应律

对应律就是项目策划创意中按照事物存在的对立性、对称性构思，以实现创造意图的规律。也就是说，不同事物或要素存在着相互对照和相互启发的关系。例如，少品种、大批量、追求规模效益与多品种、小批量、追求品种效益，就是两种完全相反的经营方法。在策划活动中，追求企业自身不同于其他企业的特色，才能出奇制胜。

总之，在项目策划的创意活动中，创意规律不是相互独立的，它们是相辅相成、相互渗透的。

4.4.3　项目创意的过程与思维方法

1）项目创意的过程

世界公认的创意大师詹姆斯·韦伯·扬认为，产生创意要遵循两个基本方针：一是创意完全是把事物原来的许多旧要素作新的组合；二是创意必须具有把事物旧要素予以新的组合的能力。同时，他认为创意的过程包括以下六个步骤：

（1）收集原始资料（信息）。此步骤在进行项目调研时就已经做过，但这里应当根据创意的需要进一步收集资料或信息。一般来说，收集的资料（信息）应当包括：①特定资料，即与特定策划创意对象相关的资料；②一般资料，即对特定策划创意思维有帮助的资料，但不一定与策划创意对象相关。这一步骤要求利用各种信息获取手段（在项目调研中已介绍），最大限度地将需要的资料和相关信息进行完整收集，这是产生创意的基础。

（2）整理、理解所收集的资料。此步骤应当将收集到的全部资料进行有序排列和分类，实事求是地反映客观情况，不能掺杂任何情感因素；同时，将各类资料进行认真阅读，而不是一般地浏览，尽量将全部资料在头脑中进行梳理，尽可能地理解、掌握。

（3）认真研究所有资料。在对收集到的资料进行全面理解和掌握之后，需要对上述资料以不同的方式、通过不同的角度进行分析，寻找各种资料之间的联系，判断创意对象的优势和劣势，为创意过程打下坚实的基础。

（4）放开题目，放松自己。该步骤要求策划人放松每一根神经，选择自己喜欢的娱乐方式，如打球、郊游、唱歌、听音乐、看电影，以达到最大可能地刺激自己的潜意识和想象力的目的。也只有在完全放松的基础上，策划人才能充分显露本性、挖掘灵感。

（5）创意出现。如果前四个步骤已经尽力，优秀的策划人此时应当已经能够得到创意。例如，詹姆斯·韦伯·扬在研究网版印刷照相制版法的问题时，进行完前几个步骤时已经疲劳至极，于是他就放松地睡觉去了，一觉醒来，整个运作中的照相制版方法及设备影像映在天花板上，创意就出现了。

（6）对冥发的创意进行细致修改、补充、锤炼和提高。该步骤是创意的最后一步，也是必备程序。因为通过灵感得到的创意可能会存在很多不足，必须利用项目策划的专业知识对其进行完善。同时，要发挥团体力量，让创意小组的其他成员进行评价和修订，使创意进一步完善，体现其科学性、创新性等应有的特征。

值得注意的是，上述创意过程的六个步骤只是创意的基本程序，有时可能不会完全遵循上述步骤。例如，在整理资料时发现资料不全，就应当返回第一步骤补充收集资料。

2）项目创意的思维方法

项目创意过程也就是创新思维的出现过程，那么如何才能激发创新思维？这就必须借助一些思维方法。从古到今，专家学者已经总结出很多方法，这里只介绍一些常用方法。

（1）组合法。组合法就是通过一定程序或方式，把两种或两种以上的旧元素巧妙地结合或重组，以激发创意的一种思维方法。该组合可以是同类的组合，也可以是异类的组合；该组合有时可能是超越时空的组合，如将服装设计与"地理"、"历史"组合，也可能是跨学科、跨领域的组合，如激光技术与医学组合；该组合甚至可能是不合逻辑的组合，如半身美人半身鱼组合雕刻成华沙美人鱼。在经济领域，组合法也发挥着巨大作用。例如，日本人将其他国家的先进技术与某一地区的具体情况相结合，制造出的新产品充斥国际市场，这是巧妙地利用各种有利因素，甚至不利因素加以搭配组合收到的神奇功效。再如，美国杜邦、意大利古纳斯和中国香港明星刘嘉玲的名字联系在一起，两强合作、权威认证、美女代言，极尽炒作之能，把关注服饰品质、国际名牌、演艺明星的人群和眼球统统引过来一网打尽。

（2）逆向法。逆向法就是从正常思考路径的反面去寻求解决方法的一种非常有效的思维方法。也就是说，把当前的思维角度、方向、内容、途径、目标等反过来，寻找解决问题的方案。逆向法可以从已有事物的相反功能去设想新的技术、发明或求解问题的新途径，也可以利用常人认为最不可能的方法去解决问题。例如，无锡小天鹅的"末日策划"的经营理念是：企业经营者和所有员工面对市场竞争都要有危机感，都要理解企业有末日、产品有末日，小天鹅今天的成功并不意味着明天的成功，企业最好的时候往往是转向最不好的开始，"末日"往往就是这样开始的。基于这样的理念，无锡小天鹅形成了一种新的生产经营方式，形成了良性循环。上述"末日策划"实质上就是利用逆向法形成的杰作，因为一般人都不喜欢谈及"末日"，而喜欢谈论发展、壮大等正面主题。

（3）类比法。类比法就是将两个事物进行对比，从中找出两者的共同点，再利用这些共同点作为桥梁去构造创造性设想的思维方法。相比较的两个事物可以是同类，也可以是异类，甚至差别很大。这种类比可以是垂直类比，即直接从已知的事物去寻找、创造同发明对象类似的东西，如飞机的设计是源于鸟类的飞翔；也可以是因果类比，即将两个相似的事物进行类比，从某一事物的因果关系推出另一事物的因果关系，从中形成新的设想，如面粉中加入发泡剂制成蓬松面包，联想到在水泥中加入发泡剂生产出气泡混凝土；也可以是象征类比，即借助事物形象、符号来比喻、替代、形容另一事物，用具体事物来表示某种抽象概念或思想感情，如纪念碑、纪念馆一类建筑，需要有"宏伟、庄严"之感，于是人们就在高度、范围、色彩等设计上动脑筋，来实现其象征意义。

（4）转换角度法。转换角度法就是用新的或不同的角度去看一些早已习以为常的事物的一种思维方法。换一个角度思考问题就会产生不同的结论，这时在认识上就会有新的突破，也就会产生创意。转换角度的方法可以是将问题颠倒过来思考，包括上下颠倒、前后颠倒、主客易位、寻找事物的反映或负面；也可以是利用与问题本身"无关"的信息找到解决问题的途径，如孙膑用"围魏"来"救赵"，而并不像田忌原先想的那样去邯郸厮杀；也可以是跳出点、线、面的限制，从上下左右、四面八方去思考问题，如要用六根火柴摆出四个三角形，就需要从立体空间角度考虑才能实现。

（5）改良法。改良法就是通过改变事物的形状、大小、用途等，或在事物上附加其他东西，以激发创意的一种思维方法。例如，日本的捕鲸量世界排名第一与其捕鲸时所使用的鱼镖形状（从尖形到十字形再到平头形）的改变有很大关系；再如，19世纪欧洲四处流行疟疾，特效药天然奎宁供不应求，德国著名化学教授霍夫曼带领一群学生试图研究人工合成奎宁，其中一个叫巴勤的学生，有一次把苯胺与重铬酸钾两个元素组合起来，仍没有成功，但他把组合的液体倒入清水里，竟然呈现出鲜艳的紫红色。巴勤灵机一动，认为这种组合液体可以作为染料，于是进一步研究，制成"苯胺紫"，开创了人工染料的先河。

4.4.4　创造力的训练与测试

从上述内容可以看出，创意的产生需要策划人具有相当的创造力。那么如何训练和测试创造力呢？

1）创造力的训练

对于一个策划人来说，创造力的训练可从以下几个方面着手：

（1）勤学多思。策划人通过书籍、网络等多种途径，不仅要勤奋学习策划专业知识，而且还要学习其他相关知识；不仅要勤奋学习知识，还要学习相关技能和方法。也就是说，无所不学才能为策划创意奠定坚实的基础。同时，策划人还要多思。多思包括两个方面：一是多多思考相关问题，随时开动脑筋；二是多维思考，即多思维起点、多思维指向、多思维方法、多思维逻辑规则、多思维评价标准与结论组合成的一种立体思维模型。它将多种思维形式结合在一起，收到"1+1 > 2"的效果。

（2）训练敏锐的观察力。观察力是人进行观察的能力。观察是指人们通过感觉器官感觉外部的各种刺激，逐步形成对周围现象与事物的印象，了解各现象与事物之间的关系。科学观察是在一定的思想指导下的有目的的主动观察，目的在于考察客观现象，记录事实，揭露矛盾，为分析和解决问题提供科学依据。对于策划人来说，具备敏锐的科学观察能力至关重要。敏锐的观察力与高度注意力密切相关，为了提高观察力，必须有意识地锻炼和培养自己的注意力，注意的广度要大，注意的时间要长，注意力要集中。

（3）培养卓越的直觉力。直觉是指在以往经验知识积累的基础上突发性地把握事物的本质的能力以及基于这种能力而产生的思想。直觉可以帮助策划人敏锐地发现问题，从而为创造性地解决问题打开突破口。要培养卓越的直觉力必须做到以下三点：一是要重视自己的直觉感，平时一旦有直觉预感要马上记录下来，留待以后检验；二是要熟悉与策划有关的知识、信息等情况；三是要在直觉预感和直觉判断中剔除个人内心深处的愿望和感情，以便尽量减少判断的误差。直觉预感是指在直觉感知的事物与尚未感知却可能发生的事物之间建立起的思维联系。直觉判断是指仅仅根据直觉预感而直接作出判断，其间的推理过程是在无意识下迅速地完成的，并无分明的步骤。

（4）提升想象力。想象是对原有多种表象进行整合、重构的心理操作过程。想象包括再造想象和创造想象。再造想象是对别人描述过而自己未曾感知过的事物加以想象而生成的形象；创造想象是没有依据现成的描述而独立创造出来的某种事物的形象。想象力对策划创意起着重要作用，因此策划人必须提升自己的现象力。要造就出色的想象力必须善于联想，包括对性质、外形有某种相似性的事物表象进行联想，对性质相反或外形有鲜明对比的事物表象进行联想，对并不相似但在逻辑上有某种关联的事物表象进行联想。

2）创造力的测试

美国普林斯顿创新才能研究公司总经理、心理学家尤今·劳德赛，根据多年来对于富有创新能力的男女科学家、工程师、企业管理者的个性和品质的研究，设计了以下测试题。

下面共列 50 道试题，每道题为一句话，你如表示同意，请在题后记下一个"A"；如不同意，记下一个"C"；吃不准或不知道，记下一个"B"。回答时，要实事求是，不要违心地回答，也不要猜测，这样才能获得有效的测试。

（1）我不做盲目的事，干什么都有的放矢，用正确的步骤来解决每一个具体问题。

（2）只是提出问题而不想得到答案，无疑是浪费时间。

（3）无论什么事情，要使我产生兴趣，总比别人困难。

（4）我认为符合逻辑的、循序渐进的方法，是解决问题的最好方法。

（5）有时，我在小组里发表意见，似乎使一些人感到厌烦。

（6）我花费大量时间来考虑别人是怎样看待我的。

（7）做自认为正确的事情，比力求博得别人赞同重要得多。

（8）我不尊重那些做事似乎没有把握的人。

（9）我需要的刺激和兴趣比别人多。

（10）我知道如何在考试前保持自己的心情镇静。

（11）我能坚持很长一段时间解决难题。

（12）我有时对事情过于热心。

（13）在特别无事可做时，我倒常常想出好主意。

（14）在解决问题时，我常常单凭直觉判断"正确"或"错误"。

（15）在解决问题时，我分析问题较快，而综合收集到的材料较慢。

（16）有时，我打破常规去做我原来并未想到要做的事。

（17）我有收集东西的癖好。

（18）幻想促进我提出许多重要计划。

（19）我喜欢客观而又有理性的人。

（20）如果让我在两种职业中选择一种，我宁愿当一个实际工作者，而不愿当探索者。

（21）我能与我的同事或同行们很好地相处。

（22）我有较高的审美感。

（23）在我的一生中，我一直追求着名利和地位。

（24）我喜欢坚信自己结论的人。

（25）灵感与获得成功无关。

（26）争论时，使我感到最高兴的是，原来与我观点不一样的人变成了我的朋友，即使牺牲我原先的观点也在所不惜。

（27）我更大的兴趣在于提出新的建议，而不在于设法说服别人接受这些建议。

（28）我乐意独自一人整天"深思熟虑"。

（19）我往往避免做那种使我感到低下的工作。

（30）评价资料时，我觉得资料的来源比内容更为重要。

（31）我不满意那些不确定和不可预言的事。

（32）我喜欢埋头苦干的人。

（33）一个人的自尊比得到他人敬慕更重要。

（34）我觉得那些力求完美的人是不明智的。

（35）我宁愿与大家一起努力工作，而不愿单独工作。

（36）我喜欢那种对别人产生影响的工作。

（37）在生活中，我经常碰到不能用"正确"或"错误"加以判断的问题。

（38）对我来说，"各得其所"、"各在其位"是很重要的。

（39）那些使用古怪和不常用的语语的作家，纯粹是为了炫耀自己。

（40）许多人之所以感到苦恼，是因为把事情看得太认真了。

（41）即使遭到不幸、挫折和反对，我仍然能够对我的工作保持原来的精神状态和热情。

（42）想入非非的人是不切实际的。

（43）我对"我不知道的事"比"我知道的事"印象更深刻。

（44）我对"这可能是什么"比"这是什么"更感兴趣。

（45）我经常为自己在无意中说话伤人而闷闷不乐。

（46）纵使没有报答，我也乐意为新颖的想法而花费大量时间。

（47）我认为"出主意没什么了不起"这种说法是中肯的。

（48）我不喜欢提出那种显得无知的问题。

（49）一旦任务在肩，即使受到挫折，我也要坚持完成。

（50）从下面描述人物性格的形容词中，挑选出 10 个你认为最能说明你性格的词，具体见表 4-1。

表 4-1　　　　　　　　　　　　描述人物性格的形容词

1	精神饱满的	12	有独创性的	23	有远见的	34	有朝气的	45	柔顺的
2	有说服力的	13	性急的	24	机灵的	35	严于律己的	46	创新的
3	实事求是的	14	高效的	25	好奇的	36	精干的	47	泰然自若的
4	虚心的	15	乐意助人的	26	有组织力的	37	讲实惠的	48	渴求知识的
5	观察力敏锐的	16	坚强的	27	铁石心肠的	38	感觉灵敏的	49	实干的
6	谨慎的	17	老练的	28	思路清晰的	39	无畏的	50	好交际的
7	束手束脚的	18	有克制力的	29	脾气温顺的	40	严格的	51	善良的
8	足智多谋的	19	热情的	30	可预言的	41	一丝不苟的	52	孤独的
9	自高自大的	20	时髦的	31	拘泥形式的	42	谦逊的	53	不满足的
10	有主见的	21	自信的	32	不拘礼节的	43	复杂的	54	易动感情的
11	有献身精神的	22	不屈不挠的	33	有理解力的	44	漫不经心的		

答题得分见表 4-2。

表 4-2　　　　　　　　　　　　答题得分

序号	A	B	C	序号	A	B	C	序号	A	B	C
1	0	1	2	18	3	0	−1	35	0	1	2
2	0	1	2	19	0	1	2	36	1	2	3
3	4	1	0	20	0	1	2	37	2	1	0
4	−2	0	3	21	0	1	2	38	0	1	2
5	2	1	0	22	3	0	−1	39	−1	0	2
6	−1	0	3	23	0	1	2	40	2	1	0
7	3	0	−1	24	−1	0	2	41	3	1	0
8	0	1	2	25	0	1	3	42	−1	0	2
9	0	0	−1	26	−1	0	2	43	2	1	0
10	1	0	3	27	2	1	0	44	2	1	0
11	4	1	0	28	2	0	−1	45	−1	0	2
12	3	0	−1	29	0	1	2	46	3	2	0
13	2	1	0	30	−2	0	3	47	0	1	2
14	4	0	−2	31	0	1	2	48	0	1	3
15	−1	0	2	32	0	1	2	49	1	1	0
16	2	1	0	33	3	0	−1				
17	0	1	2	34	−1	0	2				

下列每个形容词得 2 分：

精神饱满的　柔顺的　有献身精神的　无畏的　有朝气的　观察力敏锐的　足智多谋的　有独创性的　创新的　热情的　不屈不挠的　有主见的　感觉灵敏的　严于律己的

下列每个形容词得 1 分：

自信的　有远见的　不拘礼节的　不满足的　一丝不苟的　虚心的　机灵的　坚强的

其余的得 0 分。

将 50 题的得分相加：

110～140 分——创造性非凡；

85～109 分——创造性很强；

56～84 分——创造性强；

30～55——创造性一般；

15～29 分——创造性弱；

－12～14 分——无创造性。

✱ 4.5　商务策划案例

商务策划的案例很多，许多都是商战中的经典之作。本节以案例"抵御严寒尽显英雄本色——波司登挑战世界巅峰的精神"① 来说明商务策划的重要作用。

"波司登"是如何从品牌混战中脱颖而出，一举成为中国驰名商标的？是什么使"波司登"连续三年代表中国在世界防寒服舞台上发布流行趋势，从而使中国服饰第一次在世界上有了一席之地的？

"波司登"在 1995—1997 年逐渐调整市场目标，更新设备，加大科技含量，提高产品质量及强化销售渠道。1998—1999 年，在继续做好以上工作的同时，"波司登"重点加大品牌文化含量，进行系统性、战略性宣传造势。因此，1997 年之后，它的企业品牌战略性策划尤其显得重要，而"'波司登'登上世界巅峰"的成功策划为"波司登"的品牌竞争战略打响了第一炮。

4.5.1　策划的背景

1995 年，波司登羽绒服的销售量就已经超过了所有的竞争对手，达到 75 万件，成为实际意义上的羽绒服大王。但是当时很多人都以为市场老大是另一个羽绒服品牌。"波司登"作为市场的后起之秀，品牌内涵还相对单薄，并没有获得相应的市场地位。

这种状况一直延续到 1997 年，波司登羽绒服凭借过硬的产品质量守住了销售第一的称号，但是在市场竞争方面，并不能说是高枕无忧。根据国内贸易商业信息中心的统计，波司登羽绒服尽管做了三年老大，但市场绝对优势并不明显。原因是：（1）由于人们的心理定势往往对老品牌具有一定的信任度，而对于新的品牌认同要有一定的时间；（2）"波司登"自身缺乏有系统、有步骤、有力度的宣传，以强化消费者对该品牌"第一地位"的认同；（3）"波司登"品牌正处于成长期向成熟期的过渡，因此需要一个强有力

---

① 根据艾特．商业策划创意与实例（下卷）［M］．北京：长征出版社，2003 修改。

的"催化剂"，以缩短此中的距离，而迅速成长为成熟品牌。

在这番分析之后，1997 年"波司登"即制定了如下战略目标：必须强化人们对"'波司登'全国第一"的认同，因此必须抢占"制高点"。（1）宣传制高点：增加品牌文化内涵，提升知名度；（2）品质制高点：经受极限严寒考验；（3）品牌制高点：产品必须向高档化发展，必须与第二品牌大幅度拉开档次与销量。在占据国内市场份额第一之后，必须向世界名牌进军，实现"质"的突变。

机遇终于来了。1997 年 10 月，为了纪念人类首次登上珠穆朗玛峰 45 周年，纪念人类首次双跨珠峰 10 周年及中国与斯洛伐克建交 5 周年，经中斯两国政府批准，中国登山协会与斯洛伐克山岳联盟共同组队，将于 1998 年 5 月冲击世界第一高峰——珠穆朗玛峰。而中国登山协会正紧锣密鼓地进行准备工作，其中包括为登山队选择优质登山防寒服。

凭着职业的敏感，一听到这个消息，康博集团的领导就意识到它潜在巨大的商业价值和社会价值。尽管谈判有几次反复，但凭借着产品质量和连续三年全国销售第一的资历，康博集团最终还是获得了登山服的提供权和登山队的冠名权。

选择国家登山队进行赞助，不仅是因为"波司登"和他们同样都必须挑战严寒，更重要的是双方同样肩负着冲击世界最高峰的重任。于是"'波司登'登上世界巅峰"的企划理念呼之欲出。

1998 年 3 月 26 日，在波司登登山队的誓师壮行会上，他们第一个喊出了"波司登：挑战世界最高峰"的口号。登山队胜利班师后，正式将这个口号确立为"波司登"的品牌内涵，从而把事件营销上升到更高层次的品牌营销，将"波司登：挑战世界最高峰"内化为品牌的核心精神。

注入了新的内涵，犹如给品牌输入了新鲜血液，获得全新定位的"波司登"品牌拥有了比以往更强的品牌销售能力。从此，可以看到波司登羽绒服始终站在中国乃至世界防寒服的前沿，不断推出新面料、新款式，提倡羽绒服时装化，在品牌精神"挑战世界最高峰"的号召下，不断超越自己，挑战极限。

4.5.2　策划的实施

在"波司登：登上世界最高峰"企划理念引导下，康博集团和策划机构进入了全方位整合的企划执行全过程。

1）借助新闻媒体加强宣传

在人民大会堂召开登山队壮行会暨第一次新闻发布会，出席人员有当时的国家体育局负责人伍绍祖等领导同志，媒体中包括以中央电视台为代表的中央各大媒体。

在人民大会堂召开登山凯旋庆功会暨第二次新闻发布会，当时的军委副主席张万年发来贺信，伍绍祖等再次出席，中央电视台等媒体进行了报道。

邀请登山英雄次洛和老英雄潘多以及登山协会负责人到康博集团参加庆功会及第三次新闻发布会。华东地区的主要媒体均给予了报道。

2）对登山的每个过程的细节进行有效宣传

（1）壮行会现场布置，背景板、悬挂条幅、队旗等；

（2）出发途中，车队、旗帜上带有企业标识；

（3）大本营地、帐篷、队旗、队服上带有企业标识及广告牌；

（4）登顶，次洛手持中国波司登登山队队旗并放置"波司登雄居中国第一、挑战世界最高峰"金属牌；

（5）将以上全过程拍照、摄像。

3）加大广告的运作力度

为了更深、更远地发挥登山效应，康博集团坚持不懈地使用同一视觉形象，充分执行品牌企划，准确地传达品牌理念，有效地聚集起广告的累积价值。

（1）"波司登"羽绒服被指定为中、斯登珠峰顶唯一指定产品并长期使用；

（2）进行"波司登"登上世界最高峰图片的广告宣传，充分利用报纸、大型灯箱、中央电视台广告黄金时段进行反复的广告宣传，特别在销售旺季滚动式轰炸宣传。

4）广泛运用视觉形象

在公司宣传画册、商场 POP，博览会大型模特服饰展演，产品包装袋、吊牌、手拎袋上，以及公司文件袋、吊旗上均以登珠峰图片为创意进行推广深入宣传。

5）"金波司登"的隆重登场

随着"波司登"成功登顶的宣传报道遍布全国，康博集团适时向消费者推出了登山队员穿的 21 世纪高科技面料产品："金波司登"系列产品。"波司登"为登山队员特制的登山服面料为 PIEE，防雨、透湿、保暖，性能极好。康博集团告知当年冬天即将向市场推出这种面料，并命名为"金波司登"，配以大力宣传，市场前景非常看好。

6）相关策划穷追不舍

在珠峰峰顶，波司登羽绒服经历了零下 40 度的低温考验，除了卓越的保暖性能以外，还抗风又透气，证明了它的一流品质；"挑战世界最高峰"的理念一语双关，赋予了"波司登"鲜明的士者风范；登山事件所引发的大量新闻报道，在极短的时间内迅速提高了"波司登"的品牌知名度和美誉度，巩固了其行业至尊地位，使品牌形象和康博集团的企业形象获得了极大的改善。

继登上珠峰之后，康博集团又一鼓作气，先后策划了"登北极"、"登南极"和"登第一山穿第一品牌"的"挑战世界"系列策划方案，进一步凸现了波司登羽绒服抗御严寒，尽显英雄本色的品牌形象，在原来品牌定位的基础上，进一步丰富了品牌内涵。

此次策划一举奠定了"波司登"的行业霸主和第一品牌形象，实现了羽绒服市场"三件必有其一"的格局，也使康博集团成为行业内唯一的"超级大国"，"波司登"品牌在 1999 年末成为中国驰名商标。

康博集团全方位的企划行动——"波司登：挑战世界最高峰"，无疑是一次成功的商务策划案例。

一方面，该策划充分体现了商务策划的整合原理。它有效地调动了当年所能调动的一切资源，根据实际情况将公关、新闻、广告宣传、新品推介有机地结合在一起，把单一的企划发展成为整体营销，有节奏地步步推广，达到了品牌竞争战略的较高境界。

另一方面，该策划充分体现了商务策划的奇正原理。它将一次赞助行为推向空前的水平，并使所有同行望而生畏，难以效仿，如同战场上占领了制高点，取得了决定性胜利和持久优势，这就是商务策划中所谓的"奇"；同时，它以产品的高质量作为后盾，充分展现了商务策划的"正"。真可谓是奇正结合的典范。

❖ 本章小结

商务策划作为管理咨询师的谋略，对管理咨询工作的成功与否起着关键作用。商务策划具有相对新颖性、整体性、完整性、可操作性和前瞻性等基本特征，由策划目标、策划主体、策划客体、策划方案和策划环境等基本要素组成，具体实施时必须遵循利益原则、创意创新原则、整合原则、客观可行原则和应变原则；商务策划作为一种创新思维活动，要求遵循奇正原理、系统原理、博弈原理、裂变原理、整合原理和简易原理；项目策划是管理咨询师所做的商务策划的一种表现形式，它的具体流程包括项目或商机的发现、项目的提出、项目调研、项目选择与定位、项目创意与设计、项目策划方案的编写、项目的实施，其中项目创意的规律、过程和思维方法是项目策划的重点和难点。

❖ 练习与思考题

★ 案例分析

海信集团（Hisense）是我国电子行业中的一支领军企业，是闪烁在创造品牌神话的美丽城市——青岛的一颗璀璨明星。其属下的青岛海信电器股份有限公司于 1997 年 4 月在上海证券交易所上市，是海信集团的基础骨干企业和最大控股子公司，拥有四个国内分公司、两个国外分公司，主要从事电视机、数字广播电视设备、电子计算机、通讯产品、信息技术产品和网络终端产品以及商用电子产品的研究、开发、制造和销售。公司彩电的年生产能力达 600 万台，是中国北方地区最大的彩电生产基地。

在南方市场，海信电器因受其品牌知名度、消费者偏好、产品式样及竞争对手等因素的影响，市场占有率一直不甚乐观。以福建市场为例，沿海地区消费者的购买行为较之北方消费者更为理性和客观，其对品牌的选择更注重实际品质和科技含量；本地经销商对海信电器品牌存在信心上的不足，不利于海信电器的终端推荐和售点优势位置的占有；与此同时，厦华、福日等本地品牌势头强劲，大有御异于外之势。有鉴于此，为推动海信在福建市场的销售，海信各部门会商，决定开展一系列的围绕提高海信电器在福建市场的占有率的商业策划活动。

资料来源　佚名. 海信电器厦门公关策划案例 ［EB/OL］.（2005 - 11 - 17）［2014 - 07 - 12］. http：//futures. money. hexun. com/detail. aspx？ id = 1410529.

问题：

1. 请分析该案例中，商务策划的目标、商务策划的主体、商务策划的客体、商务策划的环境分别是什么。

2. 请根据项目策划的具体流程，尝试提出一些创意方案，并编写项目策划书。

★ 思考题

1. 如何理解商务策划中"奇正原理"中"奇"和"正"之间的关系？如何更好地运用"奇正原理"？

2. 项目策划的具体流程中，哪一步是项目策划的关键步骤？为什么？

3. 策划创意的产生需要具备哪些条件？它和一个人的"天赋"是否有关？

★ 讨论题

在日常生活中思考问题时，我们经常使用哪些思维方式？除了本章列举的创意思维方法，还可能有哪些？

❖ 补充阅读材料

1. 史宪文. 现代商务策划管理教程［M］. 北京：中国经济出版社，2007.

2. 吴粲. 策划学［M］. 北京：北京师范大学出版社，2008.

3. 田长广，唐恒青. 现代策划学丛书——创造与策划新编［M］. 北京：北京大学出版社，2008.

4. 刘秉君. 商务策划市场研究［M］. 北京：中国经济出版社，2008.

5. 廖灿. 金牌策划：第三部——WBSA 策划师全景揭秘［M］. 北京，中国经济出版社，2005.

6. 杨智慧，彭英. 商务策划方案写作［M］. 北京：首都经济贸易大学出版社，2009.

7. 中国商务策划师网，http：//www. chinacbsa. com/index. asp.

8. 房策网，http：//www. fangce. net.

9. 世界商务策划师联合会，http：//www. fangce. net.

10. 陕西商务策划网，http：//www. xawbsa. com.

11. 甘肃商务策划网，http：//www. lzwbsa. com/www/default. asp.

中篇　领域篇

第 5 章

战略管理咨询

❖ 学习目标

在熟悉战略管理的基本理论的基础上，了解战略管理咨询的目的和意义，熟悉战略管理咨询的基本过程和常用方法；掌握战略管理弊病的诊断原理，能够较熟练地开展战略管理咨询工作。

本章学习的重点内容主要是：战略管理的主要内容和基本原理、战略管理可能存在的典型问题、战略管理咨询的方法。

✻ 5.1　战略管理咨询的目的与意义

5.1.1　战略管理咨询及其目的

战略管理咨询是指接受客户的委托，对客户的战略管理现状展开调查分析，诊断其战略管理工作中所存在的问题并分析产生问题的原因，探索、设计战略管理改进方案，从而帮助客户改进战略管理工作、提升战略管理水平的一种管理咨询工作。

战略管理咨询的根本目的在于在全面扫描内外部环境要素的基础上，帮助客户明确经营宗旨和发展愿景，在准确定位发展目标、科学制定发展规划的基础上，帮助客户构建科学、有效的战略管理体系，在竞争中占据优势，实现安全、高效、长远发展。

5.1.2　战略管理咨询的意义

作为战略管理咨询的客体，企业寻求咨询公司的帮助开展战略管理咨询有着重要的意义：

1）有利于对内外部环境做出客观的分析和判断

环境适应性是企业经营成败的重要影响因素，而战略管理的核心要义正是基于环境的分析对未来发展方向、定位和部署进行系统安排。在内部环境分析过程中企业往往会"当局称者迷"，评价有失公允；在外部环境分析过程中，又经常会因为环境因素错综复杂、变幻莫测而"扑朔迷离"。如果能够及时引入外部战略管理专家开展战略管理咨询，借助咨询专家的智慧和经验，则可以对自身的内外部环境因素做出更加客观的分析和评价，这对于后续战略问题的诊断、战略管理的持续改进来说是至关重要的。

2）有利于及时发现自身发展战略规划中存在的问题

"当局者迷，旁观者清"。受管理水平、经验及思维惯性等的影响，企业管理当局经常会对自身管理工作客观存在的问题熟视无睹，发现不了存在的隐患和危机。因此，适时地聘请咨询师对自身战略管理工作进行诊断，能够通过"旁观者"的眼睛客观地发现战略管理中现实存在的问题，以便后续做出及时的调整。

3）有利于对未来发展做出科学的定位和规划安排

战略管理咨询师的工作任务不在于单纯帮助企业诊断出战略管理存在的问题，还要帮助企业重新定位战略目标、制定战略规划。他们在战略管理领域中的专业特长和实践经验与企业的现实情况相结合，能够更好地探索出符合企业实际情况的战略方案，这对于企业明确未来发展方向、合理规划未来发展部署、制订科学的经营计划来说具有重大意义。

4）有利于将战略规划高效稳妥地落实于经营实践，更好地实现战略目标

"战略实施"是战略管理的重要方面，也是决定战略管理成败的重要影响因素之一，很多企业战略管理效果不佳的重要原因就在于"实施"阶段出了问题。而开展战略管理咨询工作，则可以借力咨询师在战略实施方面的智慧和经验，制订出科学的战略实施方案，并得到咨询师及时的指导、跟踪和校正，这样能够更好地将战略规划扎扎实实地落实于日常经营实践中，战略目标也才能最终实现。

✴ 5.2　战略管理的主要内容

5.2.1　战略管理理论以及学术流派

1）战略管理的概念和组成

战略（Strategy）来源于古希腊词 Stratagia，是一个与军事有关的词语，其含义是"将军指挥军队的艺术"。克劳塞维茨（Clausewitz）在其巨著《战争论》中指出："战略是为达到战争的目的而对战斗的运用。"毛泽东在《中国革命的战略问题》中指出："战略问题是研究战争全局的规律性的东西。"因此，战略的原始含义是"对战争全局的筹划与谋略"。《辞海》对"战略"的定义是"泛指重大的、带有全局性和决定全局的计谋"。这个定义将战略泛化，而不仅仅是指军事领域。

20 世纪五六十年代，随着外部环境的变化、科学技术的迅猛发展、生产和消费结构及内容的不断多元化，企业管理者也在不断寻求全新的管理模式，缓解竞争压力，满足社会需求，"战略"开始运用于企业管理实践。

一般认为，最早将战略引入企业经营管理领域的学术著作是菲利普·塞兹尼克（Philip Selznick）和钱德勒（Chandler）在 1957 年出版的《经营中的领导能力》。1962 年钱德勒再次发表了《战略与结构》，被认为是"现代对战略的理解的第一本集大成者"。

1965 年伊格尔·安索夫（H. Igor Ansoff）出版了《公司战略》，"标志着公司战略理论的正式诞生"①。同年，安德鲁斯（K. R. Andrew）出版了《商业政策：原理与案例》。这些著作为企业战略管理提供了坚实的理论基础，随着这些著作的问世，更多的专家学者投入到企业战略的研究之中，对战略的认识也空前繁荣，在短短的半个世纪中，对战略的研究可谓百家争鸣，名家辈出。仅仅对"战略"定义的解释就有不同视角的研究观点②：伊格尔·安索夫认为战略是一系列指导组织行为的决策规则；迈克尔·波特认为战略是关于怎样与其他企业不同，意味着有意识地选择一系列不同的活动来提供独特的价值组合；钱德勒认为企业战略是影响和决定企业的基本长期目标与目的，选择企业达到既定目标所遵循的路线途径并就实现这些目标和途径对企业已有的资源进行优化配置；奎因指出战略是将企业的主要目标、政策和行动顺序综合成为一个紧密结合的整体模式和计划；斯坦纳认为战略是组织基本使命、目标的形成，实现使命、目标的政策和程序，以及保证战略实施以达到组织目标的方法；德鲁克认为战略是保证企业基本目标实现的统一、综合、总体的计划；申德尔认为战略是选定目标，决定并维系企业与环境之间的联系，通过能保证企业及其所属单位高效和有效行动的资源分配，力图达到理想状态的过程；纳特和巴可夫认为战略为组织找出方向，战略为组织提供途径，战略是计划、计谋、模式、定位、观念等多种用途的混合。

　　战略定义"丛林"是从不同视角解释战略，也说明战略对于企业而言是一个既具有一般规律的共性的概念，也具有具体企业的个性化特征。一般地，根据学术界不同的战略定义可将战略分成广义的战略和狭义的战略，二者的区别在于战略是否包括企业目标。迈克尔·波特（Michael Porter）是广义战略的支持者，认为企业战略中应当包括企业的目标，安德鲁斯也认为"战略是关于企业宗旨、目的和目标的一种模式，以及为达到这些目标所制定的主要政策和计划"；而明兹伯格则是狭义战略的支持者，倾向于"企业战略是一系列整套的决策或行动方式"。关于战略的本质内涵的认识还有很多，可谓仁者见仁，智者见智，一方面，认识视角不同带来认识结论的不同，另一方面，随着全球化、网络化、企业组织模式不断变化，以及市场竞争带来的不确定性等因素的影响，人们对战略的认识也是不断变化和发展的。

　　1965 年，安索夫从管理学视角提出战略由四个方面构成，它们分别是产品市场范围、成长向量、竞争优势和协同效果。产品市场范围界定了企业的目标发展领域；成长向量是企业在目前产品以及市场组合基础上所表现出来的未来发展方向；竞争优势是指在产品市场范围、成长向量二者所界定的领域里面，企业在特定机会条件下所应该具有的属性，即在各种可能的产品市场组合中确认出某些最能提升公司竞争力的属性；协同效果最关心的是在实施新战略时，新战略与企业原有能力之间的协同问题。这四个要素之间相辅相成，彼此之间存在高度的关联性，安索夫以"共同线索"为逻辑总和研究战略的思想成为战略研究的经典。随着经济的发展，人们对战略的理解也与时俱进。1998 年，H. 明兹伯格（H. Mintzberg）教授借鉴市场营销学中四要素（"4P"）的提法，提出了企业战略的五要素阐述，即计划（Plan）、计谋（Poly）、模式（Patten）、定位（Position）和观念

　　①　陈荣平. 战略管理的鼻祖——伊格尔·安索夫 [M]. 保定：河北大学出版社，2005：25.
　　②　马瑞民. 新编战略管理咨询实务 [M]. 北京：中信出版社，2008：7-8.

（Perspective），构成企业战略的"5P"理念。从企业未来发展视角来看，战略是计划；从企业过去发展的历程来看，战略则表现为一种模式；如果从产业层次看，战略表现为一种定位；从企业层面看，战略表现为一种观念；从竞争视角看，战略是一种计谋。与安索夫的战略构成相比，"5P"模式强调了战略观念的重要性，并明确了战略实现的方式，而安索夫的"协同效果"理念至今还是战略管理中不能忽视的重要方面。

　　战略管理是指对企业战略的管理，就是一个组织对战略职能进行计划、组织、实施、监控的过程。伊格尔·安索夫认为，战略管理是"企业高层管理者为保证企业的持续生存和发展，通过对企业外部环境与内部条件的分析，对企业全部经营活动所进行的根本性和长远性的规划与指导"，它是企业的日常业务决策同长期计划决策相结合而形成的一系列经营管理活动，战略管理的目的是"发展一系列有实用价值的理论和程序，使经理人能用来经营……商业公司可以凭借这些实用的方法来作出战略决策"。企业对战略的管理具有长期性和综合性，在企业管理活动中具有跨职能的特点，因此，战略管理也可以定义为"制定、实施和评价能够使组织达到其目标的跨功能决策的科学与艺术"。战略管理过程或组成包括战略制定/形成（Strategy Formulation/Formation）、战略实施（Strategy Implementation）和战略评价三个部分。也有学者将战略管理的内容详细阐述为包括战略分析、战略规划、战略实施、战略控制四个部分的有机的动态过程。企业战略分析是在分析企业内外部环境的基础上，认清企业发展事实基础，分析企业优势、劣势、机会与威胁，为制定战略作信息准备，也可以说是战略制定的组成部分，是战略管理的基础内容。企业战略规划是企业战略管理的核心，其工作内容包括根据企业使命，确定企业战略发展的目标、资源、结构等总体战略，同时确定企业竞争、科技、营销、生产、人才、质量、信息、价格、核心能力、投融资、文化等职能战略，最后综合形成企业发展战略方案。企业战略实施是将企业战略规划的宏伟蓝图变成现实的过程，具体而言包括企业组织结构调整、企业资源战略配置、企业年度计划、企业目标管理、企业绩效管理等制度、措施以及行动计划等。企业战略控制是指随着环境的不断变化，通过信息系统搜集的信息对企业战略规划的实施进度与成效按照战略目标的要求和现实资源的保障度，不断进行调整与修正，一方面保障战略的有效实施，另一方面也随市场变化对战略及时调整。企业战略控制是战略规划实施的保证，战略评价和战略控制在内容上有一定的重叠，控制可以贯穿于战略制定、执行和结果的全过程，而评价往往是阶段性和总结性的。由于战略管理在企业管理范畴中具有宏观性，因此，它具有指导性、整体性、长远性、系统性、竞争性和风险性六大特点。

　　2）战略管理的意义

　　（1）有利于引起企业重视对经营环境的研究。由于战略管理将企业的成长和发展纳入了变化的环境之中，管理工作要以未来的环境变化趋势作为决策的基础，这就使企业管理者们重视对经营环境的研究，正确地确定公司的发展方向，选择公司合适的经营领域或产品市场领域，从而能更好地把握外部环境所提供的机会，增强企业经营活动对外部环境的适应性，从而使二者达成最佳的结合。

　　（2）有利于提示企业重视战略的实施。由于战略管理不只是停留在战略分析及战略制定上，而是将战略的实施作为其管理的一部分，这就使企业战略在日常生产经营活动中，根据环境的变化不断地得到评价和修改，使企业战略得到不断完善，也使战略管理本身得到不断完善。这种循环往复的过程，更加突出了战略在管理实践中的指导作用。

（3）有利于企业通过日常的经营与计划、控制将近期目标与长远目标相结合。由于战略管理把规划出的战略付诸实施，而战略的实施又同日常的经营计划、控制结合在一起，这就将近期目标（或作业性目标）与长远目标（战略性目标）结合起来，将总体战略目标同局部的战术目标统一起来，从而可以调动各级管理人员参与战略管理的积极性，有利于充分利用企业的各种资源并提高协同效果。

（4）有利于督促企业重视战略的评价与更新。由于战略管理不只是计划"我们正走向何处"，而且也计划如何淘汰陈旧过时的东西，以"计划是否继续有效"为指导重视战略的评价与更新，这就使企业管理者能不断地在新的起点上对外界环境和企业战略进行连续性探索，增强创新意识。

3）战略管理理论以及学术流派

纵观企业战略管理的理论发展过程，企业战略管理理论呈现四大主要流派：

（1）环境战略学派。该流派以安索夫为代表。他的环境战略论的基本结构是由环境、战略、组织三大支柱要素构成的，认为只有这三要素协调一致的战略才能实现企业经营目标；反之，则会降低经营目标的实现率。安索夫把上述三大支柱要素都划分为五种类型，即稳定型、反应型、先导型、探索型、创造型，并进一步研究其相互协调、适应关系。

（2）目标战略学派。该学派以德鲁克、钱德勒、安德鲁斯为代表。他们认为战略是由目标、意志或目的以及为达到这些目的而制定的方针、计划所构成的一种模式，目标管理迫使主管人员去考虑计划的效果而不仅仅是计划的活动或工作，经营战略所研究的问题是决定企业的长期目的和目标，并通过经营活动和分配资源来实现。

（3）竞争战略学派。该学派以迈克尔·波特为代表。竞争战略学派的基本观点认为企业经营战略的关键是确定企业的竞争优势，因此企业为确定其竞争优势一般采取三种基本竞争战略类型：成本领先战略、差异化战略和集中化战略。

（4）核心能力战略学派。该学派以普拉哈拉德、哈麦尔为代表。该学派认为核心能力是指企业长期积累而成的一种独特能力，可实现高于竞争对手的价值，具有进入多种市场的潜力，难以复制模仿，是长期利润的源泉。

随着时间的流逝，战略管理的理论和实践不断丰富，研究的领域和视角不断创新，逐渐形成了若干学术流派，亨利·明兹伯格、布鲁斯·阿尔斯特兰德和约瑟夫·兰佩尔在其合著的《战略历程》一书中，将战略管理研究流派梳理为十大战略流派，了解这些学术流派的观点有利于从不同的角度和侧面加深对战略管理本质的理解。

（1）设计学派（The Design School）[1]。代表人物是菲利浦·塞兹尼克、钱德勒和安德鲁斯。该学派的主要思想有五个基本观点和假设：①战略是可以预先分析和设计的，思想和行动可以相分离，即战略制定和实施可以分离；②企业高层管理者扮演着重要的角色，战略管理主要是高层管理者的责任；③反对渐进观点和应急战术；④（隐含的）完全信息假设；⑤战略形成的模式应该简单易行。根据这五个假设，设计学派把战略管理分为战略制定和实施两大部分。战略制定是企业的高层管理者在比较机会与威胁、优势与劣势的

---

[1] 设计学派的代表作包括菲利浦·塞兹尼克（P. Selznick）1957年出版的《经营管理中的领导力》、阿尔弗雷德·钱德勒（A. Chandler）1962年出版的《战略与结构》，以及肯尼斯·安德鲁斯1965出版的《经营策略：内容与案例》和1972年出版的《公司战略概念》。

过程中，按照扬长避短、趋利避害的原则进行组合而形成的，也就是安德鲁斯开创性地提出的著名的 SWOT 方法。在战略实施阶段，战略管理的主要内容包括调整组织结构、进行相应的指挥和沟通、通过企业自身条件与其所处环境的匹配，达到战略管理的目的。

（2）计划学派（The Planning School）①。代表人物是安索夫。计划学派继承了设计学派的 SWOT 思想，但认为设计学派的分析方法过于主观，因而引入了以决策科学为代表的理性的数量分析方法，强调战略是一个正式的计划过程。计划学派的战略管理的主要内容：一是大规模结构性的战略规划，即将企业的战略意图进行全面、系统的分解，使其成为一个完整缜密的计划体系。二是严格规范的步骤，其分析方法强调规范、细致。三是较多的分析计算。计划学派强调计算，注重财务的价值分析，力求通过战略实施，实现企业价值最大化。

（3）定位学派（The Positioning School）②。代表人物是迈克尔·波特。定位学派认为战略制定就是一个企业在产业中进行定位分析的过程，即首先选择产业，然后在产业中谋求有利的竞争地位。波特强调，战略是一种定位，即找到自己与众不同的独特定位，避免相互模仿，避免相互冲突，从而避免竞争，以获取更大收益。定位学派注重行业结构分析，注重对行业竞争均衡实施影响，利用竞争因素的变迁提高企业的竞争优势。此外，定位学派认为专业分析对战略具有主导作用，波士顿咨询公司的 BCG 矩阵，也被认为是具有代表性的思想和工具，并广泛应用。波特在 20 世纪 90 年代进一步拓展了定位的概念，认为定位不仅要考虑产业的经济特征，还要考虑环境的文化、制度、外协等各个方面的因素。1996 年，詹姆斯·莫尔（James Moore）将新型的竞争战略形态称为"企业生态系统"，强调企业应当生存于一个相互依赖的共同体中。同年，纳尔巴夫和布兰登伯格（Nalebuf & Brandenbuger）在其《合作竞争》中，把"竞争中的合作"提升到"合作中的竞争"的高度，对战略管理赋予了新的理念：企业战略并不是击败对手，而是通过合作实现共赢，向顾客提供其真正需要的产品和服务。

（4）企业家学派（The Entrepreneurial School）③。代表人物是著名管理大师彼得·德鲁克和经济学家熊彼特。企业家学派主张将战略看成是企业家预测的过程。一方面，将战略制定归结于个人直觉；另一方面否认规范的程式化的战略制定过程，是靠企业家的个人领导力、远见卓识和判断力来预见企业未来的发展，并通过他的价值观、权力和意志来约束企业的发展。因而，战略是一个企业家对企业未来图景的洞察过程。

（5）认知学派（The Cognitive School）④。代表人物是赫伯特·西蒙（Herbert Simon）。认知学派从认知心理的角度出发，认为战略制定不仅是一个理性思维的过程，而且也包括一定的非理性思维，并且后者常常更为重要，战略的形成是一个精神活动过程。由于认知的差异，认知学派又分化为"实证主义"和"主观主义"，"实证主义"认为战略管理的任务是尽可能地减少对客观存在的认知偏差，而"主观主义"认为认知决定存在，战略管理应立足于主观意识。

---

① 计划学派代表人物安索夫（Ansoff）1965 年出版的《企业战略》堪称经典，申德尔和霍夫的《战略管理》（1979）亦是重要文献。

② 定位学派的代表作主要有：波特 1980 年出版的《竞争战略》（Competitive Strategy），以及随后于 1985 年、1990 年分别出版的《竞争优势》（Competitive Advantage）和《国家竞争优势》（The Competitive Advantage of Nations）。

③ 企业家学派的代表作主要有：富兰克·奈特的《企业家精神：处理不确定性》（1967）、熊彼特的《经济发展理论》，以及柯林斯和摩尔的《组织的缔造者》。

④ 认知学派的代表作有：赫伯特·西蒙的《行政管理行为》（1945）、《组织》（1958）和《思想模型》（1979）。

（6）学习学派（The Learning School）①。认为环境是复杂并不可预测的，通过学习，尤其是组织学习（Organizational Learning），企业才能应对不确定性。高层管理者的职责不是制定战略，而是管理组织学习的过程。因而，战略是一个学习及自然形成的过程。

（7）权力学派（The Power School）②。从政治学和人性视角解释战略的形成。认为企业内外存在着各种正式和非正式的利益团体，他们会用各自的权力对企业战略施加影响。任何决策的做出，都是企业内部权力制衡和外部利益相关者对企业施加影响的结果，是各方力量博弈的结果，是多种价值取向角力和妥协的产物。因而，战略的形成是一个权力谈判及平衡的过程。

（8）文化学派（The Culture School）③。引入了社会过程中的集体思维概念和系统整体观念，确立了组织风格与个人风格的同等地位，认为企业文化及其背后的价值观念对于战略的形成具有重要影响，战略的形成是一种社会交互过程，它建立在组织成员的共同信念以及对共同价值的理解之上。因而，战略的形成是一个基于企业成员共同的信念和理解的社会交往过程。

（9）环境学派（The Environmental School）④。该学派在研究战略时，将注意力转移到组织外部，信奉"物竞天择，适者生存"的哲学，认为环境对于企业具有至关重要的影响，战略就是企业积极地理解并适应环境，结果使企业形成了某种群落。因而，战略的形成是一个反应过程，是人们对不断变化的环境的消极应对，战略形成的主角是环境。

（10）整合（结构）学派（The Configuration School）⑤。该学派认为战略管理的关键在于维持企业结构的稳定。这个思想应从两个角度来认识：一方面，战略在一定时期内需要相对稳定，形成某种需要从多个角度认识的架构（Configuration）；另一方面，战略变革穿插于一系列相对稳定的战略状态之间。企业必须能够清楚地认识到企业周期性的转变，选择恰当的时机推动结构转变。因而，战略是架构，也是变革。

上述不同学术流派的战略管理思想均有其理论基础和实践条件，不同流派的战略管理都代表了一种企业所选择的特定结构。战略是在不确定环境下对未来的整体规划和运用当下条件的实施，受诸多因素的影响，既有客观理性的分析，也有主观意识的判断；既是共同学习或者竞争者的权术，也是个人认识、集体决策或者简单的对环境所做出的反应。每一种思想都有其特定的内容和局限，关键是企业战略管理者如何将管理理论与独特的企业相结合，制定出只适合特定企业的战略并监督其有效实施。

4）战略管理的体系与咨询焦点

将企业战略体系按照层次划分，旨在划清各主体的职责和权力，利于各司其职，又利于增强战略的执行力，既保持战略的整体性，又保障了资源在各层面的有效配置。完整的企业战略体系一般包括如图 5-1 所示的三个层次：总体战略、竞争战略和职能战略。

---

① 学习学派的代表作主要有：查理·林德布罗姆的《"蒙混过关"的科学》（1959）、詹姆斯·布雷恩·奎因的《应变战略：逻辑渐进主义》（1980）和彼德·圣吉的《第五项修炼》（1990）。
② 权力学派的代表作主要有：麦克米兰（MacMillan）的《论战略形成：政治概念》（1978）、普费弗和萨兰西克的《组织的外部控制》（1978）。
③ 文化学派的代表作主要有：艾瑞克·莱恩曼的《长远规划的组织理论》（1973 年）、罗伯特·沃特曼与汤姆·彼得斯合著的《追寻卓越》（1982），以及博格·沃纳菲尔德的《资源为本理论》（1984）。
④ 环境学派以源自"权变理论"（Contingency Theory）的偶然性理论为核心，强调环境对于企业战略的至关重要性，认为企业必须适应环境，并在适应环境中才能找到自己生存和发展的位置。环境学派的代表人物是 Hannan 和 Freeman，主要研究组织进化过程、组织种群的变化与环境选择的结果。
⑤ 结构学派的代表作是：普拉迪普·坎德瓦拉、亨利·明茨伯格和米勒合著的《"里卡洛斯"的悖论》（1990）。

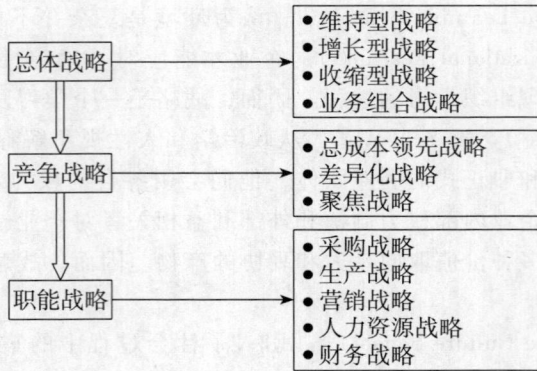

图 5-1　企业战略层次体系

随着经济环境和市场创新的不断发展，战略管理内容也不断地出现新的概念，比如品牌战略、资本运营战略、蓝海战略、创新战略、利基战略和战略联盟等。这些战略体现在上述三个层面的战略之中。譬如实行业务组合战略应当如何设计品牌战略，如何运用资本运营进行并购；在收缩型战略中如何寻找新的利润增长点，是实行蓝海战略还是利基战略或者结成战略联盟。

企业战略按照管理过程分类，分为描述企业愿景和使命、设置目标体系、战略制定、战略实施和战略评价。企业战略按照具体的活动过程分类，旨在分析战略从形成到执行结果的影响因素，以一个纵向的视角归集所有可以观察到或者分析到的因素和条件进行战略梳理，利于排除或调整影响战略的不利因素，使战略更加完善。无论是总体战略还是竞争战略和职能战略，都要经过相应的过程或者管理活动才能够形成和实施。

战略管理咨询关注战略管理过程中所有的步骤和相关因素，任何一个环节或因素出问题，都有可能影响整个战略的成败。

5.2.2　战略管理的关键要素

管理大师德鲁克（Peter Drucker）曾经说过："战略管理不是一个魔术盒，也不是一组技术，战略管理是分析式思维，是对资源的有效配置；计划不只是一堆数字，战略管理中最重要的问题是根本不能量化的。"以分析的思维和整体主义的理念研究战略，需要将战略分解，可以按照阶段分解，可以按照内容分解，也可以按照表现形式分解，通过分解认识战略的结构和相互关系，才能够全面掌握战略的要义。尽管战略是定量和定性的综合体，是经济实力和文化创新的综合体，是主观认识和客观环境的统一体，但是无论什么样的战略，都可以抽象为一个基本的框架，即要素框架，认识这些要素以及对战略的意义，战略管理和咨询就都有了切入点。

1）使命和战略

所谓企业使命（Mission），是指企业在社会经济发展中所应担当的角色和责任，是指企业的根本性质和存在的理由，说明企业的经营领域、经营思想，为企业目标的确立与战略的制定提供依据。企业使命包括企业哲学和企业宗旨。企业哲学是企业经营的信念、价值观、行为准则，是企业在社会及经营过程中起何种作用或起这种作用的抽象反映，包括职工与企业的关系，企业与外部的关系，内部工作关系，企业与国家的关系，企业对人才、技术的观念。企业宗旨是现在或将来从事什么事业，应成为什么性质的企业或组织类型。企业宗旨可按照顾客、产品或服务、市场、技术、社会形象等因素展开，体现为企业通过一系列经营活动承担社会责任，完成使命。

企业在制定战略之前，必须先确定企业使命，而使命在企业精神和物质两个层面指导战略管理。

正确确定企业使命有利于保持整个企业经营目标的统一性，为配置企业资源提供基础或标准，建立统一的企业氛围和环境，明确发展方向与核心业务，协调企业内外部各种矛盾，树立用户导向的经营和服务思想，表明企业的社会政策。比如，麦当劳的使命陈述是"在洁净友好的餐馆里为世界范围的广泛的快餐用户迅速提供有限种类的可口的、物有所值的热食"。英特尔公司的使命陈述为"为计算机行业提供芯片、主机板、系统和软件产品。英特尔的产品可以作为模块为计算机用户创造先进的计算机系统。英特尔的使命是成为全球新兴计算机行业的卓越的模块供应商"。

使命决定企业战略目标，或者战略目标是使命的具体化。所谓战略目标，是指企业在一定的时期内，执行其使命时所预期达到的成果。战略目标的设定，同时也是企业宗旨的展开和具体化，是企业宗旨中确认的企业经营目的、社会使命的进一步阐明和界定，也是企业在既定的战略经营领域展开战略经营活动所要达到的水平的具体规定。德鲁克对战略目标的构成提出了四层次结构：①基本目标层次，包括获利能力、生产率等指标；②社会责任层次，指承担的公共责任；③市场战略层次，包括市场革新、占有率、市场信誉、产品等；④结构层次，包括企业物质资源和财力资源的匹配、经理的绩效和态度评价等。贝叶斯将战略目标归为四类：盈利能力，为顾客、客户或其他受益者的服务，职工的需要和福利，社会责任。比如，麦当劳通过具体的指标表述其战略目标：①去除那些无法产生足够收益，或与战略不匹配的业务；②取得 20% 的资产收益率；③取得每年 10% 的净销售增长率；④每股平均收益每年保持 15% 的增长率；⑤保持资产负债率低于 40%。

战略目标既是使命的具体化，也是企业的立身之本，即企业的经营宗旨应当是让股东满意、顾客满意、职工满意和社会满意，上述战略目标的结构设计充分说明了这四个满意的指导。如果这四个方面的任何一个方面出问题，都有可能影响企业总体战略目标的最终实现。

咨询师在开展战略管理咨询业务时，需要对企业使命陈述是否明确合理进行判断，对战略目标的定位是否体现了企业使命，战略目标是否具有宏观性、长期性、相对稳定性、全面性、可分性、可检验性、可接受性和可挑战性的特性进行分析，为战略目标的进一步细化和有效实施提供保障。

2）环境和战略

环境（Environment）是指某主体周围所在的条件，对不同的对象和学科来说，环境的内容也不同。一般的环境定义通常是指围绕人群的空间和作用于人类这一对象的所有外界影响与力量的总和。如果把企业作为一个研究对象，那么围绕企业和作用于企业的所有外界条件和力量的总和就构成了企业生存环境。环境是客观的"存在"，从系统论视角看待企业和环境的关系，一方面，企业的生存和发展受环境的影响和制约；另一方面，企业作为一个完整的开放性的个体系统又以自己的方式影响着环境，与环境相互作用。

企业环境可以分为宏观环境、竞争环境和内部环境，有人也把这个分类表述为宏观环境、中观环境和微观环境。宏观环境指影响所有企业的共同的环境因素，包括政治、法律、技术、经济和社会等因素。中观环境指行业或竞争环境，包括行业特征、产品创新、竞争对手等因素。微观环境聚焦和企业有直接关系的特殊的利益群体，包括客户、员工、供应商等对企业的作用和影响。企业内部环境和微观环境相比有一定的重叠性，企业内部环境往往指企业使命定位、企业资源、组织结构、制度体系等对企业生存和发展的影响因素，而相关利益主体的影响力有时也被划入企业内部环境之中。

从战略管理视角分析环境，环境是战略制定、实施和评价过程不可忽视的重要部分。20 世纪 70 年代末期，美国的市场竞争已经进入后工业时期，竞争环境的总体特点是"动荡"。安索夫在《战略管理》一书中给战略管理的一个重要任务是管理动荡环境，为管理动荡环境设计战略管理工具，安索夫设计了著名的环境动荡模型。后来许多学者把安索夫教授的这一贡献称为关于战略管理的权变方法。他把经营战略定义为：企业为了适应外部环境，对目前从事的和将来要从事的经营活动进行的战略决策。他认为企业生存是由环境、战略和组织三者构成的，只有当这三者协调一致、相互适应时，才能有效地提高企业的效益。因此，制定战略的首要条件是环境分析。PESTEL、SWOT 以及 BCG 等分析工具的广泛应用，更说明环境分析对于战略管理的重要意义。环境分析的意义主要体现在：第一，客观把握由于环境变化给企业带来的机遇，充分认识企业的优势和劣势，把握企业的核心竞争力，制定出符合企业环境的战略决策；第二，由于战略的长期性、全局性等特点，企业不断地关注环境的变化，在把握"动荡"环境的基础上，及时调整经营管理策略，应对变化，有效地实施战略；第三，企业在认识环境的基础上，通过自身的变革去影响某些环境条件，使之有利于自身战略的实施，获得更大的利益。因此，面对环境对战略的影响，企业既有其客观的必须适应环境的一面，也有发挥主观能动性去改变环境的一面，这也是安索夫"权变"思想的一个重要方面。

战略管理咨询师在评价企业战略时，环境分析和预测环节必不可少。有时候，我们把环境中诸多不确定性的不利影响称为风险，也即影响战略制定实施过程的不利因素，分析环境对战略的影响可以避免战略模式的生搬硬套，考虑风险因素，避免制定不切实际的战略、僵化的战略和孤立的战略。

3）组织结构和战略

所谓组织结构，是指关于组织在运行过程中涉及的目标、任务、分工协作、权力、结果以及相互关系的系统。对于企业组织结构而言，它阐明的是全体员工在职务范围、工作责任、任务和权力方面所形成的相互关系的结构体系，用以确定各项工作任务分配，以及内部工作报告和内部协调机制。可以从三个方面理解这个概念：第一，是组织从上到下纵向的管理层次、管理幅度和报告关系的确立；第二，是组织内横向单位之间主要职责、工作流程、沟通和协作关系的确立；第三，是组成组织的各个单位以及岗位主要职责和任务的明确划分。这三个方面互相作用，共同构成一个完整的组织结构。

1962 年，美国学者钱德勒对战略与组织结构关系进行了研究，提出了"组织结构服从于战略"的思想，公司战略的改变会导致组织结构的改变，最复杂的组织结构是若干个基本战略组合的产物。一个企业要有效地运营，必须将战略与组织结构相联系。在战略管理中，制定适当的战略仅仅是第一步，有效地实施战略必须建立适宜的组织结构，使其与战略相匹配。企业运作的根本特性是有机性，一个企业的战略目标是否能够实现，首先取决于它的组织结构是否和战略相匹配，是否反映了战略对组织结构的要求，是战略实施中最重要的因素。比如，某企业所在的产业领域是高度标准化的行业——铝业，采用成本领先战略，其核心优势就是高效率，因此，必然选择以追求高效率为目标的科层制组织结构；如果某企业定位于时装业，强调对市场和顾客的高度反应能力，采用创新求变战略，就要求组织结构尽可能扁平化。

组织结构大体可分为直线制、职能制、直线职能制、事业部制、战略单元型、集团控股型、网络型和蜂团型。不同的组织结构在战略实施过程中具有不同的优势和劣势。如果企业战略发生较大变化，企业的组织结构也要相应调整，以保障战略的实现。公司不同组织结构的战略优势与劣势如表① 5-1 所示。

表 5-1　　　　　　　　公司不同组织结构的战略优势与劣势

组织结构类型	战略优势	战略劣势
职能型	·对战略结果的集中控制 ·适合开发职能性相关的技能和能力 ·有助于开发与职能专业化相关的学习/经验曲线效果 ·提高日常性和重复性任务的运行效率 ·当在一个功能或流程中领导深入程度成为成功的关键因素时，这一结构可以成为竞争优势 ·最适合构建一项单一业务 ·提高深入的专业技能	·职能专业化导致战略关键流程的不完整 ·可能导致部门之间的敌对或冲突，而不是团队精神或合作 ·多层次的管理机构和集权式的决策加长了反应时间 ·将盈利的责任推到高层 ·职能专业人员注重对其职能领域最好，而非整个业务 ·职能专家专注于部门内部和上司的偏好，而非集中于业务、顾客或整个行业 ·职能专业化引起创造跨职能能力和部门之间合作的障碍
地理型	·可以调整战略以适应不同地理市场的需要 ·将盈利或亏损的责任下放至最低的战略层次 ·在目标市场的范围内提高职能协作 ·利用本地经营的经济性 ·地区性单位成为高层总经理很好的培训基地	·允许多大程度上的地理多样性，公司总部又需要建立多大程度上的地理一致性成为问题 ·当区域经理实施更大的战略自由度时，维持一致的公司形象或声誉就更难 ·在经营区域单位又加入了另一层面的管理 ·导致总部和地理区域层次员工服务部门的重复，造成成本上的不利
分权的业务直线型	·多元化经营的组织在分担责任和授权方面提供了合乎逻辑的可行的手段 ·业务单位经理所担负的盈利或损失的责任非常清晰 ·将制定和执行战略的责任放到更接近每项业务的环境中 ·允许每个业务单位围绕自己的关键价值链活动、业务流程和职能需要进行组织 ·迫使首席执行官去处理公司的战略问题	·可能导致公司层和业务单位层人员的职能重复，增加企业的日常管理费用 ·引起哪些决策应该放权，哪些决策应当分权的问题 ·为争夺公司资源和得到公司重视，可能引起部门之间的过分敌对情形 ·业务或部门的自主权与形成不同业务单元的相关业务活动合作相抵触，因此在一定程度上阻碍了战略匹配和资源匹配利益的获得 ·公司经理层变得过分依赖业务单位经理 ·公司经理可能不接触业务单位，出现问题时不知所措

---

① 　马瑞民．新编战略管理咨询实务［M］．北京：中信出版社，2008：166-168.

组织结构类型	战略优势	战略劣势
战略业务 单元（SBU）	·为广泛多元化的公司组织业务单元组合提供战略相关的方法 ·促进一个SBU内的相关活动的合作，从而帮助获得在相关业务之间的战略匹配和资源匹配的利益 ·提高独立但又相关的业务之间的凝聚力和合作 ·可以使战略计划在整个公司最相关的层次上制订 ·使得高层经理的战略审视更加客观和有效 ·有助于将公司的资源配置到增长最快和最有盈利机会的区域 ·小组副总裁的位置是未来CEO很好的训练基地	·容易武断地将业务定义和分组到不同的SBU中，这样除了提供管理上的便利之外，不能达到其他目的 ·在规划未来的方向上，SBU仍然可能缺乏远见 ·在高层管理中又增加了一个层次 ·必须仔细制定CEO、小组副总裁和业务单元经理的角色和职权，如果职责确定不好，小组副总裁可能会夹在中间 ·除非战略业务单元的领导非常愿意进行在不同的战略业务单元之间进行跨业务单位的合作与协调，否则很难合作与协调 ·对业绩的识别模糊。对于成功的业务单元首先归功于CEO，然后是业务单元的领导，最后是小组总裁

依据战略设计组织结构需要从以下方面进行规划：①工作需求分析；②机构设置；③岗位设定；④工作标准的设定；⑤工作规范的建立；⑥沟通协调规则的设计；⑦信息系统的建立。在作上述设计的过程中，需要分析成功地实施战略所涉及的价值链活动、企业能力和竞争力等相关因素，以便将组织结构和这些能力相嵌相容，共同发挥作用。比如，分析外部价值链上的竞争对手和合作商，如何在战略层面上建立合作和联盟关系，同时调整组织结构适应这种关系，将内部责任和外部合作有机整合，更好地实施战略。

4）资源和战略

资源是指企业在生产经营过程中所投入的各种要素，包括有形资源和无形资源、物力资源和人力资源，这些资源本身的特性和在管理中的意义各不相同。资源和战略的关系是相互促进、相互制约。制定战略时，资源是内部环境因素之一，是战略选择和实施的制约性条件；实施战略时，资源是重要的保障因素。反过来，既定战略也规定了资源的规模和配置模式，为执行新战略需要引进特定的人才，或者需要购买和控制特定的物质资源；战略运行的结果可以带来新的资源，又成为新战略的基础，持续性地获取更多的资源是战略的目标。

由于资源的稀缺性，资源配置的优劣直接关系到战略目标的实现，有效的配置资源必须充分认识不同资源的内在特质，培育企业对自身拥有资源的独特的运用能力，针对企业竞争动态性特点有效配置资源，保障战略平稳进行。有效配置资源的原则一般有：①边际效益原则；②价值判断原则；③网络关系原则；④内部资源约束与外部资源增量相平衡的原则。

5）风险和战略

综观中外失败企业，如秦池集团、巨人集团以及安然公司、世通公司等，不乏风光无限的企业黯然退出市场，也不乏商界的巨无霸企业轰然倒塌的案例。分析这些案例，各有其失败的具体原因，但是，一个共同特征就是战略管理的失败，包括盲目扩张、战略理想化、宏观发展判断失误等原因给企业带来了巨大风险。战略风险是指战略管理中影响战略制定和实施的不利因素发生的可能性。　"战略风险管理"的首提者米勒和肯特（Miller&Kent. D）[①] 认为，战略风险来自于战略环境的不确定性，企业的一般反应是规避、控制、合作、模仿以及适应。清华大学刘冀生教授认为企业战略风险的识别包括企业外部环境风险的识别和企业内部风险的识别。罗伯特·西蒙将战略风险的来源和构成分成四个部分：运营风险、资产损伤风险、竞争风险、商誉风险。因此，战略风险与企业战略密切相伴，战略管理不能忽视风险的识别与规避。

　　企业战略风险主要包括两个方面：战略决策风险和战略实施风险。战略决策风险主要包括环境分析风险、法律风险等；战略实施风险主要包括财务风险和运营风险（见图 5-2）。

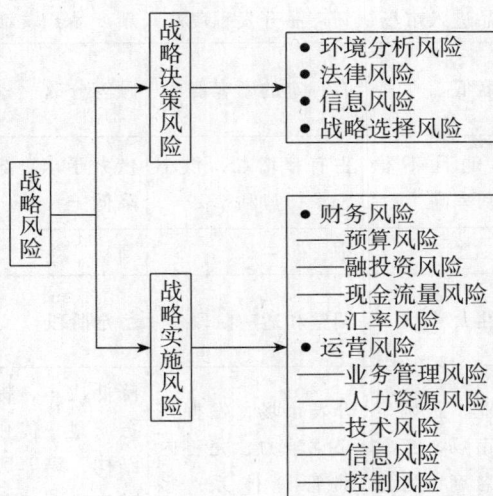

图 5-2　战略风险类别

　　正是由于战略风险的危害性足以致命，加之战略风险贯穿于整个战略管理的过程，因此，战略管理咨询不能忽略对企业战略风险的识别与评估，很多咨询公司都建立了战略风险咨询规范。例如美世咨询公司的 CEO 约翰·迪斯科（John Drzik）认为，管理战略风险时，企业应当首先将风险评估和制定风险消减措施植于战略规划和决策的各个程序中，同时应将战略风险归为七个大类，包括行业、技术、品牌、竞争者、顾客、项目及需求停滞。对战略风险咨询的关键在于帮助企业识别风险和评估风险，在企业整个运营管理过程中，存在许多风险，并不是所有的风险都构成战略风险，只有那些严重的足以危害战略实施的风险才构成战略风险。比如资产损失，如果是战略赖以确立的知识产权出现严重的价值贬值，这种损失就可能变成战略风险。

6）企业类型与战略

　　企业类型与企业战略的选择有重要关系。企业类型可以从几个方面来认识：一是从企业规模；二是从产权结构；三是从企业发展阶段。其中企业规模是指大中小企业的划分类型；产权结构是指独资、合伙（合资）、股份制等不同的企业类型；发展阶段是指企业

---

① 　Miller, Kent D. 国际商业中的综合风险管理架构［J］. 国际商业研究, 1992, 23（2）.

（行业）初创阶段、发展阶段、成熟阶段和衰退阶段。不同类型的企业战略目标和战略选择不同，有时候对战略的需求程度和重视程度也存在差异。企业不同发展阶段的战略特点如表5-2所示。

表5-2 企业不同发展阶段战略特点

企业（或行业）阶段 战略特征与选择	初创期	发展期	成熟期	衰退期
技术	技术创新强	技术稳定	技术稳定，模仿力强	技术替代或衰退
产品	创新产品进入市场	新产品开发程度高	新产品开发难度大	替代产品
顾客	认可程度低	有一定的顾客群	顾客分散	顾客减少，需求变化
市场	占有率低且不稳定，盈利率高	占有率增加，供小于求，盈利率高	供大于求，盈利率降低	占有率持续下降
竞争程度	低	中	高	高
管理与适应性	不确定性大	调整和适应阶段	稳定阶段	不确定性大，机械僵化
战略定位	选准行业，正确定位目标市场，扩大产品知名度，稳定内部管理	开发市场，发掘核心竞争力，完善内部管理体系，多元化	降低成本，提高服务质量，优化产品结构，培养顾客忠诚度，多元化或国际化	领导地位战略，合适定位战略，收获战略，退出（放弃）战略
问题	忽视战略	冒进和片面开发，忽视协同效果	执行僵化的战略或盲目多元化	缺失反应性战略

在我国，国有企业、民营（或家族）企业、合资企业在战略管理方面往往表现出各自的特色。

国有企业作为我国国有经济的主体力量，随着国有企业管理体制改革的不断深入，国有企业的经济效益、运行质量和竞争能力明显提高，特别是随着现代企业管理制度的建设与完善，企业在战略管理方面也逐渐专业化和规范化。国有企业拥有资源优势、政策优势和市场优势，可谓天时地利人和，但是由于治理结构的缺陷，企业存在决策层和管理层职责不清，缺乏科学的职业经理人任用机制，领导人普遍存在短视行为，加上国有企业注重内部资源分析而忽视外部环境的变化等弊端，导致在战略管理上缺乏长期规划，缺乏和长期战略目标相一致的绩效评价体系，往往偏向短期效益高的运营策略。同时受产权特征的影响在战略选择方面也缺乏一定的自主性。

我国民营企业在改革开放的大环境下，面临着巨大机遇，在诸多领域可以和国有企业同等竞争，可以面向国际市场进行国际贸易等；同时也面对许多挑战，包括融资难、行业垄断、技术研发能力薄弱、企业家素质和内部管理能力低下等，这些问题要求民营企业从自身的资源和优势出发，发现和培育自己的核心竞争力，迅速占据市场，扩大企业或品牌知名度，并不断完善企业的内部管理，聘用和培育人才，塑造一流企业家，以准确的战略定位壮大自己、创造价值。当然，很多时候国有和民营企业之间在战略管理上并没有太大的区别，尤其是随着国有股权的改革，多数企业成为混合股权，也有一些民营企业发展成为企业集团，因此，产权模式并不构成战略管理的限制条件。

从我国市场经济发展的趋势来看，构建平等的竞争平台是促进我国经济发展的前提，提高国有企业的管理水平和竞争能力的举措之一就是发展民营经济，让民营企业壮大到足以和国有企业竞争的地步，完全竞争市场的模式才有可能实现。随着经济全球化的影响，外资企业、跨国公司、中外合资企业在中国的发展也很迅速，这些企业的战略意识、竞争意识比我国本土企业要强很多，企业内部管理规范，随着这些企业的战略管理理念方法的不断传入，也有助于提高本土企业的竞争力，促进我国国有企业和民营企业快速跻身国际市场。

7）文化和战略

资源是企业战略的物质保障，文化是企业战略的精神统领。企业文化是企业在生产经营实践中逐步形成的，为全体员工所认同并遵守的、带有本组织特点的使命、愿景、宗旨、精神、价值观和经营理念，以及这些理念在生产经营实践、管理制度、员工行为方式与企业对外形象方面的体现的总和。企业文化是企业哲学、企业运营理念和价值观在精神层面的具体体现，是企业使命的重要组成部分，它表明全体员工对企业价值观的集体认同程度。独特的企业文化决定着企业在竞争世界里区别于其他竞争者的人文气质和价值标准，是造就企业团队凝聚力的气场，同时也构成了企业核心竞争力的组成部分。

美国哈佛大学教育研究院的教授泰伦斯·迪尔和麦肯锡咨询公司顾问艾伦·肯尼迪把企业文化的整个理论系统概述为 5 个要素，即企业环境、价值观、英雄人物、文化仪式和文化网络。其中，企业环境是指企业的性质、企业的经营方向、外部环境、企业的社会形象、与外界的联系等方面，它往往决定企业的行为；价值观是指企业内成员对某个事件或某种行为好与坏、善与恶、正确与错误、是否值得仿效的一致认识。价值观是企业文化的核心，统一的价值观使企业内成员在判断自己行为时具有统一的标准，并以此来选择自己的行为；英雄人物是指企业文化的核心人物或企业文化的人格化，其作用在于作为一种活的样板，给企业中其他员工提供可供仿效的榜样，对企业文化的形成和强化起着极为重要的作用；文化仪式是指企业内的各种表彰、奖励活动、聚会以及文娱活动等，它可以把企业中发生的某些事情戏剧化和形象化，来生动地宣传和体现本企业的价值观，使人们通过这些生动活泼的活动来领会企业文化的内涵，使企业文化"寓教于乐"；文化网络是指非正式的信息传递渠道，主要是传播文化信息。它是由某种非正式的组织和人群，以及某一特定场合所组成的，它所传递出的信息往往能反映出职工的愿望和心态。

企业文化与企业战略密不可分，一方面，企业战略是企业文化的重要组成单元，是企业文化的一种反映，有什么样的企业文化，便会产生什么样的企业战略；另一方面，企业文化服务于企业战略，成为调动全体员工实施战略的保证，或者说，战略制定与实施不仅需要物质资源的支持，也需要企业文化的辅佐。例如，"低成本战略"必须将"节俭"的价值观植根于组织成员中；"新产品开发战略"必须在企业上下建立创新理念和创造发明激励机制;"市场创新战略"必须将服务客户需求放在首位,建立顾客是上帝的服务理念等。与企业战略相符合的企业文化具有增强企业的凝聚力、向心力,激励员工开拓创新、建功立业的斗志;能够让人才进而不失;能够弥补制度不足,以内在力量约束员工,降低监督管理成本;能够建立上下同心同德的和谐氛围,帮助企业有效实施战略;反之,会阻碍战略的实施。因此,战略管理与文化建设是相互制约、相互促进和相互提升的关系。

企业文化的建设受多种因素的影响:第一,受社会环境价值观和道德观的影响,企业文化必须汲取和体现民族文化的精华,代表时代发展的主旋律。企业文化是社会文化体系中的一个有机的重要组成部分,它是民族文化和现代意识在企业内部的综合反映和表现,是民族文化和现代意识影响下形成的具有企业特点和群体意识以及这种意识产生的行为规范。企业是社会的组成部分,企业文化和顾客的文化观念应当具有一定程度的默契,尤其是对于企业所服务的客户群体的价值观取向,企业应当了解和尊重。第二,企业领导人的人文素养和管理理念。领导人的工作重点、对关键事件和危机的反应、自身的行为方式等对企业文化的建设具有角色榜样的意义。第三,企业文化的树立必须得到全体员工的认可。一般通过包括宣传、培训和制度建设等手段对企业价值观在企业各层面进行渗透和指导。第四,企业战略和企业文化必须保持协同。当新的经营战略要求企业文化变革以适应战略时,对新文化的学习适应和文化转换成本的估量,成为战略管理的重要组成部分。

关注战略和企业文化的关系对于管理咨询师而言要解决的问题主要在于以下方面:第一,企业领导层是否重视企业文化的建设;第二,企业文化和企业战略是否相适应;第三,与企业文化相关的制度建设是否合理有效;第四,企业文化在战略实施过程中是否发挥应有的作用等。

5.2.3　战略管理的支持体系

战略管理具有综合性、长期性和复杂性的特点,完善的战略管理不仅仅是方案的设计,还需要企业建立完善的管理体系或者称为战略管理的支持体系,保障战略管理全方位实施和达到预期目标。这些支持体系包括决策管理、信息管理和内部控制三大方面。

1) 决策管理

在汉语词典中"决策"的含义是"决定策略或办法;决定的策略或办法"。这个定义包含两个层面的意义:一是决策的结果;二是决策的手段或过程。管理学意义的决策是指为实现特定目标在可供挑选的行动方案中作出选择。决策具有渗透性、选择性、层次性和多元性的特点。决策渗透在组织管理的所有活动和层面中,决策在整个管理活动中无处不在,因此,西蒙认为管理就是决策。决策是在不同的行动方案中作出选择的行为,方案的提出、选择的目的、过程、方法以及结果构成决策的基本内容。不同管理层面、作业层面都会存在决策,决策的领域和目标不同,但是程序和方法具有共性特征。管理决策包括决策目标和决策方案两个组成部分,但是,就目标和方案的组合而言具有多元化特征。

战略决策是指对涉及企业命运和前途的、重大的、长远问题的决策,往往是指对不同战略方案的选择。比如,在企业利润下降的时候,是选择低成本战略还是新产品开发战略还是新市场开发战略,这样的选择本身就是战略决策,这个战略选择背后又会有一系列的选择和决策紧跟其后,包括融资决策、营销决策、生产决策等,形成企业多层次的决策体系。战略决策是企业经营成败的关键,它关系到企业生存和发展。决策正确可以使企业沿着正确的方向前进，提高竞争力和适应环境的能力，取得良好的经济效益；反之，决策失误就会给企业带来巨大损失，甚至导致企业破产。同时，战略决策的科学性、客观性和有效性会直接对企业其他管理层面的决策产生影响。

按照决策的本质，决策既包括决策结果，也包括决策过程，因此，在企业内部需要建立完善的决策体系，以保障在组织内部从战略制定到实施到评价行为是一个有序的整体。一个完善的决策体系应该由以下部分组成：决策的理念、决策的目的、决策的程序和方法、决策的标准（或影响因素）、决策结果的判断，还包括决策的组织，比如治理结构和授权制度的建设等。其中，决策的理念指的是将理性分析和直觉经验结合起来。一方面，战略方案的形成和选择过程中需要搜集和处理大量的数据和资料，进行详尽的测算和分析对比，这些资料和测算是决策的客观基础；另一方面，由于信息的不完全性，加上战略面对的是未来，需要处理很多不确定的事情，因而直觉、远见往往可以弥补理性分析技术的不足，发挥决策主观能动性，可以形成管理者独特的管理风格，产生新的战略创意。

2）信息管理

信息是决策的基础，信息贯穿于战略管理的始终，从某种程度上说，信息决定战略的质量甚至成败。企业战略管理的信息来源包括外部信息和内部信息。企业战略管理部门必须研究政策、市场、技术与竞争对手的现状并预测未来的发展趋势，建立外部信息收集处理系统，及时、连续不断地搜集各方面的信息，及时作出判断，进行部署，以获得先机，为制定战略或调整战略提供信息支持。同时，企业内部必须建立一个完善有效的管理信息系统，提供包括人力资源管理信息、营销信息、采购信息、生产信息、财务信息、统计信息以及内部控制信息等所有信息，反映整个企业的运营和管理情况，并通过对这些信息的分析，反映战略执行的质量，为战略控制和战略评价提供信息支持。这两个信息系统在信息搜集方式、处理方式和信息对象甄别方面存在差异，不同的信息对战略的意义也不同，因此，企业必须重视和建立一个完善有效的信息系统，实现企业信息化，对如何搜集信息、分析信息、转换信息、反馈信息以及利用信息进行决策等事项进行规范和管理，保障信息的质量，以利于决策。

3）内部控制

内部控制系统是保证战略决策、战略实施的重要支持体系，有效的内部控制系统可以降低决策和运营风险，保证信息客观及时地传递和披露，合理地判断企业的运营是否符合战略目标的要求和指向，对于合理配置资源、降低成本和防止浪费舞弊具有重要作用。

✱ 5.3　战略管理常见的问题

5.3.1　误解或忽视战略

在战略管理实务中，误解和忽视战略的现象很普遍。尤其是对于那些小企业或者处于起步和成长期的企业而言，战略观念比较模糊。误解战略是对战略的理解存在偏差，把战略当成计划，或理解成战术，缺乏准确定位等；忽视战略是认为企业发展不需要战略，根据市场需要随时调整运营就可以应对。这种观念对企业的发展影响很不利。首先，战略是企业的长期目标和愿景，它明确了企业的成长方向，如果方向不明确，容易导致企业决策上的盲目性；其次，战略规划是企业制定具体战略或职能战略的依据，有战略规划作指引，企业运营和管理、资源配置等就有了明确的导向，如果没有战略规划的引导，具体运营决策的制定就缺少目标性；最后，战略可以引导组织内部的协调和合作，形成合力，实现组织使命。忽视战略容易导致组织部门之间、具体运营策略之间各自为政，产生矛盾与冲突，不能突出核心竞争力，不能产生协同效应，从而导致企业经营失败。

因此，战略管理是企业发展必须要坚持的宏观性的管理体系，不同类型的企业，不同发展阶段会有不同的战略目标和管理模式，但是，从管理理念上不能忽视战略。案例 5-1 是一个战略的样本，这个样本言简意赅地对企业的目标和如何达到这个目标进行了描述。作为一个核心框架，企业相关的组织和行为都要在此基础上展开，也就使企业的所有部门的所有行为和计划有了明确的指向。

【案例 5-1】

美国墨菲汽车公司的经营战略概要①

一、企业使命

广义的使命——在世界范围内向人们提供交通工具。

狭义的使命——在市场经济国家制造和销售小汽车和卡车。

二、企业目标

1. 1988—1993 年公司的年均内部报酬率由 12% 达到 16%。

2. 到 1990 年底公司在世界汽车市场的占有率居第一位。

3. 到 1995 年国内小汽车和卡车的市场占有率增加 8%。

4. 到 1995 年单位成本下降 4%。

三、企业战略

1. 通过将所有资源集中于小汽车和卡车制造行业来获得发展。主要集中发展低油耗的车，以达到政府的油耗标准，并向竞争者挑战。

2. 实行垂直集约化经营，并继续用最新技术使生产设备现代化，以降低原材料消耗和生产成本。

3. 与外国汽车厂商建立合资企业，以在发展中国家制造和销售汽车。

四、企业政策

1. 加强研究与开发，以降低成本，提高汽车的效率与安全性。

2. 提高公司各层次和各地制造厂的效率。奖励优秀职工，解聘效率低的职工和管理人员，或令其退休。

3. 加强安全、省油型汽车的制造，并使其质量与头号竞争者的产品相媲美。

4. 注重国际市场，积极参与国际竞争。

五、战略实施

（一）战略实施方案

1. 在国内增加一个制造和销售新型低成本、高质量"世界级汽车"的新部门。

2. 与外国汽车厂商谈判，建立合资企业，在世界市场制造和销售这种"世界级汽车"。

3. 购买一家能够向公司所有部门提供足够高质量钢材的钢铁公司。

---

① 甘亚平. 现代企业经营战略［M］. 北京：中国商业出版社，1995：50.

4. 为降低制造成本，到 1995 年要在各个部门的生产操作岗位安装机器人。

5. 到 1995 年，生产的汽车改为前轮驱动型，以增加每加仑汽油的行驶里程。

（二）预算

对每一个计划方案进行成本效益分析，并制定预算。

预算方案：

1. 为建立"世界级"汽车生产部门编制预算方案，通过销售足够的债券和普通股股票为其筹集资金。

2. 为建立合资企业的谈判筹集资金编制预算。

3. 为购买一家钢铁公司编制一系列预算。

4. 为安装机器人编制预算。

5. 为改产前轮驱动汽车编制预算。

（三）评价与控制

要求就以下问题每月提供报告：

1. 为新型"世界级汽车"发展的零售商的数量。

2. 新型"世界级汽车"工厂工程进度与费用实际值与计划值的对比。

3. 与可能的合作伙伴建立合资企业的谈判进展。

4. 与要兼并的钢铁公司的谈判进展。

5. 每个部门实际成本与成本标准的对比。

6. 每个部门实际销售与计划销售的对比。

7. 机器人的安装进度。

8. 改产前轮驱动汽车的进度。

要求就以下问题提供年度报告：

1. 每个部门的内部报酬率和成本降低率。

2. 与竞争者相比较，每一种产品和每一个部门在国际市场的市场占有率。

3. 每一个产品线和部门的原材料消耗和制造成本。

4. 产品油耗。

5. 整个公司和各个部门的战略审计报告。

这个概要清晰地将企业总体目标和行动计划展现出来，不仅有点有线，而且有详略得当的网络结构。因此，战略管理是个理念，是企业使命和行动、长远目标和具体经营实践相结合的管理思想；战略也是企业管理的"纲"，决定了"目"的位置和作用。

5.3.2 片面或僵硬的战略

战略管理实践中经常发生战略不能随环境、市场变化而及时进行调整的情况。制定战略时，考虑的因素是当时的环境和对未来的预测，随着战略的实施，客观环境不断发生变化，按照权变理论，战略必须不断调整，一方面适应环境，另一方面抓住机会，发展企业。机会的出现通常是难以预测的，而如果一味呆板地执行原有的战略，势必会将企业引入歧途。

美国电话电报公司（AT&T）在运营中运用权变理论及时调整战略的案例可以充分说明僵化的战略管理必须予以避免。

【案例 5-2】①

　　AT&T 过去的信条是：越大越好。几十年来，并购战略使 AT&T 的规模迅速扩大。AT&T 于 1991 年用 74 亿美元收购了制造计算机的国民现金出纳机公司，于 1994 年用 124 亿美元收购了制造蜂窝式电话的 McCaw 蜂窝通信公司。然而 1995 年初，大规模技术资产的兼并没有带来盈利，规模的优越性不足以补偿合并复杂性所带来的不利效果。1995 年 9 月 20 日，AT&T 宣布解体。改组后的 AT&T 公司包括原公司的核心部分，即资产为 530 亿美元的长途电话和蜂窝电话业务。原公司的网络部门，即过去的制造交换设备的西方电气公司，将出售给股东。原公司的全球信息处理公司，即亏损的前 NCR 公司，也将出售给股东。消息传开，AT&T 的股票立即上扬，跃升了将近 6.125 点，以 63.75 美元收盘。在短短几个小时之内，AT&T 的资本增值了近 110 亿美元，弥补收购 NCR 公司的费用及后来的亏损已绰绰有余。这样 AT&T 可以集中精力经营全球通信业务了，这是它最擅长和最具有潜力的领域。面对更为激烈的竞争，AT&T 解体之后，独立从事设备制造的 AT&T 网络设备公司和独立从事电话业务的 AT&T 服务公司结成战略联盟。分散经营还能使 AT&T 更成功地进入网络的新市场。分散经营带来的另一项好处是揭开了蜂窝电话业务的"潜在"价值。对竞争对手来说，AT&T 的分散经营意味着，突然间，它们所面对的不再是一个僵化而自相矛盾的企业群了。相反，它们必须在电信市场上同各个高度集中和强有力的对手打交道。AT&T 的分拆战略取得了极大的成功。这种"分而制胜"的战略调整展示了 AT&T 的权变管理思想，也表明了反应性战略在运营中的价值。

　　因此，并购战略或分散经营战略本身并没有对错之分，关键是在何时、何地、用于何种企业、如何实施的问题，咨询师的任务就在于审时度势地估量"环境—利润—战略"三者之间的变化与调整，找到最适合环境的战略，提高盈利能力。

5.3.3　高高在上的战略

　　高高在上的战略指的是有完美的战略设计，缺乏有效的战略实施的组织和部署，而使完美的战略设计成为挂在墙上的美丽画卷，不能形成有效的竞争力和预计的盈利能力。万奇电子的完美战略与执行不力的案例可以说明这一点。

【案例 5-3】②

　　万奇电子 2003 年已在国内数码宝行业排名第五。2004 年正逢数码宝更新换代的关键时刻，万奇希望抓住机会，一举进入行业前三。按照公司的完美战略，在当年的年度计划中，采购部已经决定改变以前那种大批量采购的方式，只要小批量采购的元器件能够保证到位，上半年研发部推出 7 个新品应该没什么问题，这样公司冲进前三自然也不在话下。但是，问题很快浮现了出来。研发部的员工反映采购部买的元器件技术参数不符合要求，质量不过关，技术支持也跟不上。研发部抱怨说："照这样下去，我们根本不可能在 6 月以前推出 7 个新品。"原来，为了达到董事长降低库存量的要求，采购部当年的采购计划是下小订单，而当年元器件的供求市场发生了变化，对万奇下的小订单，国外供应商根本不予理睬。由于采购部没有及时跟进，所以延误了元器件的购买，以致最后不得不转向国

①　佚名. AT&T——切分经营显神威［J］. 科学投资，1999（5）.
②　徐志红，沈慧民. 好战略执行起来为什么这样难［EB/OL］.［2006-07-10］. http：//www. 51Labour. com.

内供应商。国产元器件技术参数不符合要求，质量不过关，技术支持也跟不上。为了解决问题，董事会要求采购部与国产供应商协调，增强技术支持的力度，同时要求确认，国外供应商需要多大的订单才肯供货。经过这次冲突表明，万奇的战略虽然很美，但因为各个部门的沟通不是很顺畅，公司内部缺少一种团队合作精神，执行起来非常吃力。直到 4 月份，研发部只推出了 1 种新品，销售部上半年连 1/5 的销售任务都没有完成，采购部的国外供应商没有着落，总经理想换掉不得力的部门经理，遭到董事会的拒绝。总经理禁不住慨叹：万奇，好好的战略目标怎么硬是越走越远呢？

战略管理是个综合性、宏观性的管理体系，与完美的战略设计相配套的一定是一系列以战略规划为目标的具体的运营策略、资源配置方案、管理制度以及组织结构的调整等的设计和运行，如果只是制定了一个战略规划，其他内容不随之调整和落实，战略就会被架空，最终导致失败。

5.3.4　半途而废的战略

战略实施过程是对企业组织不断改造的过程，包括组织理念和文化的调整以及部门资源的不断整合，这就意味着，新战略的实施是一个持续的过程，是一个组织上下协同的过程，如果遇到阻力，就必须以战略为导向进行调整和变革，以提高战略执行力，而不是放弃和手忙脚乱地换战略。

【案例 5-4】①

2004 年初，在连续三年亏损以后，山东小鸭集团宣布将其上市公司小鸭电器所有股权转让给济南一家企业，正式卖壳退市，然后利用转让股权的资金回购小鸭全部家电类资产并承接了相应的债务。在股市上跌跌撞撞了 4 年之后，小鸭成为首家告别股市的家电企业。小鸭·圣吉奥的品牌也成为一段辉煌的历史。

1985 年，小鸭率先引进意大利先进技术，成为中国首家生产滚筒洗衣机的企业，1990 年，小鸭·圣吉奥全自动滚筒洗衣机产量 1.2 万台，1994 年猛增到 30 万台，门前车水马龙，但仍然供不应求。1994 年销售收入突破 6 亿元，企业跨进全国先进企业行列，小鸭·圣吉奥的名字红遍大江南北。经过十几年的努力，小鸭已成长为中国最大、最专业化的滚筒洗衣机生产基地，与海尔、小天鹅、荣事达组成洗衣机行业的"四大家族"。1999 年，"小鸭"商标被国家工商总局认定为"中国驰名商标"；2001 年，"小鸭滚筒洗衣机"荣获"首届中国名牌产品"称号；1999 年，小鸭电器股份有限公司 9 000 万 A 股在深交所成功上市发行。然而，也是从此时开始，小鸭电器业绩下滑，终于在 2001 年走上了亏损的道路。1999 年对小鸭来说是一个转折点，多元化战略使小鸭开始了大规模的扩张与购并。从洗衣机到热水器、冰柜、空调、灶具，从家用电器到 ERP、电子商务、纳米材料，小鸭的视野越来越广阔。大范围的多元化的繁荣背后产生了诸多隐患：一度投入数亿元巨资，并购了与主业非相关资产，大量现金固化，多年难以消化；作为某些产业（比如空调）的新丁，小鸭不具备品牌优势，靠低价格策略争夺市场，好景不长；多元化速度加快导致企业内部质量管理和售后服务跟不上，产生消费者信用危机，品牌效应下降；多元化的拖累使主业的优势大幅下降，加上洗衣机行业国际品牌的进入，导致小鸭的

---

① 刘岷. 小鸭折翅 ［J］. 经营管理者，2005（1）.

主业市场下滑。形势突变之下，小鸭极力想维护自己的领导品牌地位，并于2000年首次推出了纳米概念的滚筒抗菌洗衣机。纳米洗衣机被描述成"可以有效抑制细菌滋生，防止污垢沉积，无论使用多长时间，洗衣机也能自洁"的健康洗衣机。在纳米概念的引爆下，小鸭洗衣机迅速走俏全国各大商场，但是纳米漂亮外表的背后并没有促进其核心技术能力的突破，也隐含了新技术的风险；同时企业内部管理也出现问题，企业内部没有对品牌进行维护和更新，因产品质量和售后服务问题失去了消费者的信任；小鸭电器从上市到退市，公司董事会和管理层已进行了11次人事调整。其中，10余人更换，30余人次职务调整，共更换、调整43人次，某些高管人员的任职经过了多达八九次的调整。这种走马灯似的人事变动给市场传递出动荡的信息，也表明了企业团队合作能力和企业文化的缺失。因此，小鸭的多元化战略和后来的创新战略都因为其协同效果的失败而半途而废。

当然，一个案例所折射出的问题可能是多方面的，既有战略管理理念层面的东西，也有设计方面的问题，还可能有执行层面的问题。比如，小鸭的战略问题是否存在多元化战略定位的不合理？在资源、组织能力等条件不适合的情况下盲目多元化，反而被多元化所累，导致不能执行；也可能多元化本身没错，家电行业的竞争带来多元化趋势是发展的必然，但是，多元化战略的实施必须涉及企业从资源、组织结构到制度、领导力、企业文化等多方面的调整和协同，任何环节出现故障都可能阻碍战略的实施。

5.3.5　战略管理内容方面的问题

按照战略管理的内容进行梳理，战略咨询既包括公司战略、业务战略和职能战略全套综合性战略的解决方案，也包括重点解决战略目标、战略路径、核心竞争力、多元化方式、国际化步骤、业务流程再造等模式和区域的热点和重点问题。总体战略和重点战略领域的内容尽管有所差异，但是以咨询的视角予以抽象，根据我国企业战略管理的实践，可以将常见的战略管理问题归纳为以下方面：

（1）战略分析中的信息不对称。对市场和竞争环境的认识和分析缺乏量化的客观分析，资料搜集盲目、不完整，资料来源途径单一，在分析信息时，管理者缺乏远见和洞察力。

（2）战略决策中的非理性问题。战略决策随意性大，缺乏科学的决策机制，进而导致决策失误，比如盲目追逐市场热点，盲目或过度多元化等。科学的决策机制包括：决策的组织、决策信息的充分性（或有效的信息系统）、决策的程序和方法、决策的监督和检验。

（3）战略执行中的协同效果不佳，导致战略实施的失败，表现为战略与资源不匹配、战略与组织结构不相容、战略与管理制度和企业文化相冲突等问题。协同效果的研究和咨询应当解决的是两个方面的问题：一是战略对企业资源、组织结构等内部管理要素的规制，有什么样的战略，要求有什么样的管理机制与之相适应；二是内部管理要素对战略的制约。比如，沃尔玛的低价战略是由高效率的分销中心、物流系统和分销网络信息系统作支持的，从商店发出订货信号后36小时内所需货物就会及时出现在货架上，这比竞争对手提前2到3天的时间。

（4）战略目标分解过程中的责任归属冲突。企业战略目标在分解过程中常常得不到中层的有力支持，使得战略在决策层和执行层之间断裂。因此，战略目标在组织内部分解和明确责任归属，是战略实施的重要环节，而中层对战略的理解和支持非常关键。

（5）战略控制与评价中缺乏目标指引，不能随环境变化及时调整和修正战略，或者对不适应战略实施的部分不能进行改革，以至于阻碍战略的实施。另外，也会存在搜集的信息不能完全体现战略的实施状况，使战略评价缺乏客观的依据。

✳ 5.4　战略管理咨询的基本程序与方法

5.4.1　战略管理咨询的主要任务

对于战略咨询师而言，面对大量不同规模、不同行业、不同管理结构、不同运营理念的企业，其战略管理的状况也千差万别。有些企业规模小，产品单一，战略可能仅仅是一个目标或者一个简单的规划；有的企业规模不大，所涉及行业较多，发展战略可能是从一个增长点的关注向发展面的转化；有的企业属于行业垄断者，战略关注程度较弱；有的企业随着规模的扩大以及行业竞争的加剧，从不重视战略管理到开始重视战略管理，从长远规划设计企业的核心竞争力；还有些企业有完善的战略管理体系，但在运营中，由于战略定位问题、协同效果问题以及实施方面问题等的局限，战略是分步骤或者分部分来实施的，慢慢创造条件逐步走向完善的战略管理。这些不同程度的战略管理按照规范的战略管理理论来比对，都会存在这样那样的缺陷，但是，对于企业发展来说，只要和企业成长阶段相符合，在市场竞争中有效益，就是恰当和适用的，不必要要求所有的企业都具有全面规范的战略管理体系，应根据企业的具体情况分析和建立个性化的战略管理体系。

同时，战略管理又是个持续的过程，包括战略制定、战略实施和控制、战略评价三个阶段。这三个大的阶段又可以细化为具体的步骤，比如战略制定可以细分为战略分析、战略方案的提出、方案的选择、战略规划的制定等环节。这些步骤在操作中涉及诸多因素和不确定性，必须予以详细的分析，才能准确诊断战略管理的问题所在。由此决定了咨询公司提供的战略管理咨询内容必然涵盖企业战略管理的多个层面，既包括企业环境分析和战略定位决策、企业竞争战略分析与标杆研究、企业多元化发展战略研究等提升企业"战略决策力"的内容，也包括企业管控模式分析与组织优化、企业战略预算体系构建及实施、企业战略绩效体系构建及实施等企业"战略执行力"的内容。如何制定战略、如何实施战略是咨询的重要工作内容，但对于大多数企业而言，如何克服"重战略制定，轻战略实施"的管理习惯是更大的难题，只有将战略传递到企业组织的各个方面和各个环节，在企业内部形成贯彻战略的强大执行力，才能确保战略目标的实现，持续提升企业的价值。

由此可见，从咨询师或企业管理顾问角度看，战略管理咨询的主要任务应当包括：第一，为那些由于缺乏战略给企业发展带来阻碍的企业，提供战略设计；第二，根据企业发展阶段，引导那些战略管理不健全的企业随着企业的发展而逐步走向完善；第三，对于战略管理中不合理的部分予以诊断和提出改进策略；第四，帮助企业落实战略的实施。

5.4.2　战略管理咨询的基本程序

1）项目前期工作准备

（1）了解客户。在进行战略咨询之前，首先要对客户的情况作广泛的了解，包括客户名称、发展历史、所属行业、组织结构、企业规模、所在地区、主要领导人介绍以及新闻动态等信息。对于上市公司，还要更加详细地了解股权结构、招股说明书甚至股民议论等信息。这些信息往往是媒体披露的公开信息，可以通过网络、报纸和行业性资料获得。

（2）了解项目。这里的项目是指具体的咨询领域。战略咨询往往是关乎企业长远发展的整体性的咨询，但是具体到不同的企业，咨询的侧重点不同，比如，有的企业需要咨询竞争策略，有的企业需要咨询资源整合，有的企业关注战略规划的制定等。因此，必须了解所咨询项目的相关情况，包括项目的基本情况、客户的要求、项目周期、研究的优势和难点、解决问题的基本思路、费用情况以及项目咨询的人员组成等，为明确项目咨询目标和咨询实践打下基础。

（3）明确本次咨询的任务和目标。战略管理咨询是一项双向学习的业务活动。首先，与客户接触，面谈了解客户的战略咨询需求，在交谈中向客户讲解战略咨询的方案、程序、工作成果等相关问题；其次，在充分交流的基础上，明确本次咨询的任务和目标；最后，写出战略咨询项目建议书并签订咨询合同。战略咨询项目建议书一般包括三个方面的内容：项目的基本情况以及预算；咨询公司的实力和优势介绍；工作流程介绍。在客户确认项目建议书后，双方进一步协商签订正式的咨询合同，明确双方的权利义务关系，这也是双方互相理解合作的依据。

（4）组成团队。战略咨询相对于一般咨询项目来说，对项目团队的要求更高。首先，要求知识结构要广、博、专，不仅要通晓一门专业知识，而且要懂得相关学科的知识，并且对相关专业的认识要有深度和精度，团队成员之间知识要具有互补性。只有这样才能具备评价、甄别、解决复杂问题的能力。其次，团队应具备系统分析问题的能力。再次，团队应具备整体创新能力。最后，团队成员应具备善于合作、沟通的社交能力和先进的文化素质。

（5）编制咨询计划。战略咨询计划包括咨询的内容、工作程序、团队以及组织、时间进度安排以及讨论交流的方式等。咨询计划的编制可以使咨询工作有条不紊地进行，提高工作效率。

（6）项目内部启动会。咨询公司的战略管理咨询项目团队成立后，由项目负责人召集全体人员开会，向大家介绍项目情况、项目咨询计划安排、项目咨询应达到的目标、咨询工作的规范与注意事项等信息。团队成员介绍自己的经历和擅长的咨询领域，便于在团队中进行分工，团队负责人公布调查计划、团队分工以及职责。

2）深入调查与问题分析

（1）搜集资料。在进行战略咨询前期准备阶段，已经搜集了相关的背景资料，进入企业或现场之后，资料的搜集更为细致和全面，包括：企业成立背景及发展史、章程、领导班子简介、企业发展目标战略及短期规划、组织管理资料、近三年组织宣传材料及内部刊物、近三年工作报告、管理制度、有关企业文化建设方面的资料、董事会等高层会议记录、人力资源基本情况、上一年工作计划及执行情况、财务报告统计报表以及其他分析评价材料、各子公司的基本情况、业务结构、产品结构、主要产品技术水平发展方向、生产布局、研发能力、生产能力、工艺装备水平、近三年国际市场销售情况、近三年主要产品销售途径和策略、主要产品市场现状及未来预测等。根据搜集的这些材料，对企业的业务运营、管理状况、企业文化等问题进行实地调研，通过座谈会、访谈、调查问卷等形式细致了解客户所面临的问题和追求的目标，形成对客户战略管理的总体印象和想法，为后续的诊断和制订战略调整方案作准备。

（2）对客户的战略管理作出诊断分析。根据所搜集到的信息，结合战略管理咨询的内容以及前文分析的战略管理容易出现的问题，对客户的战略管理情况作出诊断。鉴于战略的综合性和复杂性，可以通过如表 5-3 所示的诊断分析表的运用，详细分析客户在战略管理中可能存在的问题，以便找到切实的解决方案。

表 5-3　＿＿＿＿＿＿＿＿公司战略管理咨询诊断分析表

战略管理的步骤	描述	诊断或评价
企业的使命		
企业目标体系		
现时的战略陈述		
外部机会和威胁		
内部优势和劣势		
其他分析方法（比如标杆分析）		
战略方案和选择		
具体战略和预算		
预计和实际财务报表		
决策和信息系统		
组织结构与文化		
年度经营决策		
行动方案（资源等）		
监督和控制		
绩效评价		
其他		

通过这个分析表的运用，将现行战略和企业的外部环境、组织管理模式和文化行为等相联系，综合考量，找出问题，分析原因，作出诊断，再根据企业的使命和发展目标调整战略，建立一个适合企业的新的战略实施的管理机制，提高企业核心竞争力，实现战略目标。

（3）项目沟通会。在细致调研和战略诊断阶段结束后，应当安排客户主要领导和战略管理相关人员与咨询公司的咨询团队召开项目沟通会，一方面，向客户汇报这个阶段的工作成果，另一方面交流诊断发现的问题和后续改进的设想。认真听取客户相关人员对咨询团队所发现的问题及改进思路的意见和建议。通过讨论，补充和完善咨询师的认识，有利于后续战略方案的选择和设计更为有效。

3）战略咨询方案的确定

该阶段的主要任务是在前期诊断工作的基础上，对企业的战略方案提出完善的设计方案。战略咨询方案是咨询团队的工作成果，其质量不仅影响客户的未来运营效益，也关系到咨询公司的信誉，因此，在设计咨询方案时，应当做到：

（1）要经过咨询课题组全体人员充分的讨论和论证，形成多个方案，然后根据科学性、可行性、适用性、效益性的原则进行比较和筛选。

（2）在设计咨询方案时，应当邀请客户有关人员参加，通过深入交流，对方案进行完善，形成战略咨询报告。

（3）一份出色的战略咨询报告应当具备针对性、明晰性、客观性和相关性的特点。

（4）正式的咨询报告形成后要举办报告会，在一定范围内作战略咨询汇报，提高企业人员对战略管理的认识和重视，为战略的有效实施作准备。

4）辅导培训与项目跟踪

战略管理咨询师以提升客户战略管理能力为目标，方案的设计和报告的提交仅仅是其工作的一部分，当咨询方案被客户认可后，还需要对客户进行培训和辅导。辅导的目的在于帮助客户全面准确了解战略报告和战略实施的系列思想，明确每一个部门、每一个岗位、每一个人对战略管理的意义和责任。落实管理咨询方案由客户负责，咨询公司可以派顾问予以协助，顾问的职责包括：按照方案内容进行培训；实施过程中给予指导，直到客户可以独立承担全部工作后，顾问可以撤离企业，撤离前应当组织有关人员对方案的实施情况进行总结和验收，并写出总结报告，对咨询项目进行总结，对实施效果进行评价，对企业后续应注意的问题进行提示。

咨询项目结束并不意味着咨询公司和客户之间的工作关系的结束，战略咨询项目具有长期性的特点，对客户的后续跟踪服务是必要的。有些咨询公司成为客户的长期顾问，也是基于战略咨询方案对企业影响大、不确定性强、涉及的方面多等特点。如果客户不能随环境的变化调整战略，就有可能使咨询方案流于形式，或者成为僵化的战略。因此，本着为客户负责，维护咨询公司声誉的目的，咨询公司可以以多种形式为客户做后续跟踪服务，包括派出专职顾问、定期访问、客户征询、定期培训、专题或专家讲座等。

5）项目总结

咨询工作结束，项目团队应当对项目进行总结，写出总结报告。一方面是对本咨询项目工作和成果的总结，另一方面也是积累咨询经验，为后续的业务承接提供参考。总结报告通常涉及以下几个方面：①项目的基本情况；②经验总结，包括技术方面、客户沟通方面、团队管理方面、成果与成效方面；③存在的问题，包括技术方面、客户沟通方面、团队管理方面等；④需要进一步解决的问题。

5.4.3　战略管理咨询的常用方法

鉴于本书第 2 章已对管理咨询的基本方法作了统一介绍，这里只介绍战略管理咨询工作所经常使用的具体方法（见表 5-4）。

这个方法一览表只是战略管理咨询不可缺少的部分方法，并不能涵盖咨询方法的全部，也不是每一次战略管理咨询都必须将所有方法都用到。实践中，应结合咨询客户的具体情况，灵活和综合运用各种咨询方法，为咨询目标服务。限于篇幅，这些方法的具体应用原理本章不再赘述，读者可以查阅有关管理决策分析、战略管理等工具书。

表 5-4　　　　　　　　　　战略管理咨询各阶段主要咨询方法一览表

工作步骤		主要方法
前期工作准备		资料收集整理
深入调查分析	环境调查与分析	专题讨论会法、调查问卷法、因素分析法、流程图法
	企业战略影响因素分析	SWOT 分析法、PEST 分析、五种力量模型、利益相关者分析法、德尔菲法
	企业战略定位分析	战略地位和行动评估矩阵（SPACE）、波士顿矩阵、通用矩阵、5WH 解析法、因素分析法、历史分析法、流程图法、评价工作表法
	战略实施与执行分析	平衡计分卡、因素分析法、相关分析法、统计分析法、敏感性分析法、成本效益评价法、结构分析法
重新设计战略	战略的形成	专题讨论会法、5WH 解析法、德尔菲法、头脑风暴法
	战略调整和实施	专题讨论会法、5WH 解析法、德尔菲法、头脑风暴法、业务流程重组方法
战略实施与后续服务		统计分析法、敏感性分析法、成本效益评价法、结构分析法、平衡计分卡

❖ 本章小结

　　本章在明确战略管理咨询的目的和意义的基础上，系统介绍了战略管理的基本理论以及相关学术流派、战略管理的构成内容和支持系统、战略制定的构成要素等内容，按照战略管理的过程分析了战略管理可能存在的主要问题以及判断是否存在这些问题的基本标志，通过几个典型案例说明战略管理以及咨询的问题与对策，在此基础上对战略管理咨询的过程和常用方法进行了探讨。战略管理咨询是个综合性的咨询项目，与企业其他的具体经营管理项目咨询密切相连，需要做开放性的研究。

❖ 练习与思考题

　　★ 案例分析

海尔集团战略历程与转型[①]

　　海尔集团是世界第四大白色家电制造商，"海尔"是中国最具价值品牌。海尔在全球 30 多个国家建立本土化的设计中心、制造基地和贸易公司，全球员工总数超过 5 万人，已发展成为大规模的跨国企业集团。回顾海尔的战略历程，可分为四个阶段：

　　名牌战略阶段（1984—1991）：只生产冰箱一种产品，探索并积累了企业管理的经验，为日后的发展奠定了坚实的基础，总结出一套科学的管理模式。

　　多元化战略阶段（1992—1998）：从一种产品向多种产品发展（1984 年只有冰箱，1998 年已有几十种产品），从白色家电进入黑色家电领域，以"吃休克鱼"的方式进行

<hr>

　　① 根据庞丽静. 海尔"探险"：制造业务三年清仓［N］. 经济观察报，2009-05-11 和百度百科"海尔"整理。

资本运营，以无形资产盘活有形资产，在最短的时间里以最低的成本把规模做大，将企业做强。

国际化战略阶段（1998—2005）：产品批量销往全球主要经济区域市场，有自己的海外经销商网络与售后服务网络，"Haier"品牌已经有了一定知名度、信誉度与美誉度。

全球化品牌战略阶段（2006—　）：为了适应全球经济一体化的形势，打造全球范围的品牌，自2006年起海尔集团继名牌战略、多元化战略、国际化战略阶段之后，进入第四个发展战略创新阶段——全球化品牌战略阶段。国际化战略和全球化品牌战略的区别是：国际化战略阶段是以中国为基地，向全世界辐射；全球化品牌战略则是在每一个国家的市场创造本土化的海尔品牌。海尔实施全球化品牌战略要解决的问题是：提升产品的竞争力和企业运营的竞争力；与分供方、客户、用户都实现双赢利润；从单一文化转变到多元文化，实现持续发展。

然而，这个不断做大的战略在2009年初由于受到经济衰退的影响遭遇寒流，业绩堪称不佳，第一季度青岛海尔（600690.SH）的销售收入和净利润分别下降17.43%和39.89%。北京中怡康时代市场研究有限公司彩电市场监测数据显示，第一季度海尔共销售各类彩电16.6万台，比上年同期减少22.08%，零售额为5.7亿元，比上年同期减少19.53%。

海尔从2001年正式开始多元化，扩张的不仅仅是家电领域，还建设了10余个工业园区，扩大工厂的规模，投资新的生产线等等，还冒险进入几乎完全陌生的领域，包括药业、地产、保险等。这种加法并没有给海尔创造出丰厚的利润。2004年海尔集团年销售收入首度超过1 000亿元。此后海尔进入缓慢的发展阶段，2007年销售收入上升到1 180亿元，2008年才跨过1 200亿元销售门槛。

2009年4月11日，在海尔集团第一季度回顾会上，海尔集团首席执行官张瑞敏表示："海尔以后的发展，需要从制造业向制造服务业转型。"由制造业向服务业转型，这是海尔高层2009年年初首次提出的概念。海尔集团人士称，集团已经为这个转型至少准备了两年，只是当时没有形成明晰的战略。目前，海尔集团销售额已呈现大幅下滑。受制于渠道商控制，且制造业务身处产业链最低端，拖累整体业绩，盈利困难。在有限的资源分配中，制造业务做减法——加强代工生产，而在品牌和渠道等方面做加法，被认为是海尔转向服务业的核心。

事实上，近两年以来，从处置非核心、不赚钱的业务开始，海尔正将一些不赚钱的业务逐步剥离出去。2007年6月15日，海尔低调宣布关闭微波炉生产线，从此退出微波炉生产。2008年7月8日，海尔集团以3 825万元出让海尔药业51%股权给中国生物制药有限公司旗下的正大永福。在电脑业务方面，海尔电脑主要是由合硕、宝成等中国台湾代工厂家生产，并与声宝集团等中国台湾家电厂商建立长期合作关系。海尔则主抓渠道销售和品牌经营。虽然剥离的方式各有不同，但殊途同归，做的都是减法。业内分析，家电行业的利润率自2005年之后，一般仅为3%以下，个别企业可以达到3%~5%。成本控制已经做到极致，经不起风吹草动。海尔商业模式转型也是逼出来的。海尔集团也看到，随着产品同质化竞争的趋势日益增强，越来越多的制造企业试图通过提供增值服务来实现差异化，从而获取竞争优势。然而，从产品制造向服务供给转型的战略一旦奏效，固然会给企业带来巨大收益，甚至提供服务比产品本身更具盈利性。但是，囿于制造企业长期传承的思维观念、管理模式及方法技巧，使得要顺利实现从产品向服务的转型战略并非易事。张瑞敏为海尔设计的转型路径，如果成功，将会使海尔真正发生质变。

问题：

1. 分析海尔实施名牌战略的要素与成功之处。

2. 分析海尔多元化战略的优势与劣势，说明多元化给海尔带来的影响。

3. 从多元化到现在的战略转型，海尔对其经营业务做了哪些重大的调整？为什么？

4. 如果你是战略管理咨询师，你怎样评价海尔由制造业向制造服务业的转型，即战略转型？你有哪些建议？

5. 你是否了解西方老牌跨国公司搞生产外包、向服务业转型的做法或成功经验？对我国企业有哪些启示？

★ 思考题

1. 什么是战略管理和战略管理咨询？战略管理咨询在企业管理咨询中的地位和意义是什么？

2. 战略管理的不同流派对企业战略的制定有哪些影响？影响战略制定和实施的因素有哪些？

3. 如何对企业战略进行诊断？企业战略管理可能存在的问题有哪些？应当如何为存在问题的企业提供战略管理的建议？

4. 为什么战略管理咨询需要后续服务和培训？咨询公司和客户应当如何建立协作和相互提升的关系？

❖ 补充阅读材料

1. 马瑞民. 新编战略管理咨询实务［M］. 北京：中信出版社，2008.

2. 徐飞，黄丹. 企业战略管理［M］. 北京：北京大学出版社，2008.

3. 戴维. 战略管理［M］. 李克宁，译. 北京：经济科学出版社，2006.

4. 陈忠卫. 战略管理［M］. 大连：东北财经大学出版社，20011.

5. 陈荣平. 战略管理的鼻祖——伊格尔·安索夫［M］. 保定：河北大学出版社，2005.

6. 靳涛. 诺贝尔殿堂里的管理学大师——赫尔波特·西蒙［M］. 保定：河北大学出版社，2005.

7. 明兹博格，等. 战略历程［M］. 刘瑞红，等，译. 北京：机械工业出版社，2007.

8. 常桦. 咨询师手册［M］. 北京：中国纺织出版社，2005.

9. 徐国君. 管理咨询［M］. 北京：中国商业出版社，1999.

第 6 章

人力资源管理咨询

❖ **学习目标**

人力资源管理咨询系管理咨询领域的重要组成部分。本章学习的目标是：努力掌握人力资源管理咨询的体系，并最终达到能在实践中灵活运用。

通过本章的学习，要了解人力资源管理咨询的目的和意义，理解人力资源管理工作中的典型问题，掌握人力资源管理的主要内容和人力资源管理咨询的具体程序与常用方法，并在实践中能综合、灵活地应用。

本章简要介绍人力资源管理咨询的目的与意义，详细阐述人力资源管理的主要内容、人力资源管理工作中的典型问题和人力资源管理咨询的具体程序与常用方法。目的是通过这些知识的介绍满足读者在人力资源管理实践中的需要，并为从事人力资源管理咨询工作的实践者提供参考。

本章主要学习以下五个方面的内容：人力资源管理咨询的目的与意义；人力资源管理的主要内容；人力资源管理工作中的典型问题；人力资源管理咨询的具体程序；人力资源管理咨询的常用方法。

❖ 6.1 人力资源管理咨询的目的和意义

6.1.1 人力资源管理咨询的含义

随着知识经济时代的到来和市场经济的发展，人力资源在实现组织目标中的作用愈加重要，成为组织实现战略目标的关键。因此，在现代企业管理中，人力资源管理已经成为管理的基础和核心。虽然不能说只要解决了人力资源管理问题，企业就一定可以持续健康发展，但是人力资源管理失败一定会造成企业的损失甚至破产。管理学大师里基·W.格里芬将人力资源管理（Human Resource Management，HRM）定义为组织吸引、开发和保持一支有效的员工队伍的活动[①]。所以，企业要走持续发展的道路，就一定要做好人力资

---

① 格里芬.管理学 [M].9 版.刘伟，译.北京：中国市场出版社，2008：325.

源管理。

　　企业人力资源管理地位日益重要，但是要做好人力资源管理却不是一件容易的事情，有时需要借助企业外部的专业咨询机构进行人力资源管理咨询。所谓人力资源管理咨询，是指管理咨询师运用恰当的人力资源管理方法和工具，并结合最新的人力资源管理理念和成功的管理实践，对人力资源管理的各个功能模块如薪酬、绩效考评等方面提供企业所需要的各种解决方案。

　　人力资源管理咨询一般有以下一些模块：战略导向的组织管理模式设计、人力资源规划、工作描述体系、人才素质测评、绩效考评体系、薪酬激励体系、员工职业发展体系、人力资源管理制度和流程、企业文化、基于战略的人才开发培训体系、能力素质模型等。咨询公司根据企业的需求和诊断中发现的问题提供相应的咨询服务。

6.1.2　人力资源管理咨询的目的

　　人力资源的有效管理与开发是企业获取竞争优势的根本。在我国，人力资源管理正处于从传统人事管理向现代人力资源管理的转变。因此，如何成功地实施转变，并构建出符合企业发展阶段和自身特点的人力资源管理体系，是很多企业关心的现实问题，同时也是人力资源管理咨询的目的，具体可以分为如下几个主要方面：①设计符合企业战略发展要求的人力资源规划；②设计科学、有效、量化、可操作的绩效考核体系；③设计科学、完整、合理、有效的薪酬激励体系；④构建战略性人才开发培训体系；⑤建立人力资源管理制度和流程，完善人力资源管理功能。

6.1.3　人力资源管理咨询的意义

　　人力资源管理咨询在帮助企业成功实施转变，构建出符合企业发展阶段和自身特点的人力资源管理体系时，对企业的意义主要体现在三个方面：一是全面发现企业存在的人力资源管理的相关问题；二是解决这些问题，并制订恰当的方案帮助实施；三是传授企业管理者发现和解决人力资源管理问题的方法和技能，使企业在人力资源管理方面具有自我维护和日常处理的能力。对于不同层级的人员来说，具有不同意义。

　　（1）管理咨询师通过帮助企业高层管理人员科学地发现并系统地解决企业存在的人力资源管理问题，可以有效地使企业高层管理人员摆脱过于繁忙的日常事务，从而用较多的时间去研究长远的发展战略和处理例外事件。这样可以大大提高他们运用时间的能力和管理工作的效率。

　　（2）在人力资源管理咨询过程中，结合企业自身情况，有针对性地对中层管理人员进行培训和指导，可以帮助中层管理人员掌握新的专业知识、新的管理技术或方法，从而使他们可以将理论与自身的实践相结合，更好地处理日常过程中遇到的人力资源管理问题。

　　（3）人力资源管理咨询是与全体员工都息息相关的活动。因此，借助人力资源管理咨询活动可以宣传、贯彻企业的人力资源的战略思想和政策。通过这种将人力资源问题统一到企业战略实施上的活动，达到提高全体员工的整体利益观念、责任意识和业务水平。

　　企业中真正的资源是人力资源。对企业的管理最终都会落到对人的管理。如果说人力资源管理极其重要，那么人力资源管理咨询则是确保各个企业人力资源管理得以充分发挥功用的保障。

✽ 6.2 人力资源管理的主要内容

人力资源管理从传统的人事管理发展到现代人力资源管理，其内容体系日益完善，大致包括五个部分：工作分析与组织结构设计、职位描述与评价、薪酬体系设计、绩效考评体系设计、人力资源管理制度设计。

6.2.1 工作分析与组织结构设计

一个组织的建立最终会导致一批工作的出现，而这些工作需要由特定的人员来承担。工作分析（Job Analysis）就是与此相关的一道程序。它是一项系统的人力资源管理活动，也是人力资源管理的基础平台。具体来说，它是以工作本身为对象，对职位的五个构成要素即工作、职责与职权、环境、岗位需要的任职者、激励与约束机制进行深入细致的分析，以便于为人员甄选标准的确定、培训课程的设定、人与机器的相互配合与协调，以及工作流程的优化奠定基础，从而达到人尽其才、人尽其职、物尽其用和更好地实现组织的战略目标。

在工作分析中，通常需要搜集如下某一类或某几类信息：

（1）工作活动，即承担工作的人必须进行的与工作相关的活动，具体包括：①工作活动和工作流程；②工作活动的记录；③工作活动所采用的程序；④个人在这项工作活动中的责任。

（2）工作中人的行为，即工作对承担工作的人有什么样的要求，具体包括：①人的行动，如与工作相关的身体动作与沟通；②工作对工作中的人有什么要求，如需要人消耗多少能量、要行走多远的路等等。

（3）工作中所使用的机器、工具、设备以及其他辅助工作用具，具体包括：①工作过程中生产什么样的产品；②加工什么样的材料；③接触或需要运用何种知识（如会计或法律方面的知识）；④需要提供何种服务（如咨询或组装）等。

（4）工作中的绩效标准，即用什么样的标准来评价从事工作的人，具体包括：①工作的计量，如完成任务的时间、工作的质量与数量等；②工作的标准。

（5）工作的背景，即工作时间表、物理环境、组织形式、社会环境等，具体包括：①工作日程表；②工作条件；③工作惩罚与奖励；④组织和社会的环境。

（6）工作对人的要求，即工作本身对承担工作的人的知识、技能和个人特征的要求，具体包括：①职位所需要的学历和培训程度；②个人特征（如生理特征、兴趣、品行）；③职位所要求的工作经验。

通过工作分析所获取的信息主要运用到招募与甄选决策、工作绩效评价、工作评价以及工资和奖金决定、培训要求中。因此，工作分析的好坏直接影响到人力资源管理其他方面的运作，所以在做工作分析时，必须科学合理。一般需要遵循以下原则：①系统原则。在进行工作分析时，应注意具体工作之间的彼此联系以及具体工作在整个组织中的地位，从总体上把握该工作的特征及对人员的要求。②动态原则。工作分析的结果不是一成不变的。要根据战略意图、环境的变化、业务的调整，经常性地对工作分析的结果进行调整，切忌不假思索地使用历史上的工作分析和教条地使用书本或其他企业的分析结果。③经济原则。工作分析应本着经济原则，根据工作分析的目的，采用合理的方法。④职位原则。工作分析应以职位为出发点，以目的为导向，分析职位的内容、性质、关系、环境以及人员任职特征。

与工作分析紧密相关的一项内容就是组织结构设计。人们建立组织的目的是让组织内的人员分担不同的工作，相互协作达到组织的目标。组织本身并不是目的，组织只是达到组织目标的手段。组织结构设计的表现形式主要是组织结构图（Organization Chart）。它是最常见的表现雇员、职位和群体关系的一种图表，它形象地反映了组织内各机构、岗位上下左右相互之间的关系。组织结构图是组织结构的直观反映，也是对该组织功能的一种侧面诠释。组织结构目前常用的主要有五种：直线职能结构、事业部结构、模拟分权结构、矩阵结构以及各种形式的委员会。在设计使用中，需要根据企业情况或组织中具体部门的情况设计，其原则是适合有效。组织结构也不是一成不变的，企业的不同阶段、环境的变化都需要组织结构作相应的调整。

6.2.2　职位描述与评价（职位说明书）

职务说明书（职位描述）也叫工作说明书、职位说明书，是指职位在组织中所承担的责任和任职者应具备的基本任职条件的说明。职务说明书是工作分析的结果，考核制度、薪酬制度、招聘制度、培训制度的设计都是以此为基础的。

职位说明书的编写需要注意如下事项：①以符合逻辑的顺序清楚编写。一般来说，一个岗位通常有多项工作职责，在职位说明书中罗列这些工作职责并非是杂乱无章的、随机的，而是要按照一定的逻辑顺序来编排，这样才有助于理解和使用职位说明书。②尽量使用通俗易懂的语言。职位说明书不仅要让上级能够理解，更重要的是上岗人员能实实在在地领会，因此，当遇到技术性问题时，应尽量转化为较为通俗的解释。③体现各项职责的重要性。许多具体的工作，所出现的频率、各项职责所占用的时间比重都有所不同，因此应考虑按重要程度自上而下排列，或在对应的备注栏中说明职责在总的职责中占的比例。职位说明书的编写并没有一个标准化的模式，但大多数职位说明书都包括以下几项内容：

（1）工作标识，包括工作名称、工作身份、工作部门、工作地点、工作分析的时间等。工作名称一栏是对工作的名称加以明确，即使工作名称符合当前的趋势。工作身份是确定是否豁免加班费和最低工资的保障。工作部门是为了方便查找所要找的工作和工作的部门范围，通过标明工作所处的"企业/分公司和部门/事业部"以确定工作的位置。除此之外，有些工作标识还包括与工资等级或工资范围相关的信息。

（2）工作综述。这部分应当描述工作的总体性质，因此只列出其主要功能或活动即可，包括工作摘要和工作说明。工作摘要是对工作内容、目的、要求、范围等做简短描述，使员工和任职者对这项工作有概括性的了解。工作说明包括须逐项说明工作任务，将工作重点、特点详细说明；说明每项任务的权限和所占工作时间的比率；列明此项工作最低完成的任务范围；各项任务的排列应依照一定顺序，如依照重要性或所耗费时间的多少排列。

（3）工作联系、工作执行。工作联系说明工作承担者与组织内外的其他部门、岗位之间的联系情况。以人力资源经理为例，其工作联系是：①向人事副总裁做报告；②监督对象为人力资源职员、考试管理人员、劳资关系主管及其秘书；③工作的配合对象为所有部门的经理人和行政主管；④接触的外部组织和人员有就业机构、管理人员代理招募机构、工会代表、政府劳动管理机构和各种职位应征者。工作执行有职责、技术领域、管理领域、设备应用、工作结果等。职责包括对资料、人员、器物等方面的职责；技术领域说明该项工作在技术或技能方面属于哪些领域；管理领域说明在管理上属于哪些领域；设备运用列出工作中用到的工具、机器及设备；工作结果说明工作应达到什么目的或产品是什么。

（4）工作的权限。权限是职位的核心要素。在职位说明书中应当界定工作承担者的权限范围，包括决策的权限、对其他人实施监督的权限以及经费预算的权限等。比如，工作承担者有权批准 10 万元以内的项目，有权批准雇员请假或缺勤的时间；有权对部门内人员实施惩罚；有权建议提薪；有权进行新雇员的面谈和雇佣等等。

（5）工作的绩效标准。绩效标准作为工作描述的一个重要组成部分，说明这项工作具体要完成什么，如何衡量工作描述中的关键部分。在工作描述中附带绩效标准的原因是显而易见的。如果员工了解自己需要做什么和如何衡量绩效，他们可能会做得更好。

（6）工作条件。职位说明书还要列明工作中所要包含的一般工作条件，比如噪音水平、危害条件或温度等。

（7）任职资格。任职资格包括所需最低学历和专业方面的要求；所需技能培训，包括培训时间和科目；年龄与性别要求；所需经验；对于管理、行政、技术人员与作业人员的能力要求有较大不同，应注意根据工作类型设置能力项目，并说明每项能力的要求程度；说明该工作与执行者个人的兴趣爱好和个性特点的适应性；说明由此职位可直接升迁的职位、可转换的职位及可升迁至此的职位。

职位描述与评价除了描述任职者实际上做些什么、如何去做以及在什么样的条件下完成这些工作外，其另一个主要目的就是为薪酬制度的建立奠定基础。

6.2.3　薪酬体系设计

薪酬是影响人们怎样和为什么选择在某个组织而不是其他组织工作的一个重要因素。为了吸引和留住有能力的员工而准备了多种薪酬类型的企业必定更有竞争力。因此，薪酬体系必须与组织的目标和战略相联系，平衡好企业的收益与成本以及员工的期望。组织的薪酬计划需要致力于完成以下四个目标：①符合所有相关的法律和规则；②薪酬成本支出的有效性；③实现内部、外部及员工个人公平；④提高组织绩效。可以这么说，薪酬制度的设计和实施是整个人力资源管理中最复杂的工作。组织中的大量资金被投入到与薪酬相关的活动中，所以管理高层和人力资源经理使薪酬实践与组织目标相符至关重要。

企业在设计薪酬体系时，必须回答四个主要问题：采用什么样的付薪哲学和方法？公司将怎样应对市场薪酬水平？是否基于员工的能力水平付薪？付薪是基于个人还是团队？在薪酬设计中，有两种薪酬理念，即资格导向和绩效导向。在许多传统型组织中，可以看到员工的报酬每年自动增长，这种组织的薪酬便是以资格为导向的。而且，绝大多数员工每年的薪酬增长比例是相同的或近似相同。另一种理念是绩效导向，绩效好的员工就会获得较多的报酬增长，那些绩效不理想的员工的报酬增长会很少或几乎不增长。绩效导向有很多优点，但是很少有公司在报酬的所有实践上都以绩效为导向。

　　企业的薪酬体系设计是在工作分析、职位描述的基础上进行的。其具体实现的途径有待于对企业自身情况的了解和综合运用激励理论。在员工激励理论中，包括两种形式，即满足理论和过程理论。满足理论强调的是什么因素激励员工努力工作来提高工作效率，其中一个关键问题是金钱能否引导员工付出更多的努力。具体而言，满足理论包括需要理论和强化理论。激励的过程理论强调的是员工是如何被激励去努力工作的，它包括手段—期望理论和公平理论。在激励的满足理论和手段—期望理论中，员工是否会受到激励取决于下述两个条件：第一，员工相信自己如果努力工作会得到好的工作绩效。第二，好的工作绩效会得到期望中的奖赏。公平理论应用于薪酬制度则可以得到三种公平的表现形式，即外部公平、内部公平和员工个人公平。外部公平强调的是本企业薪酬水平同其他组织的薪酬水平相比较时的竞争力。内部公平则是指薪酬政策中的内部一致性，它强调的是在一个组织内部不同的工作之间、不同的技能水平之间的报酬水平应该相互协调。员工个人公平指的是在对同一个组织中从事相同工作的员工的薪酬进行相互比较时公平性是否成立。一个好的薪酬系统应该同时考虑到以上的外部竞争力、内部一致性和员工贡献因素。但是做到这些，并不能保证发挥有效的作用。有好的薪酬体系，如果没有科学的考评体系，仍然不能发挥作用。

6.2.4　绩效考评体系设计

　　绩效考评体系其实是与薪酬体系对应的一个人力资源管理内容。它们之间相辅相成，缺一不可。绩效考评是一项系统性评价工程，它的过程和结果将直接影响整个组织的效率。但是完全客观和精确的绩效考核几乎是不可能的，主要原因是：①人们处理信息的能力是有限的，不可能毫无错误地处理员工绩效考核过程中所有需要处理的信息；②企业和其他任何组织一样，不可避免地包含许多政治因素，因此那些负责对员工的绩效进行评价的主管人员很可能不愿意提供员工负面的绩效信息，而是更愿意设法激励他们以后更加努力工作。虽然如此，但绩效评价的目的却是明确的，即①绝大多数员工都愿意了解自己目前的工作成绩，也想知道自己如何才能工作得更好；②绩效评价可以为甄别高效和低效员工提供标准，为组织的奖惩提供依据，从而确定奖金和晋升机会在员工个人之间的分配；③建立一个员工业绩的档案材料，以便于将来帮助组织进行人事决策。

　　有效的业绩考评体系应该同时具备敏感性、可靠性、准确性、实用性和可接受性五个特征。在员工工作绩效考核体系的设计过程中，既需要根据业绩考核的目的来确定合适的评价者和评价标准以及评价者的培训等问题，也需要选择适合企业自身情况的具体考核方法。员工业绩考核指标可以是员工的行为表现，也可能是员工工作的结果，还可能是员工的个人特征。员工的工作业绩考核方法有很多种类，这些考核方法又可以划分为客观类的评价方法和主观类的评价方法。另外，在考核体系设计过程中，还需要决定员工业绩考核的周期长短。对于评价者的选择，一般而言，员工在组织中的关系是上有上司、下有下属、周围有自己的同事、组织外部还可能有客户。不同的评价者有不同的优势，但是并不是同等重要，也不是越多越好。

　　绩效考评是人力资源管理重要的组成部分，是唯一具有总结性和承接性的人力资源管理活动。但是解决人力资源管理的问题，实现企业人力资源管理水平的提升，最终要落实到制度。

6.2.5　人力资源管理制度设计

企业的人力资源管理制度是一个多角度、多层次的制度体系。大到企业的人力资源管理的战略选型（例如，制度安排是投资型还是吸引型），小到部门的考勤制度，都是企业人力资源管理制度体系的组成部分。在企业人力资源管理制度中，主要包括五个部分，即招聘管理制度、培训管理制度、薪酬管理制度、绩效考核管理制度、员工职业发展制度。招聘管理制度规定了招聘需要的制定、招聘政策、招聘程序。培训管理制度规定了培训的组织实施过程、职前教育管理办法、岗位技能培训管理办法、外派培训管理办法等。薪酬管理制度规定了公司的工资体系、不同人员的工资制度、奖金分配以及其他福利措施。绩效考核管理制度规定了不同人员的考评主体、考评内容、考评程序、考评周期等。员工职业发展制度规定了不同职务类型员工的职务评审方法，为员工发展提供多种渠道。这些制度几乎涵盖了人力资源制度的所有方面。之所以形成制度，就是为了形成稳定的、成文的、科学的、有据可查的人力资源管理文化，最终目的是更好地实现企业的战略目标。

�֍ 6.3　人力资源管理工作中的典型问题

企业人力资源管理问题的呈现往往是多方面的，如何系统地甄别、归纳企业人力资源管理问题，分清主次，抓住主要问题，需要系统的人力资源管理理论和丰富的人力资源管理咨询经验。因此，本节主要对人力资源管理工作中的典型问题进行归纳。

6.3.1　组织结构问题

我国企业的人力资源管理多数仍然处于传统的人事管理阶段，虽然或多或少地体现出从传统的人事管理到现代人力资源管理的过渡，但是人力资源管理职能没有得到充分发挥。其中，最主要的表现就是组织结构问题。组织是达到组织目标的手段，几乎任何组织都有自己的组织结构。组织结构问题的具体表现是：

1）组织结构与企业发展战略不匹配

目前很多企业不理解组织结构设计，不知道究竟该如何设计好企业的组织结构，只好照搬同行业的组织形式。这说明企业的人力资源管理部门对组织设计的重要性还不是很清晰，或者对如何设计组织结构知之甚少。其实，有什么样的企业战略目标就应该有什么样的组织结构，企业战略决定组织结构。同时企业的组织结构又在很大程度上对企业的发展目标和政策产生重大影响，并决定着企业各类资源的合理配置。企业战略目标与组织结构之间是作用与反作用的关系。所以，企业组织结构的设计和调整，要寻求和选择与企业经营战略目标相匹配的结构模式。无论是采用职能式或者是矩阵式的组织结构，还是按照区域设置分公司或者按照用户设置分部，一切都应当从企业的发展目标出发，充分体现"领导指挥得力、横向纵向关系协调、层级信息沟通顺畅、激励员工积极参与"的科学化原则。

2）部门职能不明确

组织结构问题带来的第二个表现就是部门职能不明确。由于组织结构与企业发展目标不协调，造成某些部门职能界定不清晰，从而发生很多"扯皮"的事情。对于好的事情，各部门都抢着管；对于棘手的问题，各部门都事不关己，高高挂起。比如，在直线职能结构中，按照一定的职能专业分工，各级都建立职能机构担负计划、生产、人事、销售、财务等方面的管理工作，各级领导都有相应的职能机构作为助手，起到参谋的作用。但是由于组织结构规定不清晰，本来只作为直线指挥人员的参谋的职能人员可能也会参与直接指挥，造成多头管理。下一层级的人员不知道听谁的领导，直接影响到企业的正常运转。

3）人力资源管理制度不健全

人力资源管理制度一般应包括招聘管理制度、培训管理制度、薪酬管理制度、绩效考核管理制度、员工职业发展制度五个主要部分，但是很多企业员工职业生涯规划不明朗。员工职业发展管理包括两方面：一方面是员工的职业发展自我管理，员工是自己的主人；另一方面是组织协助员工规划其职业生涯，并为员工提供必要的教育、培训、轮岗等发展机会，促进员工职业生涯目标的实现。然而很多企业省略或忽视了这一点，从而造成人力资源培训缺少计划，员工职业生涯规划不明朗，最终导致优秀员工流失。

6.3.2　岗位评价问题

很多企业忽视了针对各岗位的工作分析，无法为有效的人力资源管理创造基础，由此带来：①无法明确不同岗位对人员的需求，招聘的随意性大；②因人设岗，而不是因岗选人；③无法根据工作的性质进行合情合理的工作分配，比如当事情出现后才临时安排人员去做，最后常常不能明确谁该负责任；④员工不清楚自己的工作职责，造成无所事事或无所适从；⑤无法明确员工的考核指标；⑥不能对员工的未来发展方向提出明确指导，培训经常是无的放矢；⑦薪酬制度不能建立在工作分析与职位评价的基础上，不符合科学管理的要求。

忽视和不进行各岗位的工作分析是肯定会带来问题的，但是进行工作分析同样也会遇到一些典型问题：

1）职务夸大

管理人员和员工往往都会夸大工作的重要性和意义。因为工作分析的结果会用于评定薪酬，所以大家都希望夸大自己的工作，以获得更多的报酬。职务夸大的另一种表现形式是职位也被夸大。一些企业用好听的头衔取代加薪，还有一些企业这么做是为了防止高薪员工对"现状"不满而跳槽。

2）管理上的束缚

经过工作分析后，人们通常认为工作描述一定可以抓住工作的本质。但是如果在工作描述中遗漏了部分信息，一些员工就会钻空子，限制了管理工作的灵活性。他们可以以"这超出了我的工作范围"为借口，使管理人员难以开展工作。由于存在上述困难，许多工作描述的最后一款都是含糊性条款，如"完成主管要求的其他必要任务"，但这种表述涵盖了员工工作中的常见问题，从而也带来很多负面影响。

3）强调现任者

工作分析及职位描述或职位说明书不能只描述"现任员工目前正在做什么"或"他具备哪些资格"。现任员工也许有很多特殊潜力和才华承担更大范围的工作和更多的责任。当他离职后，公司也许很难找到替代的人。因而，企业可能会假设现任人员离职了或再也不可能回到该工作岗位，而因此确定这份工作应该是怎样，应具有的知识、技术和能力是什么，从而扭曲了或者模糊了核心工作和要求，为继任者带来不必要的压力。

6.3.3 薪酬体系问题

薪酬制度的设计和实施是整个人力资源管理中最复杂的工作，因此，它也是人力资源管理中抱怨最多的部分之一。很多公司的薪酬体制是典型的"拍脑袋"决定和"大锅饭"体制。具体的问题大致有如下方面：

1）不重视员工的福利愿望

有关的调查数字显示，在相当多的公司里，薪酬福利计划一经制定，就许多年"躺"在上面睡大觉，很少有人花心思去想想这些计划执行起来有什么问题，是否是员工需要的？哪些方面可以改进？福利计划激励员工的效果怎么样？这直接造成企业优秀人才在看不到希望的情况下选择离开。

2）薪酬构成不清楚，结构不合理

薪酬导向是明确企业为什么给员工支付薪酬的根本原则，比如企业看重学历，会设定学历工资；企业希望员工有很好的稳定性，会设立工龄工资；企业注重最终业绩，会设定提成工资；企业看重员工技能，在技能分级的基础上会设定技能工资等等。但不少企业在薪酬体系设计时，并没有形成明确的薪酬导向，没有清楚地告诉员工其薪酬是由哪些部分构成的，为什么会有这些构成。除了薪酬构成不清楚带来的感知差异外，薪酬结构不合理也会导致感知差异。薪酬结构不合理首先体现在薪酬项目设置不合理、津贴全员化、福利工资化等常见问题上。企业实际支出的薪酬总额并不低，员工实际到手的薪酬水平也不低，但员工在计算工资性收入时通常不会包括津贴和福利，这就会导致感知差异。薪酬结构不合理其次体现在薪酬项目复杂化，比如某一个企业薪酬结构包括 32 个项目，虽然累加总额并不低，但细分到每一个项目上，最低的一个只有 3 元，最高的也没有一个超过1 000 元，复杂的项目，较低的单项金额，也会导致员工感知差异。

3）薪酬制度不合理，导致员工产生不公平心理

其主要表现是：①薪酬自我不公平，导致员工敬业精神弱化，工作积极性不高；②薪酬内部不公平，造成员工之间互相攀比；③薪酬外部不公平，难以引进外部人才。有些企业即使薪酬制度合理，但是个人薪酬和绩效考评脱节，从而间接产生不公平心理，并带来更严重的影响，即考评与薪酬各自独立发展，个体绩效与部门绩效脱节，部门绩效与企业的整体绩效脱节，继而产生短期绩效同长期发展战略之间的脱节。

6.3.4 绩效考评问题

绩效考评是人力资源管理的重要组成部分，是具有总结性和承接性的人力资源管理活动，但因此也成为企业员工抱怨最多的部分之一。绩效考评的主要问题有：

1）绩效管理缺乏系统性

其主要表现是：①缺乏系统的绩效目标和刚性的制度约束，组织绩效与员工绩效相分离；②没有建立系统的绩效考评系统，只有对员工的考评，缺少对中层管理者的绩效考评，且以非正式谈话为基础考评员工，员工绩效考核与实际工作相脱节；③绩效考评标准模糊，不切实际，随意性强，绩效保证体系不严密，透明度不高，可操作性差；④绩效管理缺乏全过程的沟通或沟通不恰当，绩效考评的结果对员工没有及时反馈；⑤绩效考评与人力资源管理的其他环节相分离，激励与约束不对称，缺乏一致性。由于绩效管理没有系统性支撑，造成绩效管理头痛医头，脚痛医脚，仅有的绩效考评也流于形式，而且奖金计划在企业业绩较低的时候，对员工往往缺乏激励，而当业绩水平达到一定高度时，对员工的激励又显得不足，员工的薪酬支付并没有与企业的利益实现共享。

2）绩效考评指标设计不当，容易产生误导

从组织的绩效考评来看，过分强调定量指标的考核，忽视定性评议指标的使用，并且在定量指标的选取上，与企业的发展战略产生偏差。从员工的绩效考评来看，空泛的定性评议指标权重过大，定量的考核指标使用较少，并且将员工的素质考评与绩效考评混为一谈，以至于在员工的绩效考评指标中，对员工基本素质的考核占了相当大的比重。另外，在绩效考评中遗漏了一些重要的工作职责，比如，仅仅考察一名面试考官录用求职者的数量，而不是考察其录用的员工的素质。这种绩效评估是有缺陷的。相反，如果绩效指标中包含了一些与工作不相关的因素，也是不适当的。

3）强调激励的统一性，而忽略了激励的差异性

受环境的影响，企业内部各组织之间以及员工之间存在较大的差异，即便是同一员工，在企业的不同发展阶段，其需求也存在较大的差异，这在客观上决定了企业激励的层次性。不对环境和员工的需求进行具体分析，一味追求企业激励政策的统一性，其结果必然导致激励效果停留在浅的层面上，最终流于形式，发挥不了应有的作用。如员工直接上级的评分相对较为客观和公正，但是由于不同部门工作性质和工作内容不同以及管理者理解上的差异，造成部门之间员工的评分标准差距较大，评分结果之间难以作横向比较。

✱ 6.4　人力资源管理咨询的具体程序

人力资源管理咨询除了遵循管理咨询的基本程序外（详见第 2 章），它还具有自己的具体程序。其具体程序主要为：客户资料搜集与分析、工作分析与岗位评价、组织结构设计与部门职责划分、薪酬体系设计、绩效考评体系设计、方案沟通与培训六个部分。

6.4.1　客户资料搜集与分析

客户资料搜集与分析是人力资源管理咨询具体程序中的第一步。咨询主体只有在与客户内部人员掌握信息相当的时候才能够与客户进行有效的交流与讨论。为了尽快熟悉客户的人力资源管理方面的情况和较好地进行后续交流与诊断，有必要集中搜集公司的发展战略和经营目标、公司现行人力资源管理制度与操作实务、国内本行业的发展报告、国内外绩优同行的人力资源管理实务、具有参考性的其他调查数据等。

在资料搜集的过程中，第一步应放在次级资料或者说二手资料上。它的优点主要体现在：①它能被快速获得；②比起搜集原始资料，它的成本要低许多；③通常情况下，它较为容易获得；④它能辅助现有的原始资料。辅助现有的原始资料是指研究者通过搜集次级资料来帮助搜集原始资料。次级资料研究能使研究者熟悉行业状态，确定概念、术语和数据，这在对原始资料进行研究时将是很有用的。通过对次级资料的搜集之后，即开始在此基础上的原始资料的搜集与分析，主要包括重点人物访谈、企业资料的搜集与消化、大面积的访谈与问卷调查等。其中所使用的搜集与分析的方法及注意事项见本章下一节和第 2

章。值得指出的是，资料的搜集与分析在人力资源管理咨询中并不是一劳永逸的活动。在其他人力资源管理咨询具体程序过程中也要根据需要展开特定资料的搜集与分析，只不过在第一阶段这种活动更为集中。

6.4.2 工作分析与岗位评价

工作分析是人力资源管理的基础，其他的人力资源管理职能都离不开工作分析。岗位评价则是为制定薪酬确定岗位价值而进行的，它也是以工作分析为依据的。在这个过程中，需要使用前一个具体程序中搜集的如下资料：①企业业务简介；②企业理念和企业目标描述文件；③企业经营战略描述文件；④企业组织结构图（包括过去的和现在的）或描述文件；⑤企业各部门的职责描述等。

工作分析与岗位评价的实施过程主要分为四个阶段：

1）筹划准备阶段

它的主要任务是确定分析目的、制订分析计划、组建项目组、选择分析对象。这一阶段中最核心的就是组建项目组。在组建项目组时，需要吸收公司管理层的参与，一般应包括总公司领导班子、人事部门领导、总公司部门领导及顾问等。同时，可以由公司选派人员，与咨询主体共同组成项目组，并由咨询主体引导该项目的进程，确保项目管理中的质量控制，包括数据搜集和文件准备。另外，还要对客户项目组成员进行现场指导。

2）信息搜集阶段

它的主要任务是搜集背景资料、确定信息类型、选择搜集方法、沟通搜集对象。在这个过程中，项目组将给出一份资料需求清单，依据客户提供的相关资料，以及与被选关键岗位任职者的访谈，项目组进行诊断分析。客户需准备的部分资料包括：公司业务简介、企业理念和企业目标描述文件、企业经营战略描述文件、公司组织结构图（包括过去的和现在的）或描述文件、现有公司各部门的职责描述。这些资料也可能在第一个具体程序已搜集，根据需要进行补充与核实。信息搜集的过程需要对公司进行访谈，通过访谈进一步搜集原始资料和补充下列资料（包括但不限于）：公司的发展战略和经营目标；公司现行人力资源管理制度与操作实务；总、分公司关键业务流程；国内本行业的发展报告；国内外绩优同行人力资源管理实务；具有参考性的其他财务业务数据。

3）资料分析与结果完成阶段

它的主要任务是审查工作信息、分析工作信息、确定岗位评价的标准、形成职位说明书。资料分析即诊断分析过程，项目组根据发现的问题，按重要性进行排序，并与客户管理层共同探讨确定解决问题的广度和深度。分析与研讨的内容包括：①企业使命、发展战略和文化；②现有企业经营目标；③现有的部门设置（流程/岗位的有效性）；④工作量是如何被确定的，是否合理，以及过去几年的达成度如何。诊断分析之后，及时开展动员培训。在这个步骤中，宣传引导现代岗位设计体系和实践，阐述工作分析和岗位评价的原则，将新建体系的框架思路介绍给客户管理层并征求意见。必要的话，还可挑战旧观念，并强调改革公司岗位设计的必要性。通过这些分析与沟通，最终确定与公司的发展目标和文化相一致的工作分析原则，并结合客户不同性质的部门、分支机构，制定不同的工作分析工具，并最终针对部门经理及以下不同岗位，设计其职位说明书。

4）初步应用和反馈阶段

结果的完成必须经过适当的检验和试运行。试运行可以以一个部门为试验范围，也可以以整个企业为试验范围。最终通过试运行，来检验和修订完善结果。

6.4.3　组织结构设计与部门职责划分

通过工作分析与岗位评价，结合企业环境、企业规模、企业战略目标和信息沟通渠道来完成组织结构设计与部门职责划分，是一项复杂的系统工程，必须服从科学的程序。这个程序一般包括如下步骤：

1）确定组织目标

组织目标是进行组织设计的基本出发点。任何组织都是实现其一定目标的工具，没有明确的目标，组织就失去了存在的意义。因此，组织设计的第一步，就是咨询主体通过与客户的沟通，并在综合分析组织外部环境和内部条件的基础上，合理确定组织的总目标及各种具体的派生目标。

2）确定业务内容

根据组织目标的要求，确定为实现组织目标所必须进行的业务管理工作项目，并按其性质适当分类，如市场研究、经营决策、产品开发、质量管理、营销管理、人员配备等。明确各类活动的范围和大概工作量，然后进行业务流程的总体设计，使总体业务流程优化。

3）确定组织结构

根据组织规模、生产技术特点、地域分布、市场环境、职工素质及各类管理业务工作量的大小，参考同类其他组织设计的经验和教训，确定应采取什么样的管理组织形式，需要设计哪些单位和部门，并把性质相同或相近的管理业务工作分归适当的单位和部门负责，形成层次化、部门化的结构。

4）配备职务人员和规定职责权限

根据各单位和部门所分管的业务工作的性质和对职务人员素质的要求，确定人员构成数量，并明确其职务，进而根据组织目标的要求，明确规定各单位和部门及其负责人对管理业务工作应负的责任以及评价工作成绩的标准。同时，还要根据做好业务工作的实际需要，设计确定授予各单位和部门及其负责人的职权范围。

5）联成一体

这是组织设计和部门职责划分的最后一步，即通过明确规定各单位、各部门之间的相互关系，以及它们之间在信息沟通和相互协调方面的原则和方法，把各组织实体上下左右联结起来，形成一个能够协调运行、有效地实现组织目标的管理组织系统。

6.4.4　薪酬体系设计

薪酬制度的制定往往是人力资源管理咨询的核心，需要投入很多时间。薪酬管理是管理体系最基本的职能之一，薪酬体系设计则是整个薪酬管理的"骨骼"，以此为基础才能开展企业的薪酬管理工作。薪酬管理牵动着企业运营的效率，因此如何成功地进行薪酬设计变得至关重要。在薪酬设计中，需要思考三个主要问题：①薪酬结构的设计，比如岗位工资加绩效工资就是一种工资结构；②薪酬水平（具体数值）设计，即不同岗位的工资额是多少；③薪酬与考核结果的联系，即如何将业绩通过薪酬体现，发挥薪酬的激励效果。

由于薪酬牵涉所有员工的切身利益，因此操作的时候要非常仔细，争取满足尽量多的利益个体的要求。在这个过程中，通过公平性分析可以比较好地实现薪酬设计的要求。公平性分析是指通过企业外部公平性、内部公平性和自我公平性的分析和协调来达到一个现有资源条件下的最优的薪酬结构。

首先，要了解客户所处的行业的薪酬水平，然后考虑企业的政策取向，以行业水平作为参考，确定企业的薪酬水平。这是应对外部公平的问题，需要通过薪酬调查达到。

其次，要将员工分门别类，在考虑内部公平的基础上，把可以采用相同的薪酬结构的员工归为一类，然后针对每一类员工分别设计相应的薪酬结构。内部公平问题是通过岗位评价解决的。

最后，要在薪酬体系中引入考核结果，也就是说，员工的薪酬要和考核结果挂钩，做出了多少贡献就拿多少钱。这样，就可以确保达到自我公平。

在兼顾这三个公平的基础上，就可以设计出一个多种薪酬结构、多种支付方式相结合的立体薪酬结构。在这个过程中，可以就整体或者某个部分同时配套使用如下程序：①确定工资政策；②进行职务级别评定；③进行报酬调查；④绘制工资曲线；⑤设计工资结构；⑥进行工资调整。

6.4.5　绩效考评体系设计

企业只有创造出一定的利润，才能继续生存和发展，而利润的产生，需要每个员工都朝着企业发展目标努力工作。员工努力工作可以从两个维度来概括，即效率和效果。效率涉及工作方式问题，而效果涉及工作的结果。就考评体系设计的内容来看，需要解决的主要问题是：考评内容、考评主体、考评频率、考评操作程序、考评结果的综合评价方法、考评结果的运用六个方面。

在绩效考评体系设计中，目标管理思想是考评体系设计程序的主线。每一项工作都必须为达到总目标而展开，而目标的实现又可以转化为标准的设定。因此，在绩效考评体系设计中，确定考评标准是核心。其主要步骤如下：

1）理解并使用好工作分析的成果

工作分析是人力资源管理咨询的基础性工作，它不仅对每一职位的工作性质、工作数量和质量以及职责权限、责任轻重等作了详细的规定，而且对承担这一职位的人员所应具备的资格条件等也作了明确的规定，为考核、奖惩工作提供了明确的标准。

2）以工作分析为基础设计考核要素

考核要素是指那些用作衡量工作表现的工作构成部分。如果职务设计合理，主要考核要素就是那些实现企业目标所必需的工作。能否设计合理的考核要素，直接影响着整个考核的质量。拟定工作考核要素时，除了查阅职务说明书外，还可以参考有代表性的职务工作分析。在设计时要采用明确加以界定的考核要素，如"数量、质量"，而不是使用一些没有界定、弹性大、不能准确度量的考核要素。同时，由于员工工作表现标准几乎从来都不是唯一的，所以应当给每项职务的各个要素以不同的权数，来反映各个工作要素的相对重要程度。

3）设定工作表现标准的类别

工作表现标准是用于测试和衡量工作表现的尺度。实际上用于考核工作表现的各种标准可以分为不同的类别，而采用标准类别的不同，将会导致考核结果完全不同。

4）确定工作表现标准具体项目

设置合理的考核标准对企业和员工都有好处，员工可以明白企业需要的是什么样的工作表现，而企业则可以让员工清楚要怎么去工作。

考评标准确定完后，绩效考评体系的设计就基本完成，至于其他的绩效考评体系的内容，则是根据考评标准来确定，而在这个过程中所使用的方法参见本章下一节和第 2 章。

6.4.6　方案沟通与培训

人力资源管理各方案与制度的编制完成后，项目组将方案文本打印装订后，提交客户进行最后的审阅，同时项目组开始准备针对方案与制度的培训材料。在提交方案与制度给客户审阅时要约定提出意见的最后期限，并定时开会研讨，保证按时得到反馈意见进行进一步的修改。项目组提交的方案必然会与企业的预期产生差距。这种差距有客观、必然原因，项目组进驻企业的时间毕竟有限，与此同时，一个新的人力资源管理体系必然要调整原有的利益格局，企业不同层次的管理者站在不同的立场和高度必然会有不同的观点。为了缩小有关各方对方案认识上的差异，切实提高方案的执行力，咨询小组必须在确定、推行新的人力资源管理咨询方案前，有针对性地选择企业管理人员进行沟通。

一般至少要进行两个层面的沟通：一是与人力资源经理和部分中层进行沟通，他们最了解企业目前人力资源的实际，与他们沟通可以确保咨询方案的实用性和适用性。二是要与企业的高层管理者进行沟通。企业的高层管理者是新的人力资源管理方案和制度执行、推广的最根本的力量。在沟通修改完成后，需要举行制度培训。针对制度的培训偏重于制度操作，培训对象为客户的人力资源管理人员，因此培训教材必须结合实际情况多举实际例子。为了给客户提供更多的价值，并帮助客户理解和掌握项目组提交的方案。项目组可以在项目过程中给客户提供一系列人力资源相关的理论与实践知识培训。

以上人力资源管理咨询的具体程序只是为了便于理解而作的划分。现实中，各个程序之间很难严格区分，而且各程序之间并不一定会从头走到尾，中间可能会循环反复进行。

✱ 6.5　人力资源管理咨询的常用方法

在人力资源管理咨询过程中，会借助一些分析方法，综合运用这些方法可以有效地完成人力资源管理咨询各个阶段的目标。

6.5.1　工作分析方法

通常使用的工作分析方法有实地观察法、访谈法和调查问卷法。值得说明的是，每种方法都有各自的优缺点，没有任何一种方法可独立完成全部工作分析，需根据不同的企业和岗位特点综合运用这些方法。

1）实地观察法

实地观察法是指管理人员、工作分析专家或专业工程师在工作现场观察员工的工作过程、行为、内容、工具、任务完成情况和职责等，用文字、数据、图表等进行记录，搜集工作信息并进行分析与归纳总结。

这种方法主要用来搜集强调人工技能的那些工作信息，适用于大量标准化的、周期较短的、以体力活动为主的工作。分析人员应该注意的是，研究的目的是工作，而不是个人的特征。

对于观察期限的选择，可以连续观察整个过程，也可以间歇式抽样观察。

另外，实地观察法可能会造成某些员工操作动作变形、出错等，因为他们觉得自己受到了监视或威胁，在心理上对工作分析人员产生了反感，进而影响到他们的实际操作行为，而且实地观察法也不能有效地反映有关任职人员资格要求的信息。所以，在实际应用过程中，除了要注意工作行为样本的筛选，还要在事前制定详细的观察提纲和行为标准；在事中观察时尽量避免影响被观察者，以免干扰其工作，而且在记录时应注重反映工作的相关内容，不要机械式记录；在事后要注重对工作记录信息的比较和提炼。

在具体实践中，实地观察法有两种常见的操作方式：一是工作抽样。工作分析人员可以根据统计抽样获取观察数据和信息，进而推断每个常规工作日的工作内容和工作行为，从而无需持续不断地对所有工作行为进行观察。二是员工日志法。它要求员工对自己的工作表现进行自我观察，并持续不断地把观察结果记录在工作日志上，从而通过对员工工作日志进行详细的汇编获取一些有用的信息，这在一定程度上可能会加重员工的负担，分散员工的工作注意力和精力，影响工作绩效。

实地观察法记录样表见表 6-1。

表 6-1　　　　　　　　　　　　实地观察法记录样表

观察岗位名称		所属部门		相同岗位人数	
工作任务名称		工作任务描述		工作任务上接岗位	工作任务下接岗位

工作时间（上午、下午）：＿＿＿＿＿＿＿＿＿＿＿＿＿＿＿

工作休息次数与时间：＿＿＿＿＿＿＿＿＿＿＿＿＿＿＿＿＿＿

完成产品数：＿＿＿＿＿＿＿＿＿＿＿＿＿＿＿＿＿

出现次品数：＿＿＿＿＿＿＿＿＿＿＿＿＿＿＿＿＿

工作环境：＿＿＿＿＿＿＿＿＿＿＿＿＿＿＿＿＿＿

与上接和下接岗位交流次数与时间：＿＿＿＿＿＿＿＿＿＿＿＿＿＿

其他：＿＿＿＿＿＿＿＿＿＿＿＿＿＿＿

　　　　　　　　　　　　　　　　记录人：　　　　　　　日期：

2）访谈法

访谈法又称面谈法，是一种应用广泛的工作分析方法，指工作分析人员亲临每个工作岗位，就某项具体工作与从事该项工作的个人、团队、其上级主管或者过去的在岗人员就工作内容与要求进行交流讨论，询问他们对工作的意见和看法，并记录有关面谈情况和信息。

面谈形式可以标准化，也可以非标准化。一般情况下，面谈时采用标准化格式记录信息，以便于对访谈内容的重点加以关注和比较分析。

访谈法运用面广，能较为简单、迅速地搜集各方面所需的工作分析资料和信息，并在为工作人员说明和解释工作分析的必要性及相关功能的同时，有助于加强与工作人员的沟通，缓解工作人员的工作情绪。但是，运用访谈法的工作分析人员需要拥有专门的技巧和事前接受过专门训练才能胜任，而且面对面交流费时费力，成本较高，还易被工作人员误以为是对他们工作业绩的考核和薪酬调整的依据，故交流时可能会夸大业绩、弱化职责，从而使所获信息往往被扭曲，存在失真的局限性。同时，分析人员对某一工作固有的观念可能影响对分析结果的正确判断。鉴于此，访谈法通常与实地观察法、问卷调查法等结合使用。

访谈法工作分析样卷见表 6-2。

表 6-2　　　　　　　　　　　　　　**访谈法工作分析样卷**

职位	主要内容
管理人员	岗位目标：＿＿＿＿＿＿＿＿＿＿＿＿＿＿＿ 岗位职责：＿＿＿＿＿＿＿＿＿＿＿＿＿＿＿ 岗位组织地位：＿＿＿＿＿＿＿＿＿＿＿＿ 直接上级及常见任务：＿＿＿＿＿＿＿＿＿ 直接下属及工作分工：＿＿＿＿＿＿＿＿＿ 岗位基本要求（技术、管理、协调能力等）及培训机会：＿＿＿＿＿＿＿＿＿＿＿＿ 与下属交流沟通情况：＿＿＿＿＿＿＿＿＿ 工作中的关键问题（最不满意的、最关切的问题等）：＿＿＿＿＿＿＿＿＿＿＿ 决策权、自主权执行情况：＿＿＿＿＿＿＿＿ 个人目标管理情况：＿＿＿＿＿＿＿＿＿＿ 其他（依据分析需要制定）：
一般员工	工作任务：＿＿＿＿＿＿＿＿＿＿＿＿＿＿＿ 直接上级：＿＿＿＿＿＿＿＿＿＿＿＿＿＿＿ 岗位职责：＿＿＿＿＿＿＿＿＿＿＿＿＿＿＿ 岗位技能要求：＿＿＿＿＿＿＿＿＿＿＿＿＿ 工作环境：＿＿＿＿＿＿＿＿＿＿＿＿＿＿＿ 工作中的关键问题（最不满意的、最关切的问题等）：＿＿＿＿＿＿＿＿＿＿＿ 个人目标与期望：＿＿＿＿＿＿＿＿＿＿＿＿ 其他（依据分析需要制定）：＿＿＿＿＿＿＿

3）问卷调查法

问卷调查法是一种最常用的工作分析方法，它以问卷作为调查工具，通过精心设计的问卷分发给被调查人员填写，进而获取关于某一岗位的工作内容、工作特征、工作职责、技能要求等方面的数据和信息。

问卷法适用于脑力工作者、管理工作者或工作不确定因素很大的员工。一般形式有管理职位描述问卷法、职位分析问卷法、任务详细目录法、体能分析问卷法、调查表法、检查清单法等。问卷中的问题通常包括开放式问题和封闭性问题两种。开放型问题，是没有事先准备答案的，通常在问卷形成阶段使用，在最终问卷中，要慎用。封闭型问题，是事先准备了答案的，应答者只能在事先准备好的答案中选择。

在运用问卷调查法时，工作分析人员可以在较短时间内比较经济地搜集到大量各类工作的数据和信息，费用低，速度快，效率高，且调查范围广，所获取资源或信息一般可以量化，可用于多种目的、多种用途需求的工作分析，适用于对大量的样本进行调查。但是，设计一份理想的调查问卷需要花费大量的人财物以及时间，成本较高，并且不同员工对工作的认识会有所不同，对问卷中问题的理解也会有所差异，为避免误解，可能需要工作分析人员在文件正式分发之前进行测试，对理解偏差较大的问题进行注释，甚至需要工作分析人员亲自解释和说明，影响了工作效率。此外，调查问卷一般由工作人员单独填写，缺乏一定的交流和沟通，可能会因工作人员态度不够端正而影响最终的信息质量。鉴于此，问卷调查法一般需要与实地观察法、访谈法结合使用。

问卷调查法问卷的一般内容见表6-3。

表6-3　　　　　　　　　　　　问卷调查法问卷

一、基本资料			
职位名称		所在部门	
职位定员及人员来源			
直接上级	（岗位名称）	从事本岗位工作时间	
直接下级			
职位填写时期	年　月　日	填写人姓名	
二、工作描述			
本岗位工作目标			
主要目标		其他目标	
三、工作任务：请认真、详尽地一一对应描述您所从事的工作、占年度工作时间的百分比和发生频次		占年度工作时间的百分比	发生频次（年、季、月，每日发生为日常）
（一）主要工作任务（即任务中属较为重要的职责）			
（二）日常工作任务（即每日工作中都需从事的工作）			
（三）临时工作任务（即领导交办的或公司组织大型活动时所涉及的工作）			
四、权限：决策权、建议权、监控权、裁决权、决定权、人事权、审批权、审定权、监督检查权、使用权、制止权和处罚权、命令整改权、盘查权、指挥权、督办权、监督实施权、督促权、索取权、提名权等			
目前拥有权限：请描述目前在完成本岗位职责时，您所拥有的权力			
所缺权限：请描述为更好地完成本岗位职责，目前尚缺乏哪些权力			

五、工作协作关系：请详细地描述您在工作中需要接触到哪些岗位、哪些部门、哪些外部单位	
内部协调关系	部门内岗位协调关系： 部门间较为密切的协调关系： 其他相关部门：
外部协调关系	经常性的协调关系： 临时性的协调关系：
六、任职资格	
教育水平	
专业	
经验	您认为一位刚刚开始走向工作岗位的毕业生，基本胜任该岗位工作需要多长时间
	您认为一位已有工作经历的人员，若能基本承担本岗位工作职责，需具备哪些方面的工作经验，约多少年
	工作经历要求：　　　　　　　最低时间要求（年、月）：
培训	您认为较好地完成岗位工作应该接受哪些培训课程

	培训科目	培训内容	培训方式	最少培训时间
培训				

知识	为完成岗位的工作要求，您认为应该具备基本层面的知识涉及哪些？对应的水平（通晓、熟悉、具备、了解）？
熟练程度	您认为对于初次承担该岗位工作的人员，多长时间才能较熟练地开展工作？
	您认为对于有类似岗位工作经验的人员，尚需多长时间才能较熟练地开展该岗位工作？
技能技巧	为更好地完成岗位职责，您认为需具备的技能应该有哪些？如办公软件、英语应用水平、管理办法的掌握、网络知识、软件编辑能力、写作水平等
七、其他	
使用工具/设备	请列举您目前岗位工作中用到的主要办公设备和用品，如计算机、电话、传真机、打印机、网络、交通及通信设备、计算器、档案柜等
	请列举您目前岗位工作中需用到，但至今尚未配备的办公设备和用品
工作环境	请描述您目前开展工作的环境，如独立办公室/一般工作环境/敞开办公等
	请描述您认为可较为有效开展工作所需要的环境
工作时间特征	请填写您目前岗位工作时间的特征：

所需记录文档	请简明列举您目前岗位工作中作为档案留存的文件名称：	所需传送的部门、岗位：

八、考核指标

1. 对于您承担的岗位职责，目前公司从哪些指标项开展考核？考核的基准（指标值）是什么？

考核角度：	对应的考核基准：

2. 对于您目前承担的岗位职责，您认为公司应该考核哪些指标项？基准是什么？

考核角度：	对应的考核基准：

3. 您认为集团公司以及您所从事的工作中存在哪些不合理的地方，应该如何改善？

不合理处：	对应的改进建议：

6.5.2　岗位评价方法

通常使用的岗位评价基本方法有排序法、分类法、点数法和要素比较法。其中前两种属于定性评价，后两种属于定量评价。

1）排序法

排序法是指对各个岗位的相对价值按照某些特定的标准（如对企业的贡献程度、从事工作的复杂程度等）进行整体比较，然后由高到低进行排列得出一个次序的评价方法。此方法简单，容易理解和应用，成本较低，但主观性很强，易受一些特殊因素（如恶劣的工作环境等）的影响而致使评估结果的准确程度不高，加上只能确定岗位序列，并不能显示岗位价值差距，只有定性说明，并不能提供量化的比较依据，且对评估者的要求较高，故排序法一般适用于生产单一、工作性质相近、岗位偏少、结构稳定的中小企业。

在对各项工作进行比较排序时，一般综合考虑以下各项因素：工作职责、工作权限、岗位资格、工作条件、工作环境等。

常见的排序方法有：（1）简单排序法，也称直接排序法，即对评估岗位根据评估标准从高到低或从低到高进行简单排序；（2）交错排序法，即从评估岗位中依据评估标准先挑选出相对价值最高的排在第一位，再挑选出相对价值最低的排在倒数第一位，然后再从剩下的岗位中分别挑选出相对价值最高和最低的排在第二位和倒数第二位，以此类推；（3）成对比较法，即先把评估岗位两两比较，然后将对比结果进行综合比较，进而得出全部工作岗位的排序结果。

2）分类法

分类法，也称分级法或等级描述法，是指对企业所有岗位依据不同的工作要求（如工作内容、工作职责、任职资格等）分为不同类别（如管理类、技术类、营销类等），并建立岗位等级标准，并给出明确定义，然后将各种岗位与这一设定标准进行比较，将岗位确定到各种等级中去，从而确定各岗位不同岗位价值的评价方法。

岗位分类法强调的是岗位类别的差异，而不是单个岗位的差异。它的基本思路是，首先将各种岗位按照最具代表性的特质设定一个分类标准，把具有相同特征的岗位归为同一个"类别"；然后在分"类"的基础上，按照岗位说明书将同类别岗位的其他特征差异分为不同的"级别"。此方法作为排序法的改进方法，操作比较简单，所需时间、成本相对较少，应用较为灵活，适应性很强，且其结果比排序法更准确、更客观，采用分类法得出的等级结构能如实反映组织结构的情况。不过由于等级标准制定较为困难，致使不同系统之间的岗位评比存在较大的主观性，且不易说明不同等级的岗位之间价值差距的具体程度，故分类法一般适用于多种不同性质的组织中薪酬比率的确定，特别是工作内容不太复杂的组织，但不适合作为薪酬发放的唯一依据，需与其他方法结合使用。

3）点数法

点数法，也称计点评分法，是组织中最常见的一种比较复杂的量化岗位评估方法。它首先要求确定组织的付酬要素，并将各付酬要素划分不同等级，且对各个等级赋分；其次将待评估的工作与各项付酬要素对比，进而确定工作岗位在各项付酬要素上的具体得分，并对各工作岗位得分进行汇总和比较；最后形成待评估工作岗位的相对价值体系。

由此可见，点数法通常包括三大要素：付酬要素；各项付酬要素相对重要程度的权重；量化的付酬要素衡量尺度。此方法采用定量分析，容易被人们理解和应用，具有一定的稳定性，并在使用上具有一定的精确性和连续性，能反映工作岗位之间的差距大小，评估流程与方法较为科学规范，而且它是基于组织所认可的各项付酬要素进行评定，从而具有较好的被认可性。与此同时，我们也应该清楚地认识到，点数法是一个相对复杂的过程，工作量大，设计费时费力，且对评估要素的界定、等级定义、权重设置方面存在一定的主观性，当评估者较多时可能出现意见不统一现象，故点数法一般适用于生产经营过程复杂，工作岗位类别和数量繁多的组织。

其中，对于付酬要素的确定，在实际操作中最常见的主要有：知识技能要素、责任要素、努力要素和环境要素。知识技能要素一般指胜任某个岗位所应具备的经验、能力、教育水平等，具体设置时可有学历水平、专业知识结构、技术能力、工作经验、管理技能、综合能力等子目；责任要素一般指组织对员工按期完工的依赖程度，关注各岗位工作人员职责的重要性，具体设置时可有风险控制、决策权、内外部协调、经营损失、组织人事、指导监督等子目；努力要素一般指衡量某个岗位完成工作所需付出的体力和脑力程度，具体设置时可有体力要求、工作压力、创新能力、工作复杂程度和紧张程度等子目；环境要素一般指某个岗位的工作性质和周边环境，具体设置时可有工作时间、工作环境等子目。与此同时，在付酬要素具体筛选过程中需注意以下几点：付酬要素须与全体岗位价值具有一定的逻辑关系，并对待评估岗位具有共通性；付酬要素须清晰界定并具有可衡量性，相互之间不能存在交叉或重叠，并能涵盖组织薪酬考核的、与岗位有关的所有主要内容；付酬要素的数量须适当，以便于评估和管理。

对于各项付酬要素在评估体系中所占权重的确定，一般以百分比表示，数值代表了各付酬要素对总体岗位评估结果的贡献程度和重要程度，具体确定方法通常有经验法和统计法。经验法就是依据管理人员的以往经验或通过交流沟通所形成的一致性共识来确定各付酬要素的权重。统计法则是应用多元回归等统计技术来确定各付酬要素权重的一种较为复杂的方法，其关键就是筛选出可作为统一标准的基准岗位并以此确定总价值公式。

表 6-4 至表 6-7 为点数法常用示例表。

表 6-4 　　　　　　　　　　付酬要素及其权重分配示例表

付酬要素	权重（%）
决策	25
技能	35
创新能力	30
工作时间	10
合计	100

表 6-5 　　　　　　　　　　付酬要素分级和点数配置示例表

付酬要素	1 级	2 级	3 级	4 级	5 级
决策（25%）	25	50	75	100	125
技能（35%）	35	70	105	140	175
创新能力（30%）	30	60	90	120	150
工作时间（10%）	10	20	30	40	50

表 6-6 　　　　　　　　　　某个岗位总点数的评估过程及结果示例表

付酬要素	权重（%）	等级	点值
决策（25%）	25	2	50
技能（35%）	35	3	105
创新能力（30%）	30	4	120
工作时间（10%）	10	2	20
合计	100		295

表 6-7 　　　　　　　　　　岗位等级点数分布示例表

等级	点数	等级	点数
1	<150	4	252 ~ 302
2	150 ~ 200	5	303 ~ 353
3	201 ~ 251	6	>353

注：以上示例表的总点数为 500 点，岗位值划分为 6 个等级，每等级之差均为 50 点。由表 6-6 可知，此示例评估岗位总点数为 295 点，查找岗位等级点数分布知，此示例岗位位于第 4 等级。

4）要素比较法

要素比较法是指通过付酬要素的比较分析来确定不同工作岗位的薪酬比率，从而确定不同工作岗位相对价值的一种量化岗位评估方法。它首先需要确定工作岗位的各个付酬要素，并对各个付酬要素排序，进而形成各个岗位关于各个付酬要素的序列分布；其次对各个付酬要素排序的结果进行加权再相加的处理；最后得出各个岗位在所有付酬要素对比基础上的相对量化价值。要素比较法作为排序法进一步改良的结果，其每一步操作都有详细可靠的说明，比较容易被员工所理解，并对所有岗位按同一标准比较且直接把等级转化为货币价值，是一种较为精确、系统、量化的方法。但需注意的是，要素比较法过多依赖评估人员的评判，没有一个明确的原则指导评估行为，分配到各要素的货币价值缺乏一个客观依据，且评估过程较为复杂，不易因评估岗位变动而及时做出相应调整。

操作中需要注意的是：①对于付酬要素的确定通常采用心理要求、身体要求（生理要求）、技术要求、承担责任和工作条件五个指标要素；②对于关键岗位的选择，其数量依据被评估岗位规模和差别程度而定，一般需选择 15 ~ 25 个关键岗位；③对关键岗位的排序过程应以岗位描述和岗位规范为基础，先由各个专家分别排序，再集中讨论或取平均值进而决定最终序列值；④各个专家先判断各个付酬要素对岗位的贡献程度，再依据事先确定的典型岗位薪酬水平来确定各个付酬要素的价值；⑤比较上述两次排序的结果，若结果一致则说明所选典型岗位有效，若存在差异则说明所选典型岗位无效；⑥比较其他岗位与典型岗位，寻找典型岗位付酬要素等级基准表上与待评估岗位各个付酬要素最相近的典型岗位付酬要素的价值，从而作为确定待评估岗位付酬要素价值的依据。

6.5.3 薪酬体系设计方法

多数企业的薪酬体系属于结构性薪酬体系，也就是多种薪酬单元的组合，包括基本薪酬、绩效薪酬、加班薪酬以及保险福利等。基本薪酬的设计主要采用计时制，具体有岗位工资（以及职位工资、职务工资）和技术工资（以及职能工资、能力工资）。绩效薪酬的设计主要采用传统的计件薪酬以及在此基础上发展形成的绩效薪酬。绩效薪酬目前以薪点制作为主要设计方法。

1）计时制

计时薪酬是一种按照单位时间薪酬标准和劳动时间计算和支付薪酬的方式。职工的薪酬是用职工的工作时间乘以他的工资标准计算出来的。薪酬标准由报酬支付的技术标准决定，主要是各种等级测量标准，例如，技术等级标准、岗位等级标准、职务等级标准以及劳动强度标准等。具体有时薪、日薪、月薪、年薪等。

计时薪酬的适用范围很广，凡是规定了相应薪酬标准的等级薪酬制都可以采用计时薪酬。

从同工同酬视角考虑，计时薪酬具有一定的平等性，且便于考核员工的工作表现，易于预测劳动力成本，较为真实地反映了员工技术熟练程度、劳动强度和劳动时间的差异，是一种相对稳定的报酬体系，有利于形成积极向上的企业文化氛围，故在实践中计时薪酬被广泛推广和应用。与此同时，值得说明的是，计时薪酬不能全面、准确地反映同级员工在同一时间内劳动付出和劳动成果的差异，在一定程度上形成平均主义，不利于人才的培养，故在实践中采取计时薪酬的同时还普遍配套实施相关激励办法，从而弥补计时薪酬的不足。

2）计件制

计件薪酬是根据员工完成的工作量或合格产品的数量和计件单价计发的劳动报酬。实际上可以看做计时薪酬的一种转化形式，通过特定单位时间的薪酬标准和单位时间的劳动定额以及相应的计件单价确定计件薪酬。

两者可以通过一定的劳动定额进行互换，只是在工资表现方式和计算方法上有所不同。计件薪酬的实施有赖于企业管理制度的有效和健全，有赖于产出数量的直接统计，有赖于健全的质量检验体系，有赖于劳动定额的合理制定和及时修订，一般适用于工作成果易于量化到团队或个人，大批量生产的产品。

在实际操作中，根据计件对象可以采用个人计件、集体计件两种方式，具体形式有直接计件、间接计件（适用于辅助工人）、累进计件（按照工人生产合格产品数量的不同阶段，以一定的差额比例规定不同的计件单价）、无限计件（不论工人完成或超过劳动定额多少，都按同一计件单价计发工资）、有限计件等（超额工资不得超过本人标准工资的一定百分比或绝对金额）。

3）薪点制

薪点制作为一种薪酬界定方法，是通过确定员工薪点数这一中间环节，间接地确定员工薪酬额的多少的方法。实务中，除了用于绩效薪酬的设计外，也可用于基本薪酬的设计。

薪点制的构思和基本工作步骤如图 6-1 所示。

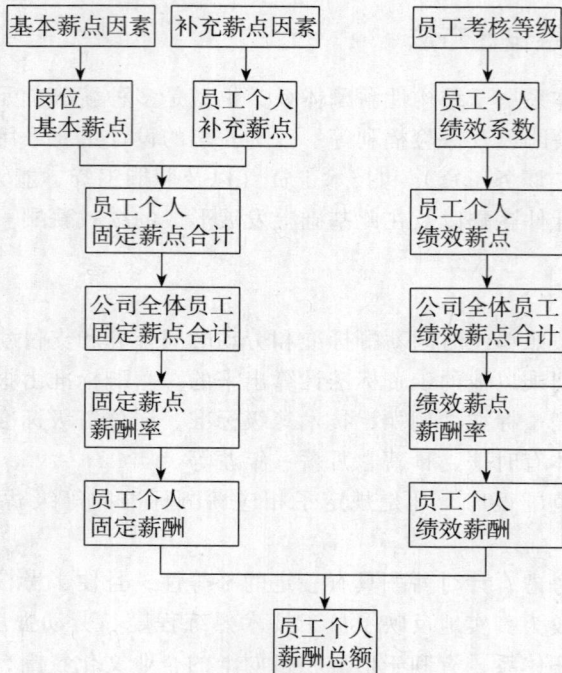

图 6-1　薪点制的构思和基本工作步骤

（1）计算员工的固定薪酬。

①确定职务（岗位）基本薪点。

A. 确定影响基本薪点的因素。公司在确定各职务、岗位的基本薪点时，可以考虑从职务、岗位责任、知识技能、努力程度等四个方面入手，再从每一个基本因素中分析、选择一些具体因素。

B. 确定每一基本因素的权重以及在内部各因素之间的分配。每一基本因素在公司中的重要性是不同的，公司高层、中层管理者可以通过讨论确定各因素的权重。比如，职务占 25%，岗位责任占 38%，知识技能占 27%，努力程度占 10%。每一因素所占比重再在内部各组成因素间进行分配。

C. 确定各因素的标杆分（最高分）以及各职务（岗位）在该因素上的得分。影响薪酬的各项因素可以考虑以总经理为标杆，按该因素所占比重计算出最高值后，以总经理在各项值中的得分为最高分，其他各职务、各岗位在该因素上的得分都以最高分为标杆，并且可以考虑把每一因素分成若干级（比如 5 ~ 10 级），确定等级分，通过把每一职务（岗位）在该因素上与标杆比较，确定所在等级，得出各职务、各岗位的得分。

操作中，可以按照部门（或子公司）等，分别对每一职务、岗位进行评分。

D. 计算各职务（岗位）的基本薪点。将每一职务（岗位）在各因素中的得分合计，计算出该职务（岗位）的基本薪点。

比如，可以考虑以表 6-8 的样式进行基本薪点评分。

表 6-8　　　　　　　　　　**公司职务（岗位）基本薪点评分表**

评价因素		权重	因素分（标杆分）	等级				
				1 级	2 级	3 级	4 级	5 级
职务（25%）	1. 职级	15	150	30	60	90	120	150
	2. 管理幅度	10	100	20	40	60	80	100
岗位责任（38%）	1. 风险控制的责任	15	150	30	60	90	120	150
	2. 工作结果的责任	10	100	20	40	60	80	100
	3. 指导监督的责任	8	80	16	32	48	64	80
	4. 决策的层次	5	50	10	20	30	40	50
知识技能（27%）	1. 综合能力	10	100	20	40	60	80	100
	2. 工作复杂性	7	70	14	28	42	56	70
	3. 工作经验	5	50	10	20	30	40	50
	4. 专业知识	5	50	10	20	30	40	50
努力程度（10%）	1. 创新与开拓	5	50	10	20	30	40	50
	2. 工作压力	3	30	6	12	18	24	30
	3. 工作紧张程度	2	20	4	8	12	16	20
合计		100	1 000					

②确定员工个人补充薪点。

主要是考虑员工担任某个职务（岗位）后，根据个人所具备或拥有的条件，所给予的薪点的补充。

A. 确定影响补充薪点的因素。确定个人补充薪点时，首先考虑在哪些方面给予补充薪点。比如，可以考虑的因素有工龄（或司龄）、岗龄、学历学位、技术职称、连续 2 年（3 年）考核情况等。

B. 确定每一因素的打分范围及每一员工在该因素上的得分。分析每一因素的重要性，同时考虑激励员工学习、留住优秀员工等需要，可以对各因素确定一个打分的范围；然后确定该因素的等级划分，计算出等级分；根据每一员工的具体条件，确定在该因素上的得分。比如，可以考虑每一因素的得分最高为 20 ~ 30 分，学历学位因素可以分成 4 个等级

（大专、本科、硕士、博士）、技术职称因素可以分成 4 个等级（初级、中级、副高级、高级），工龄（或司龄）、岗龄可以若干年为一个等级，也可以 1~2 年为一个等级。

C. 确定每一员工的补充薪点合计。根据每一员工在各补充薪点因素上的得分情况，得出补充薪点合计。

比如，可以考虑以表 6-9 的样式进行员工补充薪点评分。

表 6-9 公司员工补充薪点评分表

评价因素	员工 1	员工 2	员工 3	员工 4	…
1. 工龄（或司龄）					
2. 岗龄					
3. 学历学位					
4. 技术职称					
5. 连续 2 年（3 年）考核情况					
…					
合计					

③计算员工个人固定薪点合计。

根据每一员工所任职岗位的岗位薪点和个人补充薪点，得出员工固定薪点合计。

④计算公司全体员工固定薪点合计。

将每个员工的个人固定薪点按部门汇总后再汇总为公司的固定薪点总和。

⑤固定薪点薪酬率。

根据公司上年实现的效益情况、本年预计的效益情况以及预计能够支付的固定薪酬总额，计算确定固定薪点薪酬率。

⑥员工个人固定薪酬。

员工个人固定薪酬＝员工个人固定薪点×固定薪点薪酬率

（2）计算员工的绩效薪酬。

员工绩效薪酬是基于绩效考评，计算出每个员工的绩效薪点，汇总计算出公司的绩效薪点合计；然后根据公司当年实现的效益（或计划实现的效益），按事先确定的比例，计算出公司当年可以兑现的绩效薪酬总额；用可以兑现的绩效薪酬总额与公司绩效薪点合计相比，计算出绩效薪点薪酬率；根据每个员工的绩效薪点和绩效薪点薪酬率计算出每个员工的绩效薪酬。

按此方法也可以把绩效薪酬分解到每个月。

（3）确定员工的保险福利。

员工的保险福利已经在确定固定薪酬时考虑在内，但为了符合法律规定以及项目清晰起见，还需要把员工的保险福利从固定薪酬中分离出来。

公司在保险福利的设计中，要按照法律的规定，为员工缴纳养老保险、失业保险、工伤保险、医疗保险、生育保险和住房公积金。

在教育培训、交通、通信、午餐、住房、医疗保健、文化旅游、节假日费等方面，根据公司的经济承受能力适当选择。这部分可以不在固定薪酬部分予以考虑。

（4）加班薪酬。

如果员工有加班情况，再考虑加班薪酬。

最后，公司员工的薪酬构成为：

员工薪酬＝固定薪酬+浮动薪酬（薪点绩效薪酬）+保险福利+加班薪酬

6.5.4　绩效考评体系设计方法

绩效考评体系在企业人力资源管理中占有非常重要的地位，被认为是组织薪资、晋升决策的基础，为组织构建整体培训计划和员工长期职业生涯发展规划提供了依据。绩效考评体系的有效性对人力资源制度的激励效果和组织管理的公平性具有直接影响，并对员工满意度产生重要影响。通常使用的绩效考评方法有等级评价法、关键事件法、比较排序法、360 度考评法、目标管理法、关键绩效指标法和平衡计分卡法等。

1）等级评价法

等级评价法是给出不同等级的定义和描述，然后根据部门或员工的职责要求审定绩效指标及权重，再次对评价对象在各绩效指标方面的表现按照给定的等级进行评估，最后再给出总的评估等级。

例如，公司将员工绩效评估的等级分为 5 等，每个等级的评价标准或描述如下：

A（10 分）出色，工作绩效始终超出本职位常规标准要求。表现：在规定的时间之前完成任务，完成任务的数量、质量等明显超出规定的标准，得到客户的高度评价。

B（8 分）优良，工作绩效经常超出本职位常规标准要求。表现：严格按照规定的时间要求完成任务并经常提前完成任务，经常在数量、质量上超出规定的标准，客户基本满意。

C（6 分）可接受，工作绩效经常维持或偶尔超出本职位常规标准要求。表现：基本上达到规定的时间、数量、质量等工作标准，没有客户不满意。

D（4 分）需改进，工作绩效基本维持或偶尔未达到本职位常规标准要求。表现：偶尔有小的疏漏，有时在时间、数量、质量上达不到规定的工作标准，偶尔有客户投诉。

E（2 分）不良，工作绩效显著低于本职位常规标准要求。表现：工作中出现大的失误，或在时间、数量、质量上达不到规定的工作标准，经常突击完成任务，经常有投诉发生。

2）关键事件法

关键事件是指使工作成功或失败的行为特征或事件。关键事件法是指先将员工在日常工作中表现出来的异常绩效（包括特别不寻常的高绩效和特别突出的低绩效）记录下来，再选择一个预定时间与员工进行沟通、讨论和审查，是一种聚焦于具体行为的绩效考评方法。关键事件法的主要原则是认定员工与工作有关的行为，并选择其中最重要、最关键的部分来评定其结果。它首先从主管、员工或其他熟悉该工作的人那里搜集一系列工作实践，然后描述"特别好"或"特别坏"的工作绩效。

关键事件法的优点是：将关注焦点集中在工作行为上，让目标更清晰、更具体，更易直接观察，更易被评估对象所接受，从而提高对目标的认同度，有利于激发员工的工作积极性。关键事件法的主要缺点是：关键事件法更多的是关注特殊、极端的情况，而并非是多数的普遍现象，而且归纳事例会耗费大量时间，并会遗漏一些不显著的工作行为。另外，由于关键事件的定义是那些能够显著地对工作产生有效或者无效的事件，这样，就遗漏了平均的绩效。也就是说，利用关键事件法，无法对中等水平绩效的员工的工作进行描述，从而无法完成全面的工作分析。

关键事件法通常作为等级评价法的一种补充，它在认定员工特殊的优劣等级表现方面十分有效，而且对于制定改善不良绩效的规划也十分方便。

3）比较排序法

比较排序法是评估者按照员工在某个或某些绩效指标上的表现，通过与其他员工的绩效相比较并按照一定方法进行排序。

排序的具体方法有简单排序、交错排序、两两比较排序等。

简单排序法是将员工按照某个绩效指标上的表现进行整体比较，然后从绩效最好的员工到最差的员工进行排序的方法。

交错排序法是在排序时，先选出绩效表现最好的员工排在最前面，再选出绩效表现最差的员工排在最后面，然后从剩下的员工中再选出最好的和最差的排在第二和倒数第二的位置上，如此直到所有员工排序完毕。

两两比较排序法也叫配比比较法、相互比较法，是将所有要进行评价的人员列在一起，两两相互比较，其绩效表现好者得 1 分，差者得 0 分，最后将各员工所得分数相加，按分数高低顺序将员工绩效表现进行排列。例如，有五个被考评者，每人在与另外四人相比较时的得分如表 6-10 所示。由此我们可得出，在这个项目的对比中，得分顺序及分数为：C 为 4 分；D 为 3 分；A 为 2 分；B 为 1 分；E 为 0 分。

表 6-10　　　　　　　　　　　　　比较法

	A	B	C	D	E	得分
A		1	0	0	1	2
B	0		0	0	1	1
C	1	1		1	1	4
D	1	1			1	3
E	0	0	0	0		0

4）360 度考核法

360 度考核法也称为 360 度反馈评价法、全视角评估法，是由被考评者的上级、下级、同事、客户（外部顾客和内部顾客）以及被考评者本人担任考评者，从各自不同角度对被考评者进行全方位的考核评价，再通过反馈程序将评价结果反馈给被考评者，以达到改善被考评者工作行为、提高工作绩效的目的的考评方法。

员工的工作具有多面性，不同的人观察到的方面是不同的，要求往往也不一样，360度考评法可以综合不同评价者的意见，得出一个全面、公正的评价，通过这种评估方法，被评估者可以从不同的角度获得信息反馈，从而了解自己的长处与不足、未来发展的方向，使以后的职业发展更为顺畅。但是，这种方法的缺点也很明显，比如综合各方面信息而造成系统复杂性提高，来自不同方面的意见可能发生冲突，时间和经济成本比较高，员工串通集体作弊等。

5）目标管理法

目标管理法是指先与员工就便于衡量的工作目标进行交流并最终商定，再定期与员工就事先商定的工作目标的完成情况和进度安排进行沟通、讨论的一种绩效考评方法。具体应用步骤为：首先，管理人员与员工共同制定本期的工作目标，并为工作目标的实现制定员工所需完成的绩效水平；其次，管理人员与员工应根据本期业务或环境的变化及时调整和修改工作目标；再次，管理人员与员工应定期讨论目标的完成情况，并对失败原因和改进措施加以进一步讨论和分析；最后，在总结本期经验的基础上，管理人员与员工共同制定下一期的工作目标与绩效水平。

在实际操作中，目标管理法的具体操作流程一般为：①构建绩效考评指标体系，并确定各个指标的绩效考评目标值；②将绩效考评指标依据重要程度的不同划分出不同的权重；③比较各种指标的实际值与目标值，计算目标完成率；④将目标完成率先乘以 100，再乘以权重，计算出绩效考评指标的实际得分；⑤将各个指标的实际得分相加，作为员工绩效考评最终得分。

6）关键绩效指标法

关键绩效指标法，简称 KPI 法，是目标管理法与帕累托定律（"20/80 定律"）的有机结合，是一种用于沟通和考评被评价者绩效的定量化、行为化的标准体系。具体来说，这种方法是对企业的战略目标进行全面的分解，分析和归纳出支撑企业战略目标的关键成功因素，继而从中提炼出企业、部门和岗位的关键绩效指标，据以进行绩效考评的方法。

KPI 法是把公司战略目标分解为可运作的远景目标和量化指标的有效工具，其核心思想是，企业 80% 的绩效可通过 20% 的关键指标来把握和引领，因此应重点评估与其战略目标实现关系最密切的那 20% 的关键绩效指标。

KPI 一般包括企业级、部门级、各个具体工作岗位三类，其具体制定流程为：①明确企业战略目标，找出企业的业务重点，确定企业价值考评的重点，从而确定企业级 KPI（关键业务领域的关键绩效指标），并确定评价标准；②各部门主管依据企业级 KPI 确定部门级 KPI，并对相应部门的 KPI 进行分解，明确相关要素目标，分析推进绩效的核心要素（如人员、技术等），制定目标实现的具体工作流程，从而分解出各部门级 KPI，进而确定绩效考评指标体系，并确定评价标准；③各部门主管以及部门 KPI 人员共同对部门级 KPI 作进一步细分，分解为更加具体化的 KPI 和各个具体工作岗位的绩效考评指标，并确定评价标准；④对上面三个层级的 KPI 指标确定指标权重；⑤对关键绩效指标进行审核，以确保这些关键绩效指标能够全面、客观地反映被考评对象的真实绩效，而且易于操作。

除此之外，对于 KPI 的设定还应遵守 SMART 法则，即目标要具体明确（Specific），要可度量（Measurable），要可实现（Attainable），要具有现实性（Realistic），要有时间限制（Time-bound）。与此同时，在目标确定和绩效考评时还应考虑考评指标所涉范围能否被任职者所控制，若超出任职者控制范围，则此考评指标不宜纳入该任职者的绩效考评体系。

7）平衡计分卡法

平衡计分卡法，简称 BSC 法，是指从财务、客户、内部经营过程、学习和成长四个角度审视企业，并就这四个方面重要内容的关键要素确立目标和考评指标，从而引导企业全体员工的努力朝向构建企业的核心竞争力的一种绩效考评方法。其核心思想是通过财务、客户、内部经营过程、学习和成长四个方面指标之间相互驱动的因果关系展现组织的战略轨迹，实现绩效考评—绩效改进、战略实施—战略修正的目标。其中，学习和成长是提高企业内部战略管理和经营过程素质与能力的基础；企业通过管理能力的提高和经营过程的改善为客户提供了更大的价值；客户满意度的提高推动企业创造良好的财务效益，故这四个方面也是存在深层内在关系的。

作为一种有效的绩效考评方法，BSC 法一般适用于那些追求企业核心竞争力的构建和持续增长的企业。BSC 法不仅强调非财务指标和长远性指标，并把关键性衡量指标分为结果性指标（组织执行战略的实际成果）和驱动性指标（显示过程中的改变并最终影响产出）两大类，而且还强调绩效管理与企业战略和经营活动之间的紧密关系，同时还提出了一套具体的、可操作的指标框架体系。值得提醒的是，运用 BSC 法之前应先明确企业战略是否清晰和具有可分解性，企业目标与部门、个人目标是否一致，配套制度是否健全，上下级沟通是否有效等问题。只有在解决以上问题的基础上，才能对企业发展目标进行层层分解，筛选出关键的 BSC 指标，并确定绩效的衡量指标和评价标准，才能有效地推进 BSC 法的执行和应用。

BSC 指标框架体系见表 6-11。

表 6-11　　　　　　　　　　　　　　**BSC 指标框架体系**

传统的绩效指标	财务层面	结果性指标
		（1）作为一般企业绩效考评的传统指标，财务性绩效指标体现了企业战略及其实施、执行对最终经营成果改善做出的贡献，但不是所有长期战略都能产生短期财务利润；（2）非财务性绩效指标的改善是实现目的的手段，而不是目的本身；（3）财务层面指标衡量的主要内容有：收入的变动与结构、成本的变动、生产率的变动、资产利用率、投资战略等
新增的绩效指标	客户层面	过程性指标
		（1）BSC 需要企业将战略和使命分解为与客户相关的具体的目标和要点；（2）企业应以目标顾客和目标市场为导向，应关注核心顾客的需求；（3）客户层面指标衡量的主要内容有市场占有率、顾客保持率、顾客获得率、顾客满意度、从顾客处获得的利润率等
	内部经营层面	（1）构建 BSC 的顺序通常为先制定财务、客户层面的目标和指标，再制定企业内部经营层面的目标和指标，从而有利于抓住重点，专心衡量与股东、客户目标息息相关的流程；（2）内部经营绩效考评应以顾客满意度和对财务目标贡献最大的业务流程为核心；（3）内部经营指标既应包括短期现有业务的提升，也应包括产品开发和服务创新；（4）内部经营层面指标衡量的主要内容有创新过程、经营过程、服务过程等
	学习与成长层面	（1）学习与成长目标为以上三方面目标提供了基础架构，是它们获取成功的动力，对学习与成长能力的投资虽在短期内会影响财务收入，但给未来的持续发展奠定了坚实基础，特别是在竞争激烈的全球化时代，其未来效果将尤为明显；（2）学习与成长层面指标衡量的主要内容有员工能力、员工培训、信息化水平、员工满意度、激励与授权等

✳ 6.6　人力资源管理咨询案例

360°绩效考核——全方位的考核，结论更加公正！

西安汉斯啤酒的重振雄风，靠的就是青岛啤酒集团实施的新绩效考核办法——360°全方位考核。

青岛啤酒厂兼并汉斯啤酒厂后，为汉斯啤酒厂引进了 360°考评体系，注重绩效，全面客观地考评员工的德、能、勤、绩。所谓 360°考评体系，即对基层员工的考核由自评、同级考评、上级考评三个维度构成，对中层干部，还要请其下级考评（通常采用无记名填表和座谈相结合），如图 6-2 所示。

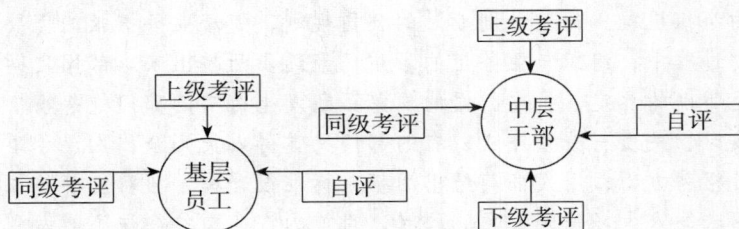

图 6-2　360°考评体系

员工自评，即被评定者本人在年终述职大会上叙述自己的能力、工作态度、工作成绩和一年工作中的优缺点，职业生涯发展的可能性，需要上级加以指导的事项和本人所经历的关键性事件。

同级考评，即本部门同事、其他相关部门人员、本企业以外的相关人员在公司述职大会上，利用一系列标准化的量化表对被评定者以无记名方式，按优秀、一般、不称职三类进行打分。

上级考评，即被评定者的上级运用比较法对考评结果做出相互比较，从而决定其工作业绩的相对水平。

公司将绩效考评制度化，以加大奖惩力度为保证。鼓励员工在自己的工作岗位上发挥个人的聪明才智，并实施奖励；对于考核不合格者，扣发奖金或调离工作岗位，从而调动了员工的积极性，激发了他们的主人翁精神。

公司在绩效考核中，对中层干部的考核更加严格。对考核结果排出名次，末位淘汰。此法实行第一年，就有 35 个部门被砍去，63 名中层干部被精简，二级机构由原来的 45 个削减为 9 处 1 室，中层干部仅聘任 26 人，实行竞争上岗。各级干部依靠德、能、勤、绩上岗，一切以年底考评成绩说话。剧烈的人事变化，使公司上上下下无不震动，特别是中层干部真正有了强烈的危机感。

梅花香自苦寒来，青啤西安公司在短时间内创造了奇迹，一举扭亏为盈，吨酒成本降低了 25%，全年总成本下降 3 200 万元，利润增长 116%，成为西安市的利税大户和东西部企业合作中的一颗闪亮的新星。

❖ 本章小结

本章简要介绍了人力资源管理咨询的目的与意义，详细阐述了人力资源管理的主要内容、人力资源管理工作中的典型问题和人力资源管理咨询的具体程序与常用方法，目的是通过这些知识的介绍满足读者在人力资源管理实践中的需要，并为从事人力资源管理咨询工作的实践者提供参考。

❖ 练习与思考题

★ 案例分析

背景材料：

A 公司是我国中部省份的一家房地产开发公司。近年来，随着当地经济的迅速增长，该公司也有了飞速的发展，规模持续扩大，逐步发展为一家中型房地产开发公司。随着公司的发展和壮大，员工人数大量增加，众多管理问题逐步显现出来。

公司现有的组织机构，是基于创业时的公司规划，随着业务扩张的需要逐渐扩充而形成的，在运行的过程中，组织与业务上的矛盾已经逐步凸显出来。部门之间、职位之间的职责与权限缺乏明确的界定，扯皮推诿的现象不断发生；有的部门抱怨事情太多，人手不够，任务不能按时、按质、按量完成；有的部门又觉得人员冗杂，人浮于事，效率低下。

公司的人员招聘方面，用人部门给出的招聘标准很含糊，招聘主管往往无法准确地加以理解，使得招来的人大多差强人意。同时，目前的许多岗位往往不能做到人事匹配，员工的能力不能得以充分发挥，严重挫伤了士气，并影响了工作的效果。公司员工的晋升以前由总经理直接做出。现在公司规模大了，总经理已经几乎没有时间来与基层员工和部门主管打交道，基层员工和部门主管的晋升只能根据部门经理的意见来做出。而在晋升中，上级和下属之间的私人感情成为决定性因素，有才干的人往往并不能获得提升。因此，许多优秀的员工由于看不到自己未来的前途，而另寻高就。在激励机制方面，公司缺乏科学的绩效考核和薪酬制度，考核中的主观性和随意性非常严重，员工的报酬不能体现其价值与能力，人力资源部经常可以听到大家对薪酬的抱怨和不满，这也是人才流失的重要原因。

面对这样严峻的形势，人力资源部开始着手进行人力资源管理的变革，变革首先从进行职位分析、确定职位价值开始，职位分析、职位评价究竟如何开展，如何抓住职位分析、职位评价过程中的关键点，为公司本次组织变革提供有效的信息支持和基础保证，是摆在 A 公司面前的重要问题。

首先，他们开始寻找进行职位分析的工具与技术。在阅读了国内目前流行的基本职位分析书籍之后，他们从其中选取了一份职位分析问卷，作为搜集职位信息的工具。然后，人力资源部将问卷发放到了各个部门经理手中，同时他们还在公司的内部网上发了一份关于开展问卷调查的通知，要求各部门配合人力资源部的问卷调查。

据反映，问卷在下发到各部门之后，却一直搁置在各部门经理手中，而没有发下去。很多部门是直到人力资源部开始催收时才把问卷发放到每个人手中。同时，由于大家都很忙，很多人在拿到问卷之后，都没有时间仔细思考，草草填写完事。还有很多人在外地出差，或者任务缠身，自己无法填写，而由同事代笔。此外，据一些较为重视这次调查的员工反映，大家都不了解这次问卷调查的意图，也不理解问卷中那些陌生的管理术语，何为职责，何为工作目的，许多人对此并不理解。很多人想就疑难问题向人力资源部进行询问，可是不知道具体该找谁。因此，在回答问卷时只能凭自己的理解来进行填写，无法把握填写的规范和标准。

一个星期之后，人力资源部收回了问卷，但他们发现，问卷填写的效果不太理想，有一部分问卷填写不全，一部分问卷答非所问，还有一部分问卷根本没有收上来。辛苦调查的结果并没有发挥它应有的价值。

与此同时，人力资源部也着手选取一些职位进行访谈，但在试着访谈了几个职位之后，发现访谈的效果并不好。因为，在人力资源部，能够对部门经理访谈的只有人力资源部经理一人，主管和一般员工都无法与其他部门经理进行沟通。同时，由于经理们都很忙，能够把双方的时间凑一块，实在不容易。因此，两个星期过去之后，只访谈了两个部门经理。

人力资源部的几位主管负责对经理级以下的人员进行访谈，但在访谈中，出现的情况出乎意料。大部分时间都是被访谈的人在发牢骚，指责公司的管理问题，抱怨自己的待遇不公等。而在谈到与职位分析相关的内容时，被访谈人往往又言辞闪烁，顾左右而言他，似乎对人力资源部这次访谈不太信任。访谈结束之后，访谈人都反映对该职位的认识还是停留在模糊阶段。这样持续了两个星期，访谈了大概 1/3 的职位。人力资源部门经理认为时间不能拖延下去了，因此决定开始进入项目的下一个阶段——撰写职位说明书。

可这时，各职位的信息搜集还不完全，怎么办呢？人力资源部在无奈之中，不得不另觅他途。于是，他们通过各种途径从其他公司搜集了许多职位说明书，试图以此作为参照，结合问卷和访谈搜集到的一些信息来撰写职位说明书。

在撰写阶段，人力资源部还成立了几个小组，每个小组专门负责起草某一部门的职位说明，并且还要求各组在两个星期内完成任务。在起草职位说明书的过程中，人力资源部的员工都颇感为难，一方面不了解别的部门的工作，问卷和访谈提供的信息又不准确；另一方面大家又缺乏写职位说明书的经验，因此，写起来都感觉很费劲。规定的时间快到了，很多人为了交稿，不得不急急忙忙，东拼西凑了一些材料，再结合自己的判断，最后成稿。

最后，职位说明书终于出台了。人力资源部将成稿的职位说明书下发到了各部门，同时，还下发了一份文件，要求各部门按照新的职位说明书来界定工作范围，并按照其中规定的任职条件来进行人员的招聘、选拔和任用。但这却引起了其他部门的强烈反对，很多直线部门的管理人员甚至公开指责人力资源部，说人力资源部的职位说明书是一堆垃圾文件，完全不符合实际情况。

于是，人力资源部专门与相关部门召开了一次会议来推动职位说明书的应用。人力资源部经理本来想通过这次会议来说服各部门支持这次项目。但结果却恰恰相反，在会上，人力资源部遭到了各部门的一致批评。同时，人力资源部由于对其他部门不了解，对于其他部门所提的很多问题，也无法进行解释和反驳。因此，会议的最终结论是，让人力资源部重新编写职位说明书。后来，经过多次重写与修改，职位说明书始终无法令人满意。最后，职位分析项目不了了之。

人力资源部的员工在经历了这次失败的项目后，对职位分析彻底丧失了信心。他们开始认为，职位分析只不过是"雾里看花，水中望月"的东西，说起来挺好，实际上却没有什么大用，而且认为职位分析只能针对西方国家那些管理先进的大公司，拿到中国的企业来，根本就行不通。原来雄心勃勃的人力资源部经理也变得灰心丧气，但他却一直对这次失败耿耿于怀，对项目失败的原因也是百思不得其解。

问题：

1. 试分析该公司为什么决定从职位分析入手来实施变革，决定正确吗？为什么？

2. 在职位分析项目的整个组织与实施过程中，该公司存在哪些问题？

3. 该公司所采用的职位分析工具和方法主要存在哪些问题？

资料来源　彭剑峰. 人力资源概论［M］. 上海：复旦大学出版社，2005.

★ 思考题

1. 人力资源管理咨询的含义、目的与意义是什么？

2. 人力资源管理的主要内容有哪些？

3. 人力资源管理咨询的具体程序与方法如何？

★ 讨论题

1. 人力资源管理工作中典型问题有哪些？还存在哪些问题？

2. 人力资源管理中需要注意哪些问题？人力资源管理咨询中需要注意哪些问题？

❖ 补充阅读材料

1. 何娟. 人力资源管理［M］. 天津：天津大学出版社，2000.

2. 李剑锋. 人力资源管理：原理与技术［M］. 北京：电子工业出版社，2002.

3. 席西民. 企业集团人力资本管理研究［M］. 北京：机械工业出版社，2003.

4. 秦祎，林泽炎. 现代人力资源管理［M］. 北京：中国人事出版社，1999.

5. 章达友. 人力资源管理［M］. 厦门：厦门大学出版社，2003.

6. 王璞. 人力资源管理咨询实务［M］. 北京：机械工业出版社，2003.

7. 方少华. 人力资源管理咨询［M］. 北京：机械工业出版社，2007.

8. http：//www. cnutc. com.

9. http：//www. szmmc. com.

10. http：//www. heyeehrm. com.

11. http：//www. gci-corp. com/hr. asp.

第 7 章

财务管理咨询

❖ 学习目标

通过本章的学习，在明确企业理财实践中常见的问题及其可能后果的基础上，理解财务管理咨询基本概念和企业开展财务管理咨询的现实意义。在熟悉财务管理咨询的基本程序和各阶段工作要点的基础上，掌握财务管理咨询的基本方法，并能够熟练地应用这些方法诊断和解决企业财务管理实践中存在的问题。

本章的学习重点是财务管理咨询的基本程序和对财务管理核心工作进行咨询、诊断时需搜集的信息、主要着眼点及基本咨询技法。

✼ 7.1 财务管理咨询及其现实意义

7.1.1 财务管理的本质及其咨询诉求

1）财务管理的本质

作为一个以营利为核心目的的经济组织，企业经营活动的推进过程实质是创造价值的过程；而价值创造过程则是通过对资本要素的运作实现资本增值的过程；对资本要素进行运作的过程实质上是资本运动的过程。资本的一般表现形式是货币资金，具体表现形式则是开展经营活动所必需的各种资产。因此，对企业经营活动的管理实际上涉及两个层面：其一，对作为资本具体表现形式的各种经营要素的外在的管理；其二，对这些要素的一般表现形式——价值运动及其引发的经济关系的内在的管理。后者即为企业财务管理。财务管理的根本任务在于以财权的合理配置为基础，通过对资金运动过程的科学规划与控制，以及对财务关系的有效协调，高效率地实现企业价值增值的目标。

2）财务管理实践对咨询的现实诉求

作为财务管理的对象，资金及其运动广泛地存在于企业经营过程的各个环节，由此决定了财务管理工作的系统性和全局影响性，也注定了财务管理工作的复杂性。同时，一种具体经营活动的背后可能存在着多种资金运作模式可供选择，而每一种模式最终带来的经济效果却各不相同，由此也使得财务管理工作带有较强的艺术性。

作为企业内部的理财人员，一方面，知识、经验和技能的有限性决定面对复杂的理财工作往往力不从心，致使财务管理效果不尽如人意；另一方面，由于思维的惯性，往往很难发现和正视理财实践中客观存在的问题，从而影响财务管理的实际效果。不论是前者还是后者，客观上都需要外部理财专家的及时介入，协助企业解决理财难题，提高财务管理工作效果。财务管理咨询已经成为管理咨询实务中一个非常重要的工作领域。

7.1.2 财务管理咨询及其意义

1）财务管理咨询的含义

财务管理咨询是指具有深厚的理财专业知识和丰富的理财实践经验的专家接受委托，以委托单位业务特点及其理财环境分析为基础，以财务管理科学原理和财务运行的内在规律为依据，围绕委托单位财务状况和财务管理工作现状展开深入细致的调查和诊断，发现委托单位财务管理工作和财务运行过程及其结果存在的问题，并协助其探索、设计解决问题的方案，以帮助委托单位完善财务管理工作、提升财务管理效果的工作过程。可以从以下几个方面理解财务管理咨询的含义：

（1）咨询的主体是财务管理专家。作为财务管理咨询的主体，不仅要有深厚的财务理论功底，还应具有丰富的财务管理实践经验，即不仅仅是一位财务理论家，还应是一位财务及管理实践家。

（2）咨询的对象是财务管理工作及其结果，即不仅仅要针对委托单位的财务状况展开分析、诊断，还要对导致这一现状的财务管理工作进行分析、诊断。通过全方位的改进，从根本上解决问题、改变现状。

（3）咨询的依据是财务管理现状及财务管理内在规律，即咨询主体在财务管理的科学理论和客观规律的指导下，对委托单位财务管理现状进行调查、诊断，以此为基础发现问题和策划解决问题的方案，而不是咨询人员先入为主、主观臆断，这是咨询的科学性之所在。

（4）发挥的是专家建议的作用。咨询主体仅仅是协助委托单位做财务管理诊断和改进，而不是代行决策，这是管理咨询最基本的特点。

（5）咨询的目的在于在理顺财务关系的基础上，实现财务资源的有效整合，即在明确财务管理现实问题的基础上，通过艺术性的对话机制，实现科学理财观念的表达、理财规律和技巧的传授、财务管理改进方案的交流，帮助委托单位优化权力分配和资源配置，最大化地发挥现有财务资源的效力。

2）财务管理咨询的特点

财务管理的本质决定与其他领域的管理咨询相比，财务管理咨询工作具有以下基本特点：

（1）复杂性。作为企业经营活动的价值方面的体现，作为财务管理的核心对象，资金运动广泛存在于企业经营活动的各个环节。生产要素的多样性和功能的各异性决定，这些要素在企业价值创造过程中的流转特点及其对管理活动的要求各不相同。同时，企业在业务特点、经营规模和组织形式等方面的差异，也注定了在财权配置和资金流转等方面的差别。所有这些均给企业财务管理工作带来较大的复杂性，由此也决定了财务管理咨询工作具有复杂性。

（2）综合性。在企业管理的所有工作中，财务工作是最具有综合性的一项工作。财务管理的目的在于通过对资本有效运作支持各项经营活动的高效开展，因此财务管理工作的成效直接影响到各项经营活动的最终效果，同时各项经营活动开展的成效也会在财务效果上得以体现。由此决定了财务管理咨询不是就财务论财务，还必然涉及对诸如战略、控制、绩效、激励等方面的综合考虑。因此，作为一个合格的财务管理咨询工作者，不仅仅要拥有深厚的财务理论功底和丰富的理财实践经验，还必须具有宽泛的管理知识和相关经验作为基础。这是由财务管理咨询的综合性决定的。

（3）系统性。财务管理咨询的复杂性和综合性决定，在开展财务管理咨询工作的过程中，必须本着全局的观点、联系的观点，站在企业整体利益的高度分析、诊断问题，设计改善方案，以实现企业整体价值的最大化，而不能"头痛医头，脚痛医脚"。

（4）保密性。保密性是管理咨询工作的基本特点，财务管理咨询在这方面表现得尤为突出。因为财务数据是企业经营活动的集中反映，财务数据中蕴含着企业大量的商业机密，一旦泄漏，对于企业而言必然带来致命的打击。因此，开展财务管理咨询更需遵守"保密原则"，这是维护客户利益的根本，也是赢得客户信任的前提。

7.1.3　开展财务管理咨询的现实意义

从咨询客体角度看，适时地引入外脑开展财务管理咨询具有较强的现实意义：

1）客观认识和评价自身的财务管理工作

"不识庐山真面目，只缘身在此山中"，管理当局长期置身于组织内部，现实存在的财务管理问题往往被思维的惯性和认知能力的有限性所掩盖，致使财务管理效率低下。此时引入财务管理咨询专家，通过"局外人"的客观分析与评价，可以客观地认识自身的财务管理水平、总结成功经验，也能及时地发现经营过程中存在的不足并改进之。

2）更新财务管理观念

现实经济生活中单位财务工作受重视的原因多数是因为财务、会计工作直接涉及"钱"，因此领导格外关注，而财务管理的价值影响效应和价值创造功能则往往被忽略。导致财务管理实质上不受重视，没有发挥应有的作用。通过管理咨询活动特有的对话机制，可以将科学的理财观念渗透给咨询客体的高层管理者，使之树立起科学的理财观念，更好地指导其财务管理行为。

3）增强财务管理的科学性和有效性

理财环境的多变性、财务管理工作的复杂性以及管理当局知识、经验和判断力的有限性决定，财务管理实践中难免出现财务决策欠科学、财务效果不理想的问题。财务管理咨询专家的及时介入，可以将科学的财务管理思想和先进的财务管理方法与技巧传授给管理当局，有利于提高管理当局的财务管理能力和水平，从而增强财务管理的科学性和有效性。

4）解决现实的财务管理问题

管理当局专业知识和能力的有限性决定，有时会遇到自己无法解决的难题。此时，亟需寻求外部专家的帮助。财务管理咨询专家可以凭借坚实的理论基础、扎实的专业知识、丰富的理财实践经验和先进的财务管理方法，以及高超的财务策划能力，帮助管理当局解决这些现实问题。

5) 理顺棘手的内部财务关系

从表象上看，财务管理是对资金进行规划和调度的过程，而更深层次上还涉及财权的分配、利益的协调等问题，并且后者是前者的核心影响因素。财权配置不合理、利益协调不恰当，会从根本上影响组织资金运行的安全性和效率性。然而，权力和利益通常是组织内部利益集团争夺的对象，由此财权配置和利益划分就成为十分敏感和棘手的问题。作为"内部人"，面对这种棘手的问题，单位"一把手"即便有成熟的想法，也往往因关系复杂而不便说话，特别是在一些市场化程度不高的企业和人际关系复杂的非营利组织内部尤为如此。此时，若及时引进财务管理咨询专家，就可以通过"外部"的"行家"的口，将科学的做法或"一把手"的想法说出来，一方面增强了方案的权威性，便于推行；另一方面可以避免内部纷争的出现，有利于维护组织的安定局面。

✴ 7.2　企业财务管理工作的主要内容

作为对企业经营活动价值方面的管理，企业财务管理工作主要涉及以下几个方面的内容：

7.2.1　财务管理基础建设

所谓财务管理基础建设是指对开展财务管理工作所需的基础条件进行营造的过程，具体而言包括财务管理体制建设、财务管理机构建设和财务管理制度建设三大方面。

1) 财务管理体制建设

企业开展财务管理工作，首先要结合自身的业务特点、经营规模和管理分工的需要，划分管理层级、设置部门机构；然后，将相应的财务管理权限落实到各个管理层级和部门，实现财权的合理配置；在合理配置财权的基础上，建立起各级决策主体间的相互咨询和制衡机制。通过财务管理体制的建设，在保证财务安全的基础上，实现分层财务管理，从而提高财务管理的效率。

2) 财务管理机构建设

尽管资金运动广泛存在于企业各个经营环节，理财目标的实现需要各部门和人员共同努力，但为实现对财务资源的有效整合，提高财务管理整体效果，客观上需要有专门的机构和人员从资金管理角度对经营活动进行科学规划和支持。因此，需要成立专司财务管理职能的机构并配备相应的专业理财人员，为企业理财工作奠定组织和人员基础。

3) 财务管理制度建设

制度化管理是现代企业科学管理的基本特征。通过相关管理制度的制定，将经营者的管理意志和思想予以外化，并成为指导和规范企业经营活动的行为指南，从而使企业的经营行为更具合法性、安全性和效率性。财务管理制度是企业管理制度体系的核心，为了增强财务管理的安全性、科学性、秩序性和效率性，企业需要制定诸如会计核算制度、采购管理制度、成本费用管理制度、预算管理制度、考核激励制度、财务分析制度等若干财务管理制度。财务制度建设的成效直接影响到企业日常财务活动的最终效果，由此也成为企业财务管理基础工作的重点之一。

7.2.2　财务预测与计划

作为对企业经营活动价值方面的管理，财务管理服从和服务于企业整体经营目标和计划。企业经营活动的目的性和计划性决定，财务管理也必须具有计划性，即结合企业的业务规划事前对由经营活动所引发的资金运动进行科学规划，以为日常财务管理工作提供依据，并成为指导和调控日常经营行为的标杆，以此保证经营和理财活动按照既定的目标和轨道展开，使之不至于出现大的偏差和波动，避免财务管理混乱和低效局面的出现。

财务管理的计划性是以财务预测为基础的。因为财务计划是面向未来的经营活动而做出的事前规划，这种事前安排必须以对未来经营状况及其导致的资金运动的合理推断和大致把握为基础。这就需要以经营历史分析和经营现状总结为基础，提前对下一个经营周期乃至未来相当长的经营期间内的资金运动情况进行预测。一般而言，需要结合企业的供、产、销活动对资金的需求量、投放量以及流动量及其时间分布等情况进行预测。在预测方法上通常使用因素分析法、销售百分比法、资金习性法和预计资产负债表法等方法。

财务计划的制订及其推行一般是通过企业全面预算管理实现的，即以企业供产销业务计划为基础，以销售预算为起点，通过采购预算、生产预算、费用预算、资本预算以及现金流量预算的编制，实现对企业经营活动所引发的资金运动过程进行事前规划和安排。财务计划作为企业日常理财行为的标杆和依据，能够有效地保证理财活动的方向性和秩序性。

7.2.3　资金融通与运筹

资金是企业的血液，企业经营活动的开展需要资金的支持，因此资金的融通自然成为企业财务管理工作的重要内容之一。在经营过程中，企业需要以过去的资金流动情况和当前资金状况为基础，结合未来业务发展对资金的需要，通过科学的预测和决策，通过一定的融资渠道和融资方式组织资金供应，以保证经营活动对资金的需求。

一般来说，在资金来源方面，企业可以根据自身的实际情况，从国家、银行等金融机构、社会公众、其他企业、国外企业和公众、信托投资公司等方面选择合适的筹资渠道。在资金筹措方式上，可以通过吸收直接投资、发行股票和内部积累等方式筹措可供永久使用的自有资金，作为经营的本钱；通过金融机构贷款、发行债券、融资租赁和商业信用等方式，筹措债务资金，以弥补自有资金的不足，并充分利用财务杠杆效应。在融资结构安排上，一方面要考虑资金成本的高低、财务风险的大小，另一方面要考虑资金流转的均衡性及与业务的匹配性，合理安排资金的属性结构和期限结构，力争以最小的代价筹措到足以支撑业务开展的资金。在筹资决策上，可以采用资金成本比较法、每股盈余无差别点法以及因素分析法等资本结构决策方法。

同时，资金作为一种稀缺的经济资源，注定了企业不能无偿和无限度地筹措和使用资金，因此资金的统筹使用也是企业财务管理工作需考虑的重要问题。企业需要科学运筹、统筹规划，将有限的资金合理地配置到经营活动的各个环节，力求以尽可能少的资金支撑起既定的业务规模，实现企业整体效率的最大化。这一目标一般是通过现金流量规划和资金集中管理等工作实现的。

7.2.4 资金投放与回收

企业自身经营活动的开展需要各种软硬件条件的支持，这些条件的置备过程就是资金的投放过程。从资金投放对象的周转特性角度看，可将资金投放大致分为长期资本投放和短期资本投放两个方面，其中尤以长期资本投放（长期资产投资）最为关键。同时，企业出于控制等战略考虑或获利目的，还会将资金投放到自身经营活动以外，由此构成企业的金融资本投资。考虑到资金的安全性、收益性和投放的风险性，企业必须做好资金投放决策和过程控制，以保证资金得以保全和增值，并顺利回收。

资金投放与回收可以通过项目投资决策和项目过程管理工作得以完成。在内部投资项目的选择方面，企业需要开展项目可行性研究，通过投资必要性、技术可行性和经济合理性的评价，决定项目的取舍。其中经济合理性评价最具综合性，也是资金投放决策的核心，可以通过项目投资经济效果指标（诸如净现值、内含报酬率、投资回收期等）的计算、评价来实现。在对外金融投资项目的选择方面，可以通过金融资产价值评估和风险评估工作来实现。项目过程管理实际上就是对日常经营业务的管理，通过成本的规划与控制、销售政策制定以及收入管理等工作的开展，实现项目资金投放的逐步回收。

7.2.5 成本规划与控制

在长期资本投放规模和市场占有率既定的情况下，企业经营效率与最终的效益主要取决于对日常经营过程中成本的管理效果，尤其在竞争日益激烈的买方市场条件下更是如此。成本管理过程大致包括成本规划、成本控制和成本分析三个首尾相接的环节。从企业财务管理角度看，其重心在于成本的事前规划和事中控制。其中成本规划是成本控制的依据，成本控制是成本规划得以落实的保证。

为此，企业需要结合市场分析、成本竞争力分析、战略定位和竞争策略分析，制定成本战略。在此基础上，对经营成本做出事前的规划，并通过成本预算（成本预算构成企业全面预算的一部分）的编制得以外化，作为成本控制的依据。在成本控制方法上，可以通过定额成本控制、目标成本控制、标准成本控制和责任成本控制等成本控制方法实现。

7.2.6 财务分析与评价

在持续经营状态下，为使周而复始的经营活动始终沿着预定的轨道高效开展，必须定期对自身的经营活动和结果进行分析和评价，一方面对经营过程中的成功经验进行总结，在此基础上不断提高，另一方面及时发现经营活动中存在的问题并及时采取补救措施，为此需要开展财务分析与评价工作。一般而言，在财务分析内容上，需要开展财务结构分析、财务能力分析和综合财务分析等分析工作。其中，财务结构分析包含资产结构分析、资金结构分析及财务协调性分析三大方面；财务能力分析则通常包含偿债能力分析、周转能力分析、盈利能力分析和发展能力分析四个方面；综合财务分析是针对企业财务状况的主要方面，采取特定的方法对企业整体财务状况做出综合反映和评价的一种分析方法。在财务分析方法上，可以采取比较分析法、比率分析法、趋势分析法和综合分析法等方法。财务分析不仅仅是企业分析、诊断自身财务状况的重要手段，也是企业实施考核评价的重要依据。

❋ 7.3　企业财务管理实践中常见的问题

企业财务管理的综合性、复杂性以及管理当局财务知识和经验的有限性决定，在财务管理实践中难免会出现一些不尽如人意的现象。结合企业财务管理工作的主要内容，可将企业理财实践中常见的问题概括如下：

7.3.1　财务管理基础不健全

主要表现为：

（1）财务管理体制不科学。财权在企业内部各层级之间配置不科学，导致企业内部权力和利益争夺不断、财权失控等现象发生，内耗成本过高，严重影响财务安全性和决策的科学性及效率性。

（2）财务管理机构设置不合理。集中表现为部门和岗位设置不健全，岗位职责设计不得当，致使企业出现财务管理职能实质性缺失；财务人员业务素质不理想，不能有效胜任相应的岗位，致使企业理财水平不尽如人意。

（3）财务管理流程不科学、财务管理制度不健全，致使企业财务活动缺乏科学的规范和指导，容易出现理财行为效率低下，财务活动混乱无序、随意性过大，甚至出现企业财务失控现象。

7.3.2　预算管理机制不科学

主要表现为：

（1）预算管理先天不受重视。有的企业（特别是一些中小企业）经营无预算，日常经营"摸着石头过河"，长官意识浓重，经营行为随意性较大；有的企业虽做预算，但预算往往被束之高阁而流于形式，预算是一回事，执行是另一回事，预算没有完全发挥作用。

（2）预算体系不健全。有的企业往往由于忽视经营活动的综合性、系统性，过分孤立地关注经营过程的个别环节，由此导致预算内容的片面性，致使预算体系不健全，不能全面、有效地指导和规范企业的经营行为，预算管理效力大打折扣。

（3）预算组织不科学。有的企业将预算仅仅看成是财务部、会计科的事情，由它们负责预算的编制、考核，致使预算缺乏科学性、权威性，预算对业务的指导力和约束力有限，甚至流于形式。

（4）预算缺乏战略导向和支持功能。有的企业不能有效地通过预算对经营行为的有效引导，为企业战略目标的实现服务。

（5）预算编制过程不合理。有的企业缺乏适当、足够的上下沟通，预算缺乏科学性和先进性，易导致鞭打快牛、姑息后进现象的出现。

（6）预算考核机制欠科学。有的企业不能通过科学的预算考核机制激发和挖掘预算执行主体的潜力，不能实现激励相容。

7.3.3 资金管理效果不理想

主要表现为：

（1）资金融通不得力，集中表现为以下几个方面：第一，融资规模不恰当，导致资金不足或浪费问题出现；第二，资金到位时间不及时，要么过早到位承担无谓的资金成本，要么迟迟不能到位错失市场良机；第三，资金使用期限及属性结构不合理，导致资金成本过高或融资风险过大。

（2）资金配置不科学，主要表现为资金结构与资产结构之间的配合性不理想，致使资金流转与资产形态转化周期不协调，容易导致资金链条中断或因资金成本过高而效益低下等问题出现。

（3）资金缺乏统筹规划、科学运筹。企业各部门、各分部往往各自为政，相互争夺、独立把持资金资源，企业资金分散，容易导致资金闲置浪费、整体利用效率不高甚至危及资金安全现象出现。

7.3.4 项目投资管理欠科学

主要表现为：

（1）项目可行性研究实质上不受重视。有的企业根本不做项目可行性研究，长期资本投资盲目性大，经常导致重复建设、半截子工程出现；有的企业出于融资、项目申请等特殊目的，被迫做项目可行性研究，基本处于走过场、应付检查等状态。

（2）项目可行性论证工作开展不理想，集中表现为：第一，可行性研究工作组织不科学，往往认为项目可行性研究仅是财务部门的事情，由财务部门闭门造车式地编制可行性研究报告；第二，可行性研究工作技术层面不理想，往往因缺乏项目可行性研究知识和经验而导致可行性研究工作本身开展不理想，分析过程有问题，最终影响可行性研究结论的可靠性，进而影响项目投资决策的科学性。

（3）项目决策组织及程序不科学，集中表现为项目决策权划分不合理，进而导致决策组织不科学，缺乏整体规划性和协调性。

（4）项目投资缺乏过程管理，往往出现在项目决策环节下工夫，但在项目建设实施过程上不重视的现象，极易导致项目投资质量和成本失控问题。

7.3.5 财务分析评价不深入

主要表现为：

（1）财务分析不受重视。有的企业无实质性财务分析工作；有的企业虽有所谓的财务分析，其实质是简单的财务统计，仅限于财务数据和指标的罗列，没有实际意义。

（2）财务分析方法欠科学，集中表现为：第一，财务分析不全面，仅限于会计报表分析，而没有关注到财务管理的全面性和综合性。第二，财务分析方法过于简单，仅限于传统的比率分析法下的指标简单计算和罗列，而对与财务现象之间的内在联系、因果关系的挖掘、洞察不够，导致财务分析停留于就财务论财务状态。

（3）财务分析功能发挥不全面。实践中，有的企业往往为分析而分析，对分析评价结论的利用不足，往往忽视财务分析的诊断、评价与考核功能。

7.3.6　成本费用控制缺策划

主要表现为：

（1）成本控制观念落后，集中表现为：第一，为控制而控制。往往过分关注成本的消耗性，而忽视成本的价值性和竞争性，忽视成本与价值之间的关系。纯粹为压缩成本而实施控制，将成本管理工作做"死"了。第二，缺乏整体及过程成本观。成本控制往往过分关注业务开展的局部或个别环节，忽视业务环节成本的联系性和生命周期成本的整体影响效果，导致成本控制工作因缺乏系统策划而整体效果欠佳。

（2）成本控制缺乏依据。由于成本计划工作开展得不理想，导致成本控制缺乏依据或标准，主观随意性大，也致使成本管理工作陷入无序状态。

（3）成本控制方法欠科学，主要表现为成本控制方法落后，没有将先进的成本管理理念和手段贯彻于成本管理实践。

（4）成本控制缺乏整体规划。由于观念上的落后，在成本规划工作中往往忽略隐性成本、过程成本和生命周期成本等因素，导致成本规划欠科学，对成本控制的指导和规范功能有限，甚至导致成本控制行为陷入误区。

7.3.7　管理决策支持不到位

主要表现为：

（1）高管人员财务观念落后。现实经济生活中，企业高管人员特别是"一把手"多为技术背景出身，缺乏科学的管理理念，对"财务"的功能往往认识不足，致使财务人员及财务工作没有得到应有的重视，在重大决策中对经济活动缺乏财务视角的审视，最终影响经济效果的实现。

（2）财务人员参与重大决策力度不足。高层领导观念上的落后，往往决定了在一些企业特别是私营企业中，财务人员缺乏参与重大决策的论证工作的机会，这也进一步导致决策的盲目性和片面性。

（3）财务人员决策支持能力有限。往往由于企业财务人员特别是高级财务人员能力有限，缺乏从财务管理视角审视、分析、诊断和策划经济活动的能力，导致财务部门在决策相关信息的加工、提供上出现严重的不足，致使企业在决策的科学性上有所折扣。

✳ 7.4　企业财务管理咨询程序

企业财务管理的综合性和复杂性决定，财务管理咨询也必将是一个复杂的系统工程，必须按照科学的程序推进，才能达到预期目标。企业财务管理咨询的一般程序如图 7-1 所示①。

7.4.1　财务管理现状扫描

本阶段的工作目标在于在了解企业财务管理内部环境的基础上，对企业财务管理工作

---

① 本节主要从企业财务管理咨询技术层面阐述一般工作程序，即图 7-1 中虚线框内"项目实施阶段"的基本程序。

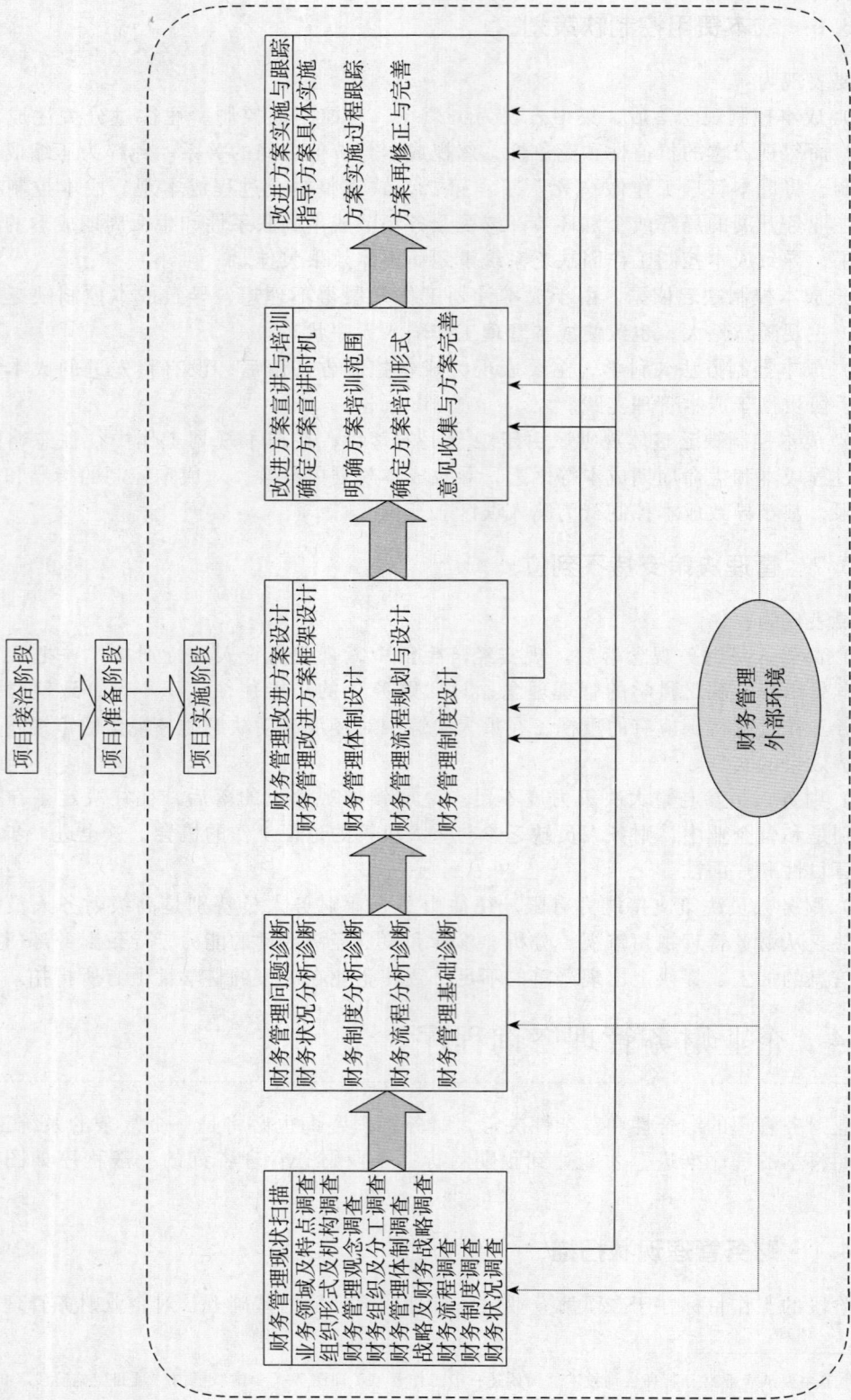

图 7-1　财务管理咨询一般程序

基础及现状展开详细的调查，为下一步的分析诊断提供翔实的内部资料。

本阶段可以通过以下几个工作环节实现对企业财务管理现状的把握：

（1）企业业务领域及特点调查。对被咨询企业的主营业务及其他业务所涉及的行业范围进行调查，并进一步了解相应业务领域的一般业务流程和特点，以此初步了解该行业的企业资金运动规律及特点。

（2）企业组织形式及组织机构调查。通过企业组织形式（个体企业、合伙企业、公司企业；单体企业、集团企业）和现有组织结构的调查，了解企业内部治理结构特别是财务治理结构情况，同时为进一步梳理业务流程和财务流程奠定基础。

（3）企业财务管理观念调查。通过与企业高管人员的交流，了解企业的财务管理观念及行为，为下一步问题诊断和方案设计、方案交流打好基础。

（4）企业财务组织及分工调查。对企业目前财务管理机构设置、岗位设置、岗位职责及财务人员配备等情况进行调查，为进一步判断企业财务管理工作基础的完备性和合理性做好准备。

（5）企业财务管理体制调查。以前述调查工作为基础，进一步对企业财务管理体制展开调查，了解企业财权配置现状，为财务管理体制诊断和财务治理机制的完善奠定基础。

（6）企业战略及财务战略调查。通过对企业整体战略及财务战略的调查，了解企业整体战略目标和战略部署，以及为实现这一战略目标和部署而在财务方面的规划与安排，为下一步财务战略的科学性诊断奠定基础。

（7）企业财务流程调查。以企业业务特点和组织结构调查为基础，进一步了解企业财务管理流程规划与安排和财务流程运行现状，为下一步财务流程诊断提供依据。

（8）企业财务制度调查。主要对企业财务制度体系构成、财务制度具体内容及财务制度实施情况进行调查，为下一步财务制度诊断提供依据。

（9）企业财务状况调查。主要以财务报告和内部报表等财务和会计信息的调查为基础，了解企业目前的财务状况、经营能力和经营成果，为下一步财务状况分析诊断提供素材。

7.4.2　财务管理问题诊断

本阶段的工作目标在于，以财务管理现状扫描为基础，对企业财务管理工作及其结果存在的问题进行分析诊断，为下一步财务管理改进方案的策划设计奠定基础。

对财务管理问题的分析与诊断，可以按照如下思路展开：

（1）从财务状况分析诊断入手发现财务管理存在的问题。一般而言，企业财务管理工作的成效均会通过企业财务状况集中体现出来。因此，在咨询过程中，可以从最为直观也最容易入手的财务状况的分析诊断入手，发现企业财务管理弊病的"症状"，并为下一步"病因"的找寻提供依据。

（2）从财务流程及制度的适应性诊断入手寻找病因及潜在隐患。财务状况的外在表现是财务活动的结果，而财务活动开展的过程实质上也就是财务管理流程推进与财务管理制度的落实过程。因此，可以从企业财务流程及财务制度与业务特点、组织结构、管理要求、管理目标等的适合性分析入手，诊断导致财务状况变化的原因，或潜在的隐患①。

（3）从财务管理基础、财务管理机制及其与环境的适应性诊断入手探求财务管理弊病根源。从根本上讲，财务流程的合理性程度、财务制度的科学性程度取决于企业高层领导特别是"一把手"的财务管理观念以及企业财务治理机制、财务人员素质等财务管理基础的好坏。因此，可以从理财观念、财务管理体制、财务管理人员素质等财务管理工作基础及其与理财环境的适应性分析入手，诊断导致企业财务状况恶化的"病根"，为下一步"治疗方案"设计并从根本上改变财务管理现状提供依据。

7.4.3　财务管理改进方案设计

本阶段的工作目标在于，以财务管理现状扫描结果和财务管理问题诊断结论为依据，"对症下药"，为客户企业策划、设计财务管理改进方案。这一阶段是财务管理咨询工作的重心和闪光点所在。

一般而言，财务管理改进方案的策划、设计工作可以按如下程序展开：

（1）财务管理改进方案框架设计。以财务管理问题诊断结论为基础，从基本思路层面为客户设计出财务管理弊病"治疗方案"，以使客户企业做到心中有数，并能结合自身情况对总体治疗方案的设计方向与思路提出异议和建设性意见。同时，这种"框架方案"也是为下一步详细方案设计做好总体规划，避免具体改进方案设计过程中出现方向性错误。

（2）财务管理体制设计。企业财务管理机制决定，欲从根本上解决问题，必须从财务管理基础的夯实入手。因此，应首先结合企业战略规划、业务特点、组织形式，对企业财务管理体制（包括财务机构设置、岗位配备及财权划分等）进行规划和设计。一方面理顺企业内部财务管理体制，健全财务治理机制；另一方面为财务流程和制度设计奠定基础。

（3）财务管理流程规划与设计。以财务管理体制方案为基础，结合企业业务特点，对财务管理流程进行规划和设计，为财务活动顺畅开展打好基础。

（4）财务管理制度设计。以企业财务管理体制的基本要求为前提，以财务管理流程为依据，对具体规范和指导财务行为的财务管理制度进行规划、设计，使得企业高层领导的财务管理思想和具体要求、财务管理科学理论和方法能够贯彻落实到理财实践中去，进而优化理财行为、改善企业财务状况、提升企业财务管理效果。

7.4.4　财务管理改进方案宣讲与培训

本阶段的工作目标在于，在与企业有关部门和人员充分沟通并达成一致的基础上，将基本成熟的财务管理改进方案在有关部门和人员范围内公开宣讲，并对相关人员进行培训，以保证方案恰当、顺利实施。

财务管理改进方案的宣讲与培训工作应按以下步骤展开：

（1）确定方案宣讲时机。结合企业内部管理变革工作的需要，科学确定财务管理改

---

① 财务流程与制度的不合理，可能导致未来财务状况的恶化。

进方案公开的时机。改进方案的面世讲求及时、恰当，以免引起不必要的混乱。

（2）明确方案培训范围。根据方案本身的特点及应用范围，确定宣讲对象与培训对象范围，做到既节约培训成本，又有效实现培训目标。

（3）确定方案培训形式。针对不同的培训对象，分别制定不同的培训方案，以保证培训实现预期的效果。在具体培训方式上，可以采用交流讨论、课程培训、情景模拟、案例分析等多种形式。

（4）意见收集与方案完善。在方案宣讲和培训过程中，注意收集企业各级员工关于财务管理改进方案的意见和建议，及时对方案进行调整和完善，以保证方案的科学性和适用性。

7.4.5　财务管理改进方案实施与跟踪

本阶段的工作目标在于，在方案宣讲和培训的基础上，指导、协助客户企业将财务管理改进方案付诸实施，并结合实施过程中发现的新问题对方案进行微调，最终将科学的做法贯彻到企业理财实践中去。

财务管理改进方案实施与跟踪阶段的工作主要包括以下三个重要环节：

（1）指导方案实施。在客户企业管理基础较差，对方案理解能力和操作能力有限的情况下，需要对方案的具体实施给予必要的指导，以保证方案能被正确贯彻实施。

（2）方案实施过程跟踪。财务管理的过程性和管理变革的复杂性决定，在指导客户实施财务管理改进方案以后，还需要在一段时间（时间长短通常由咨询主客体协商确定）内对客户企业财务管理改进方案的实施过程进行跟踪、观察，以及时纠正偏差或给予指导。

（3）方案再修正与完善。方案实施过程中可能出现新情况，也可能由于事前考虑不周而导致方案本身有欠缺，因此应结合对方案实施过程的跟踪，对方案适时地做出修正和完善，以更好地实现财务管理咨询的目标。

需要说明的是，上述财务管理咨询过程的每一个阶段和环节，都必须充分考虑外部理财环境因素①所产生的约束作用和所提供的机会，这样才能保证分析诊断工作的科学性和策划方案的适用性。

✳ 7.5　企业财务管理咨询方法

企业财务管理咨询方法种类繁多，从不同的角度划分有不同的分类方法。本节将从企业财务管理的核心工作内容角度介绍企业财务管理咨询的常用方法。

7.5.1　财务战略咨询方法

1）财务战略咨询的必要性

企业战略是对企业长远发展的规划与部署，对企业能否持久、快速发展具有深远影响。作为企业经营活动的价值方面体现，财务活动也必须确立相应的战略以配合企业整体

---

① 内部理财环境已经通过财务管理现状扫描工作纳入咨询人员的视野。

战略。简言之，企业财务战略是企业整体战略的重要职能战略之一，财务战略的科学性直接影响企业整体战略能否有效实施和战略目标的实现程度。因此，在财务管理咨询过程中，对财务战略的分析和诊断就显得十分必要。财务战略诊断工作的成效直接影响到财务管理改进方案设计的合理性，对整个财务管理咨询的效果、对被咨询企业未来发展具有重要影响。

2）财务战略咨询的基本信息依据

开展财务战略的分析与诊断，一般需要以下基本信息作为依据：

（1）外部信息：

①当前所处经济周期阶段及社会总体经济形势；

②国家货币及财税政策；

③资本市场完善程度及资金供求情况；

④企业所在行业及拟进入行业的产业地位及发展趋势；

⑤企业所在行业及拟进入行业的渠道环境；

⑥行业竞争对手的成本、价格竞争力及市场竞争、财务策略等。

（2）内部信息：

①企业总体战略目标与战略规划；

②企业业务范围与结构；

③企业主营业务的特点及开展情况；

④企业所特有的投融资环境与机会；

⑤企业现有的财务管理体制；

⑥企业财务结构及其变动趋势；

⑦企业资金规模及流转情况；

⑧现有业务投资规模及盈利情况；

⑨企业当前财务渠道环境及其变化趋势等。

3）财务战略咨询的着眼点

在财务战略诊断实施过程中，应重点关注以下几个方面的问题：

（1）企业是否结合总体战略在财务上制定了长远的规划和策略；

（2）企业财务战略的制定是否充分考虑了来自内外部理财环境因素的约束与契机；

（3）企业财务战略的制定是否充分考虑了与总体战略的配合性，是否能够有效地支持企业总体战略的实施和战略目标的实现；

（4）企业财务战略方案是否符合财务管理的一般规律；

（5）企业财务战略目标的确立是否立足于企业现实；

（6）企业财务战略举措是否切合企业实际，是否具有可行性；

（7）企业财务战略是否被充分理解；

（8）相关部门和人员在理财实践中是否有效地落实战略举措；

（9）战略部署的阶段性目标实现程度等。

4）可供选择的财务战略类型

常见的企业财务战略类型从其总体特征上大致可以分为"防御型财务战略"和"进攻型财务战略"两大类，它们的具体特点如表7-1所示。

表 7-1　　　　　　　　　　　　　常见的企业财务战略类型对照表

项目	防御型财务战略	进攻型财务战略
战略特征	收缩与退出	扩大与扩张
战略选择	①维持战略（行业领先地位稳固、资金实力强） ②收缩战略（渠道伙伴稳定、核心竞争力明显） ③转移战略（原业务优势不明显，但有转型机会） ④退出战略（原业务发展不下去，没有转型机会）	①规模扩大战略（核心优势明显，追求规模效应） ②多元化扩张战略（横向多元化寻求机会、分散风险；纵向多元化建立产业链优势地位） ③资本经营战略（产权经营配合扩大与扩张战略；产权经营追求资本收益）
战略举措	①集中优质资源于核心业务，实行紧缩、谨慎的投资政策，处理多余资产 ②实施严格的预算管理，控制现金支出，实施现销为主的销售政策 ③加强应收款管理，严格赊销政策，提高信用标准，及时处理坏账 ④严格的库存管理，谨慎的采购政策，及时清理库存物资 ⑤压缩期间费用，严格成本预算，挖掘成本潜力等	①将资金筹措作为财务管理首要工作之一，以满足扩张（大）的需要；增发证券，获取资金 ②寻求新的业务增长点，扩大经营资本投资和金融资本投资规模 ③实施积极信用政策，适当降低信用标准、扩大赊销范围以争取更大的市场空间 ④扩大采购规模以满足经营规模扩大的需要 ⑤实施积极的成本管理策略，注重成本的长期效应；挖掘成本潜力，提高成本竞争力 ⑥战略性产权投资增加
适用环境	①宏观环境：社会经济进入衰退阶段，国家政策不稳定、政局及社会动荡等导致经济低迷 ②中观环境：行业管理混乱，行业营业额及利润率整体下降，行业进入衰退期 ③微观环境：营业额下降，利润率降低，股价下跌，融资困难，现金流转举步维艰	①宏观环境：社会经济繁荣阶段，国家政策稳定、政局及社会秩序稳定，经济形势看好 ②中观环境：行业在社会经济中地位稳定，行业竞争有序，行业营业额及利润率稳定，行业进入成熟期 ③微观环境：行业内地位稳定，营业额增长，利润率稳定，股价稳中有升，融资便利，现金流转顺畅

7.5.2　财务状况诊断法

1）财务状况诊断的作用

所谓财务状况诊断是指以财务报告等企业对外、对内的信息资料为基础，运用特定的诊断方法，对企业综合财务状况进行分析、评价，诊断出可能存在的问题，为相关决策或举措的实施提供依据。作为对企业经营活动价值方面的管理，财务管理最具有综合性，企业经营的一切成败最终都将从财务状况的变动上体现出来。因此，对企业财务状况实施诊断，能够直观、迅速地发现企业经营过程中可能存在的问题及其产生的原因，对于改进企业财务管理工作来说意义重大。财务状况诊断往往成为企业财务管理咨询进入实质性阶段的核心工作之一。

2）财务状况诊断的信息基础

在开展企业财务状况诊断工作之前，一般需要搜集以下有关信息：

（1）行业协会公告或同行业竞争对手财务报告；

（2）企业战略目标及战略规划文件、财务战略规划文件；

（3）企业历史（至少前三年）财务数据；

（4）企业财务报告及内部管理报表；

（5）企业预决算文件资料；

（6）企业会计核算资料（根据需要确定具体资料内容）等。

3）财务状况诊断的着眼点

实施财务状况诊断过程中应重点关注以下几个方面的问题：

（1）于业务特点、业务规模和组织形式而言，企业财务结构合理性。具体考查资产结构的合理性、资金结构的合理性、资产结构与资金结构配合性、收入结构、成本（费用）结构以及盈利结构等。

（2）企业现有资产（金）利用效率。具体考查现金利用效率、应收账款利用效率、存货利用效率、固定资产利用效率等。

（3）企业收益能力。具体考查资金回报率、成本报酬率和每元收入利润率等。

（4）企业积累发展能力。具体考查经营规模变化情况、资本规模变化情况等。

（5）企业财务安全性。具体考查资产流动性、债务清偿性和收入成本及盈利波动性等。

（6）企业综合财务状况健康程度。

（7）企业经营成果与预算目标相比是否存在差距，是正差还是负差。

（8）企业主营业务开展及资源配置是否有效地支持了总体战略和财务战略。

（9）与行业对手相比的财务状况差距等。

4）财务状况诊断的具体方法

按照诊断内容和具体目的的不同，可将财务状况诊断具体方法分为比较诊断法、比率诊断法和综合诊断法三类。

（1）比较诊断法。

所谓比较诊断法是指将企业财务状况的整体或某一方面与比较对象进行对比分析，从比较之中找到差距或问题的一类诊断分析方法。这种方法可以直接用于财务诊断，也可以配合其他诊断方法进行诊断。根据比较的对象不同，可具体分为横向比较诊断法和纵向比较诊断法。

横向比较诊断法是指将企业财务状况与可比性较强的同行业竞争对手进行比较，通过这种比较分析，可以诊断出企业在行业、市场中的地位，找到与竞争对手之间的差距与不足，可以为日后的改进提供方向。

纵向比较诊断法是指将企业当前财务状况与历史水平进行比较分析，通过这种比较分析，可以诊断出企业财务状况变动的趋势。

比较诊断法应用过程中需注意比较对象的选取上一定要注意有较高的可比性，同时注意剔除偶然因素对企业财务状况的影响。

（2）比率诊断法。

所谓比率诊断法是指根据要素间的固有的内在联系设计并计算财务比率，通过财务比率值的特征诊断企业财务状况某一方面可能存在的问题。这种诊断方法是企业财务诊断实务中应用最为普遍的一种方法。根据财务要素间的不同联系方式，可将比率诊断法具体分为以下几种：

①结构比率诊断法。

这种诊断方法的原理在于，通过对诊断对象内部构成情况（部分占总体的比率）的分析，判断其合理性。结构比率的计算原理如下：

$$某财务要素占总体比率 = \frac{该要素水平}{该类要素总体水平} \times 100\%$$

结构比率诊断法可以用于企业资产结构诊断、资金结构诊断、资产结构与资金结构配合性诊断、成本结构诊断、收入结构诊断及盈利结构诊断等财务结构的诊断工作。至于财务结构的合理性判断，需要结合企业财务战略、业务特点、业务规模以及行业一般水平综合分析。

②因果比率诊断法。

所谓因果比率诊断法是指通过对有内在因果关系的财务要素（比如成本与利润）的相互比较而计算出财务比率来诊断企业财务状况的健康程度。因果关系比率的计算原理如下：

$$某因果关系比率 = \frac{因（或果）要素水平}{果（或因）要素水平} \times 100\%$$

因果比率诊断法可以通过计算成本利润率、投资回报率、收入利润率、权益报酬率及各项资产周转率等财务比率，实现对企业盈利能力、资产利用效率等财务状况的诊断。在使用这种诊断方法过程中需要注意所计算比率的分子和分母一定要具有内在的因果关系。

③配合比率诊断法。

所谓配合比率诊断法是指遵循财务运行一般规律，通过对财务要素间在结构、规模等方面的配合性程度的分析来诊断财务结构合理性的一种诊断方法。配合比率的计算原理如下：

$$财务配合性比率 = \frac{财务要素 A 水平}{财务要素 B 水平} \times 100\%$$

配合比率诊断法通常可以通过计算资产负债率、流动比率、速动比率、现金负债比率等财务比率，实现对企业财务结构和风险性等的诊断。在使用这种方法进行财务状况诊断过程中应注意分子和分母之间在财务上确实具有内在的保障或支持关系，它们间的比较具有经济意义。

④趋势比率诊断法。

所谓趋势比率诊断法是指通过某财务要素在不同期间水平的纵向比较来诊断企业财务状况变动趋势的一种财务状况诊断方法。趋势比率计算原理如下：

$$某财务要素增长率 = \frac{该要素本期增长水平}{该要素期初水平} \times 100\%$$

趋势比率诊断法可以通过主营业务收入增长率、资本积累率、固定资产增长率等财务比率的计算，实现对企业发展能力的诊断。使用该类方法诊断财务状况变动趋势过程中，应注意剔除非经营因素对财务要素变动额的影响，以保证诊断结论的客观性。

⑤达标比率诊断法。

所谓达标比率诊断法是指通过对实际业绩水平与目标业绩水平之间的比较，计算业绩目标达成率，进而判断经营目标实现程度的一种分析诊断方法。达标比率计算原理如下：

$$目标完成率 = \frac{实际业绩水平}{目标业绩水平} \times 100\%$$

达标比率诊断法可以通过销售收入完成率、成本（费用）降低率等财务比率的计算，实现对企业预算执行情况的诊断。使用该类方法诊断财务状况变动趋势过程中，同样应注意剔除非经营因素对实际业绩水平变动额的影响，以保证诊断结论的客观性。

（3）综合诊断法。

所谓综合诊断法是指通过构建涵盖能够从不同角度反映企业财务状况的核心财务指标的诊断评价体系，实现对企业整体财务状况做出综合诊断、评价的一类诊断方法。常用的综合诊断法主要有：

①杜邦体系诊断法。

该方法的基本原理在于，以最具有综合性的权益净利率指标为起点，根据财务要素之间的内在关联关系，进行财务指标的逐层分解，最终具体到企业经营活动所涉及的每一项具体财务要素层面，并通过不同期间或对象间相应指标水平的对比分析，最终诊断出影响财务状况变动的具体原因，为下一步改进方案的设计提供直接的依据。杜邦体系构建原理如图 7-2 所示。

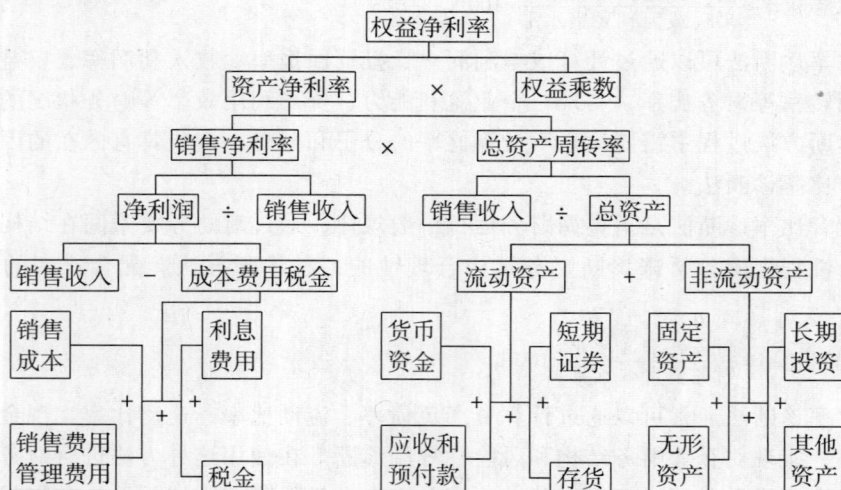

图 7-2　杜邦体系构建原理图

杜邦体系充分体现了财务要素之间的有机关联关系，揭示了企业资金运动的主要过程和其内在机理，这决定了杜邦体系诊断法在财务状况诊断中的科学性和有效性。

②雷达图诊断法。

雷达图诊断法是企业财务综合诊断的一种图解法，因其图形外观酷似雷达放射波而得名，其基本原理如图 7-3 所示。

雷达图将各项主要财务指标的行业最低水平、警戒线（虚圈）、行业平均水平、行业

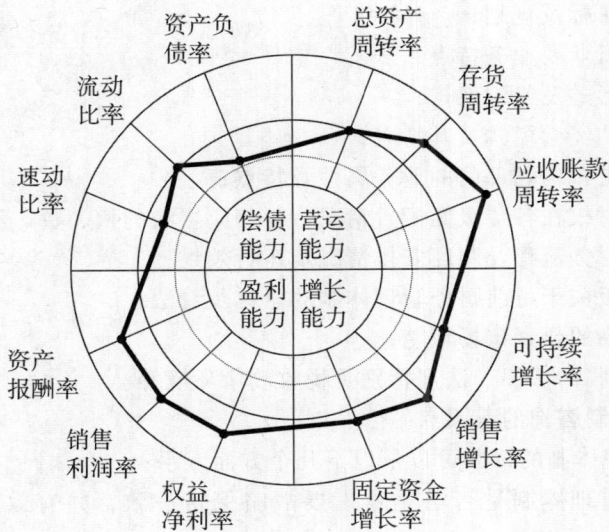

图 7-3 财务综合诊断雷达图

最高水平以同心圆的形式集中在一张图上。将反映被诊断企业综合财务能力的各类（项）指标值描绘在相应的位置上，然后将各点用折线依次连接起来，形成一个多边形。最后，根据这个多边形的形状及其位置对企业的健康状况进行评价，找出问题之所在。

如果多边形位于中圈以外，说明企业财务状况比较理想，应继续巩固和提高；如果多边形位于中圈之内虚圈以外，说明企业处于灰色区域，应注意加强经营管理，以改善财务状况；如果多边形位于虚圈以内，则说明企业已经面临财务危机，应及时采取应对措施。

7.5.3 财务管理体制咨询方法

1）财务管理体制咨询的意义

所谓财务管理体制，简单地说，就是关于企业财权配置及其所引发的权、责、利关系协调机制的制度安排，是企业内部财务关系的一个重要方面。其核心功能在于通过权、责、利关系的安排，实现委托人（出资者或经理人）对代理人（经理人或下级管理者、执行者）"利己行为"的监控，以及提高决策的科学性，从而降低代理人的"经济人"和"有限理性人"属性所导致的代理成本，提高企业经营的安全性和效率性。财务管理体制问题是现代企业制度下任何一个企业都无法回避的话题，不论企业主观上是否主动地在"体制"这一词汇下思考有关问题，事实上它都是在一定的财务管理体制下开展其财务活动的。企业财务管理实践表明，财务管理体制上的欠缺必将影响企业运行的整体效率和最终效果。因而，在财务管理咨询过程中，首先应对企业财务管理体制实施及时、恰当的诊断，这对于帮助企业完善财务管理体制、理顺财务关系、夯实财务管理工作基础来说是十分必要的。

2）财务管理体制咨询的信息基础

企业财务管理体制是基于特定的内外部理财环境建立的，因此，对财务管理体制的诊断也必须以相应的信息搜集和分析为基础。一般来说，财务管理体制诊断过程中需要搜集以下相关信息：

（1）企业战略目标及规划；

（2）企业所处行业及业务特点；

（3）企业组织形式及组织架构；

（4）企业现有的经营模式及其特点；

（5）企业各分支机构和部门的业务属性及特点；

（6）目前企业财权在各层级间配置情况，各相应层级的权、责、利关系；

（7）目前企业财务流程及制度安排情况及运行效果；

（8）企业各层级关于目前财务管理体制的意见及看法；

（9）企业所面临的要素市场环境；

（10）企业所面临的法律、法规特别是税收政策环境等。

3）财务管理体制咨询的着眼点

对企业财务管理体制的诊断可以从以下几个方面入手：

（1）现有财务管理体制是否与企业发展战略保持一致，并有效地支持战略目标的实现；

（2）现有财务管理体制是否适合于企业业务特点的要求；

（3）现有财务管理体制是否适合企业管理架构的需要；

（4）现有财务管理体制与企业经营模式及特点适应程度如何；

（5）现有财务管理体制是否与企业的业务性质相符合；

（6）企业各分支机构或部门的财务管理权限与其承担的职责是否相吻合；

（7）现有财务管理体制下企业业务流程推进效率及效果如何；

（8）各层级关于财务管理体制的核心意见的合理性如何；

（9）现有财务管理体制是否充分利用了市场及法律、法规环境提供的契机。

4）可供选择的财务管理体制类型

从企业财务管理实践来看，可供企业选择的财务管理体制主要有以下三种类型：

（1）集权式财务管理体制。

所谓集权式财务管理体制是指财权主要集中在企业高层[①]（或母公司），高层（或母公司）对职能层（或子公司）采取严格控制和统一管理的财务管理体制。这种财务管理体制的特点表现为：财务决策权高度集中于企业高层（或母公司），职能层（或子公司）仅享有很少的决策权。对于集团公司而言，子公司的筹资、投资、费用开支、人员激励及财务人员任免等重大事项都集中于母公司统一管理，此时的子公司实质上仅相当于母公司的一个单纯的分支机构而已。

集权式财务管理体制的突出优点在于：有利于制定和部署统一的财务战略、实行统一的财务政策；有利于统一调度资金，减少资金的占用规模，降低资金成本；有利于加强对职能层（或子公司）的财务控制；有利于从企业全局的角度开展资源配置和税收筹划等工作。

集权式财务管理体制也有不可回避的弊端：可能束缚企业职能层（或子公司）的手脚，限制其积极性的发挥；会加大企业高层（或母公司）的决策压力，影响决策效率；

---

① 通常是财务审批权集中于总经理一身。

可能导致企业高层（或母公司）疲于日常财务收支的审批，而无暇顾及战略性问题的思考，造成角色错位；可能造成因信息链过长而导致信息传递缓慢甚至信息失真问题出现，进而影响财务决策的效率和科学性。

（2）分权式财务管理体制。

所谓分权式财务管理体制是指关系企业全局的重大财务决策权集中于企业高层（或母公司），而大部分经营决策权下放给职能层（或子公司），高层（或母公司）对职能层（或子公司）实施以间接管理为主的财务管理体制。这种财务管理体制的特点表现为：企业职能层（或子公司）有较为充分的自主权，可以根据自己的意志开展日常经营活动。对于集团公司而言，子公司在财务收支、资金融通、生产决策、人员激励及财务人员任免等方面有较大的自主权；母公司一般将利益倾向于子公司，使其壮大实力。

分权式财务管理体制的突出优点在于：职能部门（或子公司）可以充分发挥其经营优势和特长，有利于调动其积极性；企业高层（或母公司）可以集中精力考虑公司战略性重大问题；职能部门（或子公司）可以在权限内快速做出决策，提高决策效率；信息传递链条较短，节约决策时间且有利于避免信息失真导致的决策失误。

分权式财务管理体制的不足在于：职能部门（或子公司）可能以各自利益为中心，不利于实现企业整体利益的最大化；不易实现资源的统一调配，可能导致资金占用规模过大、资金成本过高问题的出现；容易导致对职能部门（或子公司）的财务失控。

（3）集权与分权相结合的财务管理体制。

这种财务管理体制是为既实现高层（或母公司）的战略决策和统一协调、宏观控制功能，又充分发挥职能部门（或子公司）经营优势、提高经营效率而将上述两种财务管理体制相结合的做法。这种财务管理体制并没有固定的模式标准，而是要结合企业的战略目标、战略规划及不同战略阶段的发展任务及内外部理财环境的特点，适时、适度地对财务管理权限进行配置，其核心目标在于实现公司整体效率和效益的最大化。

5）财务管理体制咨询需注意的问题

在对企业财务管理体制进行诊断的过程中，需要注意以下问题：

（1）财务管理体制的诊断不能局限于企业目前的情况，还必须充分关注未来的战略规划；

（2）在财务管理体制的具体设计上，不能采取盲目的"拿来主义"，不能简单移植其他企业的成功模式，因为每个"患者"的个别情况有差异；

（3）上述三种类型的财务管理体制没有严格的优劣之分，它们各有所长，关键是要在诊断过程中结合企业的实际情况做出适当的选择，可能在一个企业中实行"大一统"的财务管理体制，也可能在同一个企业中结合不同分部的业务特点和业务属性分别实行不同的财务管理体制。

7.5.4 财务流程与制度咨询方法

1）财务流程与制度咨询的意义

在企业财务管理实践中，财务流程与财务制度是两个不可分割的部分，财务制度受财务流程的规划和指导，财务管理流程则需要财务制度予以具体化，它们共同构成广义上的企业财务管理制度。科学、合理的财务管理流程和财务制度是企业财务活动科学性、安全性、秩序性和效率性的根本保证。对企业财务流程和制度进行适时、恰当的诊断，能够及时发现流程和制度的"盲点"或对企业价值创造效率的破坏性，并为财务流程和制度的完善提供依据。

2）财务流程与制度咨询的信息依据

对企业财务流程和财务制度的诊断，需要搜集和分析以下相关信息：

（1）企业组织结构及运行模式；

（2）企业财务管理体制；

（3）企业业务范围、业务性质及特点；

（4）企业业务目标及管理要求；

（5）企业现有财务流程及制度的具体内容；

（6）现有财务流程及制度的运行情况及效果；

（7）相关部门和人员对财务流程及制度的意见和建议；

（8）财务流程与制度执行者的业务素质和文化素质等。

3）财务流程与制度咨询的着眼点

对企业财务流程和财务制度弊病的诊断，应重点关注对以下几个方面的分析与评价：

（1）企业日常重大财务活动是否均有相应的财务流程相配套；

（2）财务流程是否有相应的财务制度予以具体化；

（3）财务制度在类别和内容上是否覆盖了企业全部经常性财务活动；

（4）财务流程和制度与企业组织架构、运行模式及管理体制（特别是财务管理体制）是否适应；

（5）财务流程和制度是否充分考虑了相关业务的具体性质、特点及企业的管理要求；

（6）财务流程与制度所蕴含的财务管理机制是否科学；

（7）各项财务流程、制度是否实现无缝对接，有无矛盾或冲突问题；

（8）各项财务流程、制度是否体现了内部控制的原则；

（9）现有的财务流程及制度是否存在因过度控制而影响效率问题；

（10）企业财务流程与制度的稳定性如何，是否经常变动，变动的原因是什么；

（11）现有财务流程与制度行文是否规范，有无歧义；

（12）各级员工对有关的财务流程与制度能否做到正确理解；

（13）财务流程与制度运行过程中的严肃性如何等等。

4）财务流程与制度咨询的具体方法

在财务管理咨询实务中，对企业财务流程与制度的诊断通常有以下几种方法：

（1）运行测试法。

所谓运行测试法，是指咨询人员在熟悉企业组织架构、管理体制和业务特点等基本信息的基础上，深入现场观察流程或制度的运行情况，并结合自身的专业经验，判断流程和制度存在的问题的一种方法。

运行测试法不仅可以用来诊断企业原有流程和制度存在的问题，还可用来完善财务流程和制度策划方案。

（2）意见调查法。

所谓意见调查法，是指通过对与既定财务流程和制度有关的部门和人员的调查，汇集并分析意见和建议，从而发现财务制度和流程存在的问题的一种诊断方法。在意见调查方式上，既可以采用问卷法，也可以采用小组座谈法。前者便于发现面谈所不易得到的"敏感性"信息，但容易出现"公说公有理、婆说婆有理"的情况，给问题诊断带来困难；后者则可以通过相关部门、人员的当面"对质"，发现财务流程与制度的症结所在，也便于流程的重新梳理和制度的不断完善，但对于一些敏感性话题不易得到真实的答案。

意见调查法不仅可以用于原有财务流程与制度的诊断，也可以用来对策划方案的修正、完善。

（3）比较借鉴法。

所谓比较借鉴法，是指选择与被诊断企业在企业规模、业务领域、运行模式等方面具有高度可比性的样板企业，对样板企业的财务流程和财务制度进行借鉴，并结合企业之间的具体差异进行修改完善的一种方法。

比较借鉴法是方案策划阶段对财务流程和制度进行策划、设计的一种有效方法。

（4）模拟运行法。

所谓模拟运行法，是指虚拟财务活动并将设计完成的财务流程或制度方案在相关部门和人员之间进行模拟运行，运行过程中观察运行效果、听取完善意见和建议，并对方案进行不断完善的一种咨询方法。

模拟运行法是方案策划和交流阶段对财务流程和制度方案进行修改、完善的一种有效的方法。

7.5.5 预算管理咨询方法

1）预算管理咨询的意义

全面预算是沟通企业战略目标（至少是阶段性目标）与企业日常经营活动的桥梁，因此，实行全面预算管理对于企业战略目标的实现来说是至关重要的。有效的全面预算管理不仅有利于将战略目标及战略规划落实于经营实践，而且具有规范、引导和约束经营行为，实现企业资源优化配置，并为业绩考核评价提供依据的功能。可以说，全面预算管理工作的成效是影响企业经营全局和整体绩效的重要因素。然而，全面预算管理的综合性、系统性和复杂性决定，企业经营实践中在预算管理工作方面经常会出现这样、那样的问题，因而客观上需要开展企业全面预算管理咨询工作，以帮助企业及时发现全面预算管理工作存在的不足并加以改进，从而为企业经营活动的方向性、安全性和效率性保驾护航。

2）预算管理咨询的信息基础

开展全面预算管理咨询工作，需要搜集以下相关信息作为咨询的信息基础：

（1）企业外部战略环境信息，包括经济周期阶段与经济发展水平、政府经济政策、产业政策、财税政策、货币政策及行业组织、前景等信息；

（2）企业战略目标及战略规划信息；

（3）企业组织结构及管理体制信息；

（4）企业业务结构及规模信息；

（5）企业业务性质及特点信息；

（6）企业产品或劳务市场竞争力及前景信息；

（7）企业的渠道和价格信息；

（8）企业销售政策信息；

（9）企业生产能力和技术水平信息；

（10）企业产品和劳务的成本信息；

（11）企业高层的预算管理观念信息；

（12）企业全面预算管理组织体系信息；

（13）企业全面预算管理工作流程及其细节信息；

（14）企业全面预算编制流程及方法信息；

（15）企业全面预算体系运行结果信息；

（16）各部门及人员关于预算管理的意见和建议信息等。

3）预算管理咨询的着眼点

开展企业全面预算管理咨询，需要着重关注以下几个方面的问题：

（1）企业是否开展预算管理工作；

（2）企业高层领导的预算管理观念是否科学；

（3）企业预算管理组织体系的健全性、合理性如何，哪些部门和人员参与预算管理过程，分别拥有何种职责、权限；

（4）企业预算管理工作流程是否科学；

（5）企业预算编制流程是否科学；

（6）企业预算包含哪些内容，分别主要由谁来负责编制；

（7）企业预算管理工作是否充分考虑了业务性质及特点；

（8）企业采取何种预算编制方法；

（9）预算目标的确定是否基于预算环境和战略目标及战略规划的考虑；

（10）预算目标与预算水平的确定及预算考核机制是否体现出战略导向的原则；

（11）预算水平是否具有先进性，能否与各部门和人员的潜力相匹配；

（12）预算的编制是基于上下左右的充分沟通，还是由上到下的行政"摊派"；

（13）预算是否具有足够的灵活性，能否对环境变化做出积极的反应；

（14）预算执行过程中监督、控制功能能否得到发挥；

（15）是否有实质性的预算考核，考核机制是否科学；

（16）前后预算期之间是否存在前馈机制等。

4）预算管理咨询的基本技法

（1）预算组织体系构建。

一般而言，在规范的公司制企业中，通常可以实行包括董事会在内的四级预算组织体系，其基本构成方案如图7-4所示。

①董事会作为企业全面预算管理的最高权力机构，负责年度预算审批和考核结果审议及奖惩方案审批工作。

②在董事会下设"预算管理委员会"，由总经理、副总经理、财务部经理、各部门及子公司总经理组成。由总经理担任预算管理委员会主任，分管财务的副总经理担任委员会副主任。预算管理委员会的主要职责有：建立健全预算管理相关制度、制订预算考核激励方案并报董事会审批、根据企业发展战略提出预算管理方针政策、审核年度预算、定期开

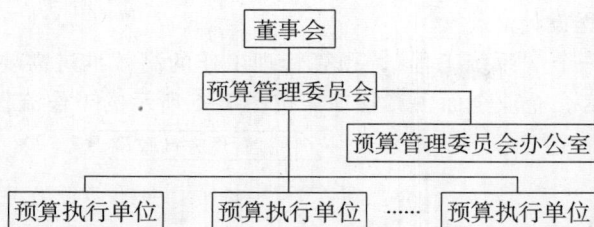

图 7-4　企业预算管理组织体系

展预算执行情况分析会、针对预算执行中的重大问题研究制定对策、审批预算执行过程中例外情况调整方案、编制并上报年度预算执行情况分析报告。

③在企业总部设立预算管理委员会办公室，作为预算管理委员会的日常工作组织。在公司规模不大的情况下，该办公室可设在总部财务部，办公室主任由公司总部财务部经理担任，负责组织预算汇总、平衡、编制、上报、下达及考核等日常具体工作。

④预算执行部门，包括总部各职能部门和各分支机构。

（2）预算内容体系规划。

企业全面预算包括经营预算、财务预算和专项预算三部分。具体预算内容的确定则需以企业经营范围、业务特点为基础。以最具有代表性的制造业企业为例，经营预算一般包括销售预算、生产预算、采购预算、存货预算、材料费预算、人工费预算、制造费预算、成本预算、销售费用及管理费用预算等内容；专项预算一般包括资本预算、研发预算和技改预算等非经常性活动预算；财务预算一般包括财务费用预算、利润预算、预算现金流量表、预算资产负债表和预算利润表等内容。各部分内容之间的关系如图 7-5 所示。

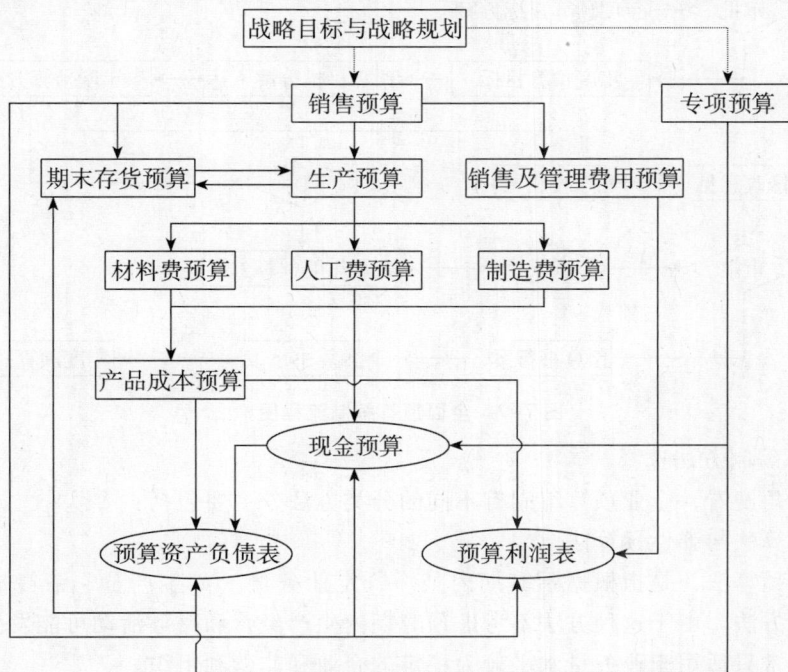

图 7-5　全面预算内容体系

（3）预算管理流程设计。

全面预算管理是一个"系统工程"，预算管理工作的高效推进需要有一个健全、科学的工作流程，一般而言，企业全面预算管理需按图7-6所示的工作流程展开。

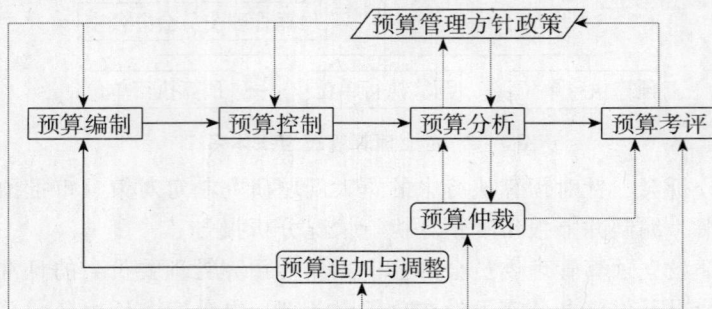

图7-6　企业全面预算管理工作流程

（4）预算编制流程设计。

企业预算编制流程需结合企业管理体制、治理机制及预算组织体系的具体情况进行设计，以前述四级预算组织体系为例，可打造如图7-7所示的预算编制流程。

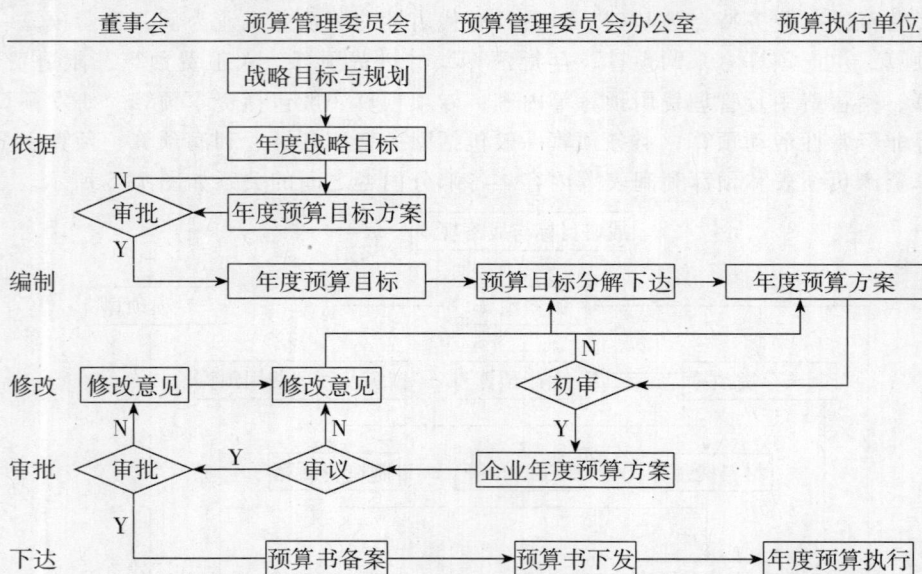

图7-7　全面预算编制流程图

（5）预算编制方法选择。

从不同的角度看，企业预算编制有不同的分类方法，主要包括：

①固定预算法与弹性预算法。

所谓固定预算法，是指根据预算期内某一既定业务量（如生产量、销售量）水平编制预算的一种方法。由于这种方法不考虑预算期内生产经营和财务活动可能发生的变动情况，因而，通常只适用于业务量水平较为稳定的企业和非营利组织。

所谓弹性预算法，是指以业务量、成本和利润之间的依存关系为依据，根据预算期可预见的各种业务量水平编制能够适应多种情况预算的一种方法。该预算方法的突出特点在于：按预算期内某一相关范围内的、可预见的多种业务量水平确定不同的预算额，或按其实际业务量水平调整预算额；将实际指标与实际业务量相对应的预算额进行对比，使预算执行情况的评价和考核建立在更加客观可比的基础上。

弹性预算与固定预算相比，预算范围更宽，灵活性更强，因而实践中被广泛应用。

②增量预算法与零基预算法。

所谓增量预算法，又称调整预算法，是指以基期成本费用水平为基础，结合预算期业务量水平及有关影响成本因素的未来变动情况，通过调整有关原有费用项目而编制预算的一种方法。这种预算方法的突出特点在于比较简便。

所谓零基预算法，是指在编制预算时，不考虑以往会计期间所发生的费用项目或费用数额，对所有预算支出均以零为出发点，一切从实际需要与可能出发，逐项审议预算期内各项费用的内容及开支标准是否合理，在综合平衡的基础上编制费用预算的一种方法。零基预算打破了传统的预算编制观念，不再以历史资料为基础进行调整，而是一切以零为基础，这样有利于消除历史上不合理因素的惯性影响。

③定期预算法和滚动预算法。

所谓定期预算法，是指在编制预算时以固定不变的理财期间（如日历年度）作为预算期的一种预算编制方法。该方法的唯一优点是能够使预算期间与财务年度相配合，便于考核和评价预算的执行结果，但同时也具有远期指导性差、灵活性差和连续性差的缺点。

所谓滚动预算法，是指在编制预算时，将预算期与惯例财务年度相脱离，随着预算的执行不断延伸补充预算，逐期向后滚动，使预算期永远保持一个固定期间长度的预算编制方法。该预算方法具有透明度高、及时性强、连续性好、完整性和稳定性突出的优点，但工作量通常会较大。

上述预算编制方法是分别从不同的角度对预算方法所做的分类，在预算管理咨询过程中，应结合企业的财务管理基础、业务规模及特点、管理的具体要求等因素进行选择，但最终确定的预算编制方法一定是上述某几种具体预算方法的有机组合。

5）预算管理咨询需注意的问题

开展企业预算管理咨询工作应特别注意以下几个问题：

（1）引导企业树立科学的预算管理观念；

（2）充分调研，最大限度地获取基础信息；

（3）不仅关注预算编制方法，更要关注预算组织和预算管理工作流程建设；

（4）有效发挥预算的战略支持功能；

（5）将行为引导、控制、分析、考核及激励机制有效融入预算管理过程。

7.5.6　项目投资管理咨询方法

1）项目投资管理咨询的意义

项目投资具有投资数额大、回收期长、影响因素多及变现能力差等特点。项目投资管理活动的成效对企业战略目标的实现、经营业绩的提升及安全性的保持具有重要的影响。因此，开展项目投资管理咨询，对企业项目投资管理工作实施及时、科学的诊断，对于提升企业整体经营安全性和效率性而言，具有重要的意义。

2）项目投资管理咨询的信息基础

开展项目投资管理咨询，一般需要搜集以下方面的信息作为分析、诊断的依据：

（1）企业项目投资管理制度；

（2）企业项目投资管理组织及决策程序；

（3）企业以往项目投资管理资料；

（4）企业战略目标及规划；

（5）企业关于拟投资项目的基本设想；

（6）拟投资项目所属行业属性及行业地位、组织和前景；

（7）拟投资项目所经营产品的市场需求、供给、竞争及价格情况；

（8）拟投资项目所经营产品的生产成本、经营费用及税金情况；

（9）拟投资项目的工程设计及施工文件；

（10）拟建项目运营所需原材料供应及价格情况；

（11）企业资金筹措能力情况；

（12）项目环境效果及可能面临的管制情况；

（13）企业人力资源存量及社会供给情况；

（14）项目施工进度情况；

（15）企业筹资市场环境及政策环境等。

3）项目投资管理咨询的着眼点

在实施项目投资管理咨询过程中，一般应重点关注下列问题：

（1）拟投资项目是否有效地支持了企业的战略目标及战略规划；

（2）国家关于拟投资项目所属行业的产业政策如何，该行业发展前景如何；

（3）拟投资项目建设选址对原材料供应及产品销售的综合影响效应如何；

（4）项目产品及其生产过程的环境效果如何，是否会面临政府的管制，管制成本及其他隐性成本如何；

（5）企业是否具备项目的经营能力；

（6）关于拟投资项目，企业是否做了充分的市场调查和预测，市场前景及竞争态势如何；

（7）拟投资项目的工程和工艺方案与当前的技术水平及市场对产品特性的要求是否吻合；

（8）拟投资项目投资总额占企业总资金的比例及建设资金的保障能力如何；

（9）拟投资项目投入产出对比关系如何；

（10）企业关于投资项目可行性的评价机制和方法是否科学；

（11）企业项目投资管理体制及决策程序是否科学；

（12）关于投资项目，企业是否实施了过程管理等。

4）项目投资管理咨询的基本技法

（1）战略分析法。

所谓战略分析法，是指在进行项目投资决策时，结合市场环境、政策环境、科教文化环境以及新老项目间综合影响效果的分析，考察拟投资项目与企业战略目标及战略规划的切合程度，考察拟投资项目对战略目标实现的支持程度，进而做出项目应否投资的决策。

在实施战略管理的企业中，企业一切的经营活动都应围绕战略目标的更好实现来开展，因此战略分析对于投资项目决策而言是首要的、必需的（关于战略分析方法见本书第 5 章相关内容，这里不再赘述）。

（2）决策组织控制法。

项目投资作为企业生产能力维持与扩大、经营范围调整的手段，对于企业而言具有重大的影响，因此在项目投资决策上不能"霸权决策"或"拍脑袋决策"，而应当建立科学的群体决策机制，以此控制项目投资的方向和规模。一般而言，在规范化的公司制企业中，应当建立如图 7-8 所示的项目决策组织体系。

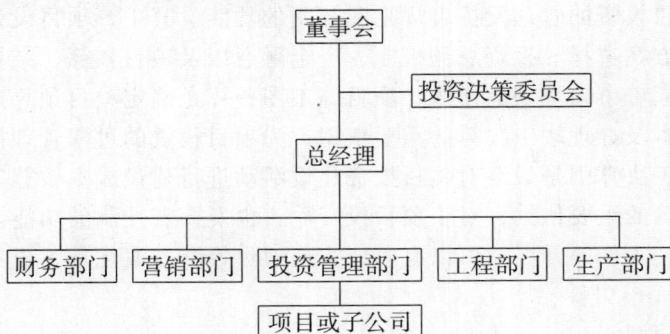

图 7-8　企业项目投资决策组织体系图

在这一项目决策组织体系下，企业可以实行分层决策机制：项目决策权分别配置给董事会、总经理和子公司负责人。对于战略方向性项目投资由总经理提案并由董事会最终决定，投资决策委员会则发挥决策论证和咨询功能。对于战略举措性项目投资，则在投资项目管理部门牵头的可行性研究工作的咨询下，由总经理作出决策并报董事会备案。对于子公司更新性项目投资决策，则在充分可行性研究的基础上，由子公司总经理作出决策。

采用分层项目决策机制，有利于发挥各决策层级决策优势的同时，调动各决策主体的主观能动性，并提高决策的效率。当然，咨询过程中，对各决策层级决策权限具体配置方案的设计，需要结合企业组织结构特点和高层领导的管理要求进行，不能一概而论。

（3）可行性研究决策支持法。

为给相关决策主体提供决策依据，需要开展项目投资可行性研究工作。可行性研究工作可以由企业投资管理部或财务部牵头，需要财务部门、营销部门、生产部门、研发部门和工程技术部门的共同参与。可行性研究在工作内容上主要是做项目的"三性"评价，即由市场营销部门牵头，在市场调查和市场预测的基础上，论证项目投资的"必要性"；以研发部门、生产部门和工程技术部门为主体，结合市场调查和市场预测的结果，论证项目建设方案和工艺方案在技术上的"可行性"；由财务部门牵头，结合市场调研、市场预测和工程、工艺及设备方案，论证项目投资在经济效果上的"合理性"。"三性"评价构成项目可行性研究的三大核心内容。其中，与企业财务管理密切相关的是"经济合理性"评价，这项工作的核心在于，在以前两项评价结论为依据预测项目有关现金流量的基础上，计算反映项目经济效果的财务指标，并对项目资金筹措和偿还进行规划。常用的经济效果评价指标主要有净现值（NPV）、现值指数（PI）、内含报酬率（IRR）、投资回收期（PP）等[1]。

在项目投资管理咨询过程中需要特别注意的是，项目投资决策必须以可行性研究结论为依据。同时，可行性研究不仅局限于经济效果的评价，还必须提前做好投资必要性和技术可行性分析，否则可研结论不可靠。

（4）过程管理法。

① "三算" 规划与控制法。

这里所谓的 "三算"，是项目 "设计概算"、"施工图预算" 和 "竣工决算" 的简称，这三项工作对项目投资的管理发挥着规划和控制的功能。其中，项目设计概算是进行投资计划编制、设计方案选择、投资总额控制、资金融通以及项目核算、结算等工作的重要依据，对项目投资起着事前规划的作用；项目施工图预算是确定项目预算造价、签订工程合同、控制建设成本及办理竣工决算的重要依据，为项目投资的过程管理提供实施成本控制的依据；项目竣工决算则是最终对项目投资建设活动进行建设成本核算、项目财务总结及相关经济责任明确的重要依据，对于项目投资而言也发挥着控制的功能。通过上述三项前后衔接的项目管理工作的开展，可以有效地实现项目投资方案优选、成本控制及风险管理等工作的目标。

②项目监理控制法。

项目监理控制法是指建设单位为实现对工程施工质量和建设成本的过程管理和控制目标，按照国家有关规定，聘请具备相应资质的监理公司对项目建设活动实施过程监督的做法。作为 "中立" 的第三方，监理工程师可以凭借自身的建筑管理和监理经验，对项目的施工过程进行客观而有效的监督。一方面为质量和成本控制提供保证；另一方面也为工程结算、竣工决算及相关责任的明确提供依据。

③后评价反馈法。

所谓后评价，是指项目竣工并投入运行一段时间后，对项目投资建设、日常运行效果进行总结、评价。这一评价工作能够对项目投资和项目运行过程中的经验、教训进行总结，从而为项目后续运行过程和日后同类项目投资管理提供可资借鉴的经验。后评价对于提高项目投资整体效果和形成良性的项目管理反馈机制具有重要意义。

7.5.7 资金管理咨询方法

1）资金管理咨询的意义

资金常被比喻成企业的 "血液"，企业财务活动实质上就是资金的运动过程。资金的安全性、运行的顺畅性及运用的效率性，直接影响到企业财务活动（进而整体经营活动）的连续性和平稳性。因此，对企业资金管理活动开展咨询诊断工作，及时发现资金管理工作存在的隐患和不足，解决资金管理过程中的疑难杂症，对于企业在保证资金安全性的基础上，提高资金利用效率，有效支持经营活动的开展来说具有重大的意义。

2）资金管理咨询的信息基础

开展资金管理咨询，一般需要搜集以下信息作为咨询、诊断的依据：

---

[1] 关于这些项目经济评价指标的具体计算原理、决策规则、适用条件等内容，读者可参阅《财务管理》或《管理会计》等教材相应内容，这里不再赘述。

（1）企业面临的经济及金融环境信息；

（2）企业的战略目标、战略规划及目前所处的阶段信息；

（3）企业组织架构及管理体制、管理模式信息；

（4）企业业务领域、业务特点及其所决定的资金周转特点信息；

（5）企业目前的融资规模、渠道、方式、结构和成本信息；

（6）企业资金结构与资产结构信息；

（7）企业筹资决策的依据和方法信息；

（8）企业融资管理制度及其执行情况信息；

（9）企业现金管理制度及其执行情况信息；

（10）企业资金支出审批流程与制度及其执行情况信息；

（11）企业存货管理模式及资金占用水平信息；

（12）企业信用政策信息；

（13）企业信用政策制定依据和方法信息；

（14）企业应收账款账龄结构信息；

（15）企业存货品种结构及库龄结构信息；

（16）企业两项资金管理效果信息；

（17）企业各项流动资金占用水平及周转率信息；

（18）行业竞争对手流动资产周转率信息；

（19）企业资金对业务的支持程度信息；

（20）企业货币资金管理模式及其效果信息等。

3）资金管理咨询的着眼点

在开展资金管理咨询过程中，需着重关注以下问题：

（1）企业融资策略是否与战略目标及规划相配合，是否有效地支持了战略目标的实现；

（2）企业的融资策略与方式是否适应于当前的经济和金融环境；

（3）企业资金结构是否有效地配合了业务活动对资产结构的要求；

（4）企业资金的期限结构与企业现金流水平和资金调度能力是否相适应；

（5）企业整体的资金成本是否达到了最低化，有没有继续降低的空间；

（6）企业资金管理制度是否健全，实际运行效果如何；

（7）企业货币资金的管理模式是否与组织结构及业务特点相匹配，是否达到了效率最大化；

（8）企业信用政策制定过程中是否考虑了其综合影响效果，并做出有效的权衡；

（9）企业逾期账款是否及时催收，具体手段如何；

（10）企业存货管理采取何种模式；

（11）企业是否存在库存积压情况，原因何在；

（12）企业现金管理是否存在安全隐患；

（13）企业现金水平管理是否符合现金管理条例的规定；

（14）企业银行账户管理是否统一、规范，有无乱开户现象；

（15）企业现金支出是否有规范的审批流程，实际执行情况如何等。

4）资金管理咨询的基本技法

（1）结构优化法。

所谓结构优化法，是指在资金管理咨询过程中，出于安全性和效益性的考虑，分别从不同角度对企业资金结构进行优化安排的方法的总称。这些方法主要包括：

①资金与资产结构权衡法。

这一方法的内在原理在于，通过资金结构的安排实现资金来源和资金运（占）用的内在均衡，从而在资金成本和偿还风险之间做出权衡。一般来说，主要有三种基本的资金占用模式：其一，冒险型的资金占用模式，即全部流动资产和部分长期资产上的资金投放通过短期资金来实现；其二，适中型的资金占用模式，即全部流动资产由短期资金购置，全部长期资产用长期资金购置；其三，保守型的资金占用模式，即全部长期资产和部分流动资产上的资金投放通过长期资金来满足。三种模式中，第一种模式下企业的资金成本水平较低，但偿还风险较大；第三种模式下企业资金成本相对较高，但偿还风险较小，比较安全。在企业资金管理咨询实务中，应结合企业的业务特点及其对企业资产结构的要求和管理当局的风险态度，设计具体的资金结构方案。

②到期结构优化法。

到期结构优化法是指在资金与资产结构综合权衡的基础上，对短期资金和长期资金各自的到期日结构进行统筹安排，避免债务资金到期日过于集中，进而减轻偿还压力、降低偿债风险的做法。在资金管理咨询过程中，应结合企业现金流量水平、资金流转特征及临时筹资能力等因素，对债务资金特别是短期债务资金的到期日结构进行均衡安排，将企业偿还风险降至最低。

③基于成本分析的筹资结构优化法。

基于成本分析的筹资结构优化法是指在实现资金与资产结构有效权衡的基础上，以综合资金成本的高低为判断标准，对筹资方案进行优化、选择的筹资决策方法。此时，需要计算各种筹资方案的综合资金成本①，以综合资金成本最低的筹资方案作为企业据以筹集资金、安排资金结构的依据。

（2）资金安全控制法。

所谓资金安全控制法，是指通过相应管理举措的实施，来保证企业资金安全、完整的一类控制方法。一般来说，企业资金的安全性目标可以通过以下两种基本方法予以实现：

①流程与制度控制法。

流程与制度控制法是指通过相关资金管理流程及制度的制定和运行，来指导、规范和约束财务活动主体的财务行为，进而保证资金的安全完整的方法。在咨询过程中，应当结合企业的业务范围、业务特点以及管理要求，制定相应的资金管理流程和制度，譬如以国家现金管理条例为基础制定现金收支管理制度、费用报销制度、投资管理制度、投资管理流程、现金支出管理流程等。

②账户控制法。

账户控制是指通过将银行账户的开设、撤销及合并等事项纳入企业统一管理，即未经

---

①　关于个别资金成本和综合资金成本的计算原理，读者可参阅相关的《财务管理》教材，这里不再赘述。

公司总部批准，不允许下属部门和单位私自开立银行账户，以此保证资金的安全性。账户控制法可以实现企业资金的可控性，防止账外资金和小金库问题出现。

（3）运营效率提升法。

所谓运营效率提升法，是指通过资金管理模式的打造、资金管理策略的制定以及资金管理决策方法的应用，提高资金周转速度，降低资金占用规模，最大化资金利用效率的一类方法。在资金管理咨询业务中，通常可以通过以下几种方法提升企业资金利用效率：

①现金预算规划法。

通过现金预算的编制，对企业经营过程中每个时点上的现金流入和流出情况进行事前的规划，从而做到心中有数，并为资金的筹措和支出审批提供依据。确保企业既不会因资金链条中断而生产中断，也不会因为资金水平过高而承担无谓的机会成本，从而使企业资金利用效率保持在较高的水平上。

②综合信用政策法。

这是一种在综合考虑应收账款全面影响的基础上，对应收账款政策（信用政策）进行优化，以在充分发挥应收账款功能的同时，降低应收账款成本，提高应收账款管理效率、改善管理效果的营运资金管理方法。在资金管理咨询业务中，应结合产品市场竞争程度、企业产品竞争力、企业营销渠道关系、渠道伙伴的信誉和实力以及企业自身管理水平等因素，综合分析应收账款的机会成本、坏账成本、管理成本水平，以及信用销售在市场份额争取、收入扩大方面的积极作用等因素，对应收账款资金占用规模和期限方案进行选择，从而帮助企业确定综合信用政策方案。通过综合信用政策的制定能够实现对应收账款资金占用水平及期限的优化，从而提高资金的利用效率。

③基于渠道关系协调的 JIT 模式法。

JIT 是一种旨在最低化库存水平的存货资金管理模式。在这一模式下，企业的供、产、销活动体现出明显的客户和市场导向特征，严格以订单作为"命令单"，即时组织供、产、销各业务环节，原料、产品不进库，即追求零库存状态，从而使企业存货资金占用降到最低水平。当然，这一模式能够在多大程度上奏效，取决于企业对渠道的掌控能力和渠道关系的协调水平。咨询过程中，可以结合企业的市场地位和渠道管理水平等因素，量身设计 JIT 管理方案，或者从渠道优势打造、渠道关系协调角度协助企业营造 JIT 管理的条件和氛围，并以此为基础设计具体的 JIT 存货管理方案，从而使企业尽可能地趋近"即时生产"和"零库存"这一理想状态，尽量降低资金占用水平，提高资金利用效率。

④资金集中管理模式法。

资金集中管理模式法是集团企业资金管理咨询业务中常用的方法之一，它是一种旨在提高集团企业整体资金利用效率的资金管理模式。针对集团企业下属单位分头开户、资金分散、整体效率不高、安全隐患大等问题，在集团总部成立资金管理中心或财务公司，要求各下属单位的资金统一缴存至资金管理中心或财务公司，集中管理、分户核算、有偿存贷、计利付息、统一支付。这样可以将各分支机构和下属单位零散的资金集中起来，统筹使用、调剂余缺，不仅有利于降低整个集团的整体资金占用水平和资金成本，而且有利于集中资金办大事，有效配合集团总体战略部署的实施、支持战略目标的实现。

7.5.8 成本规划与控制咨询方法

1）成本规划与控制咨询的意义

成本是影响企业竞争力的重要因素。一方面，成本优势转化为价格优势，是企业在市场竞争中克敌制胜的重要手段；另一方面，在价格跟随策略下，成本的有效抑减可以降低盈亏平衡点，从而增强抵抗市场风险的能力并扩大利润空间，使企业经营活动始终保持低成本、高效率状态。成本优势的形成依赖于成本控制工作的成效，但该项工作系统性、复杂性的特点决定，在企业理财实践中往往存在成本控制不当、效果不佳的问题，严重影响了企业竞争优势的形成和利润的实现。因此，借助外部咨询专家的力量，对企业成本控制工作实施及时、科学的诊断、咨询，明确成本控制工作存在的不足并寻求改进方法，对于增强企业成本竞争力和提高盈利能力具有重大意义。

2）成本规划与控制咨询的信息基础

开展企业成本规划与控制咨询工作，一般需要搜集以下信息作为咨询、诊断的基础：
（1）企业战略目标及战略规划信息；
（2）企业业务结构及规模信息；
（3）企业面临的产品市场环境信息；
（4）企业面临的文化环境信息；
（5）企业面临的要素（材料、人力、技术等）市场环境信息；
（6）企业当前成本管理基础信息；
（7）企业产品设计方案信息；
（8）企业现有的产品生产流程及工艺方案信息；
（9）企业固定资产投资规模及实际生产规模信息；
（10）企业人工成本方案及其效果信息；
（11）同行业竞争对手成本水平及结构信息；
（12）企业目前成本水平及结构信息；
（13）企业产品生命周期成本所包含的内容及水平信息；
（14）企业现有成本控制措施及其成效信息；
（15）企业所秉持的成本控制的基本理念等。

3）成本规划与控制咨询的着眼点

在成本规划与控制咨询、诊断过程中，需以上述信息为基础，重点关注以下方面的问题：
（1）目前企业处于战略规划的哪一阶段，本阶段的战略重点和策略安排如何；
（2）各种业务在整体战略部署中所处的地位如何；
（3）当前产品市场上，消费者对产品特性有何要求和偏好；
（4）当前产品市场上，竞争程度及其态势如何，对手采取何种竞争策略，企业在成本方面是否具有竞争优势，能否在成本方面营造竞争优势；
（5）风俗、习惯及观念等文化环境将对产品的功能、特性产生何种影响；
（6）生产要素市场上的供需状况如何，材料、人工及技术等要素的价格及其变动趋势如何；

（7）与产品有关的技术进步情况如何，将对该类产品产生何种影响；

（8）企业管理当局关于成本控制的理念是否科学；

（9）企业成本控制的基础条件是否完备、合理，包括定额与标准的合理性、成本计划的科学性及先进性、成本管理系统的健全性与科学性、成本核算方法的科学性、成本报表的完整性、成本信息的及时性和真实性等；

（10）是否在产品设计过程中开展了成本规划工作；

（11）产品成本规划是否关注了生命周期成本；

（12）企业现有的生产流程和工艺方案是否满足了市场对产品特性的要求；

（13）产品生产规模安排与生产能力是否相匹配，有无规模不经济现象；

（14）规模不经济原因是由于市场份额有限而导致生产能力相对过剩，还是生产规模不足；

（15）企业在人工成本控制上是否关注了隐性成本因素；

（16）目前企业在成本水平及结构方面与行业竞争对手有何差距，主要原因何在；

（17）企业目前采取了哪些成本控制措施，效果如何；

（18）成本控制过程中是否关注了生命周期成本和隐性成本的控制；

（19）成本控制过程中是否存在单纯为控制而控制，将成本控制"死"了的现象等。

4）成本规划与控制咨询的基本技法

（1）成本规划控制法。

所谓成本规划控制法，是指以市场分析和预测、市场竞争策略分析为基础，站在战略高度对产品功能、特性进行定位，并通过市场价格预测和成本倒推确立目标成本，以目标成本为依据对产品的设计、生产及工艺等方案进行事前规划的一种技术、经济分析和规划工作。

从产品的成本决定因素角度考察，产品成本其实在设计阶段就基本上"定型"了，后期的过程控制在成本抑减方面的作用是有限的。因此，实施成本控制应从源头抓起，即通过成本规划工作，对产品成本因素、成本方案进行事前规划和安排，使之符合企业自身战略目标定位和市场竞争策略的要求。有了科学的成本规划，后续的"成本过程控制"才能在正确的方向和健康的轨道上发挥其应有的效力，也才能使企业的成本管理工作有效地支持战略规划的实施和战略目标的实现。成本规划基本思路如下：

①战略目标及规划解读；

②市场调查、研究与预测，明确消费者需求及其变化趋势、竞争格局及程度、可能的价格等；

③产品功能及特性定位；

④竞争策略及目标利润定位，进而倒推目标成本；

⑤开展价值工程分析，采用技术经济双重分析方法对产品设计、生产及工艺方案等进行规划设计，进而确定产品成本项目、成本结构等方案。

（2）成本过程控制法。

所谓成本过程控制法，是指在成本规划的指导和约束下，对成本发生过程（即产品或服务的生产、提供过程）进行动态控制的做法。常见的成本过程控制法主要有目标成本控制法和标准成本控制法。

①目标成本控制法。目标成本控制法是成本管理和目标管理相结合的产物，该方法下，以企业产品成本规划工作确定的目标成本为基础，将目标按照管理层次、管理职能、产品结构及生产过程等标准在相关责任部门和人员之间进行逐层分解，作为各责任部门和人员的成本目标，并定期将各部门和人员的实际成本与目标成本进行对比分析，作为考核的依据。通过这种目标成本分解并与业绩考核相结合的方法，能使相关责任部门和人员在经营过程中主动关心成本节约和成本效率问题，从而实现成本控制的目标。咨询过程中应注意，目标成本的分解应建立在充分沟通、协商的基础上，而不能由上至下简单摊派，否则会因目标成本分解不合理而影响各责任部门和人员的积极性。

②标准成本控制法。标准成本控制法是主要以产品成本规划的工程技术层面的方案为基础，结合生产要素的市场价格、技术进步以及本企业的实际工艺水平和技术潜力，确定出实现特定产品功能及特性所需的"必要（或应该）"的成本水平，并将其以定额或标准的形式予以外化。在产品生产过程中，以定额或标准作为成本开支的依据，在期末将实际成本与标准成本相比较实施成本考核，并兑现奖惩。通过这一机制，使得成本责任部门和人员的成本开支行为有据可依，从而将成本控制过程化。在咨询过程中需要注意的是，成本标准的确定应以技术、材料及人工等要素市场的环境分析为基础，同时应保持标准成本的科学性和先进性。

（3）生命周期成本控制法。

对于企业而言，产品生命周期中的"责任"成本不仅仅包括产品生产成本，而且还有许多其他相关代价需要由企业来承担，因此在成本控制过程中应不仅关注产品制造成本的控制，而且还应将产品在整个生命周期中的其他相关成本纳入管理的视野，从而实现对产品全生命周期相关成本的控制，进而实现企业整体成本水平最低化、收益最大化的目标。

实施生命周期成本控制应特别关注前述成本规划工作，即在成本规划过程中对产品设计成本、制造成本、质量成本、服务成本及环境成本等因素予以充分的考虑，综合权衡后确定产品的设计和成本方案，并在设计、生产、营销和售后等各环节实施目标成本控制法或标准成本控制法等成本控制方法，将生命周期成本的事前规划和事中控制及事后考核有效结合，从而实现总体成本的持续抑减。

（4）全成本控制法。

传统成本规划与控制（特别是成本控制）过分关注对材料、设备及人工费等显性成本的抑减，而对于"效率"和"潜力"等隐性问题关注得不够，从而导致成本控制陷入"被动控制"、"消极控制"的误区，结果经常是以牺牲效率为代价追求成本的降低，严重影响企业的市场竞争力和长远发展。因此，在成本控制过程中应实施"主动控制"、"积极控制"，在显性成本和隐性成本之间实现科学权衡，从而实现成本降低和效率提升的兼顾，"全成本观"下的成本控制即是理想的选择。

所谓全成本控制法，是指在"全成本观"下，同时关注经营过程中的显性成本和隐性成本对企业成本和效率的影响，并结合各自的特征采取相应的控制措施或权衡方法，实现成本和效率的科学权衡，从而实现积极的成本控制目标。

咨询过程中应注意，全成本控制法下需特别关注两类成本因素：

①固定成本。应着重分析设备等固定资产是否充分发挥其设计能力，有无利用率不足的现象。若存在利用率不足问题，应考虑生产规模的扩大或生产能力的出租、出售，以降

低单位固定成本水平，提升经营杠杆的利用效果。

②人工成本。应特别分析人工成本方案（薪酬方案、培训计划等）与员工技能及积极性之间的关系，考察是否存在因单纯降低人工成本而影响效率和潜力的问题，即是否发生了隐性人工成本。如果存在此类问题，应以发展的眼光在现实显性人工成本和长远隐性人工成本之间进行权衡，修正和优化显性人工成本方案，以增强其积极性提升和潜力打造与挖掘的功能，以经营效率的持续提升相对抹杀显性成本，提高企业整体价值。

5）成本规划与控制咨询应注意的问题

在开展成本规划与控制咨询工作过程中，应特别注意以下几个方面的问题：

（1）注重成本规划与控制环境分析。将成本规划与控制工作置于现实的经济、市场及技术环境下，以此增强成本规划与控制方案的战略适应性和适用性。

（2）注重成本规划与控制基础的营造。成本规划与控制（特别是成本控制）需要定额或标准的制定与修订、成本核算、成本报表、成本管理系统等基础工作的支持，因此实施成本规划与控制咨询，首要的任务是帮助客户企业营造这些基础条件。

（3）成本规划与控制不单纯是会计和财务问题，成本规划与控制工作的开展需要生产部门、技术部门、营销部门和财务部门等的共同配合。

（4）不应单纯为控制而控制。成本管理是一门"花钱的艺术"，是为赚更多钱而花钱的艺术。在成本规划与控制咨询过程中，应注意发挥成本的积极作用，而不是消极地抑减成本。

✱ 7.6 企业财务管理咨询案例——A 协会财务管理体制与制度咨询

7.6.1 咨询背景

A 协会是隶属于 B 市市委的群众团体，其主要工作职责是组织地方及对外学术交流活动、开展科学普及和科技法律援助及科技咨询等活动。

在组织架构上 A 协会包括机关和下属 6 个事业单位。在机关设有办公室、人事部、机关党委等 7 个部门；6 个事业单位中有 H 馆和 Z 中心 2 个自收自支事业单位，K 馆、Q 中心、J 学校和 G 中心 4 个差额拨款事业单位。

在机关层面由主席负责主持协会全面工作，下设 5 位副主席，协助主席分管机关内各部室和 6 个下属事业单位工作，除此以外机关层面还有其他工作人员 24 人，机关领导由市委组织部任命。市委对 A 协会实行机关管理，日常运行费用、专项活动经费及人员经费主要来自于地方财政拨款，年经费拨款规模大约在 700 万元左右。

A 协会没有专门的财务部门，在机关办公室设有一个"财务管理中心"，办公室主任兼任财务负责人，负责日常财务会计工作，此外财务管理中心配有主管会计和出纳各 1 人。主管会计负责 A 协会及下属 4 个差补事业单位的 5 套账，出纳负责日常现金收支及到市会计核算中心的报账工作。自 2009 年 A 协会开始实行预算管理，各部门及 4 个差额拨款事业单位在年底作出预算，机关财务管理中心汇总后统一报市财政局申请经费，最终下拨至协会的财政拨款由 A 协会统一使用。各部室及下属单位在使用经费前通过书面报告向财务管理中心（办公室）申请，根据数额大小分别由办公室主任、主席或主席办公会讨论批准。在批准的数额内，各部门根据实际支出直接到财务管理中心报销，部门主管及分管主席不再审核经费的使用及节余情况。

2010 年 A 协会行政班子换届，L 某被市委任命为 A 协会主席。L 主席到任一段时间后，发现单位财务管理体制和制度不尽科学，影响了协会的运行效率和日常管理，于是聘请某咨询公司帮忙开展财务管理咨询，以优化财务管理体制和财务管理制度，进一步理顺内部财务关系、提高经费使用绩效。

7.6.2　调查分析

咨询项目组围绕咨询目标，对 A 协会展开了全面、系统的调查分析，发现该单位的财务管理存在以下问题：

（1）财务管理体制欠科学，财权配置不合理。调研发现，目前 A 协会由财政局下拨的资金由协会机关层面集中管理和支配，日常财务支出的审批权限配置方式为：5 000 元以下的开支由财务管理中心负责人——办公室主任签字即可报销，不需经部长或分管副主席审查批准；5 000 元以上的开支财务管理中心负责人和主席共同签字批准核销——这是长期以来在该协会沿袭下来的做法。这一财务审批权限配置方式使得单位的财权实质上掌握在财务负责人（办公室主任）一人手中，协会主席对本单位财务管理的掌控被弱化，在制度不健全的情况下，这种分权体制极易导致财务的失控。而事实上在目前这种体制下，由于财务管理中心负责人财权过大，也导致出现各部门和下属单位为各自的利益而被笼络于财务中心负责人周围，为其"马首是瞻"的现象。同时，各部门和下属单位的一切开支均需集中于财务管理中心审批，严重地影响到了业务活动开展的效率，特别是对于各下属单位而言这一问题尤为突出。

（2）预算管理流于形式。调研发现，在该协会也有所谓的"预算"，只不过这种预算只用于向财政部门申报经费。每年末向财政部门申报经费前，财务管理中心要求各部门和下属差补单位根据下年的活动计划、人员等信息上报部门或单位年度预算，由财务管理中心汇总、调节后形成 A 协会的年度总体预算文件上报财政部门，作为申报下年度经费的依据。经费下拨后的开支活动则完全由协会机关及财务管理中心把控，各项活动计划究竟获得了多少经费资助、本部门下年度究竟有多少经费可支配等信息，各部门和下属单位并不知晓。日常的经费开支也并没有根据最初的预算执行，而是根据前述财务审批程序由机关层面"一事一审、一事一批"来决定，各部门和下属单位在经费的使用方面缺乏规划权和控制权。这一现状导致该协会财务支出审批缺乏根据、主观性、随意性较大，各单位各部门之间、各项业务活动之间相互挤占、争夺资源现象严重，降低了财政资金的使用绩效，特别是在财务管理体制不科学、财务制度不健全的情况下还会滋生其他问题。

（3）对下属单位财务监督失控。第一，在前述财务审批权限配置方式下，各部门和下级单位的财务开支几乎完全由办公室主任兼任的财务负责人一人审批，分管副主席无权过问和了解所分管的部门和单位的财务收支情况，使得"分管"实质上落空，仅限于业务上的指导，有时这种指导也会因没有财权作支撑而不起作用。第二，由于预算管理流于形式，使得各部门和下属单位的日常财务开支缺乏依据和评价标准，财务负责人对经费支出的审批难免存在随意性大的问题，致使各部门和下属单位的经费使用实质上失控。第三，下属 4 个差补单位虽然在法律上是独立的法人实体，但却尚未建立独立的会计核算体制。各下属单位只设一名报账员负责向机关财务管理中心报账，由设在协会机关办公室的财务管理中心的主管会计兼任这些单位的记账、报税、报表等会计核算工作，机关主管会计兼具"运动员"和"裁判员"的双重身份，上级机关对下级单位的会计监管几乎失效，并且这名主管会计只管理财政拨款的账户，而对下属单位的创收事项不负责，致使协会无法准确了解差补单位完整、真实的收支情况，进一步影响财政经费的使用，甚至还容易为下属单位"小金库"的建立埋下隐患。第四，在这种会计核算体制下，协会机关层面并没有建立内部审计机构、开展内部审计或财务检查工作，无法及时发现和制止财务违规行为。

（4）下属单位积极性不高。由于财务管理体制科学性欠缺、预算制度流于形式，导致各部门和下属单位活动经费缺乏规划和限制、缺乏主动筹划和支配权，经费"花一点要一点"、"不花白不花"，申报的经费不够就再向机关财务中心申请追加，经费上各单位各部门相互攀比，疲于经费申请、争夺，甚至出现业务活动"有钱则办，无钱则免"现象，部门和员工积极性低下。同时，在 A 协会虽然已经制订了双目标（业务目标、财务目标）考核制度，但是还没有严格执行，而且其考核并没有与经济效益相挂钩，使得协会对下属差补单位的年终考核奖惩制度流于形式，严重影响下属单位创收的积极性，导致过分依赖财政"差补"资金。

（5）财务制度不健全。实地调研中项目组发现，A 协会虽然建立了一套财务管理制度，但现有财务制度存在不健全、不系统、科学性和适用性缺乏问题，并且在日常工作中并没有得到很好的执行。致使协会的经费收支活动、费用开支标准、预算、审计、分析、资金借支与收回等工作缺乏科学的指导和有力的约束，进而影响协会的财务管理效果。

7.6.3 改进方案

针对项目调研阶段发现的上述主要问题，结合项目咨询目标，课题组从财务管理体制重构、财务制度优化两个方面入手向 A 协会提出财务管理改进建议。

1）财务管理体制重构思路

A 协会内部既有机关行政部门、差额拨款的半事业化单位，也有自收自支的企业化管理的事业单位。这些部门和单位有的带有明显的事业单位性质，有的则市场化特征明显。在这样的背景下，若采用完全统一的集中财务管理体制，会束缚各二级单位的手脚，不利于调动它们的积极性、创造性；而若采用完全放开的分权财务管理体制，则又可能会导致各单位各行其是，导致财务秩序混乱，也就不能使财务管理体制适应协会发展的需要。鉴于此，咨询组为 A 协会设计出一套"统一领导与分级管理相结合；分户核算和会计委派相协调；额度授权与预算控制相衔接；纵向授权和横向制衡相统一"的财务管理模式。

（1）"统一领导与分级管理相结合"是指在整个协会系统内部，根据各个部门和单位的机构性质、业务特征和市场化程度等，实行集权、分权相结合的财务管理体制。其中：

统一领导体现为：统一账户管理，由协会主席办公会批准，指定银行开立基本账户和辅助账户，所开账户必须纳入银行存款账内核算，下属单位不得自行开设账户；统一财会制度，在遵循国家统一财经法规制度的前提下，结合协会的实际情况和管理要求，制定统一的财会规章制度，自收自支的单位也应该参照统一的财会规章制度制订出本单位的财会制度报协会批准后实施；统一财会业务领导，协会机关各部门以及下属各单位的财会业务工作，必须纳入协会整体系统内，接受协会的统一指挥、组织、决策等的管理，不得游离于协会的领导之外各行其是；统一财务收支计划，根据《中华人民共和国预算法》的要求和协会各项事业发展计划的需要与财力的可能，综合平衡后对财务收支进行统一安排，编制协会的统一的一级预算，并将此作为财务工作的依据，协会内部各部门、单位都必须严格遵照执行；统一资源调配，为提高资源的使用效率，应当将协会作为一个整体，根据资源的分布情况和各部门、单位承担的事业发展任务的需要，统一调配，合理安排，避免资源的闲置、重复购置，防止滋生本位主义思想。

分级管理体现为：协会的财务工作在协会统一领导的基础上，根据财权层次划分、事权与财权相结合的原则，由协会的职能部门、下属单位进行本层级的管理。授予下属二级单位以下几个方面的管理权限：本级预算权，在协会统一财务收支计划指导下，二级单位根据事业发展的需要和工作的进度编制二级预算，经协会主席办公会批准后执行；财务制度制定权，在协会统一财会制度下，二级单位有权制定适合本单位实际情况的财务规章制度的具体实施办法；经费支配权，协会统一资源调配下，二级单位有权对协会下达的预算经费使用额度和分配的资源进行统筹安排和使用，在协会统一领导下，二级单位领导具有签字报销权。

（2）"分户核算和会计委派相协调"是指根据协会内部二级单位的性质，对于机关的各行政部门和差额拨款单位，按二级单位别进行分明细账户核算，而对于自收自支的二级单位，可以设立独立核算的二级财务机构，会计人员实行内部委派制度。从事分户核算的会计人员和被委派的会计人员，均属于协会下设的财务部的专业人员，应服从财务部的统一调配，定期或根据需要进行岗位轮换。

（3）"额度授权与预算控制相衔接"是指根据协会内部二级单位的性质，对于协会机关的各行政部门和差额拨款单位，按照业务开展的需要，核定一定的经费使用额度，在额度内有权支配使用；同时，为了加强资源的整体优化配置和内部单位间的平衡协调，所有的二级单位，都应按月编制经费使用预算，经主席办公会通过后严格执行，支出发生时，二级单位负责人签字，财务部门据已批准预算审核报销。对于偶然发生的"必需"事项，可由主席办公会在预留的不可预见费中追加预算。

（4）"纵向授权和横向制衡相统一"是指为了提高财经工作效率，按照各二级单位业务发展的需要，将财权下放到二级单位，实行分层级管理的纵向授权；同时，为了加强统一管理，避免经费使用中的失控，除了财务部门根据预算严格审核各项开支外，还必须设立独立的审计部门或将内部审计委托给外部中介机构，定期或不定期对预算执行情况、会计核算资料和经济活动情况进行审计。

2）财务管理体制重构实施方案

根据以上思路，咨询专家组为A协会制订出以下具有操作性的具体方案：

（1）机构设置如图7-9所示。

（2）财务及审计部门设置与人员配备。

增设财务部：设部长1人主持工作。财务部全面负责协会的会计核算与财务管理工作。具体而言，负责协会机关及差额拨款单位集中统一的会计分户核算，提供会计信息；向自收自支单位派出会计人员并对其进行管理，派出下属两个自收自支单位会计人员（出纳和主管会计）各2人。4人的工资由财务部统一发放，经费由所在单位负担。

增设审计科：下设于协会办公室，负责协会机关及所有二级单位的内部审计工作。设兼职审计人员1人，平时兼作办公室行政工作。

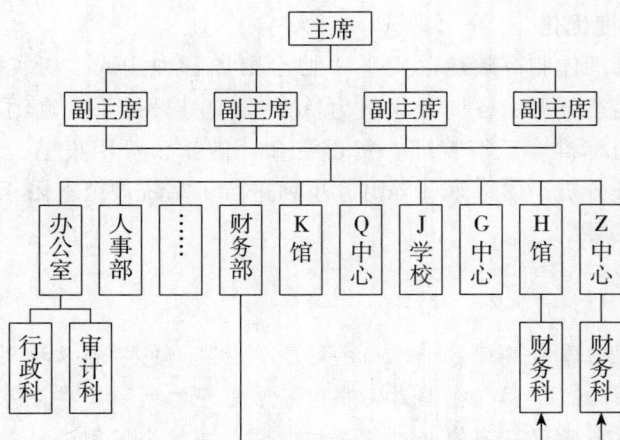

图 7-9　A 协会组织结构图

（3）财务部工作职责。

建章立制：依据国家财经政策和统一财务会计准则制度，结合协会实际情况和管理要求，制定会计核算和财务管理的各项规章制度。

配备或派出财会人员：根据岗位需要和专业人员的业务素质，按《会计基础工作规范》规定的任职条件，内部竞争上岗，选拔合格人员上岗；实行任期考核，淘汰不称职人员。对于派出的负责自收自支单位会计核算的会计人员，应兼作所在单位的财务管理工作，人事上、业务上接受财务部领导，工作上接受所在单位负责人的直接领导。

明确分工和岗位职责：将工作明确分工，拟定岗位职责，并作为考核工作的依据。

确定工作程序：根据业务流程和职责分工，拟定凭证传递程序、工作步骤。

完成会计核算与财务管理日常工作：依据事业单位会计制度和财务管理制度，按照协会的工作要点，全面配合协会工作，认真履行会计核算与财务管理职能。

（4）A 协会财务工作基本流程如图 7-10 所示。

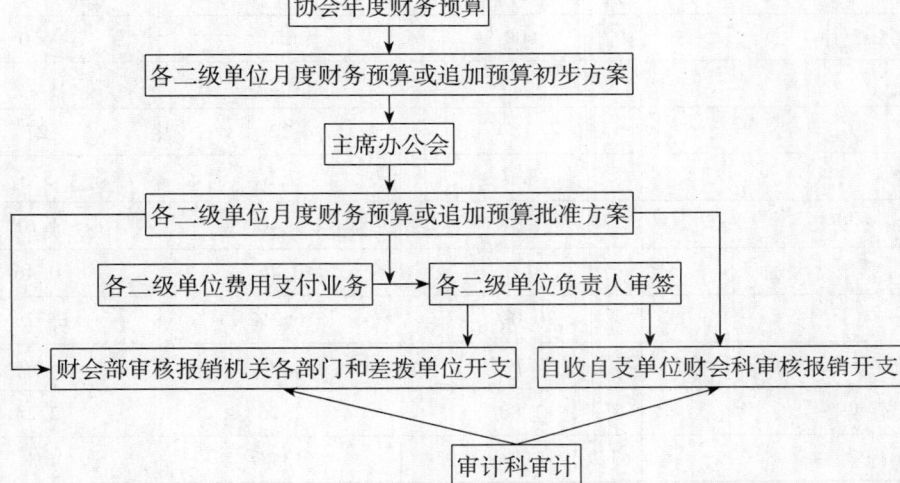

图 7-10　A 协会财务工作基本流程

3) 财务管理制度优化

为将新的财务管理体制有效地落实于 A 协会财务管理实践，切实提升 A 协会财务管理效率、改善财务运行效果，咨询专家组为 A 协会量身设计了一套财务管理制度，对收入构成、支出范围与标准、预算管理、货币资金、借款、费用报销、固定资产、会计核算、财务报告、财务分析、内部审计等财务事项进行了系统规范。限于篇幅，这里不再罗列财务制度的具体内容。

❖ 本章小结

本章从财务管理的本质解读入手，揭示财务管理咨询的特点及现实意义，并简单总结了企业财务管理的核心工作及其在理财实践中经常出现的问题。在此基础上，围绕这些问题重点介绍了企业财务管理咨询的基本程序和方法，并结合案例资料对其中的财务状况诊断方法的应用做了介绍。学习过程中应重点关注财务管理咨询的基本程序和主要咨询方法。

❖ 练习与思考题

★ 案例分析

东方公司为一家经营小家电产品生产和销售的中小企业，近 3 年的主要财务数据和财务比率如表 7-2 所示。

表 7-2　　　　　　　东方公司近 3 年财务数据和财务比率

项目	2011 年	2012 年	2013 年
销售额（万元）	4 000	4 150	4 250
总资产（万元）	1 430	1 560	1 695
普通股（万元）	100	100	100
留存收益（万元）	500	550	550
所有者权益合计	600	650	650
流动比率	1.19	1.25	1.20
平均收现期（天）	18	22	27
存货周转率	8.0	7.5	5.5
债务/所有者权益	1.38	1.40	1.61
长期债务/所有者权益	0.5	0.46	0.46
销售毛利率	20.0%	16.3%	13.2%
销售净利率	7.5%	4.7%	2.6%
总资产周转率	2.80	2.76	2.24
总资产净利率	21%	13%	6%

注：假设该公司没有营业外收支和投资收益，所得税税率不变。

要求假设你是一位财务管理咨询师，请完成以下三项工作：

1. 分析诊断该公司运用资产获利能力的变化及其可能的原因。

2. 分析诊断该公司资产、负债和所有者权益的变化及其可能的原因。

3. 请你为该公司的财务经理提出 2014 年改善公司财务状况和经营业绩的建议。

★ 思考题

1. 如何理解财务管理咨询的"保密性"?

2. 财务管理咨询工作中,问题诊断的着眼点确立过程中需要注意什么?

3. 财务管理方法与财务管理咨询方法有何区别和联系?

4. 结合实际工作体会谈谈除本章所介绍的财务管理咨询方法以外,还有哪些财务管理咨询方法比较常用?

5. 作为咨询客体的财务负责人(譬如 CFO 或财务经理),你将如何组织和参与财务管理咨询活动?如何协调与咨询专家的关系?

★ 讨论题

结合本章所学内容,分析作为一名合格的财务管理咨询人员所应具备的素质。

❖ 补充阅读材料

1. 綦好东,等. 谈谈企业财务诊断的程序与方法 [J]. 齐鲁珠坛,2003 (4).

2. 徐晓燕. 基于企业生命周期的财务诊断方法 [J]. 预测,2004 (4).

3. 王欣兰. 基于可持续增长理论的财务诊断方法 [J]. 中国农业会计,2009 (11).

4. 瞿晓龙. 构建基于 XBRL 的财务诊断体系 [J]. 会计之友,2007 (9).

5. 瞿晓龙. 非审计服务的拓展:财务诊断 [J]. 会计之友,2007 (8).

6. 高立法,等. 财务弊病的追踪诊断分析((一)~(四)系列连载) [N]. 财会信报,2013-02-04,2013-02-18,2013-02-25,2013-03-04.

7. 高立法,等. 从现金流量表诊断企业健康状况((一)~(四)系列连载) [N]. 财会信报,2013-01-07,2013-01-14,2013-01-21,2013-01-28.

8. 李进,等. 中小企业财务诊断:需求分析与诊断实例 [J]. 安徽工业大学学报:社会科学版,2007 (9).

9. 胡香云. 信息分析技术在企业财务诊断中的应用 [J]. 乡镇企业研究,2001 (8).

10. 陈如. 浅论财务诊断与财务分析的理论分野 [J]. 财会月刊,1994 (10).

11. 张星文,等. 中小企业适用财务诊断系统研究 [J]. 财会月刊,2003 (B12).

12. 王璞. 财务管理咨询实务 [M]. 北京:中信出版社,2004.

13. 程蕾,等. 中小企业财务诊断 [M]. 杭州:浙江大学出版社,2004.

14. 全国管理咨询师考试教材编写委员会. 企业管理咨询实务与案例分析 [M]. 北京:企业管理出版社,2014.

15. 马广林. 管理咨询:原理·方法·专题 [M]. 大连:东北财经大学出版社,2012.

第 8 章

物流管理咨询

❖ 学习目标

　　物流管理既是一个企业的内部管理问题，横观全球，更是一个供应链管理的最重要方面。通过本章的学习，应该掌握物流及供应链管理专业咨询的基本程序与具体方法。首先，要了解物流管理、供应链管理的概念及发展历程，掌握物流系统构建方法；其次，要掌握物流及供应链管理领域、政府与企业在物流管理方面的咨询内容，进而重点掌握物流管理咨询的具体程序、内容及方法，这不仅包括咨询管理的一般方法，还包括专业咨询工具与方法；最后，通过物流管理咨询相关案例的介绍，进一步了解专业咨询的一般方法和具体方法，力求在咨询业务中熟练掌握和灵活运用。

　　本章主要学习以下三个方面的内容：物流系统构建；物流管理咨询的基本程序与一般方法；物流管理咨询的具体方法。

❖ 8.1　物流管理咨询的目的和意义

　　物流管理咨询是由专业组织和人员，凭借其掌握的物流管理知识和项目经验，在客户提出要求的基础上，应用科学方法进行内外部市场调查，综合运用定量和定性分析方法制订出物流系统方案，从而为客户降低物流成本，提高客户物流管理效果的服务过程。

　　物流概念在 20 世纪 80 年代初传入我国，进入 21 世纪后，物流业迅速发展，2008 年全球金融风暴发生后，物流业成为国务院确定的十大振兴产业之一，足以显现物流业在我国的重要地位。随着我国经济的高速发展，物流管理在企业营运中所起到的作用受到更多关注，我国物流管理咨询业也进入快速发展阶段，出现较早的是一些专业物流管理咨询公司，如欧麟、法布劳格、北京百川归海等。随着供应链管理理念的深入，近几年涌现的众多供应链管理咨询公司中，大多包含有物流咨询业务，如唯赢供应链咨询管理公司的业务有相当一部分是物流管理咨询业务。另外，一些 IT 集成商、物流设备供应商在销售软件和硬件的同时，都能向客户提供物流解决方案。这些咨询类公司所提供的物流服务大致包括：物流市场调研，物流项目策划及可行性研究，区域、城市物流产业发展规划，物流园区（中心）发展战略规划，物流园区（中心）概念及功能规划，企业物流，供应链发展战略规划，物流信息系统（平台）规划建设，精益生产物流系统设计，数字化工厂规划等。

目前，我国一些大型企业在建立物流园区、投资大型物流设施、构建大区域物流网络时已经习惯于咨询物流专家，进入 21 世纪以来，由于我国政府在经济发展中起着重要作用，来自于各级政府的物流咨询项目增加迅速。

8.1.1　物流、物流管理及其发展

根据《中华人民共和国国家标准物流术语》，物流是指物品从供应地向接收地的实体流动过程。根据实际需要，将运输、储存、装卸、搬运、包装、流通加工、配送、信息处理等基本功能实施有机结合。

物流是一种与人类生活密切相关的经济现象。可以说，从人类有生产和交换活动以来物流就长期客观存在，只是没有引起人们的关注。物流管理是 20 世纪才出现的概念，及至第二次世界大战以后受到产业界和学术界的高度重视，是因为将与该过程相关的活动进行有机整合和管理后，能够为企业带来巨大的经济效益。物流管理是为了以最低的物流成本达到用户所满意的服务水平，对物流活动进行的计划、组织、协调与控制。物流管理的思想和执行在供应链层面上实现，产生了一体化的供应链物流。全球经济一体化的今天，物品在国家间的流动整合日益成为全球物流的重要议题。

物流管理发展至今主要分为如下五个阶段，如图 8-1 所示。

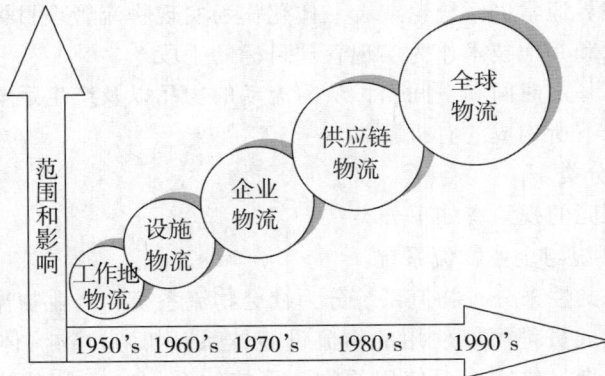

图 8-1　物流管理发展的五个阶段

1）工作地物流

工作地物流是物料在单一车间中的流动。工作地物流的目的是使单件产品的加工或制造在数台机器之间或者沿着一条组装线的移动流线化。

2）设施物流

设施物流是指设施内部（车间之间和车间内部）各个工序之间的物料流。设施可以是一家工厂、一个仓库或者分销中心。设施物流被称为物料处理。设施物流起始于 20 世纪五六十年代的大规模生产和流水线，到 20 世纪 70 年代后期，物料处理、仓储和运输被整合成实体分销，采购、营销和客户服务被整合在一起成为商业物流。

3）企业物流

企业物流是指企业内工厂之间和工厂仓库之间的物料和信息的流动。对于制造型企业

而言，企业物流出现在它的工厂和仓库之间；对于批发商而言，企业物流出现在它的分销中心之间；对于零售商而言，企业物流出现在它的分销中心和零售店之间。

4）供应链物流

供应链物流是指供应链上企业之间的物料、信息和资金的流动。供应链是由仓库设施、运输工具和物流信息系统组成的一个网络。供应链物流管理旨在对供应链中产生的客户反应、库存管理、供应、运输和仓储等物流活动相互有效连接。

5）全球物流

全球物流是指国家之间的物料、信息和资金的流动。全球物流连接了跨越国界的供应商的供应商和客户的客户。由于与全球物流相关的交易环节、交易伙伴、语言、文件、货币、时区和文化的多元化，全球物流比国内物流更复杂。

正是由于物流在全球经济中的重要性，很多国家逐渐加强了对物流基础设施布局和投资的宏观管理，追求社会物流效率以扩大国际贸易，吸引国际直接投资，从而提升国家竞争力。所以，物流管理与其他的企业管理活动不同，其管理的主体不仅有微观层面的单个企业，还有超企业间的供应链、宏观层面的政府管理部门以及中观层面的行业管理或产业管理。

8.1.2 物流管理的方法论

物流过程中的许多当事人、各种信息及活动共同作用在发生位移的物品上，彼此之间的关系以及与其他事物之间的关系纵横交错、芜杂繁复，人们难以理出头绪，感觉不可控制。因此，物流管理界通常以系统论或者一体化作为实现物流管理目标的方法论，并以运筹学、电子信息技术和其他技术作为实现管理目标的手段。

物流系统是指在一定时间和空间内，所需流动的物品以及产生运输、装卸、仓储等功能的设施在人的作用下所构成的有机整体。

1）物流系统的分类

物流系统按照不同的视角有如下分类：

（1）社会物流系统与企业物流系统。

从物流系统的公共性来分，物流系统分为社会物流系统和企业物流系统两种。社会物流系统是指各种社会成员都可以使用的物流设施体系，如港口物流体系、航空物流体系等；企业物流系统是指只供本企业使用的物流设施体系，如一个跨国公司的分销中心网络、一个货代公司在全球的代理网络等。前者的管理主体通常是政府或社会公共组织，后者的管理主体则是企业或供应链。

（2）持久性物流系统和一次性物流系统。

物流系统按一个系统运作物流过程的次数分为持久性物流系统和一次性物流系统两种。一个物流系统在多个物流过程中保持不变，称为持久性物流系统，如国家的综合运输系统、为客户定制的物流网络、一个企业的工位布置等都在同一系统中重复若干次相同的物流过程，为持久性物流系统。一个物流系统只用于一次物流过程，称为一次性物流系统，如在街上临时找一个出租货车将购买的货物拉回家、一票出口货物委托货代运输到进口国等。

2）物流系统的特性

根据系统理论，物流系统的特性如下：

（1）物流系统的整体性。

物流系统的整体性是指按照系统的功能确定各个要素子功能，按照系统的目标确定这些要素在时间和空间上的最优排列；按照一体化的理念构造要素之间的相互关系。物流系统设计和构建中应该尽量消除要素之间功效的相互抵消，使要素构成相互协调的整体，以达到物流系统的整体功能大于各要素功能之和的理想境界。

（2）物流系统的层次性。

物流系统的层次关系可以归结为本级系统、上级系统、同级系统和下级系统四种。

①本级系统是指当事人的立足点或出发点或其所管辖的最大边界。在物流系统的设计中，一般以物流系统作为本级系统。

②上级系统是包含本级系统且仅比本级系统高一个层次的系统。本级系统的目标由上级系统确定，上级系统对本级系统的要求是本级系统寻求最优目标的约束条件。

③同级系统是在本级系统和上级系统之间、与本级系统平行的其他系统。这些平行的其他系统是本级系统运行的内部环境，本级系统与它们之间的关系是协调、配合、竞争的关系，而不是上下级关系。

④下级系统是包含在本级系统且仅比本级系统低一个层次的系统。它们是本级系统的内部元素，在服从本级系统目标的前提下，追求自己的小集体利益。

（3）物流系统的开放性。

物流系统的开放性是指物流系统具有不断与外界环境交换物质、能量和信息的特征。就企业物流而言，物流系统需要输入自然资源、人力资源、资金和信息，经过物流过程的作用以后，系统的输出是企业产品的地点和时间效用。就一个国家而言，物流产业或交通运输体系，要与国民经济的其他部门产生产业间的相互关联，物流产业要为农业和工业的生产销售提供服务，工业制造部门要向物流产业提供基础设施和运输设备，农业要向物流产业提供食物。物流产业涉及国家众多的基础设施，具有先行产业的特征，物流对其他产业具有明显的拉动作用。

（4）物流系统的目的性。

物流系统的目的主要是降低物流系统的总成本或提高客户满意度或者两者兼有。设计一个物流系统时，首先应该确定系统的目的，然后根据这些目的来设计系统应该实现的功能，再根据要实现的功能确定系统的结构。系统功能的设计受系统目的的制约，系统功能必须满足目的的要求。

系统的目的通常是多元化的，有时甚至是相互冲突的，因此，系统运作的成功需要对系统的不同目的进行协调和权衡，将系统的目的分成不同的层次、不同的重要程度、不同的时间序列等，按照轻重缓急，先实现高层次的、重要的、当前的目标，后实现低层次的、次重要的、后续的目标。

社会物流系统的目的与企业物流系统的目的可能不同。前者的目的通常是满足全社会对物流设施的需求，降低物流成本在国民生产总值中的比例，提升国家竞争力。后者的目的通常是客户满意条件下的总成本最低，或者是一定成本条件下的客户满意水平最高。

8.1.3 物流系统的构建

为了完成物品从供应地到使用地的流动，需要构建一个物流系统。对于一次性的或中小型的或成本低的物流系统，一般使用比较简单的方法构建，企业的物流相关人员能够胜任，不需要委托给外部的咨询机构，在此不作介绍。对于像国家综合物流系统、企业仓库网络等持久性、投资巨大的物流系统的构建一般使用系统工程的方法完成，需要相关领域的专业人才，最好委托外部的咨询机构承做。

所谓系统工程是以研究大规模复杂系统为对象的一门交叉学科，它把自然科学和社会科学的某些思想、理论、方法、策略和手段按照总体协调的原则有机地联系起来，应用定量和定性分析相结合的方法和计算机技术，对系统的构成要素、组织结构和反馈控制等功能进行分析、设计和制造，从而达到最优设计、最优控制和最优管理的目的。

系统工程方法很多，其中较为常用的是美国贝尔电话公司工程师霍尔所提出的三维系统方法，即时间维、逻辑维和知识维的综合系统方法。时间维用于描述系统工程进行的时间阶段，逻辑维主要描述系统工程各个时间阶段中的工作步骤，知识维则表示每个时间段、每个逻辑步骤所用的各种知识，涉及自然科学、社会科学、管理学、哲学、信息论、控制论和运筹学等。物流系统构建的三维系统工程方法如图 8-2 所示。

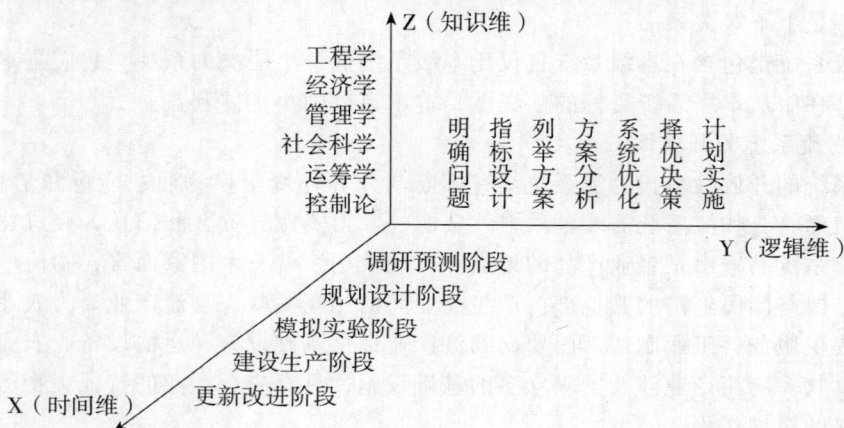

图 8-2　物流系统构建的三维方法

1）时间维按系统构建的时间顺序及内容

（1）调研预测阶段：该阶段应该对欲构建的系统所流经的物流过程及其人、物和设施的现状进行调查研究，并对未来的状况做出预测。

（2）规划设计阶段：该阶段应该提出几套能够达到目的的物流系统方案。

（3）模拟实验阶段：对选定的方案进行正式建设前的模拟实验，以验证方案的可行性，考察可能出现的问题，以免直接投资造成浪费。

（4）建设生产阶段：正式建设物流系统，生产物流服务产品，即实现物品在新建的物流系统中流动。

（5）更新改进阶段：运行后的物流系统应该根据新的情况适时进行改进，以达到和超过设定的目标。

2）逻辑维在每一个时间维中的工作步骤

（1）明确问题，即弄清楚要解决的问题是什么。

（2）指标设计，即问题解决到什么程度。

（3）列举方案，即列出解决问题且达到指标的各种可行方案。

（4）方案分析，即对可能的方案进行分析。

（5）系统优化，即对可行的方案进行优化。

（6）择优决策，即对优化后的方案再进行比较。

（7）计划实施，即将最终确定的方案付诸实施。

3）知识维的内涵

知识维是指在各个时间段的不同工作步骤中，需要用到经济学知识、管理学知识、运筹学知识和社会科学知识等。

8.1.4　物流管理咨询的目的和意义

政府和企业聘用专业物流管理咨询机构和人士调查、诊断和构建物流系统，就全社会而言有如下宏观经济效益：

1）超越部门利益，在更高目标上实现利益最大化

物流系统涉及军事领域、生产领域、流通领域、消费及后消费领域，涵盖了几乎全部社会产品在社会与企业中的运动过程，是一个非常庞大而复杂的领域。我国与物流相关的政府部门很多，它们都先后制定过局部的物流规划，由于缺乏沟通和协调，这些规划往往太多地考虑本部门利益，破坏了物流大系统的有效性，给日后的物流发展留下诸多后遗症。所以，只有更高层次的、超越部门利益的综合物流规划才能把我国的物流发展纳入到有序的轨道。

2）避免低水平重复建设，有效利用社会资源

物流领域进入的门槛比较低，而发展的门槛比较高，这就使物流领域容易出现低水平的重复建设现象，尤其是最近几年的"物流热"加剧了物流领域低水平的重复建设。这种低水平的重复建设尤其出现在配送中心、一般物流中心和小型物流节点等物流设施上。

3）正确利用"效益背反"规律，追求整体效益最大化

效益背反是物流领域中的普遍现象，是指物流系统中一种物流活动经济效益改善的同时导致另一种物流活动经济效益的变坏。物流系统构建的一个很重要的目的就是将这些效益相互背反的活动纳入到一个系统中，不追求某一活动的效益最好，而是在权衡的基础上追求整个系统的经济效益最优。

政府和企业聘用专业物流管理咨询人士规划和设计物流系统，对咨询服务的供需双方来说还有很现实的微观经济效益。从物流系统的三维构建模式可以看出，物流系统的构建所需的专业知识非常广泛，不仅需要工程学方面的专门学问，还需要经济管理方面的知识，甚至是社会科学方面的知识。持久性物流系统往往很多年规划或设计一次，长期雇用物流咨询方面的专门人才，对需求单位构成很大的人员支出，也是人才的浪费。在市场经济条件下，随着分工的日益深化，一些物流方面的人才聚集在一起，专门向各种机构提供物流管理咨询服务，不仅可以提供专业而且也是相对便宜的物流咨询，还可以实现物流咨询机构的专业化和规模化。目前，我国物流市场存在较大的不确定性，物流企业需要不断调整自己的市场定位、管理模式和业务流程，借助外部智慧扩展单个企业的视野，才能更好地预见企业发展中的变化。另外，物流业务系统化、网络化的特点要求打破部门和地域的壁垒，适应多种多样的外部数据连接和实现对外部数据的控制，需要专业咨询顾问提供强有力的帮助。

✱ 8.2　物流管理的主要内容

物流管理有社会物流的宏观管理、第三方物流企业的物流业务管理和制造流通类企业的微观管理三个层次。宏观管理的主体是各级政府，管理的内容以物流产业和各种基础设施的规划为主。物流企业作为专门提供物流服务的企业，管理的内容以服务产品和成本利润核算为主。物流在制造流通类企业中定位于为生产和销售服务，管理的主体是企业内部或供应链主导企业的物流管理部门，管理的内容以降低物流总成本和提高客户服务水平为主。

8.2.1　宏观物流管理的主要内容

各国各级政府主要通过物流基础设施的规划实现对物流的宏观管理，管理的成果一般是物流规划，包括物流产业规划和区域性物流规划。区域物流是指区域之间及区域内部的物流活动，它侧重于城市之间、城乡之间从供应者到需求者的物品运输与集散的一体化过程，目的是运用区域的概念和战略决策解决有关大范围物流的各种主要问题，实现区域物流的最佳化。

物流规划根据涉及区域的大小主要包括三种类型：国家级物流规划、省级物流规划、城市或地区级物流规划。另外，按照行业的不同，有农业物流规划、医药行业物流规划、食品行业物流规划、汽车行业物流规划、化工行业物流规划等政府部门主导的规划。

1）国家级物流规划

国家级物流规划应当着重于以物流基础设施和物流基础网络为内容的物流基础平台规划，应当和国家基础设施建设的国策相吻合。物流基础平台的规划可能包含铁路、公路等交通线路的规划，也可能从现代物流系统的角度对物流节点进行统一规划，包括不同交通线路合理布局、使网络发挥更大效用的综合物流节点的布局以及综合信息网络布局。

2）省、城市或地区级物流规划

国家的物流体系必然是由一个个地区性的区域物流体系所构成。区域中心城市是商品集散和加工的中心，第一、第二产业的发展优势明显，而且物流设施和基础设施齐全，消费集中而且需求量大，交通与信息发达。省、城市或地区级物流规划应当从区域经济发展的角度出发，研究区域物流系统对地方经济的促进和带动作用，着重于综合性物流园区的布局规划和相关交通基础设施的规划。

8.2.2　制造流通类企业物流管理的主要内容

与制造和流通类企业相关的物流活动包含四个边界清楚的过程，即供应物流、生产物流、销售物流和供应链物流。

1）供应物流的决策问题

供应物流是指企业为支持产品制造或销售而组织原材料、零部件和消耗材料等物料进入企业的过程，该过程的起始点是供应商的制成品仓库，终止点是企业的原料仓库。

（1）采购什么。

采购什么的问题取决于生产企业制造的产品或流通企业销售的商品，应该由企业的生产部门决定；在客户定制的模式下，则由客户的产品设计所决定。从根本上来说，该问题不是由物流部门决策的。

（2）到什么地方采购。

到哪儿采购的问题是一个供应商选择问题。由于采购在企业经营中的重要地位，许多企业由高级管理层决定供应商的选择问题。一些管理权限下放的企业则由采购部门经过严格的评估程序决定入选的供应商。

（3）什么时候采购和每次采购多少。

在选定供应商并签订供货合同的基础上，什么时候采购和每次采购多少的问题属于存货管理的范畴。采购部门可以按照采购成本最低的原则，采用定量订货法或定期订货法以决定采购时间和采购数量的问题。物流管理先进的企业通常在物料需求计划（Material Requirement Planning，MRP）或配送需求计划（Distribution Requirement Planning，DRP）模式下，根据生产或销售的进度来决定采购数量和采购时间问题，更能体现企业生产一体化的管理理念。

（4）谁负责运输。

在企业和供应商之间，使用哪一种运输方式、由哪一方安排运输、由哪一方执行运输任务等一系列问题是企业采购谈判中必须明确的。供应商和买方企业都可以成为运输安排者。现代社会中，随着买方市场的形成，卖方将送货上门视为提供周到客户服务的重要组成部分，采购运输安排由供应商承担的居多。

（5）入厂物料放在何处。

这是一个供应物流中的仓库问题。大部分情况下，入厂的物料应该全部放在企业的原材料仓库。一些采用先进管理模式的企业则将入厂物料直接运到需要加工的工位旁，或者一部分入原材料仓库，一部分直接进入制造车间。

2）生产物流的决策管理

生产物流是指物料进入企业后，经过发料、运送到各加工点，并以在制品的形态，从一个生产工位流入下一个工位，按照规定的工艺过程加工成制成品后进入制成品仓库的过程。生产物流的起始点是企业的原料仓库，终止点是企业的制成品仓库，贯穿生产全过程。一旦厂区设定，工艺流程确定，生产物流中的决策问题主要有：

（1）车间库房的布置。

车间库房的布置即诸多原材料仓库、生产车间、在制品仓库和制成品仓库在厂区内的布置，决策依据是在满足工艺流程的情况下，保证物料在厂区内的运输成本或搬运成本最低。

（2）工位的布置。

工位是指使用特定设备对物料进行制造加工的地点，一个车间可能是一个工位，更多的情况下，一个车间有数个工位。工位布置是在满足工艺流程的前提下，争取物料在工位之间的流动路线合理，在制品数量合理，以保证物料在车间内的搬运成本与仓储成本最低。

（3）物料搬运设备的选择。

生产过程中的物流，大部分情况下使用起重机、手推车、叉车、卡车等短距离搬运设备。

（4）物料存放地点。

尚未完工的在制品需要场所存放，是放置在专门的半成品仓库？或是放置在原来的工位？还是马上送到下一道工序？这最能体现生产物流过程中运输、仓储的集成程度。

（5）物料搬运节奏的控制。

物料搬运节奏的控制即物料搬运数量与发送时间的控制问题，在两看板系统中，物料搬运节奏的控制是由放在容器中的搬运看板实现的。

（6）物料搬运的执行。

物料搬运的执行问题包括：是由上道工序工人搬运还是由下道工序工人搬运？还是由专门的配料工搬运？甚至是由机器自动完成？

3）销售物流的决策问题

销售物流是指产成品从企业制成品仓库转移到客户指定地点的流动过程。销售物流的任务是以客户服务为手段协助销售部门扩大企业销售量并尽量降低销售物流总成本。降低销售物流总成本的主要原则就是将物流网络从商流网络中独立出来，减少仓库的数量。物流与商流分离后，通常建立较大的分销中心，作为主仓库，分销中心存放品种齐全、数量较大的库存。

分销中心是企业所设置的、数量大且品种齐全的、以满足数个销售点使用的大型仓库，至少制造厂区内的成品仓库可以被看作分销中心。一些市场范围大的企业还经常设置区域分销中心。销售物流需要做出的决策问题如下：

（1）分销中心设多少及设在何处。

该问题的决策需要考虑的内容很多，如企业销售网络的布局、分销中心的数量、每一个中心覆盖的市场范围等。

（2）如何预测分销中心所需产品的数量。

分销中心一旦确定和建立，更日常的工作则是根据所管辖市场范围的销售量和销售品种，经常补充库存。分销中心的库存补充数量通常是物流人员根据以往的销售情况预测出来的。

（3）如何改进订单管理。

分销中心在接到来自客户（内部客户或外部客户）的订单时，应该以最快的速度向其提供正确的货品。从接到订单到将订单项下的货物送达客户的中间有许多工作环节，分销中心如何才能既提高速度，又不至于出错？

（4）向客户提供哪些物流服务。

买方市场下，企业向其客户提供的物流服务有很多，送货上门是最基本的客户服务。由于每一个分销中心的货品种类多，一个客户需要的货品往往不止一种，分销中心通常提供运输集装、配送服务，甚至提供流通加工服务。

8.2.3　供应链物流管理的主要内容

供应链物流管理就是对始自原材料终至消费品的整个供应链企业的物品流进行统一的

计划、执行和控制，以求最终消费品具有成本优势，同时满足消费者需求。供应链物流管理的核心思想是物流运作的集成化，供应链物流的集成人应该是供应链的主导企业。主导企业管理供应链时的主要任务是：

1）选择战略性长期合作伙伴

供应链主导企业欲实现一体化的供应链物流首先应该在互相信任的基础上，同为数不多的供应商和客户建立战略合作关系。战略性合作伙伴应该具有如下特征：

（1）满足要求的技术能力。

合作伙伴至少应该具有一支技术队伍，有能力制造所需要的产品，最好还具有产品开发和研制能力，能够与下游一起设计制造出适应市场的新产品。

（2）稳定的产品质量保证。

供应商提供的产品必须能够持续稳定地达到产品说明书的要求，有一个良好的质量控制体系，或低概率质量缺陷，减少制造商检验零部件质量的工作量。

（3）提供有竞争力的产品价格。

战略性合作伙伴的产品报价最好具有市场竞争力。供应链上任何一个环节的过高要价，最终都会转嫁到消费品上，影响整个供应链的价格竞争力。

（4）具有沟通合作的理念和风气。

战略性伙伴之间要想获得相互信任，需要保持日常业务信息以及工作人员的共享和交流，要有相应的工作人员保持与伙伴企业之间的联系甚至是良好的关系。这些条件的实现取决于企业是否具有一种开放的、合作的、以满足最终消费者需求为所有人职责的企业文化。

（5）拥有相当的生产规模。

一个企业没有相当的生产规模，可能无法满足企业物料数量的要求，也可能没有财力向企业提供商业信用，如赊销或，影响企业之间的长期合作。所以，长期合作伙伴最好选择该行业中规模大、技术领先的企业。

2）建立面向供应链的信息系统

供应链中的物品在上下游企业之间以及同层企业之间流动的方向、数量和节奏，需要相关信息流的驱动。交易达成后，买卖双方之间会有确认性文件，如合同、协议等，记载着买方、卖方、品名、规格、数量等物品流动的驱动信息；物品什么时候、以多大的数量、以多高的频率从特定的供应地转移到使用地，需要物流管理人下达相关命令，再由物流执行人将物品从供应地移动到使用地，这些相关命令就是物流的管理信息。物品是否按规定的品种、数量、时间和频率到达约定的地点，需要物品的接收者予以核实和记录，这些核实的信息称为物流的结果信息。如上的驱动信息、管理信息和结果信息，在供应链中是否并如何记录、传递、保存和查询，对供应链物流运作的通畅和效率至关重要。

从技术上来说，现代计算机与通信技术可以使供应链中物流信息的传递、查询和共享通过如下途径实现：

（1）基于电子数据交换（Electronic Data Interchange，EDI）的供应链信息系统。

EDI技术过去而且直到现在依然用于供应链的管理。它成为集成供应链上企业的一种重要工具，是合作伙伴企业之间交互信息的有效技术手段。通过EDI，供应链企业之间可以大规模地共享信息，信息的传递和查询在企业之间也可以在瞬间完成，并大量减少纸面作业。

（2）基于 Internet 的供应链信息系统。

基于 Internet 的供应链信息系统除了保证供应链成员企业间的信息交流外，还能实现供应链与外部客户之间的信息交流。要实现这些内外信息的同步交流，除了 Internet 技术以外，还要使用到内部网络技术和三维网技术。

核心企业需要建立一个供应链信息管理中心，既通过 Intranet 管理本企业的制造资源计划（Manufacturing Resources Planning，MRP）或企业资源计划（Enterprise Resource Planning，ERP），又负责组织实施整个供应链信息系统的设计和构建、日常数据的收集和处理，同时对信息系统的运行进行监控。通过供应链的 Intranet 网络实现供应链成员企业间的信息资源共享和适时交互沟通，通过 Internet 实现顾客与供应链之间的信息交流，以及顾客与各个成员企业的信息交流。

3）建立供应链绩效激励机制

供应链管理模式下的激励手段有多种多样。从激励理论角度看，主要分为正激励和负激励两大类。正激励是指一般意义上的正向强化，鼓励人们采取某种行为；而负激励则是指一般意义上的负强化，是一种约束，一种惩罚，阻止人们采取某种行为。供应链管理中常用的激励手段有如下几种：

（1）价格激励。

供应链管理环境下，各个企业在战略上是互相合作关系，但是各个企业的利益不能被忽略。供应链上各个企业间的利益分配主要体现在价格上。价格包含供应链价值在所有企业间的分配以及供应链优化所产生的额外收益或损失在所有企业间的均衡。供应链优化所产生的额外收益或损失大多数时候由相应企业承担，但在许多时候并不能辨别相应对象或者相应对象错位，因而必须对额外收益或损失进行均衡。均衡的重要方式就是调节购买价格。

（2）订单激励。

一般情况下，一种零部件拥有多个供应商，多个供应商同时竞争来自于核心企业的订单，更多的订单是对供应商的有效激励。制造商将订单下达到哪一家企业，下达到哪一种行为类型的供应商，这种行为类型就是对其他供应商的一种引导。如果制造商一味选择报价低但在交货期、质量等方面较差的供应商，那么，供应商们就会只追求低报价而忽视交货期与产品质量。

（3）信息共享激励。

信息共享是供应链管理的特色之一，为了提高整个供应链需求信息的一致性和稳定性，减少由于多重预测导致的需求信息扭曲，应增加供应链各方在需求信息获得方面的及时性和透明性。为此，应建立一种信息沟通的渠道或系统，以保证需求信息在供应链中的畅通和准确。

（4）共同研发激励。

新产品和新技术的共同开发和共同投资是一种有效的参与激励，它可以将供应链成员企业的利益捆绑在一起，从而起到较好的激励作用。供应商与制造商的合作研发可以使供应商全面掌握新产品的开发信息，有利于新技术在供应链企业中的推广和开拓供应商的市场。供应链管理状况好的企业，都将供应商、经销商甚至用户结合到产品的研究开发工作中来，按照团队的工作方式展开全面合作。

（5）淘汰激励。

淘汰激励是负激励的一种。为了使供应链的整体竞争力保持在一个较高的水平，供应链必须建立对成员企业的淘汰机制，因为供应链自身也可能面临淘汰。淘汰激励还在供应链系统内形成一种危机激励机制，让所有合作企业都有一种危机感，对自己承担的供货任务，包括成本、质量、交货期等负有全方位的责任。

8.2.4　物流企业物流管理的主要内容

物流企业是专门提供物流服务产品的企业，包括运输企业、仓储企业、快递、配送中心、物流中心等。物流企业的客户是制造流通类企业和消费者。与一般企业一样，物流企业存在的目的是创造利润，而利润来源于高收入和低成本。

1）物流服务产品的定位

传统物流服务是通过运输、仓储等功能实现物品空间与时间转移，是许多物流服务商都能提供的基本服务，难以体现不同服务商之间的差异，也不容易提高服务收益。一体化物流服务则应根据客户需求，在各项功能的基本服务基础上延伸出增值服务，以个性化的服务内容表现出与市场竞争者的差异性。

增值服务实际上是将制造流通类企业外包的物流由非核心业务不断向核心业务延伸。一般来说，企业确定物流外包领域时，首先选择运输、仓储等非核心业务，然后逐步延伸到订单处理、配送、采购等介于核心与非核心之间的业务，最后可能涉及售后支持等核心业务，随着与第三方物流合作关系的深入，企业会不断扩大外包范围，最终只专注于研究与开发、生产、销售等最核心的环节。

运输的延伸服务主要有运输方式与承运人选择、运输路线与计划安排、货物配载与货运招标等；仓储的延伸服务主要有集货、包装、配套装配、条码生成、贴标签、退货处理等；配送的增值服务主要有 JIT 工位配送、配送物品的安装、调试和维修等。

2）物流产品的营销

物流企业通过物流营销活动宣传企业物流业务，建立物流企业形象，促进客户接受新的物流服务标准，同时也是获取和扩大企业物流市场份额的重要手段。

第三方物流企业需要根据自己企业的内外部环境做出服务策略的选择与策略组合。这要求企业首先对自身条件的优劣势和市场环境所带来的机遇与威胁进行全面的分析和研究，在此基础上再选择和确定服务营销策略及其组合。第三方物流服务企业可选择的服务营销策略及其组合主要包括下述几个方面：

（1）服务市场的细分与服务定位策略。

服务市场的细分与服务定位策略是指企业按照一定的分类标志将整个第三方物流服务市场划分成若干个细分的市场以后，再根据自身的条件与外部环境、细分市场的规模和竞争情况以及细分市场顾客的服务需求、偏好与特点等各种要素确定出企业主攻的细分市场，并努力去开拓和占领这一细分市场的营销策略。

（2）服务创新与差异化策略。

服务创新是指在第三方物流服务中通过对于服务内容、方式、质量等方面的改进和提高，为顾客提供有创新性的物流服务；差异化是指通过服务创新等手段为顾客提供独特的服务，从而取得竞争优势的营销策略。这一策略的关键在于使自己不同于竞争者，并为潜在进入者设立一定的进入障碍，从而确保自己在一定的物流服务细分市场上获得竞争优势。

3）成本核算和控制

物流企业的成本是物流企业在提供物流服务产品时对各种资源耗费的货币计算。

（1）物流企业成本构成。

物流企业成本可以分为两类：运营成本和非运营成本。其中，运营成本是指与物流服务产品的生产直接联系的成本，主要包括直接材料、直接人工和运营间接费用三大要素。非运营成本主要包括销售费用和管理费用两类。

①直接材料，是指可追溯到为提供某个服务所需的材料，即可以归结到某种物流服务产品成本之中的材料，如用于包装的纸箱、包扎带等。

②直接人工，是指可追溯到所提供的服务产品的人工费用。如专门为某产品录入、查核、跟踪各种单证的跟单员发生的人工费用可归入相应产品的直接人工。

③运营间接费用，是物流企业成本中除直接人工和直接材料以外的成本的统称。如装卸、运输、搬运设备的运营、折旧、维修等均不能归入产品的直接成本，而作为间接费用处理。它在整个运营成本中占相当大的比重。

④销售费用和管理费用，主要是物流营销成本和行政管理成本。

（2）作业成本法在物流企业中的应用。

由于物流活动中的间接费用比例很高，很多物流企业正在探讨作业成本法的应用。作业成本管理的基本思路是将具体的物流过程分解为多个活动，根据活动对资源的消耗计算出成本，然后根据作业对象算出单位产品的成本，将作业对象各个环节的成本相加，计算出单位作业对象的单位总成本。其目的在于通过作业成本的计算、作业链分析帮助企业细致入微地观察作业运营情况，分析和瞄准行业最佳水平，利用关键点分析来改进流程，进而提高资源使用效率和缩减成本。

①界定物流过程中涉及的价值链、作业链和活动。价值链的确定有助于识别活动的有效性，剔除无用活动和减少无效活动。在识别出价值链的基础上，确定作业链，最后确定组成作业链的活动。活动是组成作业链的基本单位。例如，针对零售商的配送活动，可以分为分拣、包装、运输、装卸等活动。

②确认作业中涉及的资源。物流活动消耗的资源包括人工、设施设备、能源等，成本按照所投入的方式不同可以分为直接成本和间接成本。资源的界定是在作业界定的基础上进行的，每项作业必然涉及相关的资源，与作业无关的资源应从物流核算中剔除。

③确认资源动因。将资源分配到作业中，作业决定着资源的耗用量，这种关系称作资源动因。资源动因联系着资源和作业，它把总分类账上的资源成本分配到作业中。

④确认成本动因。将作业成本分配到产品或服务中，计算出作业的单位成本。作业动因反映了成本对象对作业消耗的逻辑关系，例如，发货量最大的客户会产生最多打包作业，故按货量的多少（此处的作业动因）把打包作业的成本分配到相应的客户中去。

⑤确定单位物流成本。将所有作业环节的单位成本相加即可得到单位物流成本。单位物流成本再加上单位直接材料及单位直接人工，即为单位成本。

4）物流产品定价

物流产品的定价方法基本有成本定价法、价值定价法和边际成本定价法三种。

（1）成本定价法。

物流成本定价法原理是指物流收入必须足以覆盖提供物流服务的所有费用。该定价方法的缺陷是各物流服务对象所耗用的成本很难分摊准确。因此，这里的物流成本不是指特定的、个别的物流服务对象，而是总的物流收支的平衡。物流成本定价法常见于垄断性物流行业的定价或政府限定物流价格的情况下。

（2）价值定价法。

物流价值定价法也称为负担力定价法，根据物流服务需求者的负担能力决定价格。这个价格是物流服务需求者的需求价格，即他宁愿支付而不愿放弃物流服务的价格，是需求者的主观价值或心理价位，它与需求者承担物流费用的能力有关。高质量的物流服务对高价值商品货主的价值比较高，可能愿意支付比较高的物流价格。

（3）边际成本定价法。

边际成本定价法主张从经济资源最佳分配的角度决定物流价格，即价格定位于与边际成本一致的水平，以使社会总福利最大。某些情况下，物流企业的报价确实与边际成本相一致，但长此以往，物流企业将会因固定成本得不到补偿而难以为继。

✳ 8.3　物流管理咨询领域的典型问题

物流咨询的需求方主要为政府、制造流通类企业和第三方物流企业。21世纪的前几年，政府的物流咨询需求比较多，交通规划、港口规划以及物流园区规划成为需求最大的咨询项目。随后企业的咨询需求也迅猛增长。经过一番物流热之后，无论是政府还是企业，随着对物流的深入了解，市场需求变得更为理性、更加务实，它们开始寻求能解决具体问题的一揽子物流咨询服务，对咨询企业的品牌要求也更高了。

物流管理咨询分为规划新的物流系统和改进现存物流系统两大类。一般来说，各级政府的物流规划、物流园区规划多属于构建新的物流系统，企业物流流程再造和供应链物流解决方案通常是原有物流系统的改进。

8.3.1　来自于政府的物流管理咨询领域

传统上，我国每五年制定一次发展规划，物流方面的规划也有三、五年一更新的规律。我国正处于经济高速发展阶段，中央政策一旦变化，各地各级政府通常都要在很短的时间内做出相应的规划，政府公务员行政事务繁忙，在很短的时间内做出专业程度很高的、体系庞大的规划有一定难度，通常委托规划设计院、大学、社科院、专业咨询机构等与政府合作完成。

1）物流产业规划

物流作为一个新兴产业，近几年受到上到中央政府，下到省、市、县各级地方政府的高度重视。2008年下半年以来，随着国际金融危机对我国实体经济的影响逐步加深，物流业作为重要的服务产业也受到了严重冲击。物流市场需求急剧萎缩，运输和仓储等行业的收入及利润大幅度下跌，一大批中小物流企业经营出现困难，提供运输、仓储等单一服务的传统物流企业受到严重冲击。在有关政府部门、大学研究机构论证的基础上，国务院将物流业作为十大振兴产业之一，于 2009 年 3 月公布了《物流业调整和振兴规划》。该规划明确指出了今后几年的重点物流工程，其中有多式联运、转运设施工程、物流园区工程、城市配送工程、大宗商品和农村物流工程、制造业与物流业联动发展工程、物流标准和技术推广工程、物流公共信息平台工程、物流科技攻关工程和应急物流工程。

2010 年以来，在我国各级地方政府的经济社会发展规划中，很多将发展现代物流业放在重要的地位，尤其是有海洋经济强省之称的山东、浙江和广东，无一不将海洋运输产业作为重点支持行业。上海素有国际航运中心之名，在 2012 年公布的《上海市现代物流业发展"十二五"规划》中将口岸物流、制造业物流、电子商务物流和城市配送物流作为今后五年的重要物流发展领域。在珠江三角洲，深圳将现代物流与高新技术和金融并重，作为跨世纪经济发展目标的七大支柱产业之一，并委托美国盖兰德公司作了《深圳现代物流发展策略及交通运输相关政策研究》的报告。政府物流规划的制定以及物流项目的评估绝大部分依靠科研院所、大学和物流咨询机构完成。

2）港口布局与规划

根据《中华人民共和国港口法》，全国范围的港口布局与规划由交通部负责，省、市、县级的港口布局与规划由相应级别的地方政府制定。改革开放以来，每隔三至五年我国进行一轮新的港口规划。2002 年，交通部公布了《长江三角洲、珠江三角洲、渤海湾三区域沿海港口建设规划（2004—2010 年)》，2007 年公布了《全国沿海港口布局规划》。一般继交通部港口布局规划之后，各省、市级政府也会相应制定本地的港口布局规划，2008 年相继公布了一些省级港口规划，如《福建省沿海港口布局规划（2008—2020 年)》、《辽宁省沿海港口布局规划》、《河北省沿海港口布局规划》和《浙江省沿海港口布局规划》。省级港口规划之后，各港口城市也会紧随其后公布本市的港口规划，2009 年公布的港口规划有《重庆市港口布局规划》、《烟台市港口总体布局规划》、《泸州—宜宾—乐山港口群布局规划》等。

3）各种交通网络规划

最近几年交通部出台了一些全国性交通网络规划，如 2005 年交通部公布的《国家高速公路网规划》是中国公路网中最高层次的规划，2006 年公布的《全国农村公路建设规划》提出了 21 世纪前 20 年农村公路建设的总体目标，2007 年公布了《中长期铁路网规划》，根据此规划到 2020 年我国老百姓可以享受到更加快捷、方便、舒适的铁路服务。

各省、市级政府出台了很多本区域和市内交通网络的规划。2007 年四川省公布了《高速公路网布局规划图》，2007 年上海市政府公布了《上海地铁 2020 规划》，2008 年山东省公布了《山东省高速公路网中长期规划》。青岛市政府则公布了《青岛市城市综合交通规划》，包括公路网和客运枢纽规划、铁路网和客运枢纽规划、水运枢纽规划和城市交通系统规划。

8.3.2 来自于企业的物流管理咨询领域

企业是物流管理咨询需求的主体，按产业性质和企业性质的不同，各类型企业物流方面的咨询领域如表 8-1 所示。

表 8-1 各类型企业所需的物流咨询项目

制造类企业	流通类企业	第三方物流企业
生产流程改造	配送中心设计	物流中心设计
库存整改方案	配送路线优化	物流市场调查
仓库网络设计	物流信息系统	发展战略咨询
物流信息系统设计	仓储设备选型	供应链解决方案

1）制造类企业

对于制造类企业，如何进行需求预测，优化生产流程以及库存、配送系统，改善仓储管理，建立管理信息系统是它们优先考虑的问题。如今，企业越来越重视整个供应链的优化，而在供应链的各个环节中，最多的咨询需求来自于现代化仓储系统的建立，包括立体化仓库、智能标签以及物流信息系统等。在企业未来需求项目的调查统计中，100%的企业选择了仓储系统优化。企业希望通过咨询，获得能解决具体问题并能够切实降低成本、提高效能的可操作方案。

根据企业内部实际状况，制造企业内部物流管理可以细分为五个职能，即仓储管理、运输管理、流通加工管理、供应链管理、物流战略管理，其中供应链管理、仓储管理以及运输管理是企业内部物流功能的重点，分别占到 38%、27% 和 17%。尤其是供应链管理，成为企业内部物流职能中被最为重视的功能。显而易见，企业对于供应链管理在企业整体运营中的重要地位有着非常充分的认识，并且已经建立起相关的职能部门对企业供应链进行整合。仓储管理和运输管理，作为传统的物流环节仍然在相当一部分企业中占有一席之地。与此同时，物流战略制定也已经受到众多企业越来越多的重视，说明物流已经被广泛认同为一种战略性的企业职能要素。

2）流通类企业

对于流通类企业，消费市场的顾客需求已经从"少品种、大批量、少批次、长周期"转变为"多品种、小批量、多批次、短周期"。要适应这种需求变化，就要求流通类企业做到快速反应。因此，配送中心的规划、配送路线的优化、物流信息系统的建设、物流仓储设备的选择等问题成为该类企业的咨询项目主流。

3）第三方物流企业

对于第三方物流企业，现代物流供应链的发展对其服务质量要求越来越严格，不仅要求更准确的运输与配送时间，还要求更具弹性的物流服务以及更动态的货物运输信息。面对这种挑战，第三方物流企业提出的咨询项目有一些是关于本企业发展战略的，有一些是关于物流服务产品设计的，还有一些是关于物流设施设计的，如自动化仓库设计、物流中心设计、公共物流信息平台设计等。上海艾尔特咨询公司为中原油田运输处规划了面向社会的第三方及第四方物流企业发展方案，确定其外部市场发展战略，同时优化内部组织经营管理结构，大大降低了运输成本，提高了服务质量。

✱ 8.4　物流管理咨询的程序

专业物流咨询机构在接受咨询项目委托之后，委托方成为客户，咨询机构作为服务方应该遵循客户服务的理念，认真研究客户要求，拟定一个规范的咨询流程，按时并高质量地完成客户委托的咨询任务。综合一些物流咨询公司的内部业务流程，物流管理咨询流程可以分为咨询准备、物流系统的诊断与分析、物流系统的规划与设计以及咨询成果的评价和优化四个阶段。

8.4.1　咨询准备

客户委托的物流咨询项目往往比较大，比较复杂，有关的物流咨询机构在承接委托后首先要进行充分的准备工作。物流咨询项目的准备工作主要包括以下几方面内容：

1）确定咨询目标

确定咨询目标是指在客户问题的基础上，明确向客户提供的咨询成果的形式。

（1）明确客户要求。

物流咨询项目因咨询委托单位的不同而有所不同。政府委托的项目在于社会物流的发展，其指导思想是区域经济的综合、协调发展，增强区域发展能力。企业咨询的目的是有利于企业提高物流服务水平和效益水平，实现企业经营目标，增强企业市场竞争力。市场经济条件下，各个经济实体最关心经济发展和经济效益，咨询机构要以经济建设为中心，善于将客户的要求转化为可研究和可执行的各种经济指标。

（2）划定物流系统边界。

物流咨询都是对物流系统的咨询，而物流系统所涉及的领域和范围一般比较广泛，若不对系统的边界进行界定，咨询工作则无从谈起。按咨询主体的不同，物流系统的边界可有不同的划定方式：

①区域物流系统的边界：一般横跨规划区域的生产、流通、消费三大领域，涉及本地区各行各业。

②企业物流系统的边界：从生产经营过程来看，物流系统主要包括供应物流、生产物流以及销售物流。

随着科学技术的不断进步，生产的社会化、专业化程度和物流技术水平的不断提高，物流系统的边界范围也不断向内深化和向外扩展，其内涵和外延越来越难以分清，呈现出一种模糊化状态。但是，当我们将研究的物流系统确定在一个特定的空间、时间内或系统的某一功能区域时，物流系统就会具有较为明显的界域。

（3）界定主要咨询内容。

物流管理咨询一般应包括以下内容：

①调查现有的物流系统：通过走访、座谈、调查问卷等多种形式，对现有物流系统的功能、运作机制、经济效益等进行全面的了解和分析，旨在诊断现有系统的优点和劣势，预测其能否满足未来经济发展的要求。

②拟定新物流系统的功能和目标：在诊断基础上，以战略发展的眼光提出物流系统的功能和目标，并确定实现这些战略目标所需要的硬件设施和软件设施。

③提出规划方案：硬件设施和软件设施的可选择性往往形成很多可选方案，应该根据设定的战略目标，选定数个方案进行整体规划。

④各规划方案的评价和确定：根据设定的战略目标筛选出相对满意的方案，加以充分完善，重点研究和制定相应的保障措施。

（4）咨询成果形式。

物流咨询成果的形式一般包括如下内容：

①数据资料集，包括系统研究过程中所收集、整理的各种数据、资料，有条件的可在计算机上建立数据库。

②系统诊断报告，一般包含物流系统概况、结构功能分析、优势与潜力分析、制约因素分析、系统现状综合评价等内容。

③总体战略研究报告，包括规划依据、战略目标、战略模式、战略重点、实施步骤、对策与措施等内容。

④总体规划，包括方案设计思想、各种方案的完整设计及其特点综述、方案的综合评价并推荐满意方案、保证满意方案实施的措施与对策等。

⑤专题研究报告，指只针对对系统有重大影响的因素所进行的专题研究报告。

2）设立组织机构

物流咨询工作的管理最好采用项目管理模式，成立以项目为中心的团队，明确指定项目经理或者负责人。同时考虑到咨询工作的专业性，必要时还要设立顾问组、项目总体组、办公室、模型计算组和子课题组等。

（1）项目经理：是咨询项目的全面负责人，知识较全面，组织能力强。主要任务是负责整个工作的指挥协调，保证项目的质量、工期，同时要进行成本控制。

（2）顾问组：由上级领导、委托方以及外部的物流管理专家组成。负责对包含所规划物流系统在内的大系统有关情况的咨询、规划工作指导思想与技术的咨询以及系统重大情况的咨询。

（3）项目总体组：由咨询机构的相关成员构成，他们应该是熟悉物流管理的专家，负责对各子系统工作的指导、综合、研究，撰写系统诊断报告、总体发展战略、总体规划等文件。

（4）办公室：由咨询机构的行政人员构成，负责调研的协调、编辑数据集、收集整理有关资料以及规划图的制作和组织论证会与鉴定会等。

（5）模型计算组：由具有一定系统思想、了解经济理论、熟悉计算机模型与计算机软件的人员组成。负责规划工作中的模型设计、计算机处理并对模型和处理结构作必要的分析。

（6）子课题组：各子系统和更下一级的子系统由有关部门的领导、熟悉该部门工作的专业技术人员和有一定分析与写作能力的人员构成。负责各子系统诊断、规划研究并撰写专题研究报告。

8.4.2　物流系统的诊断与分析

系统分析是系统工程的一个逻辑步骤，这个步骤是系统工程的中心部分。系统分析为系统工程实现优化提供逻辑途径，它贯穿于系统工程的全过程。物流系统分析主要是对现存物流系统的调查和新物流系统的环境分析工作。

1）原物流系统运行调查与分析

按照货物在物流系统中的运转情况，进行跟踪调查。明确某物资在运输、仓储、包装、流通加工等物流过程中各环节上逗留的时间、操作状况、机械化程度、工作环境及工作人员的工作习惯，各操作环节之间的联系程度，在各环节上是否出现过事故及事故原因，各环节的工作效率等。

2）原物流系统环境调查与分析

对影响系统运行的外部环境进行调查，主要包括影响物流运行的经济政策、科学技术状况、生产资料市场的扩大与否、运输系统的能力、网点的布局、系统内部可周转资金的数额、生产状况、需求状况及资源变动情况等。

3）原物流系统信息调查与分析

对原物流系统的全部数据资料和输出信息进行调查，主要是通过收集各物流环节中的数据凭证、统计报表来掌握各环节的货物流动数量，如货运量、库存量、流通加工量等。另外，还应调查信息在物流中的应用情况及反馈回来的信息对系统运行的影响程度等。

4）新物流系统环境调查与分析

通过请教顾问组，走访有关政府部门和委托单位领导等，明确国家或地方未来的经济政策、发展规划，作为咨询的依据，重要的是根据客户设定的问题和咨询目标，综合运用各种信息和数学方法，对未来的物流流量做出预测并估算预测的精确度。

8.4.3　物流系统的规划与设计

1）建立系统模型

建立系统模型就是根据系统调查得到的数据资料，参照客户的咨询要求，采用定性和定量方法，提出几种方案。物流系统常用的定量分析方法有预测、决策、分配、库存、选址、排队、运输投入产出等模型。

2）可行性分析

可行性分析就是在进行深入细致调查的基础上，对各种拟订的技术方案和建设方案进行认真的技术经济分析与比较论证，对系统建成后的经济效益进行科学的预测和评价，并对新方案在经济上、技术上及其他方面是否可行而进行的研究分析。可行性分析的主要内容包括：

（1）对新系统的成本进行估价。假若收不抵支或新系统收入不及旧系统，则应查明是哪些环节影响新系统的经济效益。

（2）分析新系统在技术上是否可行。主要从物流系统的设备、技术设施状况、工艺流程、工作人员的技术水平等方面进行分析。

（3）分析新系统是否与社会环境相适应。主要分析系统是否违背党和国家的政策，是否与经济规律相违背，是否与国家宏观经济管理体制相符。

（4）撰写可行性分析报告。可行性分析报告应全面、详细、明确，提交客户评价和决策。

8.4.4　物流咨询成果的评价和优化

最初物流咨询的成果往往是用几种模型提出几套方案，因而需要对这些方案从各个方面进行评价，选出一个较好方案，进一步优化以便最终实施。物流系统评价的主要目的是判断物流系统各方案是否达到了客户提出的各项指标，能否在满足各种内外约束条件下实现物流系统的预定目的。

1）评价因素和标准

衡量一个物流系统规划方案的好坏要有一套评价标准，而评价标准要以评价指标作为基准，常用的指标有投资、成本、费用、收益、利润、投资回收期、净现值、内部报酬率、产品或服务的质量、环境保护等。物流系统评价的因素很多，在选择评价指标时，不一定要把所有的因素都考虑进去，而是把主要的因素选择为评价因素，把那些无关紧要的因素舍弃掉。为了使评价结果更具科学意义，需要对一些定性评价因素进行恰当的、方便的量化处理。评价指标体系通常可分为如下几类：

（1）政策性指标：包括政府的方针、政策、法令以及法律法规约束、发展规划等方面的要求。

（2）技术性指标：包括产品或服务的性能、寿命、可靠性、质量、安全性等。

（3）经济性指标：包括成本、效益、建设周期、投资回收期、净现值、内部报酬率等。

（4）社会性指标：包括社会福利、社会节约、综合发展等。

（5）环境保护指标：包括废物排放量、污染程度、生态环境平衡等。

（6）时间性指标：包括建设期时间、达到设计能力的时间等。

以上各类指标又可以细分为许多小类指标，这些指标的全体构成了评价指标体系。

2）物流系统评价的步骤

物流项目的评价通常由咨询小组邀请专家参加，由专家组组长主持，项目小组报告最初成果，并对专家组提出的质疑做出答辩。物流系统的评价一般遵循如下步骤：

（1）确定评价目的和评价内容。

（2）邀请评审组长和评委。

（3）确定评价指标体系。

（4）选择评价方法。

（5）项目评定会议。

（6）项目评定意见。

3）评价方法

系统评价方法的选用应根据物流系统的具体情况而定。目前国内外系统评价使用的方法很多，一般可分为三类：定量分析评价、定性分析评价和定量与定性相结合的评价方法。

从评价因素的个数来分，又可以分为单因素评价和多因素评价两种。前者是在进行物流系统评价时，各个评价方案只考虑一个主要因素，如物流成本、收入或利润、投资回收期、产量或材料消耗等；后者是在进行物流系统方案评价时，同时考虑两个或两个以上的因素。由于物流系统的复杂性，实际进行物流系统评价时，更多的是采用多因素评价。采用多因素评价体系时需要对这些因素对物流系统的影响程度做出界定，一般由专家对各个因素的权重做出界定，并用一定的数学方法体现到评价指标体系中。

4）最终方案的优化

物流项目小组应该在项目评估小组评定意见的基础上，认真考虑专家们提出的质疑和改进意见，修改和优化原方案，必要时需要重新进行调查、诊断和分析以及模型选择，将选定的方案进一步优化，最后将方案交付委托方。

✻ 8.5 物流管理咨询的常用方法

8.5.1 物流市场调研

物流市场调研是指在物流咨询过程中系统地设计、收集、分析和报告相关物流市场信息的活动。该活动是为客户提出物流方案的前奏，为最终做出科学的、可操作的物流系统规划提供大量的支撑依据。

1）物流市场调研的程序

物流市场调研是用科学的方法，系统地收集和分析资料的过程。一般来说，物流市场调研应包括五大步骤：

（1）确定问题和调研目标。物流市场调研的首要工作是界定清楚需要研究的问题，明确调研的目标。

（2）制订调研计划。调研计划要在充分明确调研目的、任务的基础上，项目组共同讨论，形成调研计划，确定调研的范围、对象、内容、方法、阶段步骤、进度以及管理协调控制方式等。

（3）收集信息。收集信息实际上就是具体执行调研计划的过程。这一阶段是整个调研过程中花费时间和精力最大的阶段，也是能否获得调研计划规定的数据资料、实现调研目标的关键。

（4）分析信息。分析信息就是对收集到的资料进行检查、核实、整理和统计分析，以得到决策需要的研究结果的过程。这一阶段包括三项内容：原始资料的确认、对资料进行分类整理以及资料的分析与检验。

（5）撰写调研报告。根据市场调研结果，将调研的范围、对象、过程、内容、方法等形成书面总结报告，以便于阅读与传递。

2）选择调研对象

调研对象的选择要综合考虑以下因素：

（1）当对象群体人数很多、分布范围很广、调研难度大时，宜选择抽样方式并选择较少的样本；反之，可逐个进行调研。

（2）考虑样本的代表性。如果调研对象之间差异性小，任何一个样本的代表性都很强，则可以选择较少的样本；反之，应选择较多的样本。

（3）考虑调研成本。样本选得越多，调研工作量越大，调研成本越高；样本选得越少，调研工作量越小，调研成本越低。

3）选择调研方法

调研的方法很多，常用的如下：

（1）抽样调查：是在调查区域中选取有限的若干个对象作为调研对象。这种调研方法由于针对性强、调研次数少，可以降低调研成本、提高调研效率。物流企业采用抽样调研，一般只选取那些已经成为自己客户的企业作为调研对象进行调研，这样可以提高调研效率、降低调研成本。

（2）走访座谈调研：是以交谈方式进行的调研。调研者和被调研者通过问题交流或座谈形式了解情况。

（3）电话调研：是一种可以直接针对主题、方便、成本低、效率高的调研方式。随着电信业的不断发展，用电话交谈进行调研成为一种既方便又普遍的调研方式。

（4）书面调研：是以文字形式进行的调研。书面调研是被调研者根据预先设计的问卷内容，自主考虑、自主提供调研结果的方法。这种调研由于被调研者有比较充足的时间进行考虑、反复琢磨，所以调研结果比较可靠，而且成本低、效率高。

（5）网络或者移动终端调查：随着信息技术的发展，电脑网络和手机等移动终端也成为市场调查的快捷工具，新型的市场调查方式极大地扩大了我们做市场调查的人群数及地域度，让更多的人能够参与到市场调查的活动中来，这样既节省了人力、物力，还能够使调查数据更符合现今的市场状况。

4）物流市场调研的问卷设计

针对企业、行业研究特点，问卷设计是以半结构化、定量与定性相结合的特征为主，多采用开放式题型。问卷设计一定要考虑到访问员的基本素质，由于行业调研的要求在访问技巧与知识背景方面远远高于消费者调研，甚至接近于访谈，不同知识程度的访问员，访问的结果差异较大，因此，访问员专业素质越低，开放式题型的设计就要越少，否则追问要求就会越高。

针对不同行业，需要先经过研究或与专家访谈进行充分了解、熟悉，尽量采用不同专业问题的习惯提问方式去设计问题，杜绝外行话，否则会影响访谈效果。

8.5.2 未来物流流量测算方法

港口总体规划、城市道路规划、物流中心设计以及企业分销中心的设计无不需要物流咨询人员对未来的物流流量进行测算，否则无法设计物流基础设施的规模和容量。常见的物流流量及其单位有港口年吞吐量（吨或标准集装箱）、流经仓库的货物（箱、件、吨、立方米等）、流经道路的车流量（辆/小时）、流经某个工序的数量（件、箱、千克）等。测量的方法分为三类：

1）按照原系统的流量测算新系统的流量——趋势预测分析法

趋势预测分析法立足于延续性原理，把未来视为过去到现在的延伸。它是根据企业按发生时间先后顺序排列的一系列物流量数据，利用一定的数学方法进行必要的延伸，确定物流量在未来一定期间内的预测值。常用的趋势预测分析法有简单平均法、加权平均法和指数平滑法。

（1）简单平均法。

简单平均法就是将最靠近现在的历史数据的平均值作为当期的预测值。公式是：

$$F_t = \frac{\sum_{i=t-n}^{t-1} S_i}{n}$$

式中，F_t——t 期的预测需求量；n——样本数；S_i——i 期的实际需求量。

（2）加权平均法。

加权平均法预测物流量是指在掌握了 n 期资料的基础上，按近大远小的原则确定各期权重，并以此计算加权平均物流量的方法。假如，预测第 7 期的物流量，时间由近到远权重依次为 6、5、4、3、2、1，则下一期的预测物流量为：

$$预测物流量 = \frac{\sum 某期物流量 \times 该期权重}{1+2+3+4+5+6}$$

（3）指数平滑法。

指数平滑法是根据以前的预测量和实际需求量的加权平均数估算当期需求量。公式如下：

$$F_t = \alpha D_{t-1} + (1-\alpha) F_{t-1}$$

式中，F_t——t 期的预测需求量；D_{t-1}——t-1 期的实际需求量；F_{t-1}——t-1 期的预测需求量；α——平滑系数（$0 \leqslant \alpha \leqslant 1$），是指上期实际需求量在当期预测值中所占的比重。

2）根据其他经济指标计算新系统的流量——因果分析预测法

物流是生产、销售和国际贸易的派生需求，物流流量通常与国民生产总值、国际贸易量、销售总额有着各种各样的数学关系，这些经济数据通常由国际组织和各级政府定期公布，因而比较容易获得，通过一些数学公式可以根据这些宏观数据测算物流流量，其中最常用的方法就是回归分析预测法。

回归分析预测法的基本原理是根据一系列已经发生的因变量数据和自变量数据，拟合成一条曲线，如果能找到描述这条曲线的回归方程式，并且其误差在可接受的范围内，那么，对于任何一个自变量都可以计算出其相应的因变量，从而达到我们预测未来物流量的目的。

回归分析预测法中最简单的是一元线性回归法。一元线性回归法也叫做最小二乘法，利用一个自变量，预测因变量。该种方法的要点是：假设自变量 X 和因变量 Y 之间存在着一元线性回归关系，即：

$$Y = a + bX$$

根据已经发生的 X 和 Y 的历史数据，按照最小拟合误差的原则，寻找合适的 a、b 回归系数值，确定一元一次方程式，再用未来的 X 值，计算未来的相应 Y 值。

设有前 n 期纪录的 X_i 值和 Y_i 值，计算回归系数 a 和 b 的公式如下：

$$a = \frac{1}{n} \sum_{i=1}^{n} Y_i - b \frac{1}{n} \sum_{i=1}^{n} X_i$$

$$b = \frac{n \sum_{i=1}^{n} X_i Y_i - \sum_{i=1}^{n} Y_i \sum_{i=1}^{n} X_i}{n \sum_{i=1}^{n} X_i^2 - \sum_{i=1}^{n} X_i \sum_{i=1}^{n} X_i}$$

3）考虑各种因素变动计算新物流量——动态预测通式

上述方法因考虑的因素比较少，相对简单易行，但也有些以偏概全。若需对未来若干时间段进行预测，可以采用动态预测通式，该方法对连续时间的数据没有严格要求，通过一些因子的变动率预测未来若干时段的物流量：

$$F_t = (B_t \times S_t \times T_t \times C_t \times P_t) + I$$

式中，F_t——时期 t 的预测值；B_t——时期 t 的基本需求量；S_t——时期 t 的季节因数；T_t——时期 t 的趋势值，即增减数量；C_t——时期 t 的周期因数；P_t——时期 t 的促销因数；I——不规则因数或随机数量。

基本需求量是不考虑其他因数的需求量，通常取以前相当长时期内的平均实际需求量。

季节因数通常是建立在年度基础上的，在相同季节具有同样的趋势。比如，对于电扇来说，夏季的因数应该大于 1，冬季的因数应该小于 1。

趋势值是指在预测时段内随着时间的增长原来的趋势也逐渐加强。比如，随着时间的增长，使用电脑的家庭越来越多，趋势值在大于 1 的基础上越来越大；随着时间的增长，人口的出生率越来越低，使用婴儿床的越来越少，趋势值在小于 1 的基础上越来越小。

周期因数是指某些需求波动周期超过 1 年的商品所加的系数，比如房产周期通常在 3 ~5 年，上升时期的系数大于 1，下降时期的系数小于 1。对于需求波动周期不超过 1 年的商品预测则取该值为 1。

促销因数是指因促销活动所导致的需求增加的系数。促销期间该系数大于 1，非促销期间该系数为 1。

不规则因数是指那些影响销售数量的、随机的、无法预测的因素，在长期预测的基础上，可以根据经验测算出来，或者可以将其忽略不计。

8.5.3 仓库各功能区面积的计算

仓库一般分成进货、储存、分拣、配装等若干个功能区。由于储存区面积必须满足预测未来物流流量和容量的要求，储存区面积的计算是各个功能区面积确定中最重要的计算。储存区面积的计算步骤如下：

第一步，确定货物平均数量或总流量和库存周转时间。

一般来说，一年中通过具体仓库的货物总量是企业规划或预测的数据，货物的周转时间即货物在仓库停滞的时间也可以预先设定，那么

仓库平均储存量 $= \sum Q_i \times t_i / 360 = \sum q_i (i = 1, 2, \cdots, n)$

式中，Q_i——第 i 种产品的年流通量，以包装单位计量，比如电冰箱以台为单位包装，螺丝钉以盒为单位包装；t_i——第 i 种产品的平均库存天数，如果平均库存天数是一个月，仓库平均储量就是总量的 1/12；q_i——第 i 种产品的平均储量；n——产品品种数。

第二步，将平均储量换算成体积或立方米。

仓储总体积 $= \sum q_i \times c_i$

式中，c_i——第 i 种产品的单位体积，体积以包装单位的外在体积为准。

第三步，确定堆垛的层数。

需要考虑每一层的高度以及存取设备的最高限度，以每层 1.5 米高为例，人工存取只能达两层，使用叉车堆垛层数最多可以达到三至四层，自动化堆垛机可以高达十几、二十几层。

第四步，计算有效储存面积。

有效储存面积＝仓储总体积/层数

第五步，计算储存区面积。

储存区面积＝单层储存面积+储存通道面积

储存通道用于存取设备（如自动堆垛机或叉车或推车）或人的通过。通常每两排货架有一条通道，通道的面积除了考虑存取设备或人的通过之外，对于叉车还要考虑其回转直径距离。

储存区面积是仓库总面积设计的难点，储存区所占面积占整个仓库面积的比例因仓库功能定位的不同而有所区别。储存型仓库的储存区面积较大，可以占到仓库总面积的50%以上，配送型仓库的储存区面积则比较小。

其他区域如接货验收区、理货区、出货发运区以及加工区，通常在仓库一楼的平面区域，接货区的面积应该与接货区的站台数成正比，发运区的面积应该与出库站台数成正比。配送型仓库或直接换装仓库的理货区一般比较大，如果仓库安装有自动拣选和搬运设备，所需的理货区则必须考虑设备所需的面积。实际上，仓库内各个区域面积的设定不可能是一成不变的，而应该根据市场和业务的变化经常调整各种区域面积的大小。因此，各功能区的间隔应具有一定的灵活可调性，甚至使用柔性材料间隔，或使用可移动的间隔材料。

8.5.4　物流中心站台数计算

物流中心站台数是指卡车等运载工具在仓库按正常装卸时间作业时所需要的、紧挨仓库的装卸平台数量。站台数的计算与装卸时间、未来物流流量和容量有关。为便于理解，通过如下例子介绍计算时所需的数据及计算方法。

某医药仓库每年处理货物的流量为 6 000 000 箱，每周工作 5 天，每天工作两班，入库货物的 70% 通过卡车，出库货物的 90% 通过卡车。货物入库时的卸货速度为 200 箱/小时，货物出库时的装货速度为 175 箱/小时，每辆卡车可装 500 箱，因每天卡车流量不一致，留出 25% 的保险系数。计算步骤如下：

第一步：计算入库卸货总时数。

（1）卡车入库货物箱数 = 6 000 000×70% = 4 200 000（箱）

（2）入库卸货卡车数 = 4 200 000÷500 = 8 400（车次）

（3）每辆卡车卸货时数 = 500÷200 = 2.5（小时/辆）

（4）全年卡车卸货时数 = 8 400×2.5 = 21 000（小时/年）

第二步：计算出库装货总时数。

（1）卡车出库货物箱数 = 6 000 000×90% = 5 400 000（箱）

（2）出库装货卡车数 = 5 400 000÷500 = 10 800（车次）

（3）每辆卡车装货时数 = 500÷175 = 2.85（小时/辆）

（4）全年卡车装货时数 = 10 800×2.85 = 30 780（小时/年）

第三步：计算装卸货所需总时数。

（1）年入库卸货时数：21 000 小时

（2）年出库装货时数：30 780 小时

小计：51 780 小时

（3）25% 的保险系数：12 945 小时

（4）总时数：64 725 小时

第四步：计算全年工作时数。

52（周）×16（小时）×5（天）= 4 160（小时）

第五步：计算装卸平台数量。

装卸平台数量 = 所需的卡车时数÷工作时数 = 64 725÷4 160 = 15.5（个）（取整为 16 个）

8.5.5　物流系统评价指标

物流系统的评价是物流咨询机构用以诊断原有物流系统的问题和审视新设计物流系统是否可行的主要依据。因为社会物流系统和企业物流系统服务的对象不同，其评价指标也有较大的差异。

1）社会物流系统的评价指标

各级政府所规划的物流系统对社会经济的影响可分为直接效益和间接效益两大类。直接社会经济效益是物流系统本身对社会经济发展所做的贡献，间接社会经济效益是指与物流相关联行业所产生的社会经济效益。

（1）直接社会经济效益指标。

① 吞吐量：指一定时间内进出物流设施的货物数量，单位为吨，或标准集装箱。

② 增加值：指物流系统在提供物流服务时产出和投入之间的价值差额。

③ 就业人数：指服务于某物流系统的人员数量。

④ 纳税水平：指物流系统按照国家税收规定缴纳的税收金额。

（2）间接社会经济效益指标。

① 就业机会：指物流系统的存在为其他关联行业所带来的新增就业人数。

② 产业结构优化程度：产业结构的分析可以用第一、第二、第三产业的增加值在国内生产总值中的比重来衡量。

③ 土地增值程度：物流设施所在地往往使土地增值，即将物流场所的土地增值率与国家城镇平均土地增值率比较。

④ 吸引外资能力：新建物流基础设施对外资的吸引作用，通过将物流设施所在地的外资企业数量的增加率、外商投入资金增加额度等数据与国家平均水平比较得出。

2）企业物流系统的评价指标

企业物流系统评价指标体系主要是成本、收益等财务指标和时间、速度等生产率指标。

（1）财务指标。

①物流总成本：包括客户反应成本、总存货成本、总供应成本、总运输成本和总仓储成本。

客户反应成本指用于订单处理和订单状态沟通的人力成本、通信费用和场地租借费用。总存货成本可以用平均存货价值和存货持有费率来计算。总供应成本包括在计划、批准、实施和跟踪采购订单的过程中发生的人力费用、场地费用、系统费用和通信费用。总运输成本包括进出货运输成本。如果公司自身拥有车队，车队的燃料费用、维护费用、购得费用和人力成本必须计入总运输成本。总仓储成本包括仓库成本、物料搬运系统成本和信息处理系统成本。

②物流利润：即物流服务所创造的收入减去物流费用。物流收入在第三方物流企业比较容易计算，就是公司的营业收入，减去各种成本，即可计算物流利润。实施内部市场管理机制的制造流通类企业可以获得物流相关部门的内部收入和内部支出，从而计算出这些物流部门的内部利润。但是，大部分制造流通类企业都不核算物流利润。

③物流成本-销售比例：物流成本-销售比例是物流总成本与公司收入之比。制造业

物流总成本占销售额的比例约为 7.8%，医药行业约为 4.3%，餐饮业约为 8.5%，批发业约为 11.7%

（2）物流生产率指标。

①客户反应生产率：对于客户反应来说，最主要的生产率衡量指标是每人每小时处理的客户订单数量。

②存货管理生产率：存货管理生产率最常用的衡量指标是存货周转率和库存计划员生产率。库存计划员生产率即每个计划员处理的 SKU 数目。存货周转率指总销售收入与平均存货价值之比或总存货售价与平均存货水平之比。

③运输生产率：运输的主要产出是已完成订单的金额、业务量、重量和容积。运输中主要消耗的资源是运作时间（车辆和司机）、容器容量和燃料。运输生成率是把已完成订单的金额、订单数、重量和容积与可用运作时间、容量容积、载重能力和燃料进行比较。

④仓储运作生产率：即每年处理的货物单元数除以每年所需的员工数和工时数。物料搬运系统的消耗为每年在物料搬运系统上的投资额。物料搬运系统的主要产出是搬运的货物单位数或者总重量。物料搬运单位成本是指物流搬运系统的年投资额与搬运总单位数（计算单位为托盘、货箱、容器或者件数）之比。

（3）物流业绩的质量指标。

①存货管理质量：有两个重要的衡量指标，即存货可得性（一般为满足率）及预测准确性。

②运输质量指标：最重要的运输质量指标是准时到达比例、损坏比例、无投诉送货比例和故障频率。

③订单满足率：通常由需求满足程度来反映，可以分为线路满足率、订单满足率和货物单元满足率。每一种满足率衡量的都是总需求的满足程度。

④预测准确性：预测准确性最常用的衡量指标为预测误差的代数偏差和比例、平均绝对偏差和比例、标准偏差。

✳ 8.6　物流管理咨询项目举例

8.6.1　大连新港区港口总体规划

2002 年大连市政府委托某物流咨询机构（下称 LC1）承做大连新港港区的港口总体规划。LC1 为此成立了专门的项目小组，小组人员包括水文航道、海洋运输、装卸工艺、环保和技术经济等方面的专家和学者。该项目小组首先根据政府委托书明确该次规划的主要目标——解决大连老港区国际集装箱货物壅港问题。其次，在大连市交通委等主管部门的支持下，对大连市当时的港口物流现状进行了大规模的实地调查，获得了第一手的国际贸易和国际物流数据。该项目小组提交给大连市政府的是《大连新港区港口总体规划（2003—2020 年）》。该规划的框架以及内容简要如下：

前言

一、规划范围：港区各个界点的经纬坐标以及周边的标志。

二、编制依据：根据交通部制定的全国港口规划、辽宁省港口规划和大连市十年发展规划以及各种设计规范制定本规划。

三、规划目标、原则和方法：为实现大连港建设成东北亚国际航运中心的长远目标，将新港区建设成国际集装箱枢纽港。

四、规划目标年：近期规划为 2010 年，远期规划为 2020 年。

第一章　地理位置和自然条件

第一节　港口位置及交通

包括港区地理坐标、陆上交通连接现状、海上交通主要航线以及距离重要经济中心的距离。

第二节　自然条件

包括港区附近的气温、水文、地质、潮汐、波浪及地震勘测数据。

第三节　大连市各港区情况

对大连市老港区和新港区的发展历史、泊位、通船能力、运输货种、航线以及运输量等做了详细数据处理和分析。目前存在的主要问题是压港压货现象比较严重以及集疏运条件与港口发展不配套。

第二章　吞吐量发展水平预测

第一节　经济腹地

经济腹地包括海向腹地和路向腹地两部分。海向腹地通过海洋运输相连接，陆向腹地通过公路和铁路相连接。

东北三省历年国民生产总值、外贸进出口总额、外向型经济情况。

第二节　集装箱吞吐量预测

未来集装箱吞吐量预测是港口总体规划的最重要工作之一，考虑的因素有我国外贸进出口增长率、经济腹地外贸出口增长率、大连口岸集装箱运输增长率、集装箱生成率等。

第三节　新港港区吞吐量预测

新港港区只是大连港的一部分，根据如上资料预测分配至未来新港港区的装卸货种和装卸量。

第三章　港口的性质和功能

第一节　大连新港港区的性质

大连新港港区定位于综合运输的主枢纽港和国际集装箱枢纽港。建设以港口为基础的大连国际物流园区，为远洋洲际干线班轮提供枢纽港功能服务，从事大型船舶运输的国际中转、远近洋货运以及接纳支线港集装箱的中转业务。

第二节　大连新港港口功能

1. 装卸、集疏运与配送

2. 运输组织与管理协调

3. 建立公共物流信息平台

4. 设立大连保税区，成为国际采购中心

5. 设立临港产业区

第四章　船型发展预测

第一节　集装箱船型现状以及发展现状

集装箱船可分为部分集装箱船、全集装箱船和可变换集装箱船三种。发展历程有第

一、二、三代集装箱船。

第二节 新港港口规划船型

新港港口规划的接卸船型为 8000TEU 的大型集装箱船，结合我国油轮船队、液化气船队结构比重偏低，以及加强大连港在环渤海区域的竞争力，新港港区计划以最先进的港口条件吸引海内外大型 LNG 船舶。

第五章 岸线利用规划

第一节 岸线规划原则：统一规划，最大限度利用有限资源

第二节 岸线利用现状：现有泊位数、岸线长度

第三节 岸线利用规划：市政岸线位置、集装箱码头岸线位置、液化天然气接受站码头位置、其他岸线

第六章 新港港口总体布局规划

第一节 规划原则

在对岸线资源充分了解的基础上，合理规划港口岸线，开发和保护并举，使各种资源充分发挥最大价值。

第二节 发展规模

预测新港港口吞吐量2010 年、2020 年将分别达到××亿吨和××亿吨，其中集装箱吞吐量分别达到××万 TEU 和××万 TEU。至规划期末，核心港区内各港区港界以内规划陆域总面积××平方公里，码头岸线长××公里，可形成各类生产性泊位××个。

第三节 高程规划

第四节 陆域布局规划

码头、引堤、海水泵房、集装箱堆场等的设计。

第五节 水域布局规划

港池、航道、锚地、港池、航道规划等的设计。

第七章 配套工程布局规划

第一节 港口集疏运

给排水、消防、供电、通信、交通管理规划。

第八章 环境影响评价及环境保护规划

第一节 规划港区的环境现状

海水水质现状、沉积物、海洋生物现状调查与分析大气环境质量。

第二节 施工期环境影响分析与评价结论

对周边大气环境及声环境影响很小。

第三节 港区可能出现的生态变化

第四节 控制污染和生态变化的规划和治理措施

第五节 环境影响分析和评价

第九章 经济效益分析

第一节 工程内容

第二节 工程总投资经济分析

第三节 工程财务分析

（1）静态投资回收期

（2）动态投资回收期

（3）投资利润率

第四节　工程投资合作方式

根据以上投资环境的分析，新港港口除了争取国家和地方政府投资外，还准备吸引外资实行合资、合作开发。

第十章　问题与建议

第一节　规划设计过程中的问题

第二节　加快大连港口航运业发展的建议

8.6.2　中韩商品物流中心项目规划方案

2004 年夏天，韩国产业资源部委托仁川大学组成中国投资环境调查研究小组对中国北方四个港口城市进行投资环境考察，以期建立韩国中小型企业在中国的贸易物流平台。该调研小组抵达某沿海城市后，HW 公司参与了该调研小组的市场调查，并有意成为中韩物流中心的中国合作方，特此委托一物流咨询机构（LC2）承做中韩商品物流中心项目规划方案，作为向市发展改革委员会的申报文件之一。

LC2 承接 HW 公司的委托后，多次走访了该公司，知道该公司有一地块位于该市老商业区繁华路段，靠近市区西海岸，距离该市轮船客运站约 500 米。该地块面积约 34 亩，东边邻街，是交通主干道，其他方向有围墙为边界，只在南边和西边的交通次干道上有车辆出入口。HW 公司欲将该地块用做中韩中小企业商品展示和物流中心，以中外合资公司的形式共同投资建设和经营。HW 公司以土地作价入股，韩国由仁川企业协会以现金入股，占全部股份的 49%。资金缺口，将由合资后的 C 公司从银行贷款获得。

LC2 对该项目做了广泛的实地和网上调查，对该物流中心的商品进行了定位并对物流功能做了界定，还做了项目本身的投资效益分析。项目的成果是一份项目规划方案。

规划方案的目录：

规划方案要点解释：

（1）流经中心商品的定位分析。

项目所在地位于该市老商业区中山路北端，靠近西海岸，是该市重要的商贸规划区。但是，项目占地面积比较小（约34亩），地价又比较高，所以非经营高附加值产品不足以补偿项目投资并获得收益。因此，选取流通量大、流通速度快、附加值高的商品流经本中心是项目在未来获得成功的关键。

查阅国际贸易资料，2002年中韩贸易总额为440.7亿美元，其中电子类产品为115.2亿美元，占26%，是中韩贸易的重要商品类别。韩国对中国出口的电子类产品主要是通信类和计算机产品，中国向韩国出口的主要是中低档家用电器。根据韩国在IT产业方面的研发优势和占领中国市场的战略趋势，中国无疑正在成为韩国IT产业的生产基地和销售市场，对于地方政府而言，应该争取成为韩国IT产业的生产和销售基地。

自1998年亚洲经济危机发生以来，韩国将信息产业作为其重点扶持与发展的方向；由于中国以刺激内需为主的经济政策和加入WTO后逐渐履行放开市场的承诺，中国无疑成为韩国电子产品的近在咫尺的巨大市场。因此，如果在未来的中韩合作中有所作为的话，那么，加盟电子行业无疑是一个正确的战略决策。项目所在地综合优势突出，项目定位是：为中韩之间电子产品的快速通关和一体化物流构建一个高效的运作平台，使得该项目成为韩国IT企业供应链上的重要物流节点。

（2）关于中心的功能区划。

项目所在地面积近3万平方米，中心分成办公和物流两个功能区，各功能区主要功能及面积见表8-2。为方便中心内政府机构的办公和吸引进出口贸易公司及贸易服务机构长驻中心，将在中心面临主干道的一边建筑办公区。办公区后的道路直通六号码头。仓库占地约13 000平方米，上下两层约11米高，一层设立仓库控制室、接货区、理货区、出货区和储存区，二层全部是货物储存区。

表8-2　　　　　　　　　　　　中心各功能区规划一览表

功能区名称	总面积（平方米）	层数	主要功能
办公区			政府与企业办公
仓库+站台			货物的装卸、储存和拣选
规划路和内部路			卡车和轿车的通行
停车场			泊车
总建筑面积			

（3）网络信息中心。

网络信息系统是本中心体现其"一站式"通关和现代物流功能的核心。其主要功能如下：

①政府电子通关系统：连接海关、税务、船公司、货代和外贸企业。

②B2B 电子商务系统：本系统将预留 B2B 电子商务系统，在中心客户和产品比较稳定的基础上，启动电子商务功能，以使国内外进出口商、物流服务商、银行、保税仓库和展销大厅都可以借助于该系统进行适时交易以及商贸信息的交流和共享。

③仓储管理系统：该系统采用电子单证进行内部数据管理，实现仓库管理的自动化。

④物业管理系统：本系统用于中心对所辖物业进行电子化管理。建立起物业资源和客户档案等基本信息，并对入住客户所提供的一切服务进行系统的动态记录。

（4）公共配送仓库。

仓库分上下两层共约 40 000 平方米。第一层分为控制室、进货区、理货区、出货区和货架区。货架区固定为 3 000 平方米，其他功能区域总面积为 10 000 平方米，每个功能区域面积的大小可以视情况变化随时调节，第二层全部为标准货架区。上下两层货架均使用单排三层托盘钢结构货架，共有约 19 000 个标准货架。每一个标准货位为 1.1×1.1×1.5 立方米，每一个货架的承重不超过 1 吨。

卡车驶入进货区后，使用叉车在集装箱内和进货区之间装卸与搬运。货物使用窄巷道回转叉式叉车（又名无巷道堆垛机）上下架货物和存取，以节约仓库空间。

（5）项目投资回报分析。

①项目总投资估算。

项目的总投资估算金额为 11 228 万元，其中包括固定资产投资额 11 028 万元，建设期流动资金额 200 万元。固定资产投资包括各项建设费用、补偿支出和土地出让金，土地出让金按每亩 80 万元、34 亩土地、共计 2 720 万元计算。流动资金主要包括管理人员工资。项目总投资一览表如表 8-3 所示。

表 8-3　　　　　　　　　　　　　　项目总投资一览表

项目	金额（万元）
一、土地投资	
二、动迁总费用	
三、建筑投资	
四、网络设备投资	
五、仓库设备投资	
六、管理人员工资	
总支出	

②项目经营期年收入与费用支出估算。

项目经营期的收入来自于办公室租金、仓库经营和物业管理费三大部分。有关的价格按照现在的市场价估算。流经中心的年货物量估算值为 35 万立方米，其估算依据有装卸能力和趋势分析两种。未来项目年收入概况见表 8-4。

表 8-4　　　　　　　　　　　**项目年收入一览表**

项目	金额（万元/年）
一、房产出租	
二、仓库经营	
三、物业管理费	
总收入	

③项目的建设期定为一年，第二年即进入经营。

④项目财务分析。

——获利能力分析。

——现金流量分析。

设定项目建设期一年，并在第二年进入经营期。经营期内的第一和第二年的现金流出只有管理人员工资和水电费，第三年以后再加上交纳的所得税。本项目建设期和经营期前六年的现金流量见表 8-5。

表 8-5　　　　　　　　　　　**前七年现金流量表**　　　　　　　　　　金额单位：万元

项目	年份						
	0	1	2	3	4	5	6
一、现金流入							
经营收入							
二、现金流出							
固定资产投资							
流动资金							
经营成本费用							
所得税							
三、净现金流量							
四、财务净现值							

——投资回收期：本中心的投资回收期为 10 年（包括建设期）。

——年平均投资利润率：本项目的年平均投资利润率为 9.8%。

从财务分析数据来看，本项目的投资回收期为 10 年，年利润率为 9.8%。利润率不是很高，投资期也比较长。但是，本项目主办企业 HW 公司是破产重建的困难企业，企业无主导产品，如能以地招商，开发有利可图的新兴产业，盘活土地资产，是企业走出困境的很好出路。

❖ **本章小结**

本章介绍了物流管理咨询的一些基本方法，并列举了一些物流管理咨询的实例。与其他咨询活动不同，物流管理咨询的需求方不仅有企业，还有政府机构，尤其在现阶段的我国，各级政府的物流咨询需求似乎比企业还殷切。了解物流管理的发展历程，知晓物流管理技术固然重要，对于物流咨询人员来说，做好物流管理咨询更重要的是善于运用系统论的方法，掌握构建物流系统的工程方法。

在物流管理咨询的准备阶段首要的是做好各种实地调查和资料分析，对于欲咨询项目的现状、类似项目的现状以及该类项目的发展前景了然于心，未来物流流量和存量的预测既非常重要又比较困难，建议认真学习本章介绍的一些方法，必要时还要参考其他学科的相关知识。物流咨询的成果是物流系统的规划与设计方案，如果是在原有系统上进行改进，首先需要准确诊断原有系统的不足，继而运用自己拥有的知识和经验设计一个改进的方案；如果是一个全新的物流系统，参考咨询需要方的要求，适度超前地进行设计和规划。咨询人员需要将设计好的规划或方案汇报给咨询委托方，如果以演示的方式汇报，要注意演示报告内容繁简有度，页面吸引人，并以说服人的语气争取获得委托方的认同。

❖ 练习与思考题

★ 案例分析

安利是美国最大的直销企业，主要销售营养保健食品、美容化妆品、个人护理用品和家居护理用品等产品系列。从 1995 年进入中国以来至 2012 年，安利（中国）多年来稳居中国直销企业的销售额首位。直销模式意在通过简化、取消中间商以降低产品的流通成本并满足顾客的多元化需求，从物流而言，企业直接面对着成千上万的直销人员或顾客，他们的订单批次多、量少、种类繁多，并且对时间的要求很高。因此，直销模式要求企业必须拥有较强的物流配送能力，能够提供适时、适量和适合品种的商品。

在美国，社会物流配送服务体系发达，安利的直销员或顾客通常在网上下单，第三方物流直接送货上门。而在中国，为了应对 1998 年中国政府出台的传销禁令，安利开创性地在各地建立了店铺，销售模式从美国式的"多层次直销"转变成适合中国国情的"店铺销售加雇用推销员"模式，由此决定了安利必须拥有店铺一级的物流网络系统。早在1992 年，安利（中国）生产基地即落户广州经济技术开发区，拥有 32 条生产线，生产安利各大系列的 230 多款产品，年产值超过 300 亿元人民币，是美国安利公司最大的海外生产基地。安利的物流中心位于广州，并在北京、沈阳、哈尔滨、上海、成都和武汉设立了6 个区域性仓库，总面积达 9 万多平方米。经过 20 年左右的发展，安利（中国）的经营区域已遍布全国 31 个省区 230 个城市，2011 年销售额已达到 267 亿元人民币。站在 2012年的时点上，作为一家供应链咨询公司，请为安利（中国）有限公司承做如下工作：

1. 调查安利（中国）在中国各城市的店铺分布及其销售额。

2. 设计每一个区域性仓库，服务于 5 个左右的省会城市仓库。

3. 设计每一个省会城市仓库，负责向周边城市的销售店铺仓库送货，要求从省会城市仓库至周边城市仓库的公路运输里程单程在 400 公里左右（保证卡车能一天来回），拥有的卡车数量足以为所辖区域店铺每周送货至少 2 次。

4. 核算上述省会城市仓库和销售店铺仓库的年运营成本（主要包括仓库租赁费、信息网络费和人员费，分自营和外包两种方案）。

5. 核算上述省会城市仓库至销售店铺仓库的年运输成本（主要包括汽车折旧、燃油费、路桥费以及人员费，分自营和外包两种方案）。

6. 就上述四种方案的成本和服务质量进行综合分析后，提出两个备选方案。

7. 鉴于我国近几年网购物流日趋发达，是否可以考虑将上述省会城市和店铺仓库以及运输业务全部或者部分外包给快递企业。

★ 思考题

1. 物流系统论在物流咨询业务中起什么作用？

2. 物流系统的构建方法在物流咨询业务中是如何体现的？

3. 如何使寻求咨询的企业将本企业的物流管理问题上升为具有供应链物流管理的视野？

★ 讨论题

在物流业界，爆仓是指重要网购期间（如双十一、春节）快递公司收到的快件大大超过日常处理量，来不及分拣，大量滞留在始发站或中转站造成的商品投递延误。爆仓期间，虽然快递员工超负荷工作，网购消费者对快递的满意度却在下降，也对我国电子商务的发展造成不利影响。试分析我国发生网购爆仓的原因并从一家快递公司的视角提出解决对策。

❖ 补充阅读材料

1. 朱意秋. 物流管理学——元活动及其集成［M］. 济南：山东人民出版社，2009.

2. 科伊尔，等. 企业物流管理［M］. 文武，等，译. 北京：电子工业出版社，2003.

3. 宋华，胡左浩. 现代物流与供应链管理［M］. 北京：经济管理出版社，2000.

4. 朱道立，等. 物流和供应链管理［M］. 上海：复旦大学出版社，2002.

5. 马士华，等. 供应链管理［M］. 北京：机械工业出版社，2000.

6. 骆温平. 第三方物流［M］. 上海：上海社会科学院出版社，2001.

7. 何明珂. 物流系统论［M］. 北京：高等教育出版社，2004.

8. 克里斯托弗. 物流竞争［M］. 马越，等，译. 北京：北京出版社，2001.

9. 俞仲文，等. 物流配送技术与实务［M］. 北京：人民交通出版社，2001.

10. 魏国辰. 物流机械设备的运用与管理［M］. 北京：中国物资出版社，2002.

11. Lambert, Stock, Ellram. Fundamentals of logistics management［M］. New York：McGraw-Hill，1998.

12. Stock，Lambert. Stragetic logistics management［M］. New York：McGraw-Hill，2001.

13. Christopher M. Logistics and supply chain management［M］. Upper Saddle River：Prentice Hall，1998.

第 9 章

内部控制与风险管理

❖ 学习目标

通过本章的学习，了解内部控制与风险管理咨询的目的和意义；熟悉内部控制与风险管理的基本内容；掌握内部控制与风险管理可能存在问题的评价原理；掌握内部控制与风险管理咨询的具体过程和工作方法；能够较熟练地进行内部控制与风险管理咨询工作。

本章简要介绍内部控制与风险管理咨询的基本内容，为读者进行内部控制和风险管理咨询提供理论与方法的支持。

本章主要学习以下三方面的内容：内部控制与风险管理的基本知识；内部控制与风险管理可能存在的主要问题；内部控制与风险管理咨询的过程和方法。

✱ 9.1　内部控制与风险管理咨询的目的与意义

9.1.1　内部控制与风险管理咨询的目的

内部控制与风险管理咨询是指依据客户的委托，由相关专家和客户一起对该客户的内部控制和风险管理情况进行调查分析，确定其内部控制与风险管理工作中所存在的问题以及产生问题的原因，并提出和实施改进建议的工作过程。显然，内部控制与风险管理咨询的根本目的在于根据不断变化了的现实情况去持续改进客户的内部控制与风险管理的程序和方法，以便帮助客户达到保证生产和资产安全、防范和控制风险、避免或减少损失、提高经营效率和效果、实现发展战略的目标。

9.1.2　内部控制与风险管理咨询的意义

随着社会政治经济条件的变化，组织的发展战略和具体策略会做出调整，组织的业务活动或其具体流程会发展变化，甚至会出现新的业务工作，那么，设置在原有业务流程上的关键控制点和控制手段就应随之改变并需要对新的业务设置关键控制点和控制手段。另外，即使组织的业务流程没有变化，随着技术的进步、员工情况的变化，原有的内部控制与风险管理手段也会出现惰性，甚至被回避而失效，这也需要组织不断地评估和改进自身的内部控制与风险管理。如果组织未能根据变化了的情况适时地对内部控制和风险管理制度与方法做出调整，就无法保证组织的高效运营，甚至会发生巨大的财产损失。例如，中国航空燃油股份有限公司就因未能有效实施内部控制与风险管理导致破产，相关负责人也被追究了刑事责任；法国兴业银行因未能有效调整其内部控制与风险管理制度招致巨额损失等。同时，理论研究也表明：公司的内部控制质量与公司的盈利水平和公司价值正相关。① 所以，作为一个高明的组织管理者，必须定期进行内部控制与风险管理的评估改进。在技术手段、业务流程和人员情况发生较大变化时，还应追加进行内部控制与风险管理的评估改进工作。可以说，不断地进行内部控制与风险管理的咨询，以寻求其持续改进是实现组织发展的必然选择。

✶ 9.2　内部控制与风险管理的主要内容

9.2.1　内部控制与风险管理及其关系

1）内部控制的概念

2013 年 5 月 14 日，美国 COSO 委员会在修订后的《内部控制——整体框架》中定义内部控制是一套由企业的董事会、管理层及其他人员实施的程序，以合理确保有关运营、报告以及合规的目标得以实现。

2008 年 5 月 22 日，我国财政部、证监会、审计署、银监会、保监会联合发布了《企业内部控制基本规范》，2010 年 4 月 26 日又发布了《企业内部控制配套指引》，共同构成了我国企业内部控制规范体系。《企业内部控制基本规范》对内部控制的定义是："本规范所称内部控制，是由董事会、监事会、经理层和全体员工实施的，旨在实现控制目标的过程。内部控制的目标是合理保证企业经营管理合法合规、资产安全、财务报告及相关信息真实完整，提高经营效率和效果，促进企业实现发展战略。"

2）风险管理的概念

美国 COSO 委员会在其 2004 年发布的《企业风险管理——整合框架》中将风险管理定义为：企业风险管理是一个过程，它由一个主体的董事会、管理当局和其他人员实施，应用于战略制定并贯穿于企业之中，旨在识别可能会影响主体的潜在事项，管理风险以使其在该主体的风险容量之内，并为主体目标的实现提供合理保证。

我国国务院国有资产监督管理委员会发布的《中央企业全面风险管理指引》中将全面风险管理定义为：企业围绕总体经营目标，通过在企业管理的各个环节和经营过程中执行风险管理的基本流程，培育良好的风险管理文化，建立健全全面风险管理体系，包括风险管理策略、风险理财措施、风险管理的组织职能体系、风险管理信息系统和内部控制系

---

① 肖华，张国清．内部控制质量、盈余持续性与公司价值［J］．会计研究，2013（5）：73-80；周守华，胡为民，林斌，等．2012 年中国上市公司内部控制研究［J］．会计研究，2013（7）：3-12．

统，从而为实现风险管理的总体目标提供合理保证的过程和方法。但中国内部审计协会制定的《风险管理审计准则》中却强调风险管理是组织内部控制的基本组成部分。

3）内部控制与风险管理的关系

由内部控制与风险管理的概念可见，内部控制与风险管理是两个既有交叉又有差异的概念。两者的交叉点就是风险问题，在对风险问题处理这一点上，内部控制和风险管理的目的、内容、手段、方法是相同的。但两者也有区别，内部控制除了对风险进行控制之外，还包括其他一些控制，如组织机构和人员配备的控制、营运分析控制和绩效考评控制等；风险管理的主要手段是内部控制，除此之外还有一些其他的手段，如分散与复制、信息管理与风险交流、套期保值等。

9.2.2　内部控制的要素

1）内部环境

内部环境是影响、制约企业内部控制建立与执行的各种内部因素的总称，是企业实施内部控制的基础，通常包括组织架构、发展战略、人力资源、社会责任、企业文化等。

（1）组织架构。

企业应当根据国家有关法律法规的规定，明确股东（大）会、董事会及其专门委员会、监事会和经理层的职责权限、任职条件、议事规则和工作程序，确保决策、执行和监督相互分离，形成制衡。股东（大）会享有法律法规和企业章程规定的合法权利，依法行使企业经营方针、筹资、投资、利润分配等重大事项的表决权；董事会对股东（大）会负责，依法行使企业的经营决策权（也可设立战略、审计、提名薪酬与考核等专门委员会，为董事会科学决策提供支持）；监事会对股东（大）会负责，监督企业董事、经理和其他高级管理人员依法履行职责；经理层对董事会负责，主持企业的生产经营管理工作。具体到内部控制领域，董事会负责内部控制的建立健全和有效实施；监事会对董事会建立与实施内部控制进行监督；经理层负责组织领导企业内部控制的日常运行。

企业应当按照科学、精简、高效、透明、制衡的原则，综合考虑企业性质、发展战略、文化理念和管理要求等因素，合理设置内部职能机构，明确其职责权限，避免职权交叉、缺失或权责过于集中，形成各司其职、各负其责、相互制约、相互协调的工作机制。同时，还应将各机构职能分解到具体岗位，确定各岗位职责和工作要求，最终形成企业的组织结构图、业务流程图、岗位说明书和权限指引等内部管理制度，使员工了解和掌握组织架构设计及权责分配情况，正确履行职责。

企业应当定期对组织架构设计与运行的效率和效果进行全面评估，发现其中存在缺陷的，要及时进行优化调整。

（2）发展战略。

企业应当在充分调查研究、科学分析预测和广泛征求意见的基础上制定发展目标和战略规划，明确发展的阶段性和发展程度，确定每个发展阶段的具体目标、工作任务和实施路径。

企业应当根据发展战略制订年度工作计划，编制全面预算，将年度目标分解落实，并通过各种宣传方式将发展战略及其分解落实情况传递到内部各管理层和全体员工。

企业应当对内外部环境变化予以关注，对发展战略实施情况予以监控，以便及时进行调控或调整。

（3）人力资源。

企业应当根据发展战略，结合人力资源现状和未来需求预测，制定人力资源总体规划和能力框架体系，明确各岗位任职条件，完善人力资源引进和竞聘上岗制度，实现人力资源的合理配置，全面提升企业核心竞争力。

企业应当签订劳动合同和岗位保密协议，明确劳动用工关系和保密义务。

企业应当建立选聘人员试用期和岗前培训制度以及员工培训长效机制与轮岗制度，营造尊重知识、尊重人才和关心员工职业发展的文化氛围，加强后备人才队伍建设，促进全体员工的知识和技能持续更新，不断提升员工的服务效能。

企业应当建立科学的业绩考核和薪酬激励制度以及员工退出机制，对各岗位员工进行严格考核与评价，切实做到薪酬安排与员工贡献相协调、员工退出有章可循，确保员工队伍处于持续优化状态。

企业应当定期评估人力资源政策执行情况，总结经验，分析存在的问题，完善人力资源政策，促进企业整体团队充满生机和活力。

（4）社会责任。

企业应当重视履行社会责任，切实做到经济效益与社会效益、短期利益与长远利益、自身发展与社会发展相互协调，实现企业与员工、企业与社会、企业与环境的健康和谐发展。

企业应当建立严格的安全生产管理体系、操作规范和应急预案，强化员工安全意识、特殊岗位资格认证制度和责任追究制度，确保安全生产的必要投入，及时排除安全隐患或启动应急预案，切实做到安全生产。

企业应当规范生产流程，建立严格的产品（服务）质量控制和检验制度，努力提高产品质量和服务水平，强化售后服务，妥善处理消费者的投诉和建议，切实保障消费者权益，为社会提供优质、安全、健康的产品和服务。

企业应当建立环境保护与资源节约及运行监控和责任追究制度，通过宣传不断提高员工的环境保护和资源节约意识，加大环保工作的投入和技术支持，改造传统产业和改进工艺流程，积极开发和使用节能产品，降低能耗和废弃污染物排放水平，发展循环经济，实现清洁生产。

企业应当保护员工合法权益并及时办理员工社会保险，遵守法定劳动时间和休息休假制度，加强员工健康监护，保障员工身心健康。

企业应当积极创建实习基地，大力支持社会有关方面培养、锻炼社会需要的应用型人才。

企业应当积极履行社会公益方面的责任和义务，关心帮助社会弱势群体，支持慈善事业。

（5）企业文化。

企业应当积极培育具有自身特色的企业文化，形成体现企业特色的发展愿景、积极向上的价值观、诚实守信的经营理念、履行社会责任和开拓创新的企业精神以及团队协作和风险防范意识，使其成为员工行为守则的重要组成部分。

董事、监事、经理和其他高级管理人员应当在企业文化建设中发挥主导和垂范作用，带动影响整个团队，共同营造积极向上的企业文化环境。

企业应当将文化建设融入到生产经营全过程，落实到各岗位的具体工作中，实现文化建设与企业营运和发展的有机结合，全面提升员工的文化修养和内在素质。

企业应当加强法制教育，增强董事、监事、经理及其他高级管理人员和员工的法制观念，严格依法决策、依法办事、依法监督，建立健全法律顾问制度和重大法律纠纷案件备案制度。

企业应当建立企业文化评估制度，明确评估的内容、程序和方法，落实评估责任制，定期开展企业文化建设评估，针对发现的问题及时采取措施加以改进。

2）风险评估

风险评估是指企业及时识别、系统分析经营活动中与实现内部控制目标相关的风险，合理确定风险应对策略。可见，风险评估包括风险情况分析、风险承受度确定和风险应对策略制定等三方面工作。

（1）风险情况分析。

企业应当根据设定的控制目标，全面、系统、持续地收集相关信息，结合实际情况并充分考虑潜在的舞弊行为，及时进行风险评估。

识别内部风险主要应关注如下因素：董事、监事、经理及其他高级管理人员的职业操守、员工专业胜任能力等人力资源因素；组织机构、经营方式、资产管理、业务流程等管理因素；研究开发、技术投入、信息技术运用等自主创新因素；财务状况、经营成果、现金流量等财务因素；营运安全、员工健康、环境保护等安全环保因素；其他有关内部风险因素。

识别外部风险主要应关注如下因素：经济形势、产业政策、融资环境、市场竞争、资源供给等经济因素；法律法规、监管要求等法律因素；安全稳定、文化传统、社会信用、教育水平、消费者行为等社会因素；技术进步、工艺改进等科学技术因素；自然灾害、环境状况等自然环境因素；其他有关外部风险因素。

企业应当充分吸收专业人员组成风险分析团队，按照严格规范的程序，采用定性和定量相结合的方法，按照风险发生的可能性及影响程度等，对识别的风险进行分析和排序，确定关注重点和优先控制的风险。

（2）风险承受度确定。

风险承受度是企业能够承担的风险限度，包括整体风险承受能力和业务层面的可接受风险水平。整体风险承受能力是指企业所有风险事件均发生不利于企业的变化时企业的风险承受能力；业务层面的可接受风险水平是指某一项业务在发生不利于企业的风险事件时企业的可接受风险损失能力。

确定风险承受度就是要确定企业可能接受的风险承受水平，这取决于企业的实力和内外部环境状况。一般说来，企业处于增长性较好的环境中且其自身的经营收益较高也较稳定，其风险承受能力较强；风险事件发生导致的最大资产损失占企业总体自有资产的比例较小，则该企业的风险承受能力较强。

（3）风险应对策略制定。

企业应当根据风险分析的结果，结合风险承受度，权衡风险与收益，制定风险应对策略。一般说来，风险的应对策略有风险规避、风险降低、风险分担、风险承受等。

　　风险规避是企业对超出风险承受度的风险，通过放弃或者停止与该风险相关的业务活动以避免和减轻损失的策略。这可以从根本上消除企业所面临的风险，但同时也放弃了企业可能的收益。故此，此种策略通常适用于某些风险损失概率和程度相当大的项目，或者企业无力承担可能风险损失的项目，或者某些消除风险损失所需成本大于其收益的项目，或者没有必要冒险的项目。

　　风险降低是企业在权衡成本效益之后，准备采取适当的控制措施降低风险或者减轻损失，将风险控制在风险承受度之内的策略。这是对不愿放弃也不愿转移的风险项目，在成本效益原则的约束下，通过采取降低其损失发生概率或缩小损失程度的控制技术和方法来应对风险的策略。

　　风险分担是企业准备借助他人力量，采取业务分包、购买保险、约定免责条款等方式和适当措施，将风险控制在风险承受度之内的策略。风险分担将风险转移到其他地方，减少风险损失的同时也部分地转移了收益或者支付一定的费用，从而让风险承担者得到相应回报。一般说来，风险分担适用于发生概率不高、但一旦发生则损失较大的风险项目。

　　风险承受是企业对风险承受度之内的风险，在权衡成本效益之后，不准备采取控制措施降低风险或减轻损失的策略。这种策略主要适用于那些采取其他风险应对措施所需成本超过风险损失的项目，或者企业没有考虑到的风险项目。采用风险承受策略后，一旦发生风险损失，企业就要承担风险损失。

3）控制活动

　　控制活动是企业根据风险评估结果，通过手工控制与自动控制、预防性控制与发现性控制相结合的方法，采用相应的控制措施，将风险控制在可承受之内。控制措施一般包括不相容职务分离控制、授权审批控制、会计系统控制、财产保护控制、预算控制、运营分析控制和绩效考评控制等。

　　不相容职务分离控制要求企业全面系统地分析、梳理业务流程中所涉及的不相容职务，实施相应的分离措施，形成各司其职、各负其责、相互制约的工作机制。所谓不相容职务是指那些不能由一人兼任，否则即可能弄虚作假，又能掩盖其舞弊行为的职务。

　　授权审批控制要求企业根据常规授权和特别授权的规定，明确各岗位办理业务和事项的权限范围、审批程序和相应责任。常规授权是指企业在日常经营管理活动中按照既定的职责和程序进行的授权；特别授权是指企业在特殊情况、特定条件下进行的授权。企业应当编制常规授权的权限指引，规范特别授权的范围、权限、程序和责任，严格控制特别授权。企业的各级管理人员应当在授权范围内行使职权和承担责任。对于重大业务和事项，企业应当实行集体决策审批或者联签制度，任何个人不得单独进行决策或者擅自改变集体决策。

　　会计系统控制要求企业严格执行国家统一的会计准则和制度，加强会计基础工作，明确会计凭证、会计账簿和财务报告的处理程序，保证会计资料真实完整。为此，企业应该依法设置会计机构，配备具有相应资格要求的会计从业人员和会计机构负责人。

　　财产保护控制要求企业建立财产日常管理制度和定期清查制度，采取财产记录、实物保管、定期盘点、账实核对等措施，并严格限制未经授权的人员接触和处置财产，以确保财产安全。

　　预算控制要求企业实施全面预算管理制度，明确各责任单位在预算管理中的职责权限，规范预算的编制、审定、下达和执行程序，强化预算约束。

运营分析控制要求企业建立运营情况分析制度，经理层应当综合运用生产、购销、投资、筹资、财务等方面的信息，通过因素分析、对比分析、趋势分析等方法，定期开展运营情况分析，发现存在的问题，及时查明原因并加以改进。

绩效考评控制要求企业建立和实施绩效考评制度，科学设置考核指标体系，对企业内部各责任单位和全体员工的业绩进行定期考核和客观评价，将考评结果作为确定员工薪酬以及职务晋升、评优、降级、调岗、辞退等的依据。

当然，上述各项措施必须结合各种具体经济业务活动和事项灵活运用，并在实施过程中不断改进完善，才能达到控制目的。

4）信息与沟通

信息与沟通是指企业及时、准确地收集、传递与内部控制有关的信息，确保信息在企业内部、企业与外部之间进行有效沟通。为此，企业必须建立信息与沟通制度，明确内部控制相关信息的收集、处理和传递程序，确保信息及时沟通，促进内部控制有效运行。

（1）信息。

企业各个层次的人员为了开展业务活动、实现其目标，都需要大量的信息。企业可以通过财务会计资料、经营管理资料、调研报告、专项信息、内部刊物、办公网络等多种渠道收集内部信息，通过行业协会组织、社会中介机构、业务往来单位、市场调查、来信来访、网络媒体以及有关监管部门等渠道收集外部信息，并在此基础上对所收集到的信息进行合理筛选、核对、整合，以提高信息的有用性。

实现企业信息收集与处理的工具是信息系统。企业在建立信息系统的过程中，应当利用信息技术促进信息的集成与共享，并加强对信息系统开发与维护、访问与变更、数据输入与输出、文件存储与保管、网络安全等方面的控制，保证信息系统安全稳定运行。

（2）沟通。

收集的符合质量的大量信息还必须通过沟通传达到需要者才能实现内部控制的目标。故此，企业应当将内部控制相关信息在企业内部各管理级次、责任单位、业务环节之间，以及企业与外部投资者、债权人、客户、供应商、中介机构和监管部门等有关方面之间进行沟通和反馈。信息沟通过程中发现的问题，应当及时报告并加以解决。重要信息应当及时传递给董事会、监事会和经理层。

从企业内部来说，所有人员除了接收数据以便进行自己的业务活动和管理活动以外，还必须明确自己的内部控制职责并严格履行，必须了解内部控制系统的相关部分运行情况以及自己在系统中的作用和职责，必须关注意外事项及其产生原因，必须清楚自己的活动与其他人工作之间的关系。同时，企业内部的沟通必须既有开放的沟通渠道，又有明确的倾听意愿。员工必须相信他们的上级确实想了解问题并且将会加以解决；经理们应该时刻表现出倾听的意愿从而避免"打击报信人"。另外，企业应当建立举报投诉制度和举报人保护制度，设置举报专线，明确举报投诉处理程序、办理时限和办结要求，并将这些传达到全体员工，确保举报、投诉成为企业有效掌握信息的重要途径。

从企业外部来说，通过开放的沟通渠道，外部相关者可以了解企业的各方面情况，增加与企业的合作。同时，企业也可以从外部相关者那里获得内部控制系统运作的重要信息。

为了保证信息与沟通的效果，企业应当建立反舞弊机制，坚持惩防并举、重在预防的原则，明确反舞弊工作的重点领域、关键环节和有关机构在反舞弊工作中的职责权限，规范舞弊案件的举报、调查、处理、报告和补救程序。企业至少应当将下列情形作为反舞弊工作的重点：未经授权或者采取其他不法方式侵占、挪用企业资产，牟取不当利益；在财务报告和信息披露等方面存在虚假记载、误导性陈述或者重大遗漏；董事、监事、经理及其他高级管理人员滥用职权；相关机构或人员串通舞弊。

5）内部监督

内部监督是企业对内部控制建立与实施情况进行监督检查，评价内部控制的有效性，发现内部控制缺陷，应当及时加以改进。一般说来，内部控制体系随着时间的推移，其控制方法会不断发展变化，曾经有效的内部控制程序可能会变得不太有效，甚至不再有用。这可能是由环境的变化、新业务的产生、新员工的加入等原因造成的。故此，企业应当通过内部监督确保内部控制体系持续有效运行。

内部监督包括日常监督和专项监督。日常监督是指企业对建立与实施内部控制的情况进行常规、持续的监督检查；专项监督是指在企业发展战略、组织结构、经营活动、业务流程、关键岗位员工等发生较大调整或变化的情况下，对内部控制的某一或者某些方面进行有针对性的监督检查。日常监督是通过内部控制体系的日常运行过程持续进行的；而专项监督的范围和频率应根据风险评估结果以及日常监督的有效性等予以确定。

内部监督的目的在于改进内部控制，企业应当制定内部控制缺陷（包括设计缺陷和运行缺陷）认定标准，对内部控制的有效性进行定期或不定期的评价，对发现的内部控制缺陷，应当分析缺陷的性质和产生的原因，提出整改方案，采取适当的形式向董事会、监事会或者经理层报告，以进行改进。企业还应当跟踪内部控制缺陷的整改情况，建立内部控制设计与运行档案，确保内部控制建立与实施过程的可验证性，并就其中发现的重大缺陷追究相关责任单位或者责任人的责任。

9.2.3 风险管理的其他手段

风险管理除了通过前述的内部控制手段来降低风险事件发生概率和减少风险损失金额，从而降低风险损失期望值以外，还可以通过下列手段来降低风险损失方差。

1）分散与复制

分散是指通过增加风险单位的数量，将特定风险分散到更大的样本空间内，从而降低整个企业风险损失的方差。分散就是通常所说的"不把鸡蛋放在同一个篮子里"。实施分散是有条件的，只有在适当的条件下，进行分散才会取得满意的效果。例如，在企业不具备条件时盲目进行跨行业、跨地区经营，可能会因为缺乏经济与控制实力和经验而招致更大的风险；将员工分散工作必须要求各个工作场地的员工能够独立进行相应作业，同时也会增加工件在不同场地间的内部运输成本；进行分散投资必须要求所选择的投资项目不具有损益的关联性等。

复制是指企业在生产经营过程中为关键生产设备、关键人员、重要文件等设置备份，为重要生产经营计划准备替代计划，在原有设备、人员、计划、文件不能使用时可以启用备份或替代计划，从而保证生产经营活动的持续进行，减少风险发生所带来的损失。当然，进行复制是需要成本的，那些平时不得动用的设备需要占用资金，还需要进行维护；

设置的替代人员需要支付额外的薪酬；备份的文件需要设置另外的存储空间；制订替代计划也需要支付设计成本等。

2）信息管理和风险交流

信息管理是指通过信息收集与有效预测减少未来不确定性从而降低风险的手段。由于风险来自不确定性，如果能够通过增加信息收集的投入，从而对未来的不确定性做出科学有效的预测，就可以有针对性地制订未来的行动方案，减少风险损失。一般说来，信息管理包括对纯粹风险的损失概率和损失幅度进行估计，对潜在的价格风险进行市场调研，对未来的市场情况进行预测，对数据进行专业化分析等。

风险交流是指企业内部传递风险和不确定结果及处理方式等方面信息的过程。通过风险信息的交流，可以使人们在决策过程中充分考虑风险管理方面的意见，把风险管理的观点融入自己的日常活动中；可以帮助风险管理行业之外的人认识和理解企业的风险管理措施；可以调整人们基于个人因素而进行的风险评价，可以互相告知各自的重要性。

3）套期保值

套期保值是指对一项实体资产或一个实际交易利用衍生金融工具在金融市场上进行一项"反向"交易，从而通过实体资产价格变动与"反向"金融交易的收益变动之间的互补来锁定风险收益或损失的风险管理新手段。例如，投资者看淡股市的长线发展，却出于种种原因（如出于控股原因）不愿卖出手中的股票，那么他就可以卖出股票指数期货合约。如果股价下跌，期货合约的盈利可以抵消现货的损失；反之，如果股价不跌反升，期货的损失可由现货的盈利弥补。凭借对冲，可以减少投资者手中持有股票的风险。可见，套期保值以适当的抵销性衍生金融工具交易活动来减少或消除某种基础金融工具或商品的风险，目的在于牺牲一些资金以减少或消除风险，因为衍生金融工具交易也需要一定的费用。但也要注意到，由于大多数衍生金融工具交易的目的是综合性的，再加上随着全球越来越多的商业银行和金融机构参加，各种衍生金融工具的组合被重新包装在更加复杂的组合中，使衍生金融工具再衍生出新的产品，反而使衍生金融工具市场的风险大大增加，故此，衍生金融工具被称为"核时代的一把双刃剑"。

✱ 9.3 内部控制与风险管理可能发生的主要问题

9.3.1 内部控制与风险管理基础方面的问题

1）内部环境

内部环境作为企业实施内部控制和风险管理的基础，如果发生问题将直接影响内部控制和风险管理各项工作的执行。但由于内部环境包含的内容较多，与内部控制和风险管理具体工作的联系不直接，企业在实际工作中又往往将其对内部控制和风险管理的作用忽略，导致其出现问题。一般说来，内部环境可能出现的主要问题有组织设置少制衡、发展战略不适当、人员配备欠考量、社会责任被忽略、文化建设缺落实。本书第 5 章和第 6 章已讨论了战略管理和人力资源管理（含组织设计）问题，故本处仅讨论后两个问题。

（1）社会责任被忽略。

企业在创造利润、对股东负责的同时，还必须承担相应的社会责任。这既是对实现利润的保障，也是提升企业形象和可持续发展的根本举措。但是，很多企业却忽视履行社会责任，最终导致企业经济效益和社会效益双下降。这方面的问题主要体现在以下四个方面：

第一，安全生产措施不到位，责任不落实，可能导致企业发生安全生产事故。考察这方面的问题是否存在，可以具体观察如下事件：企业是否制定了安全生产制度并配备安全生产管理人员；企业是否制订了安全生产投入计划，按规定提取和使用安全生产费用，并设置安全相关台账记录与管理安全生产费用；企业各项生产设备（特别是特种设备）是否按计划定期检修保养，企业是否对生产设备和工艺流程以及各生产环节进行定期的隐患排查；企业每一个员工是否明确自己可以接触的生产环节与设备，熟知自己工作所涉及范围内的安全生产管理制度，并能够严格做到按规程作业；企业是否建立了安全事故应急预案，并定期进行演练。

第二，产品质量低劣，侵害消费者利益，可能导致企业巨额亏损、形象受损，甚至破产。考察这方面的问题是否存在，可以具体观察如下事件：企业是否建立了严格的产品质量控制与检验制度以及产品质量标准体系，并能够不折不扣地贯彻执行；企业每一个操作环节或工艺阶段是否都设置了质量检测作业，并有明确的质量标准和质量检测台账记录；企业是否对产品设计的安全性和质量风险进行投产前评估，是否对产品进行出厂前必要的质量检查和风险评估，对产品使用风险予以明示；企业是否建立了明确的售后服务标准体系并贯彻执行，是否存在超出计划的产品维修申请和大量的消费者投诉事件。

第三，环境保护投入不足，资源耗费大，造成环境污染或资源枯竭，可能导致企业巨额赔偿、缺乏发展后劲，甚至停业。考察这方面的问题是否存在，可以具体观察如下事件：企业是否进行了环境影响评价，并适时对照环境影响评价报告书检查环境保护措施落实情况；企业是否建立了环境保护和资源节约监控制度和管理机构，不断进行环境保护和资源节约监控考核和改进工作；企业是否建立并严格执行废弃污染物综合治理和循环利用制度，实现清洁生产；企业是否制定了物资消耗定额，并不断提升物资利用效率；企业各岗位职工是否明确自身工作的环境保护和物资利用规定，并在实际工作中落到实处；企业是否建立了环境事故应急预案和责任追究制度，并落实到岗位和员工。

第四，职工权益保护不够，可能导致员工积极性受挫，影响企业发展和社会稳定。考察这方面的问题是否存在，可以具体观察如下事件：企业职工代表大会和工会组织是否按制度运行，是否能够切实保护职工权益；企业员工生产作业环境和居住条件是否符合制度要求；企业员工是否遭受过侮辱、体罚、非法搜身甚至殴打等践踏员工人格尊严、损害员工身心健康的事件；企业是否制定了完善的员工培训、业绩考核与薪酬奖惩以及晋升机制，员工是否对个人发展充满信心；企业是否设置了员工休息活动场所，是否定期进行员工身体健康保健，是否保障了员工的休假权利；企业是否建立了广泛的员工沟通渠道，鼓励和支持员工提出意见和建议。

（2）文化建设缺落实。

企业文化会对企业的各方面工作产生影响，只有形成有利于社会进步和企业目标实现的企业文化，才能促使企业各方面工作上水平、见成效。但在实际工作中，很多企业的文化建设往往停留在纸面上，缺乏落实。这主要表现在以下两方面：

第一，未能建立起诚信、守法和讲道德的企业价值观，并将其贯彻于所有员工的所有行动中。考察这方面的问题是否存在，可以具体观察如下事件：是否制定了包括有关谁对谁错等明确道德指引的最高层基调和员工行为守则；基调和守则是否全面包含了利益冲突、非法或其他不正当支付、反竞争指引和内幕交易等内容，并将其在整个企业用语言和行为进行了有效的沟通；管理层是否恰当地处理存在问题的迹象，如潜在的缺陷产品或有害废弃物，尤其是在发现问题和处理问题的成本可能很大的情况下；与客户、供应商或其他方面进行日常交往时是否基于诚实、信用和公允，如不忽略客户多付款和供应商少开账单的情形，也不努力寻求拒绝员工合理福利的方法，更能够给予债权人完整、准确的报告；经理层是否对违反行为准则的行为做出适当反应，对违反行为准则的惩处措施进行广泛沟通，以便使所有员工认识到违反了行为准则必将承担后果；经理层是否就可能进行的干预提供了指引，并对所有的干预进行记录和解释；是否明确禁止管理人员的凌驾；对偏离控制政策的行为是否及时进行调查和处理；是否存在达到不切实际的业绩目标（尤其是短期目标）的刺激和诱惑，从而不必要或不公平地考验人们对道德价值观的坚持；是否存在降低诱惑的可能性的控制。

第二，经理层的经营理念和风格不利于内部控制和风险管理的开展，从而将企业置于极大的风险之中。考察这方面的问题是否存在，可以具体观察如下事件：经理层是否经常进行极高风险的冒险活动，或者在承受风险方面极端保守；经理层是否只有在认真分析了一项冒险活动的风险和潜在的收益之后，才会小心地采取行动；关键职能上的管理或监督人员是否有大幅度的流动，甚至出人意料地或在仓促通知后离职；管理部门是否将某种类型的人员流动（如不能留住重要的财务或内部审计官）当作管理层重点进行控制的指标；会计职能是被看作一个必要的"统计记录者"团队，还是被看作对企业的各项活动实施控制的工具；会计政策的选择是否总是导致最高、最低或保持在一个特定水平上的报告收益；采用分权式会计职能时，其报告结果是否需要经过经营管理层的正式签批；各业务单元的会计人员是否同时也对总部的财务官员负责；有价值的资产（包括知识资产和信息）是否得到了保护以避免未经授权的接触或使用；高级经理层是否经常视察子公司或分部的经营活动，是否经常召开集团或分部管理层的会议；经理层是否避免了过分关注短期的报告成果，员工是否提交了不恰当的报告以便实现个人的目标（例如，销售人员明知客户会在下一期间退货，仍提交销售报告以实现本期销售目标）；经理们是否没有忽略不当操作的迹象；估计是否没有歪曲事实以致达到或超过合理性的边缘。

2）风险评估

风险评估是企业进行内部控制和风险管理的关键环节，其直接决定风险控制的具体手段与方法，进而影响着企业内部控制和风险管理的效果与效益。一般说来，风险评估可能出现的主要问题有企业目标设定不科学、风险识别与分析机制不适当、风险管理体系僵化。

（1）企业目标设定不科学。

风险是对实现目标的影响因素的不确定结果的预期出现偏差导致的。一个企业要想拥有有效的控制，必须有既定的目标，战略目标反映企业适应外部环境、有效利用内部条件的总体期望，具体目标可以分解落实到每一期间的每项业务活动，并保证企业战略目标和具体目标、各项子目标均可行且协调一致。考察这方面是否存在问题，可以具体观察如下事件：经理层是否已经确立了本企业的战略目标，它与可以适用于任何企业的一般目标是否有区别，从而能够客观真实地反映本企业的特殊性；企业的所有员工和董事会、监事会是否均对企业战略目标有充分的了解；企业是否制定了能够支持企业战略目标实现的战略计划，它对企业环境与资源的利用是否有充分的考虑；企业战略计划和预算中包含的假设是否反映了企业的历史经验和当前情况，是否具有适当的详细程度；企业的战略目标是否充分考虑所有重要活动的关联性，并可以相互关联地分解到所有活动层次；所有活动层次的目标之间是否存在一致性，可以在同一活动内和不同活动间实现互补与强化；所有活动层次目标是否都可以和具体经营过程联系起来，并包含对经营过程的度量标准；管理层是否已经对实现各项具体目标所需的资源进行了分析，形成了现有资源利用方案和所缺必要资源的取得计划；管理层是否充分认识到影响企业目标实现的关键因素，并确定了对其予以关注与控制的方案；管理人员是否积极参与了他们所负责的具体目标的制定，并对目标予以支持而没有"隐藏的日程"；企业制定目标的过程中是否存在解决分歧的程序。

（2）风险识别与分析机制不适当。

企业的风险识别与分析过程应当从企业整体和个别业务活动两个层次入手，对所有可能影响企业目标实现的内部和外部风险因素，通过各种工具和方法来发现客观存在的不确定性，建立风险的详细清单，进行风险分析，并为管理这些风险提供依据。考察这方面是否存在问题，可以具体观察如下事件：企业管理层是否充分关注了供应渠道、技术变革、债权人要求、竞争者行动、经济环境、政治环境、社会环境、监管部门与手段等外部因素对企业生产经营的影响，是否建立了这些因素变化的信息收集与分析机制，以便迅速而有效地发现外部风险；企业管理层是否充分关注企业内部人力资源、融资情况、投资情况、劳动关系、信息系统等内部因素对企业生产经营的影响，是否建立了这些因素变化的信息收集与分析机制，以便迅速而有效地发现内部风险；企业管理层是否建立了针对每项重要的业务活动进行风险识别、分析和应对策略启动的机制；企业是通过正式的程序，还是通过非正式的日常管理活动来对风险进行分析；已识别的风险是否与相应的具体目标相关；是否出现从未预计到的风险因素；适当层次的管理者是否参与风险分析。

（3）风险管理体系僵化。

随着经济、行业和监管环境的变化，企业的生产经营活动也会发生演变，从而会引起企业内部控制和风险管理系统的变化。企业内部控制与风险管理系统必须同时建立能够识别和应对不断变化的环境的机制，促使其自身不断改进而不僵化。考察这方面是否存在问题，可以具体观察如下事件：企业是否存在预测、识别和应对影响企业目标实现的常规事项或活动的机制，对常规变化的处理是作为正常风险识别和分析过程的一部分，还是通过专门的机制来进行；在常规变化的应对管理过程中，是否将与变化有关的风险和机会提交企业相当高层次的管理者进行讨论，以便确定它们的全部影响，并充分考虑可能受到严重影响的全部业务活动来制订适当的应对计划；企业是否存在识别和应对可能对企业产生较为突出和广泛影响以及可能需要引起最高管理层关注的变化的机制，例如市场经营环境、技术进步、企业产品或业务更替、组织机构变化等重大变化信息是否能够及时地传达到企业的高层管理者，并使之迅速做出反应。

3）信息与沟通

信息与沟通是实施企业内部控制和风险管理的重要条件，可以在合理的时间与方式下支持、识别、获取和交换信息，帮助员工了解企业环境、目标、风险等情况，为采取有效的控制程序和方法提供保障。一般说来，信息与沟通可能出现的主要问题有信息系统建设不到位、缺乏相互沟通的机制和意愿。

（1）信息系统建设不到位。

信息是沟通的基础，信息系统是收集、识别、处理和报告信息的手段。企业的信息系统不仅要收集处理企业内部的信息，还要收集处理与外部的事项、活动及环境相关的信息，以便为内部控制和风险管理提供充足可靠的相关信息。考察这方面是否存在问题，可以具体观察如下事件：企业信息系统获取外部信息的机制是否到位，是否能够及时发现或预见到外部的新情况；企业信息系统是否能够及时收集、处理和报告企业生产经营过程中所产生的内部信息；是否建立了及时向董事会、监事会报告重大问题和变化的程序；董事会、监事会是否能够定期收到财务报告、主要市场营销行动、重大合同或谈判等重要信息，董事和监事是否认为他们收到了恰当的信息；管理人员是否感到其履行责任时所需要的信息（包括能够使他们识别需要采取的行动的分析性信息）缺乏；是否对原始信息进行了适当的加工处理并针对不同层次的管理者进行了恰当的提供；是否建立了适应企业战略目标的信息系统建设计划，并积极组织实施；企业是否能够根据信息系统改进的需要提供充足的资源。

（2）缺乏相互沟通的机制和意愿。

沟通是信息的必然要求，是信息处理中所固有的特质。企业的各级员工都需要通过沟通来掌握和传播信息、交流思想、了解工作进度、分析现实问题、传达各项指令、反馈行为结果。企业只有建立灵活而广泛的信息沟通渠道，促使全体员工进行积极的信息沟通，才能使企业内部各成员之间互动地把握自己和他人，才能使企业的每一个员工与企业整体建立起动态的联系，才能使企业将发生于某一特定业务或场所的事件迅速地传递给有关方面，才能使企业的内部控制和风险管理对策及时地下达到具体业务执行部门，从而保证企业目标的实现。考察这方面是否存在问题，可以具体观察如下事件：企业是否建立了日常业务情况沟通的渠道，并将之作为日常工作的一部分来管理；企业的上层管理者是否表现出了随时愿意听取下层管理者意见和建议的姿态，并向下层管理者及时反馈对其意见和建议的处理结果；企业是否建立了职责信息在上下级之间进行沟通的渠道，是否有相应的沟通手段来保证所有员工了解其工作职责对企业目标实现的影响以及对其他员工职责的影响；企业是否建立了通过直接上级以外的人进行向上沟通的渠道，员工是否实际利用这种沟通渠道，员工利用这种渠道进行沟通时是否匿名，对利用这种渠道报告不当行为的人员是否提供反馈并保证其不会受到报复；企业管理层是否能够接受员工提出的有关提高生产力、产品或工作质量以及其他方面的改进建议，是否通过提供奖励或其他方式对员工提出建议的行为给予认可；企业的平行沟通是否有效，如销售人员是否能够把客户需求告知技术和生产部门，收账人员是否能够把拖延付款的客户告知信用审批部门，有关竞争者的新技术和新的质量保证信息能否迅速传达给技术和营销人员等；企业是否能够及时与客户、供应商和其他方面进行开放和有效的沟通，针对其要求采取跟进行动，并将情况向相关各方进行反馈；企业是否将自身的最高层基调和道德价值观等行为准则向外部各方进行沟通，并使之在与外部的交往中得到强化；企业是否从外部得到本企业员工的不当行为报告并予以处理，是否将外部各方的员工不当行为报告给适当的人员。

9.3.2　内部控制与风险管理内容方面的问题

1）预算管理

预算是使企业的资源获得最佳生产率和获利率的方法，是对企业未来一定期间所有生产经营活动的计划安排，是企业战略决策的具体化。

在预算管理的组织机构设置环节存在的主要问题是：企业未能建立起预算工作组织领导与运行控制体制，也就无法明确企业预算决策机构、预算管理部门、预算执行部门的职责权限，从而导致预算管理流于形式，造成企业资源浪费和效率低下。考察这方面是否存在问题，可以具体观察如下事件：股东（大）会是否对企业的预算进行认真研究和审批；董事会是否设置了预算委员会或指定了其他具体负责机构（预算管理部门）；董事会对预算管理部门提出的预算方案是否进行了建设性质疑；预算管理部门是否相应地设置了负责进行预算编制、内部仲裁、内部审计、考核评价的小组或人员；企业内部各业务部门是否设置专门机构或人员负责预算管理工作，完成本部门的预算编制、执行、控制、分析等工作；各级预算管理机构是否有明确的责任和权限约束，是否规定了明确的工作流程。

在预算编制环节存在的主要问题是：企业未能建立起兼具考核作用和激励作用的预算编制体制，也就很难协调上下级部门关于预算指标的设定差异，从而使得预算脱离实际或不能很好地分解到各责任部门。考察这方面是否存在问题，可以具体观察如下事件：预算指标的确定方法是否综合考虑了效益要求、激励要求和考核要求；预算指标是由具体执行部门提出，还是由上级管理部门提出；预算指标是否经过了整体平衡，并和企业整体目标相吻合；预算指标是否能够具体明确地分解到各个业务部门，并与各业务部门的业绩考核体系挂钩。

在预算执行环节存在的主要问题是：企业未能建立起全方位的预算执行责任体系，也就无法强化预算执行责任，从而使得预算成了一纸空文。考察这方面是否存在问题，可以具体观察如下事件：预算具体执行部门是否将预算指标分解到季度、月份甚至旬或周，以实现分期预算执行控制；预算具体执行部门是否发生超预算支出或未完成预算收益的情况；对预算执行中出现的差异，有关部门是否及时查明原因并进行了相应处理；各级预算单位是否能够定期报告预算执行情况，并保证报告的可靠性。

在预算考评环节存在的主要问题是：企业未能建立严格的预算完成考评奖惩制度，也就使预算失去了刚性和约束力，不能不断提高预算管理水平，促进企业发展。考察这方面是否存在问题，可以具体观察如下事件：企业是否进行广泛公开的预算完成情况总结讲评，以总结经验、找出差距、明确各预算单位的责任；企业是否制定了预算完成情况的奖惩制度；企业是否严格执行预算偏差的奖惩制度；员工对预算及相关奖惩制度是否普遍认同并予以支持。

2）货币资金管理

货币资金是流动性最强的一种资产，容易发生问题。对货币资金的控制，最主要的目标是保证货币资金的安全、完整。

在银行开户点，混乱开户是最大的问题。考察这方面是否存在问题，可以具体观察如下事件：企业是否在同一银行的不同营业机构和场所开立账户，或者同时跨行开户、多头开户、随意开户；是否发生将公款以职工个人名义存入银行的情况；是否开设小金库。

在货币资金支出点，发生不合理或非法的支出是主要问题。考察这方面是否存在问题，可以具体观察如下事件：企业的支付申请是否有理有据；支付审批的程序、权限是否正确，审批手续是否完备；支付复核是否到位；支付办理是否按审批意见和规定程序、途径办理，出纳人员是否及时登记现金和银行存款日记账。

在货币资金流入点，不能有效控制货币资金流入是主要问题。考察这方面是否存在问题，可以具体观察如下事件：是否清楚每笔流入资金的来源、原因、金额以及是否尚有缺款；取得的货币资金收入是否都已及时入账。

在货币资金保管点，不能安全地保管现金、支付票据和印章是主要问题。考察这方面是否存在问题，可以具体观察如下事件：企业是否明确各种票据的购买、保管、领用、背书转让、注销等环节的职责权限和程序，并专设登记账簿进行记录，防止空白票据的遗失和被盗用；企业是否明确规定并严格执行财务专用章的专人保管和使用制度、个人名章的保管使用制度，有关人员因短期出国、出差而需由他人暂时保管财务专用章或个人名章时，是否进行授权并登记在案，各项印章的保管人与资金保管人、空白票据保管人是否时刻处于分离状态；是否对现金进行日清月结，不定期的现金清查是否在企业所有现金保管地同时进行；企业与银行之间是否每月至少一次进行对账；是否努力进行单位与客户之间的对账。

3）采购与付款管理

采购与付款的控制目标是合理经济地进行各种采购业务，保证采购的物资等及时、足额入库，及时支付各种货款。

在请购环节，主要问题是随意请购。考察这方面是否存在问题，可以具体观察如下事件：企业是否建立了采购申请制度，明确请购相关部门或人员的职责权限及相应的请购程序，确保所有物品或劳务的请购都由具有请购权的部门或人员负责提出；已获授权请购的有关部门或人员是否根据单位预算、实际需要等情况及时向相关部门提出采购申请，并按规定办理请购手续；是否发生过不需用、不急用商品的采购或提前采购问题；请购、审批、采购等部门是否相互独立并有效牵制。

在审批环节，主要问题是越权审批和不负责任审批。考察这方面是否存在问题，可以具体观察如下事件：企业是否建立了严格的请购审批制度，确保审批人根据规定的职责、权限和程序对采购申请进行审批；对不符合规定的采购申请，审批人是否要求请购人员调整采购内容或拒绝批准；所有采购申请书是否均符合审批制度的要求。

在采购环节，主要问题是采购过程不透明，导致采购资金浪费。考察这方面是否存在问题，可以具体观察如下事件：企业是否建立了供应商信息管理系统，对目标采购市场信息进行动态管理，充分了解相关供应商的产品价格、质量、供货条件、信誉以及供应商的设备状况、技术水平和财务状况，为单位采购决策提供可靠信息；每笔重要采购业务是否能够综合考虑价格、质量、供货条件、信誉和售后服务等条件确定供应商及采购价格，并做到采购过程公开；对一些特殊或重大的采购项目是否采取招标方式确定供应商。

在验收环节，主要问题是入库检验出现错弊。考察这方面是否存在问题，可以具体观察如下事件：企业是否建立健全了验收制度并制定具体的验收规定，实行验收与入库责任追究制度；验收部门是否根据有关验收规定对实际采购物品或劳务进行验收并入库，对验收中发现的问题是否及时报告并按批准意见处理；验收时是否详细查明收到货物的明细，并使用顺序连号的验收报告记录收货。

在付款环节，主要问题是无因付款和超额付款。考察这方面是否存在问题，可以具体观察如下事件：企业付款业务的有关凭证是否齐全无误，如采购申请表、验收报告和发票是否齐备且其明细、数量、规格一致；预付账款和定金是否严格审批和按照合同规定进行支付，对长期挂账的预付货款是否进行追查并处理；已到期的应付账款是否经有关授权人员审批后才办理结算与支付；是否对退货与折让进行专门管理；是否严格进行应付账款的对账工作。

4）销售与收款管理

销售涉及现金与商品的进出，次数频繁，极易产生错弊，使企业遭受损失。销售与收款的控制目标是预防销售与收款过程中的各种差错，保证销货款的及时、足额收回，同时也要防止虚增收入。

在销售定价与批准赊销环节，主要问题是随意定价、越权审批和虚构销售。考察这方面是否存在问题，可以具体观察如下事件：企业是否建立了销售业务的定价控制制度，制定价目表、折扣政策、付款政策并予以执行；企业是否建立了客户信用评价制度，对购货客户的信用情况做出评价，为制定信用政策和批准赊销提供依据；销售部门是否按照信用政策由相关负责人审批来决定赊销；是否同时限定了折扣与折让制度；是否进行了虚假的或明知下一期间会退货的销售业务。

在货物发运环节，主要问题是无据发货。考察这方面是否存在问题，可以具体观察如下事件：仓库是否严格根据审批的销售通知单发货，不擅自对客户发货，更不随意调换货物；运输部门是否核对销售通知单和发货凭证后运货；运送人员是否存在随意中途调换发运货物的行为；企业是否在发货与运送的全过程中使用顺序连号的发货通知单记录货物发运情况。

在收款环节，主要问题是收款周期长和漏收款项。考察这方面是否存在问题，可以具体观察如下事件：企业是否实现了销售与收款职能分离；是否能够通过销售台账及时了解各种商品销售的开单、收款、发货情况；到期未收回货款的，财会部门是否提出报告，督促催收，对催收无效的逾期应收账款是否及时追加法律保全程序。

5）工程项目管理

工程项目一般工期相对较长、投资数额较大、专业技术要求较高，如不加强管理和控制，往往容易发生舞弊行为。工程项目的控制目标是保证工程项目的质量、防止工程项目建设中的各种舞弊行为、严格控制工程支出。

在项目决策环节，主要问题是项目决策缺乏科学性。考察这方面是否存在问题，可以具体观察如下事件：企业是否严格按照编制项目建议书、可行性研究、项目决策三个阶段进行项目决策，并保证三个环节由独立的部门负责；会计机构或人员是否直接参与项目建议书的编制或对项目建议书中投资估算及经济效益评估进行认可；可行性研究的过程及结论是否接受了单位会计机构或人员在数据正确性和方法恰当性方面的审查；重大工程项目是否实行集体决策，并根据客观经济条件的变化及时做出调整；会计机构或人员是否参与决策全过程，相关决议是否经由会计部门会签。

在勘察设计与概预算环节，主要问题是概预算缺乏可靠性。考察这方面是否存在问题，可以具体观察如下事件：项目投资企业是否建立相应的勘察设计单位选择程序和标准，择优选取具有相应资质的勘察设计单位，并签订设计合同；是否指定专门部门或委托设计监理负责设计协调和管理，监督设计单位推行限额设计和标准设计，防止设计单位以任何形式将工程设计任务转让给他人；是否组织相关部门及专业技术人员对设计方案进行分阶段审核，防止设计单位保守设计，并确保最终方案的适用、经济、合理及设计文件的完整；是否建立合理的概预算程序和制度，其会计机构或会计人员是否对设计概算和施工图预算进行演算和复核，审查编制依据的合法性、时效性及适用范围，确保概算完整，不存在漏列、错列、多列现象。

在招投标环节，主要问题是施工单位选择的暗箱操作。考察这方面是否存在问题，可以具体观察如下事件：项目投资企业是否通过招投标的方式公开选择施工单位；会计机构或人员是否审核了标底计价内容、计价依据的准确性和合理性以及标底价格是否在经批准的投资限额内；招标文件约定的项目技术要求、投标人资格标准、投标报价要求和评标标准等所有实质性要求是否符合招标项目的特点和需要；评标委员会的组成是否符合有关规定；评标委员会是否严格按确定的标准和程序对潜在投标人进行资格审查，并择优选择中标人。

在施工环节，主要问题是工程质量不达标和检查不到位。考察这方面是否存在问题，可以具体观察如下事件：项目投资企业是否指定或委托专门人员或机构（项目监理）对项目施工全过程的质量、投资、进度和安全进行管理控制；在开工前是否取得了施工许可证，并做好了其他施工准备；项目监理是否对项目的重点部位、重点工序和重点的质量因素进行了重点控制；是否对监理工作进行定期不定期的检查，确保监理资料的真实性、完整性、及时性，掌握工程质量、进度、投资的实际情况；项目投资企业的会计机构或人员是否严格控制了工程项目各类款项的支付。

在竣工验收与决算环节，主要问题是验收不规范和缺乏决算考评机制。考察这方面是否存在问题，可以具体观察如下事件：项目投资企业是否会同项目监理、设计单位对施工单位报送的竣工资料的真实性、完整性进行审查，并依据设计与合同的要求组织竣工预验收；对存在的问题，是否及时要求施工单位进行整改；验收合格的工程项目，会计机构或人员是否及时建立交付使用财产明细表，并转增固定资产；是否及时对施工单位提交的竣工结算书进行审核，并以审定金额作为工程款结算的依据；是否建立概算、预算及决算分析考评制度和项目后评估制度，并严格执行。

6）实物资产管理

企业的实物资产主要是固定资产和存货，其控制目标是防止各种实物资产的被盗、毁损和流失。实物资产购置、建设、验收已在前面的内容中说明，不再赘述。这里主要讲几个特殊问题。

在固定资产内部转移时，主要存在的问题是缺乏转移登记。考察这方面是否存在问题，可以具体观察如下事件：企业是否建立了固定资产内部转移交接制度；每项固定资产的内部转移是否经调出、调入、主管部门和财务部门领导签字同意并办理调拨手续。

在固定资产报废处理时，主要问题是报废审批不合理或随意性大。考察这方面是否存在问题，可以具体观察如下事件：企业是否建立了固定资产报废处理制度；每项固定资产的报废处理是否经过科学论证，并由资产管理部门申报、主管领导审核、单位负责人批准后予以实施；报废固定资产的残值收入是否合理并及时足额入账，未取得残值收入的是否进行了追查。

在固定资产修理环节，主要问题是维修支出缺乏控制。考察这方面是否存在问题，可以具体观察如下事件：企业是否建立了固定资产维修制度，详细规定了资产维修周期和维修内容；固定资产维修是否按维修制度规定正常进行，计划外的维修是否经过论证和特别审批；任何固定资产修理是否均经过检验、确认、审批手续；提请修理的单位和个人与实施修理的单位和个人是否相互分离或有其他方面监督；修理完工验收交接手续是否完备；修理费用是否严格控制在预算之内。

在存货收发环节，主要问题是缺乏完备的手续。考察这方面是否存在问题，可以具体观察如下事件：企业是否建立了覆盖存货流转全过程的监控体系，通过入库单、退库单、领料单、生产跟序单、发货单、出库单、销售出库凭证等各种单证实行对存货的全过程管理；所有的存货是否都按品种、规格、型号等建立库存实物明细卡片；是否定期对存货的收、发、存数量和金额进行动态核算与检查，确保账实相符。

7）投资管理

这里的投资是指长期或短期的权益性投资和债权性投资。其控制目标是保证投资活动符合国家的方针政策和相关的法律法规，保护投资资产的安全完整。

在投资决策环节，主要问题是决策缺乏论证和制约所导致的盲目投资。考察这方面是否存在问题，可以具体观察如下事件：企业是否编制并执行投资预算；企业是否对所有的投资项目进行可行性研究和论证，特别是风险分析；企业是否建立了投资申请与审批的职责分离制度，对每项投资均执行独立的申请与审批程序，是否存在未经相应审批的投资行为；企业是否向国家禁止的领域、项目投放了资产。

在投资持有管理环节，主要的问题是风险跟踪和损失规避处理滞后。考察这方面是否存在问题，可以具体观察如下事件：企业投资管理部门是否及时进行投资项目的经济效益及相关信息的收集、整理、报告；企业财务部门是否及时对投资项目价值增减、收益变动等跟踪管理，企业高级管理层是否定期或不定期地对投资情况进行分析，并适时地做出恰当决策；企业是否指定与投资业务无关的其他人员，如内部审计人员等定期或不定期对对外投资进行盘点与检查；对于因风险增加导致超出企业风险承受度的投资项目是否按规定程序提请审批并及时处置。

8）筹资管理

筹资业务的控制目标是保证筹资活动符合国家的有关法律法规，降低筹资成本，保证所筹资金的合理使用。

在筹资计划编制环节，主要问题是筹资计划缺乏预见性和科学性。考察这方面是否存在问题，可以具体观察如下事件：企业是否以单位经营、管理、发展计划为基础，编制单位筹资计划，进行事前控制；企业是否发生营运资金过剩或短缺的情况；企业是否科学地进行筹资成本分析和风险分析；企业是否进行筹资与企业控制权的互动分析，达到新老所有者与债权人等各方利益的均衡。

在筹资计划执行环节，主要问题是计划执行时机不当和超计划筹资。考察这方面是否存在问题，可以具体观察如下事件：企业是否及时收集与筹资有关的信息，并合理分析和预测影响企业筹资的各种有利和不利条件及其变化趋势；企业财会部门或财会人员是否密切关注筹资计划的执行，加强控制，保证筹资工作按计划进行和所筹集资金足额及时收取入账；企业的所有筹资活动是否均按筹资计划规定的规模、方式进行，是否存在临时动议和任意筹资问题；特殊情况下急需进行的计划外筹资是否经过论证并提请企业高层管理者审核批准。

在筹集资金的使用与偿还环节，主要问题是挪用资金和无力偿付。考察这方面是否存在问题，可以具体观察如下事件：企业是否严格按约定使用所筹集的资金，并及时报告资金使用情况；企业财会部门或财会人员是否密切关注所筹集资金的使用，做到资金的专项使用；企业是否制订了借入资金的偿还计划，并随时关注计划的落实情况，对出现的偏差能够及时调整。

9）成本费用管理

成本费用的控制目标是严格控制成本费用的开支。加强对成本费用的控制，对于降低消耗，增加收入，不断提高企业的经济效益具有重要意义。

在生产准备阶段，主要问题是控制缺乏。考察这方面是否存在问题，可以具体观察如下事件：企业是否有成本控制计划；是否进行成本的目标管理，在成本形成前就制定、下达目标成本指标和控制标准，建立成本控制经济责任制。

在日常生产阶段，主要问题是成本预算执行不力。考察这方面是否存在问题，可以具体观察如下事件：企业是否严格按预算进行成本开支控制，对超预算的项目拒绝支付；企业是否严格执行成本开支范围和标准，执行成本核算制度，正确核算成本费用；企业是否建立了成本信息反馈体系，反映成本形成中出现的偏差，采取措施，纠正偏差。

在生产完成阶段，主要问题是成本考评流于形式。考察这方面是否存在问题，可以具体观察如下事件：企业是否建立了成本分析考核与责任追究制度；企业是否于每期经营终了进行公开严格的成本讲评，在总结经验、吸取教训的基础上，按照成本目标的完成情况兑现奖励，而对于造成浪费的部门和职工追究经济责任，并制定必要的制度和措施，消除浪费产生的原因。

10）衍生工具管理

前已提到，衍生工具是一把双刃剑，如果只将其应用于套期保值，可以成为一种风险规避工具，但一旦将其应用于投机，则可能导致极大风险。衍生工具的控制目标是保证衍生工具交易符合有关规定，防止发生巨额交易损失。

衍生工具实质上是一项合同，衍生工具交易就是合同的签订、转让、注销等活动，这与投资的取得、转让、收回业务基本一致，所以，与投资活动类似，衍生工具交易的主要问题也是缺乏论证和制约导致的盲目开仓、持有过程的风险跟踪和平仓处置不及时导致损失扩大、忽视衍生工具的杠杆性而未采取特殊控制措施等。对于前两项问题的控制可参见投资管理，这里主要讨论最后一个问题。

由于衍生工具具有杠杆性，只需要较少的保证金就可以进行巨额的交易活动，但却要承担整体的交易不利后果。如果企业在实际衍生工具交易控制中忽视了这种杠杆性，只以动用资金数作为划分交易重要性的标准，就会将衍生工具交易可能导致的巨大风险置于控制之外，当损失一旦发生就会超出企业的风险承受度，为企业带来巨大损失。考察这方面是否存在问题，可以具体观察如下事件：企业是否对衍生工具审批权限和标准作了特殊规定，并能严格执行；企业是否针对交易整体损失额，而非交易动用的保证金额设置了重要性标准；企业是否设立了衍生工具交易止损点和风险应对措施。

除上述的十项业务内容之外，企业的内部控制和风险管理还包括研究与开发、担保、业务外包、财务报告、合同管理等内容，限于篇幅不予展开。

9.3.3　内部控制与风险管理制度方面的问题

1）制度的设计缺陷

制度的设计缺陷是指内部控制和风险管理制度在设计上存在漏洞，不能有效防范错误、舞弊和控制风险的情形。制度的设计缺陷具体包括缺少为实现内部控制与风险管理目标所必需的控制（控制缺乏）、现有的控制手段或程序设计不恰当以致即使现有控制正常运行也难以达到控制目的（控制无效）等情形。

要说明两点：第一，我们将控制缺乏称作缺陷，并不意味着对所有的业务活动都要设计内部控制和风险管理制度。内部控制和风险管理制度的设计和运行是要支付成本的。当一项业务活动出现错弊或发生风险的损失小于控制成本时，企业可以对这项业务活动不设计控制制度。这时的控制缺乏并不属于缺陷。只有那些应该设计控制制度而未设计的情形才是缺陷。第二，内部控制和风险管理本身就存在着固有的缺陷，并不能为控制目标的实现提供万无一失的保证，而只能提供合理保障。所以，此处所说的控制无效是指预期应该达到的合理保障也不能实现的情形。

考察是否存在制度的设计缺陷，可以具体观察如下事件：企业是否为经常发生的经济业务设计了控制制度；企业是否为非常业务设计了特殊控制手段；企业未设计任何控制制度的经济业务是否有不设计控制制度的恰当论证；企业日常控制活动是否不需要经常进行管理层干预；企业是否对所有的控制制度进行了有效性测试；企业近期是否发生过符合控制制度的错弊事件；企业近期是否发生过未被预期的风险事件或错弊事件。

2）制度的运行缺陷

制度的运行缺陷是指内部控制和风险管理制度的执行存在弱点和偏差，不能及时发现并纠正错误与舞弊或者不能防范应该防范的风险的情形。制度的运行缺陷具体包括现存设计完好的内部控制和风险管理制度没有按照设计意图运行、执行者不具备必要的胜任能力而无力执行制度、执行者突破授权导致控制制度失效、执行者串通舞弊或人为错误导致制度失效等情形。

考察是否存在制度的运行缺陷，可以具体观察如下事件：企业是否有管理层凌驾情形或有此趋势；管理层是否经常将日常活动中获得的信息与控制系统生成的信息进行比较，以便对控制系统运行情况进行检查；管理层是否将用来管理经营活动的信息与财务系统生成的信息进行集成或调解；企业是否要求相关人员定期表态遵循制度情况，对其业务活动单证和报告予以签字确认，并对其中的错误承担责任；企业开票是否发生与客户认可之间的差异，甚至导致客户的投诉；是否与供应商定期进行沟通，对其投诉的企业不当采购行为进行调查，对其提供的应付款项与企业的记录相核对；企业是否对已经防止或发现问题的控制进行重新评价；企业的内部和外部审计师是否对内部控制和风险管理制度提出建议，企业是否及时处理这些建议；是否对控制系统人员进行继续教育，以保证其具有或不断提高职业能力。

3）制度的成长缺陷

制度的成长缺陷是指内部控制和风险管理制度缺乏适应性，不能根据各方面的变化进行学习、成长，导致制度缺失或失效的情形。制度的成长缺陷包括对新业务不能及时建立内部控制和风险管理制度、对新情况不能及时调整原制度等。

考察是否存在制度的成长缺陷，可以具体观察如下事件：企业是否建立了新业务与对其控制的制度运行同时开始的机制；企业是否建立获取和报告发现的内部控制和风险管理制度缺陷的机制，将发现的缺陷报告给直接负责该活动的人员以及至少高一层的人员，对特定缺陷直接报告最高管理层和董事会；企业是否对报告的缺陷进行及时的跟踪调查和处理，并能够由此形成长效机制；企业是否对内部控制和风险管理体系进行定期评价或进行咨询，不断用全新的眼光来审视控制制度、关注制度的有效性。

✳ 9.4　内部控制与风险管理咨询的程序

9.4.1　前期工作准备

项目前期的准备工作是指进行正式内部控制和风险管理咨询前所要进行的一系列工作，包括咨询顾问的培养、常用信息资料的收集、咨询客户的发现、与客户的初步接洽、对客户相关情况的调查了解、深入商谈以确定咨询项目目标以及咨询顾问与客户合作关系、签订咨询服务合同等。就这些工作的基本内容和要求来说，内部控制与风险管理咨询同其他咨询项目并无实质性区别。鉴于本书第 2 章已对一般咨询工作的过程作了统一介绍，本处不再详细介绍，只就内部控制与风险管理咨询在进行这些工作时的一些特殊之处予以说明。

第一，由于内部控制和风险管理涉及客户的所有业务活动，在一定程度上可以说内部控制与风险管理咨询就是企业整体业务流程与管理方式的改进咨询，这就必然要求该方面的咨询顾问能够全面了解企业生产经营的所有环节的工作，能够把握宏观监管到微观控制的全部原理与方法，并更具有创新意识和能力。

第二，随时关注各类舞弊案件或风险损失事件的报道，一方面可以积累案例资料，另一方面也可能会发现潜在的咨询客户，因为舞弊案件或风险损失事件的发生在一定程度上就是内部控制与风险管理出现问题的标志，主动与这样的单位联系就可能获得咨询项目。

第三，内部控制与风险管理本身就具有局限性，只能为控制目标的达成提供合理保障。当然，随着社会发展、技术手段的进步，内部控制与风险管理所能提供的合理保障程度会不断提高。故此，在确定咨询项目目标和签订合同的过程中，必须让客户理解这一情况，避免客户出现过高的预期，同时也就说明了内部控制与风险管理咨询必须经常持续进行的根源。

9.4.2　深入调查分析

1）环境调查与分析

内部控制和风险管理是针对具体业务活动进行的，具体业务活动流程及其影响因素就构成了内部控制和风险管理的环境。通过对环境的调查分析就可以进一步明确企业业务活动及其基础条件、外部限制要求等内容，为后续控制制度的深入分析打下基础。

这里要调查的环境不仅包括作为前述内部控制要素的内部环境（公司治理、机构设置及权责分配、内部审计、人力资源政策、企业文化等），还包括企业的各项业务活动及其具体流程，更包括企业的外部环境（如企业所处地域的政治、经济、文化、法律、技术运用状况、行业特点、竞争对手情况以及自然条件，特别是企业外部监管者的要求等）。

2）重要管理人员心理与行为特点调查与分析

经理层的经营风格和理念本就属于企业内部环境的内容，但其形成在很大程度上要受重要管理人员的心理和行为特点的影响。通过对重要管理人员心理和行为特点的调查分析可以从更深的层次上揭示企业管理层的决策方式和管理特点，为了解企业原有的控制制度设计和执行的状况提供参考。

这里要调查的重要管理人员心理和行为包括其性格品质、意志品质、气质、兴趣等个性心理特征，也包括其现实需求层次与内容、公平感知特点、挫折感受与应对方式等心理素质，还包括其领导方式、决策习惯等行为方式。

3）现行内部控制与风险管理制度的调查与分析

这是本阶段调查分析的关键和重要内容，也是工作量最多的调查项目。本项调查的目的在于将客户现存的所有内部控制和风险管理的制度情况全面客观地描述出来，并深入分析其是否满足需要以及可能存在的漏洞，为进一步地完善设计新的制度做好准备。

这里要调查的是全部内部控制和风险管理制度的具体内容，包括风险评估、控制活动、信息与沟通、内部监督等方面的制度建设与运行效果情况，主要是收集这些方面可能存在问题的证据，以及对每项内容做出评价，决定是否需要重新设计。调查的过程其实就是依据客户的具体业务流程，对照本章第3节所表明的为了发现问题需要具体观察的事件，进行取证和判定内部控制是否存在缺陷的过程。

我国《企业内部控制评价指引》和《企业内部控制审计指引》把企业的内部控制缺陷分成三类：第一，重大缺陷，是指一个或多个控制缺陷的组合，可能导致企业严重偏离控制目标；第二，重要缺陷，是指一个或多个控制缺陷的组合，其严重程度低于重大缺陷，不会危及内部控制的整体有效性，但也应当引起董事会、经理层的充分关注，因为这些缺陷仍有可能导致企业偏离控制目标；第三，一般缺陷，是指除重大缺陷和重要缺陷以外的其他控制缺陷。认定内部控制缺陷的重要性和影响程度是相对于内部控制目标而言的。由于财务报告控制目标和非财务报告控制目标存在差异，其认定标准也不同。财务报告控制目标集中体现在合理保证财务报告的可靠性，因而凡是不能及时防止或发现并纠正财务报告错报的内部控制设计与运行缺陷应予以关注。通常说来，发现企业有如下迹象则表明可能存在财务报告内部控制重大缺陷：董事、监事和高级管理人员舞弊；企业更正已公布的财务报告；注册会计师发现当期财务报告存在重大错报，而内部控制在运行过程中未能发现该错报；企业审计委员会和内部审计机构对内部控制的监督无效。非财务报告控制目标一般包括战略目标、资产安全目标、经营目标、合规目标等，因而不能合理保证这些目标实现的内部控制设计与运行缺陷应予以关注。通常说来，发现企业有如下迹象则表明可能存在非财务报告内部控制重大缺陷：国有企业缺乏民主决策程序；企业决策程序不科学；违反国家法律、法规；管理人员或技术人员纷纷流失；媒体负面新闻频现；重要业务缺乏制度控制或制度系统性失效；内部控制评价的结果特别是重大缺陷或重要缺陷未得到整改。对于存在缺陷的内部控制就需要进行改进甚至重新设计了。

4）近期典型错弊案例的深入剖析

这是对上一部分调查内容的有效补充，目的在于通过近期典型错弊案例的分析进一步认证客户现存控制制度的缺陷。因为一般说来，错弊案例的发生扣除内部控制固有局限的因素之外，就是由于控制制度出现漏洞导致的。通过收集和分析近期典型错弊案例，可以找出导致错弊的原因，发现控制制度设计或运行的漏洞。

这里要分析的错弊案例是指客户单位内部发生的各种错弊情形。这些错弊情形可能是已涉及违法犯罪的案件，也可能是外部审计师和内部审计师在审计过程中发现的错弊事件，还可能是企业员工在工作中发现的错弊问题。

9.4.3 重新设计制度

1）总体思路的形成

依据前步工作所形成的对客户控制制度的判定，将需要重新设计或予以完善的控制制度统一标识出来，通过和客户的广泛沟通确定客户未来内部控制与风险管理制度的总体思路。

这一总体思路应包括如下一些内容：客户未来经营战略目标和策略目标的明确，客户内部控制与风险管理最低目标的确定，客户风险承受度的确定，客户可以接受的最高控制成本与预期效益比例，客户选择控制方案时的优先次序，控制方案设计时所要考虑的控制实施人员的素质基点，控制方案实施的技术手段要求等。

2）拟订各控制环节的具体改进方案

本步骤工作是依据总体思路的要求，将咨询顾问分成若干个工作小组，每个小组分工负责某一个或几个方面的控制制度方案的设计完善工作。当然，为了更好地完成这项工作，每个小组都要配备客户单位的相关工作人员，以便共同协商讨论，得到更满意的控制方案。

进行本步骤工作时，一定要针对每一项业务活动流程，结合前面所进行的现存控制制度分析的结论，充分考虑其可能存在的错弊情况选择关键控制点，列出多种可能的控制方案，与客户一起进行分析选择。进行方案设计时至少应考虑如下问题：本项业务活动的目标是什么？为了完成本项业务活动需要怎样的工作环节或具体操作行为？影响该项业务目标实现的因素有哪些？这些影响因素会存在于或影响该业务流程的哪个环节或具体操作行为？每个影响因素分别对目标实现的最大影响后果如何？对某项影响因素设置怎样的控制手段或方法可以消除对目标实现的不利影响？设置和运行对某影响因素的控制手段和方法的成本是否低于对目标不利影响的后果？

3）具体方案的整合与分析

内部控制和风险管理是一项系统性的工作，各种手段与方法必须能够相互匹配、整体协调，并成为日常经济业务活动的有机组成部分，才能发挥作用。本步骤的工作就是从客户单位的整体生产经营过程出发，将各个小组设计的内部控制和风险管理方案整合起来，形成一个可行的有机整体。

进行本步骤工作时，一是考虑消除对一个影响因素的重复控制、对同一证据的重复认证等重复性的工作，降低控制成本；二是考虑各种控制手段的配合、各项业务活动的控制匹配，避免出现不同业务的控制手段相互矛盾或相互制约，提高控制效果；三是对各项具体控制方案和整合出来的整体方案进行可行性分析，确定其技术上、经济上、实施要求上的合理性与可行性，保证内部控制和风险管理整体方案和具体手段能够用于客户的实际工作，并能够取得预期的效果。

9.4.4 实施与后续服务

这是内部控制和风险管理咨询的最后一阶段工作。本阶段的工作内容与其他管理咨询的该阶段工作没有本质差异，均是针对重新设计管理制度制订具体的实施方案，通过试点运行和逐步转换帮助客户实现管理制度的更迭和管理水平的提高，同时也对新制度的不完善处进行修改。当客户能够独立运行新制度时，咨询顾问即可退出客户单位，并将咨询过程中所形成的文件整理后提交给客户，在一段时间后再对客户进行回访。就这些工作的基本内容和要求来说，内部控制与风险管理咨询同其他咨询项目并无实质性区别。鉴于本书第2章已对一般咨询工作的过程作了统一介绍，本处不再详细介绍。

✳ 9.5 内部控制与风险管理咨询的方法

9.5.1 内部控制与风险管理咨询方法概述

内部控制和风险管理咨询方法是指在进行相关工作时所采用的具体方法。这些方法贯穿于咨询工作的过程中，成为咨询工作的具体手段。表9-1按内部控制与风险管理咨询的过程列示了各个工作阶段所应采用的主要方法。

表9-1　　　　内部控制和风险管理咨询各阶段主要咨询方法一览表

工作步骤		主要方法
前期工作准备		资料收集整理
深入调查分析	环境调查与分析	专题讨论会法、调查问卷法、因素分析法、流程图法
	重要管理人员心理与行为特点调查与分析	心理与行为调查方法
	现行内部控制与风险管理制度的调查与分析	个别访谈法、5WH解析法、ABC分析法、因子分析法、因素分析法、相关分析法、流程图法、评价工作表法、穿行测试法
	近期典型错弊案例的深入剖析	个别访谈法、ABC分析法、因子分析法、因果分析法、因素分析法、相关分析法
重新设计制度	总体思路的形成	专题讨论会法、5WH解析法、德尔菲法、头脑风暴法
	拟订各控制环节的具体改进方案	专题讨论会法、5WH解析法、德尔菲法、头脑风暴法、业务流程重组方法
	具体方案的整合与分析	专题讨论会法、业务流程重组方法
实施与后续服务		统计分析法、敏感性分析法、成本效益评价法、结构分析法

鉴于本书第 2 章已对一般咨询工作的方法作了统一介绍，本处只介绍内部控制和风险管理咨询工作所使用的特殊方法。

9.5.2　心理与行为调查方法

1）心理测评表法

心理和行为调查最常见也最方便的方法是心理测评表法。心理测评表通常都是由一系列问题组成，一个问题陈述一种心理或行为，要求被试者按照自己的真实情形来回答，也可以让他人对被试者进行评定。这种方法采用书面问卷形式获得研究资料。为了使通过问卷得到的研究结果更为客观准确，通常采用标准化的问卷来进行。另外，由于这种形式的测验问卷的项目意思明确，所以，这种方法属于结构化测验。心理测评表法不仅可以测量外显行为（如态度倾向、职业兴趣、同情心等），同时也可以测量自我对环境的感受（如欲望的压抑、内心冲突、工作动机等）。

心理测评表法简便易行，有利于收集大量资料并进行统计分析。但是，测评准确性会受到被试者是否坦率而真实地回答测题的影响，而由他人评价又会遇到无法准确判定被试者心理和行为反应的难题，影响测评结果的客观可靠性。同时，该方法不易获得问卷以外的资料与信息，也不适用于文化程度较低或文字理解能力较差的被试者。

2）投射实验法

投射实验法是指给出一种暧昧的刺激，让被试者以比较自由的形式对其做出反应，用以测量人格的方法。投射法所用的刺激多为意义不明确的各种图形、墨迹或数字，让被试者在不受限制的情境下，自由地做出陈述，由对其陈述的结果分析来推断其人格；或给被试者一个场景，让被试者讲故事，通过其故事主人公的心理与行为来推断被试者的心理与行为。投射技术让被试者在回答时不知不觉地把自己的思想、情感、态度、愿望、情绪等个人特征投射到外界事物上。20 世纪 30 年代中期美国心理学家默里进行了一项著名的投射实验——主题统觉测验。他提供 20 张画有人物和情节的图片，但其中有一张是无图的白片。测验时给被试者呈现各种图片，每次一张，请被试者描述图片中正在发生什么、已经发生了什么和将要发生什么，即让被试者按画面编造故事。这样，被试者的心理和行为特点会在编造故事中流露出来。

投射实验法比心理测评表法的偏差一般要小些，是一种对行为的无意识或隐藏的内容尤为敏感的测验工具。因为被试者根本不知道测量什么，所以无法隐藏或伪装自己的内心世界。但是，投射实验法受环境的影响较大，在不同条件下被试者对同一投射刺激会做出不同的反应。另外，投射测验具有非结构性特征，对被试者反应的解释是相当麻烦的，要求测验者有丰富的知识和经验。

3）情境实践测试法

情境实践测试法是在一定情境下对行为或行为结果进行观察和记录，又分为自然观察法和控制观察法。前者是在自然条件下观察人的言谈举止，从而对其性格特征进行评定；后者是为了能够更迅速、更有针对性地了解信息，让被试者在设计好的情境中做出反应，以便观察被试者特定的心理和行为特征。情境实践测试法在用于人格测量时，被试者在一定的情境中按照指示进行操作，表面上类似于能力测验那样的客观测验，但是，测试的目的并不是测定作业能力。因为这种测试的目的不易被觉察，所以属于伪装测试。例如，以测试一个人的工作效率为公开目标，要求被测试者从 A 处到 B 处取一份资料返回，而途中正好要经过一个不繁忙但有红绿灯的十字路口，去的时候路口会有交警值守，回的时候将无人值守。在该路口设置观察点，通过收集被测试者对路口交通信号在有人值守和无人值守情况下的遵守情况，就可以对被测试者是否会严格遵守规则进行初步考察。还可以在路口设置几个人在被测试者到达后带头闯红灯，观察被测试者在此种情况下对规则遵守情况的行为反应。

大多数情境实践测试研究都事先设计好要观察什么，如何观察，如何记录，这就是所谓的结构性观察。这种方法的优点是得到结果的方式直接、客观，因此，所得到的结论就比较容易运用到实际工作中去。但是，该方法需要设置特定的情境，也需要长时间的观察或科学的取样观察，故使用成本较高。

9.5.3　内部环境与现存制度调查方法

1）流程图法

流程图法是用于对客户经济活动的具体过程进行描述的一种专门方法。它通过对业务活动过程的调查，顺着经济业务的具体工作路径，使用特定的图形表示各种业务环节的具体工作，用箭线表明各项工作之间的先行后续关系，从而对一项经济活动的全过程以直观的图形表示出来。例如，某企业的零购设备采购计划审批流程可以用图 9-1 表示。

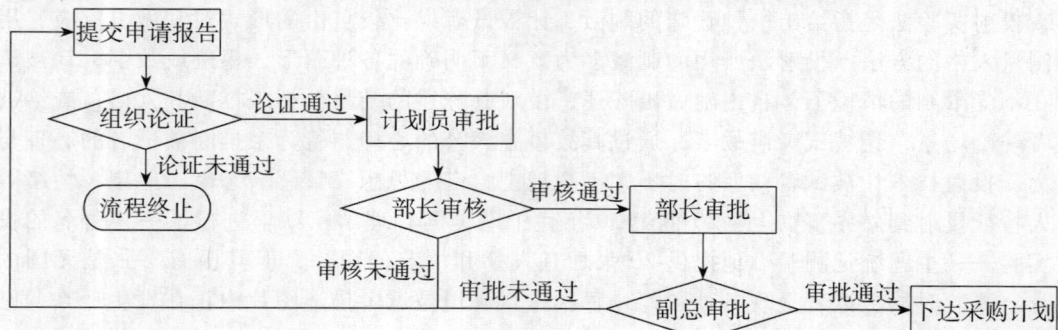

图 9-1　某企业零购设备采购计划审批流程

如果将上述标准流程图绘制到一个纵向代表工作步骤次序、横向代表负责部门或人员的方框中，就形成了矩阵式流程图，可以同时明确工作任务的承担者，有利于进行任务落实。如果在此基础上再将每项工作任务的计划完成时间、两次任务间隔的周期时间等内容列示出来，就形成了矩阵式时间表流程图，更可以从工作任务计划与完成时间的角度明确工作情况和进行考核。

2）评价工作表法

评价工作表法是用于描述客户内部控制和风险管理制度及其执行情况的一种专门方法。它以本章第 3 节所列出的企业内部控制和风险管理可能存在的主要问题为框架，将评价企业内部控制和风险管理制度及其执行情况需要考察的各个事件列示于一个表的左方，而将表的右方栏目作为书写调查评价评语使用。这就形成了一个调查评价工作的用表，使调查者可以对照左方项目具体进行调查工作，并将调查结果和判断性评价写于表的右方，以利于总结客户内部控制和风险管理上的问题。例如，某项咨询项目已填写的采购与付款业务的控制评价工作表如表9-2所示。

表9-2 　　　　　　　　　　　内部控制和风险管理情况评价工作表

业务活动：采购与付款

业务环节	关注事件	评价和结论
请购	※企业是否建立了采购申请制度，明确请购相关部门或人员的职责权限及相应的请购程序，确保所有物品或劳务的请购都由具有请购权的部门或人员负责提出 ※已获授权请购的有关部门或人员是否根据单位预算、实际需要等情况及时向相关部门提出采购申请，并按规定办理请购手续 ※是否发生过不需用、不急用商品的采购或提前采购问题 ※请购、审批、采购等部门是否相互独立并有效牵制	企业已经建立了采购申请制度，绝大部分的采购申请是根据实际业务需要提出的，但个别采购缺乏生产计划的支持，而是高层管理者凌驾于采购制度之上的结果，这时的部门牵制已失效
审批	※企业是否建立了严格的请购审批制度，确保审批人根据规定的职责、权限和程序对采购申请进行审批 ※对不符合规定的采购申请，审批人是否要求请购人员调整采购内容或拒绝批准 ※所有采购申请书是否均符合审批制度的要求	企业有采购审批制度，但没有全面遵循，特别是当管理层凌驾发生时
采购	※企业是否建立了供应商信息管理系统，对目标采购市场信息进行动态管理，充分了解相关供应商的产品价格、质量、供货条件、信誉以及供应商的设备状况、技术水平和财务状况，为单位采购决策提供可靠信息 ※每笔重要采购业务是否能够综合考虑价格、质量、供货条件、信誉和售后服务等条件确定供应商及采购价格，并做到采购过程公开 ※对一些特殊或重大的采购项目是否采取招标方式确定供应商	企业尚未建立供应商信息管理系统，每笔采购均是随机寻找供应商并进行单独谈判的结果。这意味着本项控制制度缺失
验收	※企业是否建立健全了验收制度并制定具体的验收规定，实行验收与入库责任追究制度 ※验收部门是否根据有关验收规定对实际采购物品或劳务进行验收并入库，对验收中发现的问题是否及时报告并按批准意见处理 ※验收时是否详细查明收到货物的明细，并使用顺序连号的验收报告记录收货	企业现有制度足以实现控制目标
付款	※企业付款业务的有关凭证是否齐全无误，如采购申请表、验收报告和发票齐备且其明细、数量、规格一致 ※预付账款和定金是否严格审批和按照合同规定进行支付，对长期挂账的预付货款是否进行追查并处理 ※已到期的应付账款是否经有关授权人员审批后才办理结算与支付 ※是否对退货与折让进行专门管理 ※是否严格进行应付账款的对账工作	企业现有制度足以实现控制目标

3）穿行测试法

穿行测试法是指在内部控制流程中任意选取一笔交易作为样本，追踪该交易从最初起源直到最终在财务报表或其他经营管理报告中反映出来的过程，以此了解控制措施设计的有效性，并识别出关键控制。进行穿行测试时，一定要保证企业处于正常运行条件，并在此种条件下将所选交易的初始数据输入内部控制流程，穿越全流程和所有关键环节，把运行结果与设计要求对比，才能发现内部控制缺陷。

9.5.4　业务流程重组方法

业务流程是指一组共同为顾客创造价值而又相互关联的活动，它将不同分工活动连接起来，并反映活动间的关系。长期以来，人们一直非常注重把工作分解为最简单和最基本的步骤，并分配给各员工完成。这导致割裂完整的流程而"各为其政"；员工以上级为导向，而不是以顾客为导向；官僚习气严重，处理问题僵化；缺乏资源共享的信息平台等问题。1993 年，美国 MIT 教授迈克尔·哈默和 CSC 管理顾问公司董事长钱皮联手推出了《公司重组》一书，提出：企业流程再造工程是对企业的业务流程作根本性的思考和彻底重建，其目的是在成本、质量、服务和速度等方面取得大幅度地改善，使得企业能最大限度地适应以顾客、竞争、变化为特征的现代企业经营环境。显然，业务流程重组不是在现有工作分工的基础上，对各项具体工作岗位职责的简单改良和修残补缺，而是从企业为顾客提供的产品或服务出发，来考察产品生产和服务提供的一整套作业业务流程，以整体流程、整体优化的思路另起炉灶、从零开始，从根本上对流程中的业务活动进行分析，剔除非增值活动，重新组合增值活动，从而彻底改变企业的业务分工和工作过程，实现企业业绩的飞跃。

业务流程重组要重新设计和安排企业的整个生产、服务和经营过程，使之更优化。在具体实施过程中，通常需要经过确定目标、流程分析、流程设计、流程实施、调整优化五个阶段。在确定目标阶段，企业最高管理当局及其工作组要明确自己的目标客户和业绩目标。在流程分析阶段，要通过绘制细致、明了的作业流程图来对原有业务工作进行全面的功能和效率分析，确定其中不能满足目标客户要求或不能为业绩增加服务的工作。在流程设计阶段，要剔除非增值业务，将增值业务重新按照产品生产或劳务提供的自然顺序进行整合，并按照新的要求设计业务流程和相配套的组织结构、人力资源配置和业务规范等方面的改进规划，形成系统的企业再造方案。在流程实施阶段，要通过局部试点取得经验、完善方案，再将新的流程及系统再造方案强力推行。在调整优化阶段，要对新流程及全体职工进行适应性的调整训练，使职工与流程有机配合，并在企业中形成不断优化的理念，建立持续改进机制。

业务流程重组改变了原有的企业运作模式，必然会触及原有的利益格局，也就会有各种各样的阻力。因此，在发起之初，就必须尽早消除员工对组织变革的抗拒。可以组织对业务流程重组可能形成阻力的人员和主要参与人员到标杆企业参观，发动企业现状与未来的讨论，对全部人员进行示警和危机教育，自上而下，进行思想渗透，打消顾虑，增强员工的承受力，推动企业文化变革，逐步形成新的核心价值观，营造创新氛围，建设创新文化，认同企业新的愿景，使员工成为推进业务流程重组的生力军。

流程分析的主要方法是价值链分析法。价值链分析法是辨别某种"价值活动"是否能给本企业带来竞争力的方法。在一个企业中，可以将企业的业务活动分为主要活动与辅助活动两种。主要活动包括采购物流、生产制造、发货物流、市场营销、售后服务等，辅助活动包括高层管理、人事劳务、技术开发、后勤供应等方面的活动。以上各项活动因企业或行业不同而具体形式各异，但所有的企业都是从这些活动的链接和价值的积累中产生了面向顾客的最终价值。因此，将一个企业的活动分解开来，并分析每一个链条上的活动的价值，就可以发现究竟哪些活动是需要改造的。

流程设计的基本原则是 ESIA：清除（Eliminate）、简化（Simplify）、整合（Integrate）、自动化（Automate）。清除是指把一些增值不大的流程或者流程上的节点加以废除；简化是指将复杂的不必要业务环节予以精简；整合是指将必要的增值业务进行组合，通过改变组成流程的活动的先后次序，即活动的逻辑关系，以缩短工作时间，提高对顾客的响应度；自动化是将流程中的部分工作用信息技术加以自动地读取、传递、处理，最终可以极大地提高工作效率。

在业务流程重组过程中，经常使用头脑风暴法激发创造性，产生尽可能多的设想，再使用质疑头脑风暴法对前者提出的设想、方案逐一质疑，分析其现实可行性。在质疑过程中，要对已提出的设想无法实现的原因、存在的限制因素、排除限制因素的建议进行分析。其结构通常是："××设想是不可行的，因为……如要使其可行，必须……"通过创造、质疑、完善等具体工作，就可以形成对所讨论问题的客观分析，找到一组切实可行的方案。

✱ 9.6　内部控制与风险管理咨询案例

管理咨询公司业务经理王某在一次一般性的交往中了解到中川公司近期材料采购成本出现了跃升。王某通过查询管理咨询公司数据库确定：中川公司材料采购成本的跃升不是因为其所购材料整体市场价格升高导致的，可以初步判定是其公司内部的材料环节出了问题。王某随即与中川公司高层取得联系，通过初步接洽，使中川公司董事会达成了查清原因、设计改进方案、杜绝类似问题的管理咨询意见。王某即组建咨询工作小组，在对该公司情况进行一般性了解和对其他企业相同材料的采购情况进行分析后，拟订了咨询方案。咨询工作小组依据初步分析结论及与中川公司的深入商谈，确定了咨询项目并签订咨询合同。合同约定：管理咨询公司咨询工作小组以专家的身份对中川公司材料采购业务的内部控制制度进行咨询，帮助企业建立合理的材料采购控制制度并协助实施；中川公司对咨询工作小组的工作给予全面支持。

中川公司系一家家族式建材生产企业，年销售额为 600 万元左右。公司设总经理 1 人，由该家族的家长担任，负责全面工作；设副总经理 4 人，由儿子负责销售，女儿负责财务，侄子负责采购，外甥负责技术。公司借力于 2003 年起的房价上涨获得了很好的发展，但 2006 年的利润下滑，原因是成本跃升。通过对成本成因的鱼刺图分析确定了成本的构成项目，通过对成本项目的 ABC 分析确定材料采购成本的上升是导致整体成本升高的主要决定因素，通过对材料采购和使用等有关业务的个别访谈发现：最关键的两笔材料采购存在超量采购和高价采购问题，另外还有一笔大额材料报废情况。对材料采购与保管业务进行深入调研发现：公司根本没有建立相应的材料采购业务流程规范，材料的请购、审批、采购均由负责采购的副总经理一人完成，而材料库的负责人则正好是其爱人。对存在问题的三个方面进行专项分析，确定存在吃回扣现象和虚假采购行为（即虚造购货发票和入库单，然后过一段时间作报废处理）。基于以上调查情况，形成该公司采购工作评价表，见表9-3。

表9-3　　　　　中川公司材料采购工作内部控制和风险管理情况评价工作表

业务活动：采购与付款

业务环节	关注事件	评价和结论
请购	※企业是否建立了采购申请制度，明确请购相关部门或人员的职责权限及相应的请购程序，确保所有物品或劳务的请购都由具有请购权的部门或人员负责提出 ※已获授权请购的有关部门或人员是否根据单位预算、实际需要等情况及时向相关部门提出采购申请，并按规定办理请购手续 ※是否发生过不需用、不急用商品的采购或提前采购问题 ※请购、审批、采购等部门是否相互独立并有效牵制	企业无采购申请制度；发生了超量采购和高价采购问题；请购、审批、采购均由一人完成，牵制已失效
审批	※企业是否建立了严格的请购审批制度，确保审批人根据规定的职责、权限和程序对采购申请进行审批 ※对不符合规定的采购申请，审批人是否要求请购人员调整采购内容或拒绝批准 ※所有采购申请书是否均符合审批制度的要求	企业的采购审批未与请购、采购独立
采购	※企业是否建立了供应商信息管理系统，对目标采购市场信息进行动态管理，充分了解相关供应商的产品价格、质量、供货条件、信誉以及供应商的设备状况、技术水平和财务状况，为单位采购决策提供可靠信息 ※每笔重要采购业务是否能够综合考虑价格、质量、供货条件、信誉和售后服务等条件确定供应商及采购价格，并做到采购过程公开 ※对一些特殊或重大的采购项目是否采取招标方式确定供应商	企业尚未建立供应商信息管理系统，每笔采购均是随机寻找供应商并进行单独谈判的结果。这意味着本项控制制度缺失
验收	※企业是否建立健全了验收制度并制定具体的验收规定，实行验收与入库责任追究制度 ※验收部门是否根据有关验收规定对实际采购物品或劳务进行验收并入库，对验收中发现的问题是否及时报告并按批准意见处理 ※验收时是否详细查明收到货物的明细，并使用顺序连号的验收报告记录收货	验收工作人员与请购、审批、采购人员系夫妻关系，无法实现控制
付款	※企业付款业务的有关凭证是否齐全无误，如采购申请表、验收报告和发票齐备且其明细、数量、规格一致 ※预付账款和定金是否严格审批和按照合同规定进行支付，对长期挂账的预付货款是否进行追查并处理 ※已到期的应付账款是否经有关授权人员审批后才办理结算与支付 ※是否对退货与折让进行专门管理 ※是否严格进行应付账款的对账工作	缺乏对采购凭证的实质性审核

　　针对该公司采购工作评价情况，对公司岗位分工和职责作了调整，优化了采购工作流程，建立了公司材料管理信息系统（含主要材料价格信息），规定了大批量材料采购的招标采购方式。改进后的材料采购流程如图 9-2 所示。

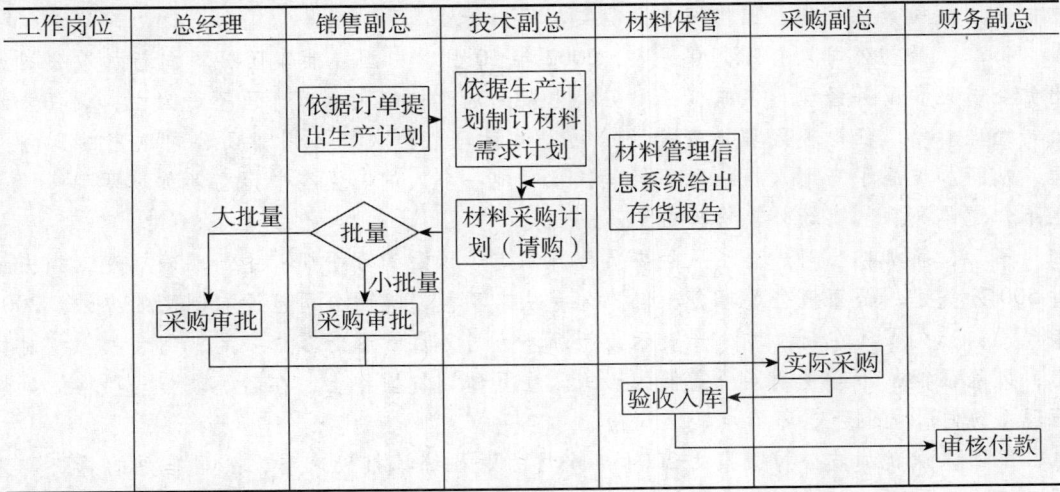

工作岗位	总经理	销售副总	技术副总	材料保管	采购副总	财务副总
		依据订单提出生产计划	依据生产计划制订材料需求计划	材料管理信息系统给出存货报告		
			材料采购计划（请购）			
	大批量 → 批量 小批量					
	采购审批	采购审批			实际采购	
				验收入库		审核付款

图 9-2　中川公司材料采购工作矩阵式工作流程图

　　工作流程设计完成以后，对公司有关员工进行培训，特别进行了采购价格比对审批、招标工作方法、凭证的实质性审核等工作的具体训练，最后实现了流程的整体转换使用。经过一年的运行，控制效果良好。

❖ **本章小结**

　　本章在说明内部控制与风险管理咨询的目的和意义的基础上，详细介绍了内部控制与风险管理的基本内容，分析了内部控制与风险管理可能存在的主要问题以及发现是否存在这些问题的具体标志，进而对内部控制与风险管理咨询的过程和特殊工作方法进行了探讨，最后简单介绍了一个内部控制与风险管理咨询案例。

❖ **练习与思考题**

★ 案例分析

　　中国航油集团公司新加坡公司（以下简称新加坡公司）是中国航油集团公司的海外控股子公司，其总裁陈久霖，兼任集团公司副总经理。经国家有关部门批准，新加坡公司在取得中国航油集团公司授权后，自 2003 年开始做油品套期保值业务。在此期间，陈久霖擅自扩大业务范围，从事石油衍生品期权交易，而石油期权投机是我国政府明令禁止的。陈久霖在期货交易场外，签订了超过现货交易总量的"看跌"期权合同。没想到国际油价一路攀升，新加坡公司所持石油衍生品盘位已远远超过预期价格。根据其合同，需向交易对方（银行和金融机构）支付保证金。每桶油价每上涨 1 美元，新加坡公司要向银行支付 5 000 万美元的保证金，导致新加坡公司现金流量枯竭。到 2004 年 12 月，被迫关闭的仓位累计损失已达 3.94 亿美元，正在关闭的剩余仓位预计损失 1.6 亿美元，账面实际损失和潜在损失总计约 5.54 亿美元。

新加坡公司之所以能够完成上述交易，还有如下情况：

第一，新加坡公司从事以上交易历时一年多，一直未向中国航油集团公司报告，中国航油集团公司也没有发现。直到保证金支付问题难以解决、经营难以为继时，新加坡公司才向集团公司紧急报告，但仍没有说明实情。

第二，最初公司只有陈久霖一人，2002年10月，中国航油集团公司向新加坡公司派出党委书记和财务经理。但原拟任财务经理派到后，被陈久霖以外语不好为由，调任旅游公司经理。第二任财务经理被安排为公司总裁助理。陈久霖不用集团公司派出的财务经理，从新加坡雇了当地人担任财务经理，只听他一个人的。党委书记在新加坡两年多，一直不知道陈久霖从事场外期货投机交易。

第三，新加坡公司成立了风险委员会，制定了风险管理手册。手册明确规定，损失超过500万美元，必须报告董事会。但陈久霖从来不报，集团公司也没有制衡的办法。2004年6月，陈久霖还在新加坡公开表示，新加坡公司只负责帮助客户采购，佣金收入相对稳定，风险很低，不会受到油价高低的影响。在具体期货操作上，在新加坡公司严格的风险管理系统总体控制下，不存在较大风险。

第四，从新加坡公司上报的2004年6月的财务统计报表来看，公司当月的总资产为42.6亿元人民币，净资产为11亿元人民币，资产负债率为73%。长期应收账款为11.7亿元人民币，应付款也是这么多。从账面上看，不但没有问题，而且经营状况很漂亮。但实际上，新加坡公司当时就已经在石油期货交易上面临3 580万美元的潜在亏损，仍追加了错误方向"做空"的资金。由于陈久霖在场外进行交易，集团公司通过正常的财务报表没有发现陈久霖的秘密。新加坡当地的监督机构也没有发现，中国航油集团新加坡公司还被评为2004年新加坡最具透明度的上市公司。

要求：对上述案例进行分析，其内部控制和风险管理的问题有哪些？如何优化内部控制和风险管理制度以防止类似问题的发生？

★ 思考题

1. 内部控制与风险管理咨询的意义。
2. 内部控制与风险管理的概念及其相互关系。
3. 内部控制的要素。
4. 风险管理的手段。
5. 内部控制与风险管理工作可能出现的主要问题。
6. 内部控制与风险管理咨询的工作过程与方法。

★ 讨论题

1. 为什么要不断进行内部控制与风险管理咨询？
2. 内部控制与风险管理工作内容的发展脉络呈现了怎样的规律性？
3. 除本书已经介绍的以外，内部控制与风险管理还可能存在哪些问题？如何发现这些问题？
4. 结合一个具体单位，设计对其进行内部控制与风险管理咨询的工作方案。

❖ 补充阅读材料

1. 杨世忠. 管理咨询 [M]. 北京：首都经济贸易大学出版社，2005.

2. 丁栋虹 . 管理咨询 ［M］. 北京：清华大学出版社，2006.

3. COSO 委员会 . 内部控制——整合框架 ［M］. 方红星，等，译 . 大连：东北财经大学出版社，2008.

4. 编写组 . 企业内部控制基本规范讲解 ［M］. 北京：中国市场出版社，2008.

5. 刘新立 . 风险管理 ［M］. 北京：北京大学出版社，2006.

6. 孙星 . 风险管理 ［M］. 北京：经济管理出版社，2007.

7. 方少华 . 业务流程咨询 ［M］. 北京：电子工业出版社，2006.

8. 石惠波 . 如何进行流程设计与再造 ［M］. 北京：北京大学出版社，2004.

9. 吴玉 . 管理行为的调查与度量 ［M］. 北京：中国经济出版社，1987.

10. 朱荣恩 . 内部控制案例 ［M］. 上海：复旦大学出版社，2005.

11. 财政部会计司 . 企业内部控制规范讲解（2010）［M］. 北京：经济科学出版社，2010.

第 10 章

税收筹划

❖ 学习目标

　　本章首先介绍了税收筹划咨询的基本知识和理念，旨在说明税收筹划咨询的必要性；其次从理论和实践角度对税收筹划咨询中的常见情况进行了探讨；最后总结了税收筹划咨询的程序和方法。本章学习的目标有以下三个：了解税收筹划咨询的理念及必要性；掌握税收筹划咨询中常见的典型问题；能够运用税收筹划咨询程序和方法进行具体咨询。

　　税收筹划咨询是管理咨询的一项重要内容。税收是连接纳税人和政府之间的重要桥梁：一方面政府制定相关政策，规范并引导纳税人的涉税行为；另一方面纳税人通过缴纳税款反映其对国家政策的理解和运用。税收、纳税人和政府三者构成了税收环境，在该环境下，税收政策的实施对象是纳税人，如何有效把握并运用税收政策，实现有利的纳税结果则是纳税人一项重要的经营指标，以此为目标的咨询就是税收筹划咨询。

✳ 10.1　税收筹划咨询的目的与意义

10.1.1　税收筹划咨询的目的

　　在当前市场经济环境下，纳税人具有独立、自主的经营权和决策权，在涉税事项中，纳税人理解并运用税收政策合理缴纳税款，实现有利的纳税结果。这不仅是纳税意识，更是纳税权利。在该纳税意识下，纳税人正确运用税收政策，规划、经营、决策和安排各项涉税事务，实现作为纳税人对国家税收政策的反馈，这也就是税收筹划咨询的根本目的。同时，需要注意的是，纳税人形态、所处的发展阶段和税收环境以及纳税人对税收筹划咨询理念的理解都会影响这一目标。因此，我们也应充分考虑上述各项因素，实现税收筹划咨询的根本目的，具体有以下几个方面的表现：

1）税负最小化

　　通过投资、筹资、经营等活动，采取各种节税技术，使其应缴纳的各种税收之和最小，这就是"税负最小化"。在一般性涉税事务中，纳税人选择税收筹划的直接目的就是减轻税负，这点与税收筹划的税负最小化的目标一致，如赵连志在其主编的《税收筹划操作实务》中就指出：纳税人税收筹划的目的只有一个；税收筹划的实质是减轻纳税人的税收负担；税收筹划的外在表现就是"纳税人缴税最晚，缴税最少"。

2）净利润最大化

在符合税法规定的前提下建议纳税人合理安排投资、筹资、经营等活动，建议其采取各种节税技术，使纳税人的净利润最大，这就是"净利润最大化"。这往往针对的是生产有规模、经营规范、纳税人对税收筹划的重视程度较高的纳税人，在这类纳税人中，税收、经营活动与净利润的关系往往被纳税人重视，正如周华洋在《最新税收优惠政策分析与避税筹划技巧》中指出的：税收筹划是纳税人财务筹划的重要组成部分，它遵守"依法纳税，合理筹划；用好政策，用足政策，利润最大"二十字方针。

3）企业价值最大化

咨询人员使用各种节税技术，通过合理帮助纳税人安排各项投资、筹资、经营等活动，实现企业价值最大化，这就是"企业价值最大化"。生产经营活动与企业的发展息息相关，越来越多的企业看到了企业的价值、未来潜力与现行管理的关系，税收筹划的咨询不但应该帮助纳税人实现税负最小，净利润最大，更应该帮助其实现发展更大、更快、更好、更远的目标，将税收筹划渗入并贯彻至各项经营管理活动中来。

10.1.2　税收筹划咨询的意义

税收筹划咨询行为的后果涉及征税方的政府和纳税方的纳税人，因此对政府和纳税人都具有重要的意义。

1）税收筹划咨询的宏观意义

（1）有利于实现政府税法的立法意图，充分发挥国家税收调节经济的杠杆作用。从某一角度看，税收筹划咨询也是纳税人所表现出来的对税法和税收政策的反馈行为，政府税法的立法意图并不仅是增加财政收入，更重要的是调节经济，使企业在合法、合理的范围内充分发挥积极主动性，实现社会全面的发展和进步。税收筹划咨询正是有利于政府和企业的双赢性反馈行为，不仅有利于实现税法的立法意图，也有利于充分发挥税收调节经济的功能。

（2）有利于改变政府收入的分配格局。一般而言，税收筹划咨询会帮助纳税人节约税款，经过筹划后的纳税行为在一定时期内增加企业所分得的国民收入的份额，政府所分得的份额相应减少。但这里需要说明的一点是：改变一定时期内的收入分配格局是一种表现后果，其前提是待分配的国家财富一定。而从长远来看，纳税人的这种税收筹划行为实现的结果是国家财富的增加。

（3）有利于优化产业结构和资源的合理配置。税收筹划咨询积极利用税收要素，根据税法意图，通过投资、筹资、纳税人制度改造、产品结构调整等涉税行为改变税收结果。从宏观上看，行为的结果将促进企业选择有效行为，在国家税收经济杠杆的作用下，逐步走向优化产业结构和生产力合理布局的道路，体现国家的产业政策，有利于促进资本流动和资源合理配置。

（4）有利于促进国家税法及政府税收政策不断改进和完善。正如前述，筹划咨询间接体现了政府的立法意图，企业在积极运用相关法律、法规实现纳税人财务利益最大化的同时，也必然会对法律、法规的完善性和存在的漏洞、不足进行实践上的反馈，这不仅有利于促进国家法律、法规和税收政策的完善，更有利于促使国家的税制建设向更为科学、合理的层次迈进。

2）税收筹划咨询的微观意义

（1）有利于提高纳税人的纳税意识，抑制偷、逃税等违法行为。①筹划咨询是纳税人纳税意识提高到一定阶段的表现，是与经济体制改革发展到一定水平相适应的。只有税制改革与税收征管改革成效显著，税法的权威才能得以体现，否则无疑会助长偷、逃税等违法行为。②纳税人纳税意识强与纳税人希望提供税收筹划咨询具有共同的要求，即合乎税法规定或不违反税法规定。税收筹划咨询所安排的各种经济行为必须合乎税法条文和立法意图或不违反税法规定，而依法合理纳税更是纳税人纳税意识强的应有之意。③依法设立完整、规范的财务账证表和正确进行会计处理是进行税收筹划咨询的基本前提。会计账证表健全、规范，其税收筹划咨询的弹性一般应该会更大，也为以后提高税收筹划咨询的效果提供依据。

（2）有利于实现纳税人财务利益的最大化。咨询可以通过减少税收成本实现，也可以通过防止纳税人陷入政府反避税措施实现。无论途径怎样，都可以帮助其实现财务利益的最大化。

（3）有利于提高纳税人的经营管理水平和会计管理水平。资金、成本、利润是纳税人经营管理和会计管理的三大要素，筹划咨询就是为了实现资金、成本、利润以及战略的最优效果，从而提高纳税人的经营管理水平。税收筹划咨询离不开会计，因此税收筹划咨询对会计的基本要求就是既要熟悉会计准则、财务通则、会计制度，也要熟知现行税法。当会计处理方法与税法一致并允许进行会计政策、会计方法的选择时，财务会计与税务会计可以分离，正确进行纳税调整，从而有利于提高纳税人的会计管理水平，从税收的角度发挥会计的多重功能。

（4）有利于形成价格效应，提高纳税人的竞争实力。在现代经营理念中，税负早已成为经营成本之一，税收筹划咨询一般能帮助企业减轻税负，从而降低经营成本和产品价格，增加产品的市场竞争力，最终提高纳税人的竞争实力。

✻ 10.2　税收筹划咨询的主要内容

10.2.1　税收筹划咨询的知识准备

1）税收环境

（1）税收、纳税人和政府的关系。

关于税收环境，美国最高法院的波特·斯蒂沃特大法官做出了敏锐的评论：“实际上，这个国家的所有人和物都有税收方面的问题……每天的经济行为都产生数以千计的销售活动、贷款活动、赠送活动、购买活动、租赁活动和遗嘱，以及类似的活动，这样它们给某些人带来税收方面的问题就成为可能。我们的经济活动几乎在每个方面都与税收息息相关。”可见，税收在现代社会非常普遍。

税收环境的内涵很广，可以说涵盖了税收体系中的所有相关事项，其中税收、纳税人及政府三者之间的关系就可以简单地描述税收环境。税收是对政府开支的一种支付，即纳税人需要对政府所提供的公共资源付出代价，衡量标准就是税额，税额＝税基×税率。由此可见，税额是税基和税率共同作用的结果，政府课征和纳税人缴纳的税额的多少就取决于税基和税率这两个变量，那么作为纳税人来说，只要改变税基或税率中的任何一个变量，都可以改善最终缴纳税额的结果。这一点为纳税人提供了极大的方便。

除此之外，在税收体系中，政府是税收的权利人，与纳税人之间是对等关系，这种向特定的个人或组织征税的权利在税收理论中被称为税收管辖权。税收管辖权分布在各级政府中，地方政府服从中央，中央控制和管制着地方税收的特征和征税程度；而地方政府也有制定、调整和征收税收的权利。这一方面使得税收完成了从上到下的传递和征缴，另一方面也为税收管辖权带来了重叠性，难免会产生重复课税和重复纳税的现象。因此，在税收与纳税人和政府的关系中，税收环境为纳税人和政府共同创造了一个共赢的可能性。

（2）税收要素。

了解税收，首先要了解税收要素。税收要素主要包括：纳税义务人、课税对象、税率、减免税、纳税环节和纳税期限等。

纳税义务人简称纳税人，是税法中规定的直接负有纳税义务的单位和个人，一般可分为自然人和法人两种。课税对象又称征税对象，是税法中规定的征税的目的物，是国家据以征税的依据，解决的是对什么征税这一问题。课税对象决定了税种、税基和税源。税率是应纳税额与课税对象之间的比例，是计算税额的尺度，代表课税的深度，关系国家的收入多少和纳税人的负担程度，因而它是体现税收政策的中心环节。减免税是对某些纳税人或课税对象的鼓励或照顾措施，是纳税人少纳税的主要合法来源之一，也是国家调节宏观经济的主要手段之一。减免税政策的了解和应用也是税收筹划咨询的一项重要内容。纳税环节是对课税对象从生产到消费的流转过程中应当缴纳税款的环节。纳税环节因税种和经营方式而不同。纳税期限是纳税人向国家缴纳税款的法定期限。这是国家保障纳税人依法按期纳税的必要条件。

税种、税基和税率是税收制度的核心，也是税收筹划的核心。在我国税收体系中，按纳税依据的不同可以将税种分为流转税、所得税、财产税和行为税。流转税是随着课税对象流转而征的税种，主要包括增值税、消费税、营业税、关税等。所得税是按纳税人的所得额或收益额为课税对象的税种，主要包括个人所得税和企业所得税等。财产税是按纳税人的某些特定财产的数量或价值额为课税对象的税种，主要包括房产税等。行为税是对发生特定行为的纳税人征缴的税种，主要包括印花税、车船税、契税等。

2）会计制度与税法的异同分析

做好税收筹划咨询的一项知识准备就是了解会计制度与税法的异同，原因在于二者均属规范经济行为的专业领域，涉及同一经济交易和业务的不同处理范畴。在内容上，税法规范征税行为和纳税行为，体现社会财富在国家与纳税人之间的分配，具有强制性和无偿性。而会计制度注重会计核算行为规范，要求真实、完整地提供会计信息，以满足有关各方了解财务状况和经营成果的需要。在处理方法上，会计制度规定必须在"收付实现制"与"权责发生制"中选择一种作为会计核算基础。税法在计算应税所得额时是"收付实现制"与"权责发生制"的结合。在制定目的上，会计制度是为了反映企业的财务状况、经营成果和现金流量，为投资人、债权人、企业管理者、政府部门等提供真实、完整的财务信息，让投资者或潜在的投资者了解企业资产的真实性和盈利可能性，其所提供的基础性会计资料也是纳税的主要依据。税法是为了保证国家强制、无偿、固定地取得财政收入，利用税收杠杆进行宏观调控，引导社会投资，对会计制度的规定有所约束和控制。

3）其他相关知识

税收筹划是一项综合性、边缘性学科，税收筹划咨询除必须具备税收知识和财务知识外，还需要掌握其他相关学科的知识，包括经济学、管理学、企业战略、组织行为学、行为学、心理学、社会学等。随着市场经济的深入发展，税收已经成为企业经营决策的一项重要指标，但税收因素绝不是税收筹划的唯一因素，企业所处的行业地位和社会责任，企业的战略目标和现行目标，企业的成本控制和风险控制，企业决策的行为偏好和心理预期等都需要融入到税收筹划的决策中。因此，税收筹划咨询绝不仅仅是掌握税收政策就可以实现，需要同时了解和掌握其他相关的知识。

10.2.2　税收筹划咨询的理念

税收筹划咨询是指在国家法律允许的范围内，咨询人员为纳税人提供的合理安排各项经营、投资等活动的专项服务。

1）税收筹划咨询的内涵

作为一名税收筹划咨询人员，要了解税收筹划咨询的理念，首先就要了解税收筹划，这不仅是因为税收筹划咨询以纳税人对税收筹划的认识为基础，理论界对税收筹划咨询的研究尚浅，而且在税收筹划咨询的实务中，往往对二者没有严格的区分。

国际上对税收筹划的概念界定不尽一致，其中比较有代表性的说法有：国际财政文献局编写的《国际税收词汇》中指出，"税收筹划是使私人的经营活动及（或）私人缴纳尽可能少的税收的安排"。税收专家 E. A. 史林瓦斯在其编著的《公司税收筹划手册》中指出，"税收筹划是经营管理整体中的一个组成部分……税收已经成为一个重要的环境要素，对企业既是机遇，也是威胁"。另一位税收专家 N. J. 亚萨斯韦认为，"纳税人通过财务活动的安排，以充分利用税收法律所提供的包括税收减免在内的一切优惠，从而享有最大的税收利益"。

在国内，唐腾翔、唐向在《税收筹划》一书中提出，"税收筹划指的是在法律规定许可的范围内，通过对经营、投资、理财活动的筹划和安排，尽可能地节税的过程"。

盖地在其编著的《税务筹划》中指出：税务筹划是纳税人依据现行税法，遵循税收国际惯例，在遵守税法、尊重税法的前提下，运用纳税人的权利，依据税法中的"允许"、"不允许"以及"非不允许"的项目、内容等，对企业组建、经营、投资、筹资等活动进行旨在减轻税负、有利于财务目标实现的谋划与对策。

综上分析，税收筹划的驱动者是纳税人，驱动对象是涉税的事项或交易行为，驱动的途径是在法律法规许可的范围内，驱动的动因是实现有利的纳税结果。因此，税收筹划可以界定为：纳税人在法律法规许可的范围内，对涉税事项或交易行为进行筹划和安排的有利于纳税结果的行为。因此，以此为起点的税收筹划咨询就是指在国家法律允许的范围内，税收筹划咨询人员为纳税人提供的合理安排各项经营、投资等活动的专项服务。咨询的主体是纳税人以外的中介力量，也就是税收筹划咨询人员。咨询的客体是纳税人。以纳税人作为税收筹划的驱动者，以有利的纳税结果作为利益的驱动动因，以税收筹划咨询人员作为介入征纳双方的正向协调二者利益关系的中介力量，这一链条就形成了税收筹划咨询。

2）税收筹划咨询的特点

（1）不违法性。这是指咨询人员不能违反法律规定，即在法律规定许可的范围内利用各项节税技术和技巧，为纳税人提供服务。这一点是税收筹划咨询过程中最容易被忽略的非常重要的一点，也是税收筹划咨询的前提。

（2）筹划性。这是指对相关涉税活动的事前、事中的规划、安排，也包括对事后的总结和反馈。这一点使税收筹划咨询区别于财务管理咨询，财务活动通常都滞后于应税行为，如交易行为之后才缴纳增值税、消费税或营业税，才进行填制凭证、登记账簿等财务活动，实现收益分配之后才能缴纳所得税，才能编制报表并提供财务信息。因此，对财务活动的咨询往往是一种事后咨询，而税收筹划咨询是一种事前筹划咨询，具有筹划性和战略性。

（3）目的性。目的性是指税收筹划咨询有明确的目的。正如前文所述，在税收环境中，纳税人作为税收政策的对象具有独立自主的经营权和决策权，面对企业的经营和涉税事项，税收筹划咨询就是帮助企业建立合理纳税的权利意识，正确运用税收政策，合理缴纳税款，反馈至市场及政府。当然，即使是在不同纳税人形态、纳税意识以及企业发展阶段下所表现出来的目的不一致，税收筹划咨询也都具有明确的目的，因此，可以说税收筹划咨询是一项目的明确、目标性强的活动。

（4）普遍性。税收涉及的要素有很多，各个税种规定的纳税人、课税对象、纳税地点、税目、税率、减免税以及纳税期限等，一般都有差别，这不仅为税收筹划咨询提供了可能，也决定了税收筹划的普遍性。

（5）多变性。除了税收要素之外，随着税收环境的变化，比如各国的政治、经济形势的变化、各国税收政策的变更等都决定了税收筹划咨询具有多变性。这也给税收筹划咨询带来了一定难度。

10.2.3　税收筹划咨询的风险防范

随着税收筹划被越来越多的企业所认识和接受，税收筹划咨询已经成为管理咨询中必不可少的部分。但需要注意的是税收筹划同时也是一项系统工程，税收环境、纳税要素以及其他各种因素等都会给税收筹划咨询带来不确定性，蕴含着较大的风险，即风险与利益是并存的。因此税收筹划咨询中风险防范是必不可少的。

1）税收筹划咨询的风险分析

（1）方案设计风险。

在咨询人员设计筹划方案时，需要纳税人提供真实、准确、客观的涉税资料和管理资料，这一点对于大多数企业来说，往往有顾虑或有一定的难度，这给咨询人员在设计方案的过程中带来了一定的风险。

（2）咨询执行风险。

咨询执行风险是指在咨询执行的过程中操作引起的风险。这主要包括两方面的内容：一是对有关税收优惠政策运用和执行不到位的风险，如因残疾人比例不足而享受了福利企业优惠，因利用可再生资源的比例不足而享受了相关税收优惠等；二是在系统性税收筹划过程对税收政策的整体性把握不够，形成税收筹划的综合运用风险，如在企业改制、合并、分立过程中就涉及利用多种税收优惠的操作问题。

（3）纳税人经营性风险。

税收筹划咨询有时可能要求改变企业现有的经营或管理，这有可能在经营上或管理上给纳税人带来相应的约束或特殊性要求，从而带来了潜在的经营性风险。

（4）沟通风险。

这是指咨询人员与纳税人在整个咨询中沟通中存在的各种风险。税收筹划咨询的过程中，咨询人员与纳税人的沟通非常重要，这不仅关系着筹划方案的选择，也关系到咨询执行的力度，也关系到税收筹划咨询的最终效果。

（5）政策性风险。

政策性风险是指咨询中利用国家政策时带来的风险，包括政策选择风险和政策变化风险。在咨询中，对国家政策特别是税收政策的选择和利用虽然能带来筹划效果，但选择正确与否也具有很大的不确定性，这就是政策选择风险。有时政策选用后对时效性把握的不确定性也往往会引起一定的风险，这就是政策变化风险。

（6）外部环境风险。

外部环境风险是指纳税人以外的各项风险。税收筹划咨询也是纳税人与外部环境相互协调的过程，比如国家政策导向的改变、行业发展情况变化等都有可能会随时改变咨询方案的选择、改变筹划执行过程。

2）税收筹划风险的预警与控制

（1）提高税收筹划咨询的风险意识。税收筹划咨询中，要提高风险意识，还要提醒纳税人树立风险意识，一方面要了解企业自身的实际情况，细心分析企业经营的特点，另一方面还要熟悉税收法规的相关规定，细心掌握与自身生产经营密切相关的内容，最终将二者结合起来，细心琢磨，选择既符合企业利益又遵循税法规定的筹划方案。

（2）建立税收筹划风险评估机制。从学科上看，税收筹划咨询是连接税务会计与财务学的一门边缘性学科；在税收筹划咨询的实务中应以财务目标为导向，服从、服务于企业的财务管理目标。一般来说，税收筹划分析及风险评估都可以借助于财务管理的一些方法，最常用的就是概率分析方法。

（3）保持账证完整。企业的会计账簿、记账凭证等是记录企业经营情况的真实凭据，它不仅是税务机关据以征税的重要依据，也是企业在接受税务检查时据以证明自己没有违反税收法律法规的依据。因此，提醒纳税人依法取得并保全会计凭证和记录，保证账证完整，正确进行各项会计处理和纳税申报并及时足额缴纳税款，是税收筹划咨询的首要环节，也是控制筹划风险、提高筹划效率的技术基础。

（4）认真学习税收政策并且准确把握税收政策。最常用的税收筹划技术方法就是利用税收政策与经济实际适应程度的不断变化，寻找纳税人在税收上的利益增长点，从而达到筹划目标。也就说研究税收政策，准确把握税收政策的立法意图、变化趋势是控制税收筹划风险的关键点之一。

（5）注意税收筹划的成本与效益的分析。咨询人员在设计和决策税收筹划方案时，不能一味地考虑降低税收成本，而忽略因该筹划方案的实施引发的其他费用的增加或收入的减少，必须综合考虑采取该方案是否能从整体上有利于企业利益。因此，在税收筹划咨询的过程中，必须要遵循成本效益原则，从而实现筹划目标。

✳ 10.3　税收筹划咨询中的典型问题

10.3.1　主要税种咨询存在的典型问题

1）流转税的典型问题

在我国现行税制中，流转税主要包括增值税、消费税、营业税三个税种，这三种税在税制体系中是交叉、平行征收并存的流转税征收模式，其中又以增值税为主。

（1）增值税的典型问题。

增值税是对销售货物或提供加工、修理修配劳务、交通运输劳务、邮政业、现代服务劳务以及进口货物的单位和个人，就其销售货物或提供应税劳务的销售额以及进口货物金额计税，并实行税款抵扣的一种流转税。自 2009 年 1 月 1 日起，我国开始实施消费型增值税。

①增值税纳税人身份的选择。

《中华人民共和国增值税暂行条例》（以下简称《增值税暂行条例》）规定，将纳税人按经营规模大小及会计核算健全与否分为一般纳税人和小规模纳税人，二者的差异有两点：一是税率和计税方法不同将导致税负差异。根据《增值税暂行条例》（2009），一般纳税人税率分为 17%、13% 两档[①]，小规模纳税人的征收率统一为 3%。同时小规模纳税人采用简易办法征税；一般纳税人采用销项税额减进项税额的方法征税。二是发票管理制度的不同导致了不同的销售政策。一般纳税人可以在购货后按照销货发票注明的不同税率和税款进行抵扣；小规模纳税人不允许开具增值税专用发票。

纳税人可以利用以上的不同选择对企业较为有利的身份缴纳增值税。最常用的方法就是找出纳税人身份的税负临界点，判断一般纳税人与小规模纳税人的税负差异，选择筹划方案。该税负临界点的计算公式如下：

$$\frac{\text{一般纳税人应纳增值税}}{\text{含税销售额}}\times100\% = \frac{\frac{\text{含税销售额}}{1+\text{征收率}}\times\text{征收率}}{\text{含税销售额}}\times100\%$$

该公式计算的是在含税销售条件下两种身份的税负平衡率，在两者税额相等时一般纳税人增值税的税负 $=\frac{1}{1+\text{征收率}}\times\text{征收率}\times100\% = \frac{1}{1+3\%}\times3\%\times100\% = 2.91\%$，此为税负临界点，即：

当增值税税负 = 2.91% 时，一般纳税人和小规模纳税人的税负相同；

当增值税税负 > 2.91% 时，一般纳税人税负大于小规模纳税人，应选择小规模纳税人身份；

当增值税税负 < 2.91% 时，一般纳税人税负小于小规模纳税人，应选择一般纳税人身份。

此税负临界点可以帮助咨询人员判断增值税纳税人身份，从而设计更为有利的筹划方

[①]　自2012年1月1日我国营业税改征增值税改革以来，根据财税〔2013〕106号文，增值税的税率又增加2档，分别为11%和6%。例如，有形动产租赁的增值税税率为17%，交通运输业的增值税税率为11%，邮政业的增值税税率为11%，部分现代服务业的增值税税率为6%。

案。同时在改变纳税人身份时，还要考虑对企业各方面的影响。第一，对所得税的影响。如为小规模纳税人，则会降低所得税税率；反之，虽有可能提高所得税税率，但可以享受弥补亏损优惠政策。第二，变更纳税人身份需要考虑必要的变更费用，如工商登记费、税务变更登记费以及机构设置费等。第三，对生产、销售、管理等环节权限的影响以及对人员调整等的影响，都可能增加管理成本或费用，甚至会对生产和销售产生一定影响。

②混合销售和混业经营的选择。

现代企业为增强竞争力，在其主营业务的范围内都会尽可能为客户提供完善的各类服务，特别是服务性企业（如建筑安装业、娱乐业）和商贸零售企业等。如某商场在销售家电时又提供送货上门服务和安装服务。虽是一项销售业务，但涉税问题就比较复杂，这就需要分清混合销售行为和混业经营行为。如果一项销售行为，既涉及增值税应税货物又涉及非应税劳务，则称为混合销售。如果纳税人的经营范围既包括销售货物和应税劳务，又包括提供非增值税应税劳务，则称为混业经营。

根据《增值税暂行条例实施细则》规定，除另有规定外，对于从事货物的生产、批发或零售的企业、企业型单位及个体工商户的混合销售行为，征收增值税。对于其他单位和个人的混合销售行为，视为销售非增值税应税劳务，不征收增值税，兼营行为应分开核算增值税和营业税[①]。纳税人可以在上述两种情况中判断税负的高低，并选择有利于企业的方式。通常，企业的税负主要取决于可计征营业税业务中的可抵扣进项税额的多少，因此税负平衡点的计算有两种：一是进项税额税负平衡点；二是进项税额占含税销售额比例税负平衡点。

第一，进项税额税负平衡点的计算公式：

$$可计征营业税的含税销售额×营业税税率=\frac{含税销售额}{1+增值税税率}×增值税税率-可抵扣的进项税额×100\%$$

该公式计算的是在可计征营业税的含税销售额在两种税负平衡条件下可以抵扣的进项税额：当可以抵扣的进项税额等于税负平衡点时，混合销售和兼营非应税劳务的税负相等；当可以抵扣的进项税额小于税负平衡点，选择兼营非应税劳务缴纳营业税更为有利；反之，选择混合销售缴纳增值税对企业更为有利。

第二，进项税额占含税销售额的比例税负临界点的计算公式：

$$可计征营业税的含税销售额×营业税税率=\frac{含税销售额}{1+增值税税率}×增值税税率-进项税额×100\%$$

该公式计算的是进项税额占含税销售额比例在增值税和营业税两种税负平衡条件下的税负临界点：当企业进项税额比例等于该临界点时，混合销售和兼营非应税劳务的税负相等；当进项税额比例低于该临界点时，选择兼营非应税劳务缴纳营业税更为有利；当进项税额比例高于该临界点时，选择混合销售缴纳增值税更为有利。

（2）消费税的典型问题。

消费税与增值税相匹配，其与增值税普遍调节的功能不同，它是在增值税基础上发挥

① 营业税改征增值税试点以来，部分营业税税目改为增值税征税范围，随着营业税征税范围的逐步缩小，兼营非增值税应税劳务的税收筹划范围也有部分变化，也有部分可能不再适用上述方法，而转化成新增值税政策下的混业经营行为。已经改征增值税的应税服务，也有所改变，根据财税〔2013〕106号文，试点纳税人兼有不同税率或者征收率的销售货物、提供加工修理修配劳务或者应税服务的，应当分别核算适用不同税率或者征收率的销售额，未分别核算销售额的，按以下方法适用税率或者征收率：ⅰ兼有不同税率的销售货物、提供加工修理修配劳务或者应税服务的，从高适用税率；ⅱ兼有不同征收率的销售货物、提供加工修理修配劳务或者应税服务的，从高适用征收率；ⅲ兼有不同税率和征收率的销售货物、提供加工修理修配劳务或者应税服务的，从高适用税率。

特殊调节的功能，目前征收的 14 个税目中以高档奢侈品和对环境影响较大的消费品为主。

①包装问题。

目前税法对包装问题规定得比较详细。对按从价定率办法计算税额的应税消费品，如果包装物连同产品销售，无论包装物是否单独计价，也不论会计上如何处理，包装物均应并入销售额中计征消费税。如果包装物并未随同产品销售，而是出借收取押金，当此押金按期退还，不并入销售额征税，如逾期未还，应并入销售额视同销售征税。

由此，出售和出借对税款产生不同的影响：如果采用出售方式，需要缴纳消费税，但无需考虑包装物退还风险；如果采用出借方式，有助于降低税收负担，并且在包装物押金归还之前企业占有利息，但需要考虑包装物的退还风险，一旦逾期仍未收回包装物，仍需缴纳消费税。

②消费税纳税环节问题。

国际上开征消费税的国家，消费税的征收多在零售环节。我国消费税除金银首饰外基本都在产制环节课税，但产制环节并不是商品实现消费以前的最后一个流转环节，在该环节后还存在着批发、零售等若干流转环节，这在客观上为纳税人提供了有利选择的可能。

产制消费品的企业大多负责零售和批发环节的流转，纳税人可以选择直接销售，也可以选择设立非独立核算的经销部和销售公司将生产和销售分开，二者对纳税也产生了一定影响：根据消费税法，纳税人自行销售时，应在零售环节征收消费税，销售额中包含了全部利润，税负较高；纳税人通过设立非独立核算门市部销售的自产应税消费品，应在移送到门市部时征收消费税，销售额中可以不包含利润，税负较轻。

（3）营业税的典型问题。

自 2012 年 1 月 1 日起，我国进一步完善增值税制度，将部分营业税改征增值税，目前已经有交通运输业、邮政业和部分现代服务业等原营业税范围改征增值税。根据财税〔2013〕106 号文，交通运输业包括陆路运输、水路运输、航空运输和管道运输等内容；邮政业包括邮政普遍服务、邮政特殊服务和其他邮政服务；部分现代服务业既包含了原营业税的服务业税目，也包含了文化业等税目，主要包括研发和技术服务、信息技术服务、文化创意服务、物流辅助服务、有形动产租赁服务、鉴证咨询服务和广播影视服务等内容。随着"营改增"的继续深入，营业税与增值税重复纳税的现象有所减少，营业税的征税范围也将主要集中于与生产不相关或是关联不太紧密的行业。到目前为止，营业税的征税范围主要包括建筑业、娱乐业、部分文化教育业、餐饮旅游等行业。因此，营业税领域目前最为关注的就是建筑业中的筹划咨询问题，比较典型的就是合作建房问题和工程承包问题。

①合作建房问题。

合作建房是指一方提供土地使用权，另一方提供资金，双方合作，建造房屋。根据税法规定，合作建房最常见的方式有两种：一是以物易物，即一方用土地使用权交换建成后房屋的所有权；二是成立合营企业，双方共建，利润共享，风险共担。

根据现行营业税法规定，以土地使用权或是不动产投资入股，参与接受投资方的利润分配，共同承担投资风险的行为，不征收营业税。对于成立合营企业的合作方式，合作方可以免征营业税，节约税收成本；对于以物易物的合作方式，一方用土地使用权交换建成后房屋的所有权，视为转让无形资产计算营业税，并未改变涉税结果。

②工程承包问题。

基建工程往往工程浩大，且款项较大，参与方较多，大多采用承包、分包或转包等形式获取利益。税法规定，"建筑业的总承包人将工程分包或转包给他人的，以工程的全部承包额减去付给分包人或者转包人的价款后的余额为营业额"。由此，签订承包合同就是纳税的主要依据，如果签订承包合同，双方无论是否参与施工，均应按"建筑业"税目征收营业税；如果不签订承包合同，只是负责工程的组织协调业务，应按"服务业"税目征收营业税。二者的税率相差2%，在工程承包款较大的情况下，对纳税人的税收成本将产生较大影响。

2）所得税的典型问题

一般来说，所得税是纳税人纳税事项中最为复杂，也是税负最重的一项税种。所得税包括企业所得税和个人所得税，而企业所得税又是纳税人关注和税收筹划咨询的重点，在此我们以企业所得税的讨论为主。

企业所得税是以企业收入总额扣除税前扣除项目后的所得为征税对象的一种税。其咨询的主要点包括收入确认问题、扣除项目问题以及企业经营问题等。

（1）收入确认问题。

纳税人收入总额包括以货币形式和非货币形式从各种来源取得的收入，具体有：销售货物收入，提供劳务收入，转让财产收入，股息、红利等权益性投资收益，利息收入，租金收入，特许权使用费收入，接受捐赠收入和其他收入。需要注意的问题有：销售收入、销售方式和结算方式的选择问题，收入确认时点的选择问题，劳务收入计算方法的选择问题，计价方法的选择问题，非货币性资产交换、捐赠、偿债、赞助、集资、广告、样品、职工福利或利润分配等改变用途的收入确认问题等。例如，收入确认的计价方法选择，我国现行税法规定，为理财和销售竞争目的可将折扣分为现金折扣和商业折扣。商业折扣可直接从售价中扣减以确认收入，不会虚增利润；但现金折扣有总价法和净价法之分，现行准则规定采用总价法，总价法在会计上采取将销售额全部确认收入的处理方式可能会虚增利润，从税收角度来说，采用净价法反而对企业较为有利。在现行总价法规定下，可以采取转换销售思路和方式等改变纳税结果。

（2）税前扣除项目问题。

税前扣除项目包括成本、费用、税金、损失和其他支出。这是所得税筹划咨询中最为复杂的项目之一，涉及企业的会计核算、企业经营、准则与税法的异同调整等全部经营事项。比较常见的问题有：存货计价方式的选择问题、固定资产折旧的选择问题、税前利润调整的选择问题、各种管理费（包括广告费、业务宣传费、业务招待费）的列示问题、公益性捐赠问题、亏损弥补问题、债务重组涉税问题、股权投资涉税问题、税收优惠问题、境外所得抵扣税额问题、关联交易等特别纳税调整问题等等。

以上每一类问题都会对纳税人产生重大影响，如在对存货计价方式的选择问题上，会计准则与税法的规定一致，可以在先进先出法、加权平均法、个别计价法中选用一种。方法不同，直接影响到企业当期销货成本的高低，关系到企业当期利润的高低。通常在通货膨胀条件下，企业不应采用先进先出法，因为会增加当期利润，增加当期所得税税负；在存货进出频繁，且价格波动较大时应采取加权平均法，用以抵消价格因素带来的税负影响。

又如，对于大型设备制造企业来说，固定资产的折旧问题是影响企业应纳税所得额的重要项目之一，折旧包括折旧方法和折旧年限，两者共同影响纳税结果。折旧方法包括直线折旧法、双倍余额递减法和年数总和法，前者每年可扣除相同金额的折旧，后两者可扣除折旧数额前多后少，特别是刚刚购买大型设备的企业来说可以降低税负，缓解现金流压力。如果该企业享受定期减免税优惠政策，企业就可以充分利用税收优惠与固定资产折旧的时间价值，选择递延纳税，合理降低税负。

3）其他税种的典型问题

除前文所述的流转税和所得税两大主体税种之外，企业可能涉及的税种还有：土地增值税、房产税、印花税、契税、资源税、城镇土地使用税、城市维护建设税及教育费附加等。其中土地增值税、印花税和契税对纳税人影响也较大。

土地增值税是对有偿转让国有土地使用权及地上建筑物和其他附着物产权并取得增值性收入的单位和个人所征收的一种税。土地增值税最大的特点就是增值性收入越多，缴纳的税款越多。因此可以通过选择合适的成本核算对象，如对土地征用及拆迁补偿费、前期工程费、建筑安装费、基础设施费、公共配套设施费、开发间接费用等成本项目进行合理的控制，调整土地增值税的扣除项目金额，降低税负，对于销售精装修房产可以采取签订两次合同，分别缴纳土地增值税和营业税达到降低税负的目的。除此之外，企业还可以采取适当的定价策略改变累进增值率从而大幅度改善纳税结果，这是因为土地增值税实行超额累进税率制度，根据税法规定，对于销售普通住宅，增值额未超过其扣除项目金额之和的20%，予以免税，超过20%的，应就其全部增值额按规定计税。如果企业定价时实现的增值额与扣除项目金额的比例在20%附近，则可以充分利用这一政策实现土地增值税的零税负。

除土地增值税外，印花税也应在税收筹划咨询中引起重视。在现代企业的生产经营中会频繁地订立各种各样的合同，并且有些合同金额巨大，对税收产生的影响也不能忽视。对印花税的筹划点关键在计税依据上。例如，同一凭证载有两个或两个以上经济事项而适用不同税目税率，如分别记载金额，应分别计算应纳税额，相加后按合计税额贴花；如未分别记载金额，按税率较高的计税贴花。这为印花税税基的选择提供了可能。

10.3.2 纳税主体咨询的典型问题

1）创建主体时咨询的典型问题

在市场经济条件下，纳税主体在创立企业时，涉税行为就已经产生，其行为的结果直接影响着企业以后经营的整体税负。创建主体的过程中通常遇见的问题包括对企业性质的选择、企业从属机构设立的选择、注册地点的选择、行业的选择等。

（1）企业性质的选择。

企业性质也即企业的组织形式。根据财产组织形式和法律责任，企业可被分为公司企业、合伙企业和独资企业；根据有限公司是否发行股票，可将有限公司分为股份有限公司和有限责任公司；根据出资人不同，企业可被分为内资企业和外资企业。股份有限公司属法人企业，而合伙企业和独资企业属自然人企业，二者适用的税收规定和税率皆不相同。另外内外资企业所得税法合并以后，从税率角度看，内外资企业税负相等，但税负公平的实现仍然需要一段时间，这也为纳税人的选择提供了可能。

（2）企业从属机构设立的选择。

当企业跨地区经营时，从属机构的选择对税收也产生影响。从属机构的形式有办事处、分公司和子公司。子公司作为独立法人主体可以享受当地税法规定的许多税收优惠；分公司虽然不能享受优惠，但作为总公司统一体中的一部分接受统一管理，损益共计，平抑利润。因此对于初创阶段较长时间无法盈利的行业，一般设置分公司，这样可以利用公司扩张抵充总公司的利润，从而减轻税负。而对于扭亏为盈迅速的行业，则可以设立子公司，短期内享受税收优惠以降低税负。

（3）注册地点的选择。

对于注册地点，纳税主体可以选择的范围更广些。我国目前区域间税收差别较大，如经济特区、经济技术开发区、沿海经济开放区、保税区、高新技术产业开发区、"老、少、边、穷"地区、民族自治区域、上海浦东新区等，适用的税率各不相同，对以后的税负将产生影响。

（4）行业的选择。

随着我国经济转型的深入发展，行业选择也逐渐凸显出其重要的纳税影响来。目前对于高新技术企业、小型微利企业、创投企业、证券投资基金和软件企业等都有较好的所得税优惠政策，可以利用这些优惠政策降低企业的整体税负。如根据新企业所得税法规定，工业企业如年应纳税所得额不超过 30 万元，从业人数不超过 100 人，资产总额不超过 3 000万元，属小型微利企业，减按 20% 的税率缴纳所得税。再如国家需要重点扶持的高新技术企业，减按 15% 的税率缴纳所得税。

2）财务管理过程中咨询的典型问题

财务管理是有关资金的筹集、投放和分配的管理工作，其管理的对象是现金（或资金）的循环和周转，管理的主要内容就是筹资管理、投资管理和分配管理，以及企业清算。

（1）筹资管理。

筹资是企业进行一系列经营活动的先决条件，不同的筹资方式对应不同的筹资渠道，形成不同的资本结构，不同的筹资方式也对应不同的纳税结果。一般常用的筹资渠道有：金融机构信贷资金，企业自我积累，企业间拆借，企业内部集资，发行债券和股票，租赁等。从税收角度来看，不同的筹资方式对应不同的筹资渠道，形成不同的资本结构，企业最终所承担的税负也不相同，取得的税收收益也有差别，这为企业在筹资决策中运用税收筹划提供了可能。一般而言，内部集资和企业之间拆借方式的纳税影响最好，金融机构贷款次之，自我积累效果最差，当然这并不是绝对选择。除资金结构和筹资方式外，还应考虑投资风险、现金流、货币时间价值或资金成本、税后现金流出量、税收收益等。

（2）投资管理。

通常，企业筹资的主要目的就是为了投资，投资决定了筹资的规模和时间，也决定了企业的前景，因此投资活动是企业财务管理活动中非常重要的一项。在税收筹划中，投资也是研究最多的一项活动。投资地点、投资行业或产品、投资企业类型、投资规模、投资结构、投资期限、投资方式以及投资评估方法的选择对企业税负和税后利润都产生了重要影响。以投资方式为例，可以分为直接投资和间接投资。直接投资通常被称为实业投资，其考虑的税收因素比较多，涉及企业面临的各种流转税、所得税、财产税和行为税等。如货币资金投资、有形资产投资和无形资产投资对纳税的影响也各不相同。有形资产投资常采用的就是设备投资，其折旧费可以在税前抵扣，降低税负；无形资产投资常采用的就是专利权和非专利技术投资，摊销费也可降低税负；而货币资金投资是直接的、传统意义上的投资，降低税负的可能性较小。因此三者虽然同属直接投资，但因涉税因素不同，纳税影响也不同。

（3）分配管理。

①企业员工分配机制问题。

对企业而言，建立与现代企业制度相适应的收入分配制度，实施一套完整有效的员工激励机制，是企业吸引和留住高素质人才的关键。近年来，随着经营形式的多样化，企业员工的激励机制也出现了多种表现形式，不再是简单的工资、奖金、职位晋升等，还包括股票期权、分红、提高福利、改变工资发放方式和形式等，这也具有不同的纳税影响。

②企业财务成果分配问题。

财务成果是指企业在一定期间内进行生产经营活动所取得的利润或发生的亏损。

对于亏损弥补，现行税法规定，纳税人发生年度亏损的，可以用下一纳税年度的所得弥补；下一纳税年度所得不足弥补的，可以逐年延续弥补，但延续弥补期最长不得超过 5 年。常见弥补亏损的方法有：兼并亏损企业；利用资产计价和摊销方法。兼并亏损企业可以以亏损企业的亏损抵减盈利。利用资产计价和摊销方法可以合理利用会计政策的选择实现企业在税法允许的范围内的亏损，从而延长税前利润补亏优惠政策期限。

对于利润分配，也有筹划的空间。常见的投资人获得的收益有股息性所得和资本利得，二者的税收待遇不同：股息性所得纳税主要根据投资方与被投资方的税率的差异，如果投资方适用的所得税税率高于被投资方，除享受国家税收法规规定的定期减税、免税优惠以外，其取得投资所得应按规定还原为税前收益后，并入投资企业所得补缴所得税；对于资本利得，则全额并入企业所得，依法缴纳企业所得税。因此，对于投资方来说，获得股息性所得可以有效降低分配所得的税负。

（4）企业清算。

企业清算是指企业由于经济或契约等原因，不能或不再继续运营时，按照国家有关法律法规以及企业具有法律效力的章程协议等文件精神，按照法定的程序，对企业的资产、债券、债务等进行清理与结算，并对企业剩余财产进行分配，约束企业结束企业法人资格的一系列行为。首先，清算期间在会计理论界有"一段期间论"和"两段期间论"。我国现行税收政策采纳了第二种观点，即从清算当年年初到经营结束日为会计期间，从经营结束日到清算结束日为清算期间。根据现行税法规定，纳税人清算时，应当以经营结束日到清算结束日为清算期间，并在 60 日之内计缴所得税。因此，清算期间的税收筹划策略主要是以节约税收成本为目的，常见的方式有里三种：一是改变经营结束的日期，减少清算期间的应税所得额；二是选择适当的清算计价与评估方法，降低税负；三是选择适当的清算损益核算方法，降低税负。

3）兼并扩张中咨询的典型问题

企业扩张包括横向扩张和纵向扩张，目前采用的扩张方式以债务重组、股权收购、资产收购、企业合并和企业分立为主。无论采用上述哪一种方法，涉税处理主要包括增值税、营业税和所得税的处理，根据国家税务总局公告 2013 年第 66 号和国家税务总局公告

2011 年第 51 号的规定，上述行为均不缴纳增值税和营业税，因此企业在扩张过程中只需考虑所得税的筹划问题。

（1）债务重组。

债务重组是指在债务人发生财务困难的情况下，债权人按照其与债务人达成的书面协议或者法院裁定书，就债务人的债务做出让步的事项。在现行条件下，债务重组有如下几种形式：以现金清偿债务、以非货币性资产清偿债务、债权转股权以及修改其他债务条件。

根据财税〔2009〕59 号文，以非货币性资产清偿债务，应当分解为转让相关非货币性资产、按非货币性资产公允价值清偿债务两项业务，确认相关资产的所得或损失。以债权转股权清偿债务，应当分解为债务清偿和股权投资两项业务，确认有关债务清偿的所得或损失。由此，在企业通过债务重组的扩张方式中，债权人通过放弃债权实现扩张，需要确认债务重组损失而抵减所得税。债务人通过抵消债务实现利益，需要确认债务重组所得而缴纳所得税。

（2）股权收购、资产收购。

股权收购，是指一家企业（以下称为收购企业）购买另一家企业（以下称为被收购企业）的股权，以实现对被收购企业控制的交易。资产收购，是指一家企业（以下称为受让企业）购买另一家企业（以下称为转让企业）实质经营性资产的交易。

财税〔2009〕59 号文首次对股权收购和资产收购进行明确规定，在一般情况下，被收购方应当确认股权、资产转让的所得或损失并缴纳所得税，其计税基础应以公允价值为基础。在特殊情况下，收购企业和被收购企业计税基础分别按以下方式确定：①在股权收购下，收购企业购买的股权不低于被收购企业全部股权的 75%，并且股权支付额不低于交易支付总额的 85%，那么，收购企业和被收购企业的计税基础应以被收购股权的原有计税基础确定。②在资产收购下，收购企业购买的股权不低于被收购企业全部股权的 75%，并且股权支付额不低于交易支付总额的 85%，那么，转让企业和受让企业的计税基础都应以被转让资产的原有计税基础确定。因此，股权收购、资产收购的双方可以通过相互协商调整支付比例在 75% 左右的临界点，选择一般税务处理原则或是特殊税务处理原则，从而调节在这一过程中的所得税。

（3）合并。

合并是指一家或多家企业将其全部资产和负债转让给另一家现存或新设企业，被合并企业股东换取合并企业的股权或非股权支付，实现两个或两个以上企业的依法合并。从税收的角度来讲，合并分为一般合并和特殊合并。

一般合并是指企业合并的一般处理方法，根据财税〔2009〕59 号文，在一般合并下，被合并企业不再以处置全部资产为所得税的缴纳依据，而是"按清算进行所得税处理，其亏损不得在合并企业结转弥补"；而合并企业按公允价值确定各项资产和负债的计税基础。

根据财税〔2009〕59 号文，特殊合并是指企业股东在该企业合并发生时取得的股权支付金额不低于其交易支付总额的 85%，以及同一控制下且不需要支付对价的企业合并。被合并企业合并前的所得税事项由合并企业承担，合并企业应以被合并企业的原有计税基础确定，并承担被合并企业的亏损，弥补限额＝被合并企业净资产公允价值×截至合并业务发生当年年末国家发行的最长期限的国债利率。

（4）分立。

分立是指一家企业将部分或全部资产分离转让给现存或新设的企业，其股东换取分立企业的股权或非股权支付，实现企业的依法分立。按照所得税处理的不同，可以将分立分为一般分立和特殊分立。

根据财税〔2009〕59号文，一般分立下，被分立企业对分立出去的资产应按公允价值确认资产转让所得或损失；被分立企业继续存在时，其股东取得的对价应视同被分立企业分配进行处理；被分立企业不再继续存在时，应按清算进行所得税处理；分立企业应按公允价值确认计税基础；亏损不能相互结转弥补。

特殊分立是指被分立企业所有股东按原有持股比例取得分立企业的股权，分立企业和被分立企业均不改变原来的实质经营活动，且被分立企业股东在该企业分立发生时取得的股权支付额不低于其交易支付总额的85%的分立。分立企业接受被分立企业资产和负债的计税基础，以被分立企业的原有计税基础确定，承继所有被分立资产的所得税事项，包括其未超过法定弥补期限的亏损。被分立企业的股东取得分立企业的股权，如需要部分或全部放弃原持有的被分立企业的股权，"新股"的计税基础则应以其放弃的"旧股"的计税基础确定。

4）资本运营中咨询的典型问题

资本运营又称资本运作、资本经营，是指利用市场法则，通过资本本身的技巧性运作或资本的科学运动，实现价值增值、效益增长的一种经营方式。国际上对资本运营内涵的理解就是指兼并与收购，国内对资本运营的理解比并购更广些，还包括企业融资、整体转让企业或资产等活动。

（1）企业融资。

从狭义上讲，融资是一个企业的资金筹集的行为与过程。融资可以分为直接融资和间接融资。直接融资是指不经过金融机构的媒介，直接向最后贷款人进行的融资活动；间接融资是通过金融机构的媒介，由最后借款人向最后贷款人进行的融资活动。目前我国企业融资结构中直接融资比例较大，间接融资中银行贷款方式最为普遍。在目前较为单一的融资结构中，税收因素仅在大型设备等固定资产融资租赁这一方式下考虑的较多。

（2）整体转让企业或资产。

整体转让企业或资产，也是资本运营中常见的方式。整体转让资产是指一家企业不需要解散而将其经营活动的全部或其独立核算的分支机构转让给另一家企业，以换取代表接受企业资本的股权。这不同于非货币性投资，也不同于分立和合并。根据现行税法规定，整体资产转让可分为应税整体资产转让和免税整体资产转让。应税整体资产转让适用一般转让的原则，即视为按公允价值销售全部资产和投资两项经济业务进行所得税处理，并按规定计算确认资产转让所得或损失。免税整体资产转让是指转让企业支付的交换额中，除接受企业股权以外的现金、有价证券、其他资产不高于所支付的股权的票面价值20%的，转让企业可暂不计算确认资产转让所得或损失，其所得税负为零。企业可以根据实际情况适当选择以上两种转让方式。

5）跨国公司经营咨询的典型问题

随着全球经济一体化趋势加强，跨国公司经营也普遍起来，对于这类跨国公司的筹划咨询也根据其经营特点有所不同，其中比较典型的有：利用转让定价筹划、套用税收协定筹划、利用国际重复征税的免除方法筹划、利用税收优惠筹划等。这里主要介绍前两种。

（1）利用转让定价筹划。

《特别纳税调整实施办法（试行）》（〔2009〕2号文）涵盖了转让定价的各个方面，包括调查与调整、预约定价安排、成本分摊协议、受控外国企业、资本弱化、转让定价方法等。这从根本上规范了现行跨国公司的交易和内部划转等问题，这也给跨国经营的涉税筹划的规范化处理提供了可以选择的空间。比如成本分摊协议，这一模式能够使参与无形资产开发的各方将开发风险与相关资源汇集在一起，并使各方分享其开发成果，从而优化配置现有资源，以实现更好的整体业务与成本控制，降低整体税负，跨国公司可以适当采用，用于集团采购和营销策略。再如，在受控外国企业管理中，跨国公司可以根据《特别纳税调整实施办法（试行）》第八章受控外国企业管理规定进行相应处理，特别是中国居民企业在国外设立的关联企业在符合一定标准并被认为是该企业的受控外国企业时，如果符合一定条件就可以给予免税处理。

（2）套用税收协定筹划。

套用税收协定是指税收协定缔约国之外的第三国居民为了躲避所得税和股息、利息、特许权使用费的预提税，设法改变其居民身份，作为税收协定的适用对象，获取缔约国居民可以享受的税收协定优惠的一种行为。最常用的方式就是设置中介性质的直接传输公司、踏脚石式传输公司以及利用双边关系设置低股权控股公司。例如，设置直接传输公司，A国一公司拟在B国设立一子公司，但B国的股息性所得预提35％的税收，C国与A国签订的税收协定减按6％预提税，C国与B国也同样签订了减按6％的税收协定，由此，A国通过在C国设置子公司，通过该子公司享受税收协定的优惠政策，从而达到减税的目的。

✵ 10.4　税收筹划咨询的程序

税收筹划咨询不仅包括对已发生交易的事后筹划咨询，而且包括对未来交易的事前筹划咨询。税收筹划的咨询过程可以分为以下八步：

10.4.1　了解客户的交易，弄清事实

咨询人员一般并非客户内部员工，因此第一步应当详细了解客户的交易，弄清楚交易的客观事实，以便做出正确的涉税判断和决策。

第一，咨询人员在分析一项交易的税收后果之前，必须完全了解交易本身的情况。特别是咨询人员应当与客户讨论交易的细节，弄清客户的动机。客户进行交易的经济目标是什么？客户预期的收入是多少？客户认同的风险是多少？通过询问这些问题，咨询人员可以在考虑交易的税收意义之前先了解交易的非税特征。

第二，咨询人员必须发现与客户交易有关的所有事实。像新闻记者一样，应该询问客户交易的准确的"谁，何时，何地，为什么，怎样"信息。与其他咨询服务不同，税收筹划的咨询人员不能假定客户对交易所作的最初描述是非常准确和完整的，因为最初客户可能还未能确定咨询人员需要的所有事实，或者客户可能对某些事实的重要性打了折扣并

在初始描述中将其忽略。同时，咨询人员还应当鼓励客户在陈述事实时尽量客观。客户经常不自觉地对涉税事项或交易做出主观评论，而并非陈述事实本身。

第三，当咨询人员和客户一起去揭示客观事实时，必须考虑客户的税务知识水平。如果客户了解一些关于税法的知识，咨询人员可以问一些以这些知识为基础的相关问题。相反，如果客户完全不了解税务问题，咨询人员应仅问一些客户能够回答的与税法无关的问题。

10.4.2 找出事实暗示的税收分歧、问题或机会，形成具体的咨询问题

在咨询人员确保弄清客户的交易事实，了解所有客观事实之后，筹划过程进入第二步，即识别交易所暗示的一些税收分歧。可以说，对税收分歧的辨别能力来自于专业教育和职业经验，是一个实践和税收理论极好结合的体现，通常对于初学者具有一定的挑战性。

对于税收分歧的识别将形成筹划咨询问题。咨询人员在阐述问题时应尽可能准确。一个精确陈述的问题，可以为咨询过程的下面几步提供明确的参数；相反，一个不准确的问题提供的则是不充分的参数，甚至会影响筹划结果。

另外，如果交易揭示的税收分歧产生许多咨询问题，咨询人员必须首先确定好陈述的顺序。因为在复杂税制下，一个问题的答案往往取决于一个或多个开始问题的回答。了解咨询问题层次的咨询人员才能为每个问题正确排序，才能提高筹划效率。

10.4.3 确定相关的税法权威

税收筹划咨询的第三步就是确定相关的税法权威，包括基本权威和二级权威。

1）基本权威

按照法律效力高低不同将税法分为不同的层次，层次高的税法对层次低的税法具有支配力，层次低的税法不得与层次高的税法相抵触。目前我国税法的效力等级可分为税收法律、税收行政法规、税收行政规章等。表 10-1 列举了不同效力等级的立法机关和效力情况。

表 10-1　　　　　　　　　　我国税法效力等级的立法机关和效力情况

法律法规分类	立法机关	效力情况
税收法律	全国人大及其常委会制定的税收法律	除宪法外，在税收法律体系中，税收法律具有最高法律效力
	全国人大及其常委会授权国务院制定的暂行规定及条例	具有国家法律的性质和地位，其法律效力高于行政法规，为待条件成熟上升为法律做好准备
税收法规	国务院制定的税收行政法规	在中国法律形式中处于低于宪法、法律，高于地方法规、部门规章、地方规章的地位，在全国普遍适用
	地方人大及其常委会制定的税收地方性法规	目前仅限海南、民族自治区
税收规章	国务院税务主管部门制定的税收部门规章	国务院税务主管部门指财政部、国家税务总局和海关总署。该级次规章不得与宪法、法律法规相抵触
	地方政府制定的税收地方规章	在法律法规明确授权的前提下进行，不得与税收法律、行政法规相抵触

我国现行税法体系由实体法体系和程序法体系两大部分构成，包括：

（1）税收实体法体系。

我国现行税制中共有 19 个税种，其中除企业所得税、个人所得税是以国家法律的形式发布外，其他税种都是经全国人大授权立法，由国务院以暂行条例的形式发布实施。这些税收法律、法规构成了我国的税收实体法体系。

（2）税收征收管理法律制度。

除税收实体法外，我国对税收征收管理适用的法律制度，是按照税收管理机关的不同而分别规定的：①由税务机关负责征收的税种的征收管理，按照全国人大常委会发布实施的《中华人民共和国税收征收管理法》执行；②由海关机关负责征收的税种的征收管理，按照《中华人民共和国海关法》及《中华人民共和国进出口关税条例》等有关规定执行。

这些都是税收筹划的基本权威，是税收筹划工作的准绳，只有以正确的法律法规做基础，税收筹划才能做到有理有据，才具有实践意义。

2）二级权威

基本权威不需要充分支持税收结论和建议，而且是用法律和专业语言写成，因此理解起来有一定困难。二级权威就是试图解释税法和基本权威的工具，这些权威一般包括教科书、条约、专业学术杂志和商业税收服务等资源。这些资源在税收筹划咨询程序中是一个很好的起点，并且咨询人员都应确立一个信念：二级权威资源与其隐含的基本权威一致。

在西方发达国家，税收服务是二级权威的主要来源。以美国为例，法典式税收服务是美国税收报告（由 RIA 出版）和标准联邦税收报告（由 CCH 出版）；典型格式的税收服务是联邦税收协同（由 RIA 出版）、CCH 联邦税收（由 CCH 出版）、联邦所得税法（也称作 Mertens，由 West 出版）和税收管理文件（由 BNA 出版）。虽然格式不同，但是 RIA 和 CCH 的法典格式的服务包括的信息相似，它们包括每项法典的内容和相关财政局准则。

在我国，主要的二级权威资源是专业学术杂志、财政部和国家税务总局相关准则。这些与基本权威都保持着高度的一致性，使得税收筹划咨询的相关权威有明确的目标。

10.4.4　分析相关权威资料，初步形成咨询方案

基于对第三步获得的资源形式多种多样，咨询人员就需要对这些权威资料进行整理和分析，这些资料可能会给出明确的答案，也可能会给出非普遍的或主观性较强的观点。因此，分析相关权威资料是获得权威资料后的必经一步。

作为分析过程的一部分，咨询人员首先应当确定官方要求的是一项客观判断还是估计判断。如果是客观判断，咨询人员应把权威资料看做一系列事实，假定这些事实完整、准确，就能够对筹划问题提供一个确定的咨询方案；如果是估计判断，咨询人员应当把权威资料看作是一系列对事实的推断，由此得出的初步方案多数是主观的。在此情况下，咨询人员在做出判断或给出初步答案时不应给出结论性的咨询方案。

10.4.5　根据需要尽可能多次重复第一步到第四步

税收筹划咨询是一个较复杂、涉及繁多的过程，甚至专家也可能发现自己没有弄清所有必要的客观事实就完成整个筹划过程，更有甚者往往在筹划过程中发现虚假信息或不完

整信息等。在这种情况下，咨询人员就需要重复第一步以获取其他额外信息，在得到满意的分析结论之前，可能需要多次重复第一步到第四步。不仅要保证从客户处获得的信息是客观、真实、准确的，还需确保对筹划咨询问题的分析是客观的、有权威资料支持的，对其的初步分析是可行的、被客户所接纳的。

10.4.6　确定咨询的优化方案

在完成了上述五步之后，咨询过程进入记录并形成优化方案的阶段，咨询人员需要对涉及客户情况的咨询问题做出准确、有用、完整的回答，同时记录咨询过程，形成最终确定的咨询方案，咨询工作完成案头阶段。所做的记录主要包括：（1）对有关事实的表述；（2）对相关权威资源的分析；（3）对咨询人员结论的解释；（4）向客户提供筹划方案或建议。

10.4.7　与客户及相关部门交流咨询方案并实施

税收筹划咨询也是一项主观性较强的过程，咨询人员得出筹划结论，完成案头工作之后，接下来需要做的就是交流和跟踪实施。交流指的是与客户及相关部门沟通交流咨询方案，并着手实施筹划方案。交流一般采取口头或书信方式，内容与咨询记录相似。这样的交流不仅可以避免与客户的可接受意愿发生偏差，也可以以非正式的形式传递信息，保证客户满意。

10.4.8　跟踪客户的实施过程并进行及时调整

在税收筹划咨询进入实施阶段之后，并不代表完成了咨询过程。最后一个步骤就是跟踪客户的实施过程，并实时反馈。这一步骤也非常重要，正如前文已述，税收筹划是一项纳税人在法律法规许可的范围内，对涉税的事项或交易行为进行筹划和安排的有利于纳税结果的行为。有利于纳税人涉税结果仅靠纸上谈兵是不行的，咨询人员还需要跟踪税收筹划的整个实施过程，指导并解决实施中的各种问题，反馈实施效果，最终实现税收筹划的目标。

�֍ 10.5　税收筹划咨询的方法

10.5.1　定性方法

定性方法是把影响企业未来税负的模糊因素作为研究对象的筹划方法。由于税收筹划环境具有很大的不确定性，在开展税收筹划咨询前，应该先对这些重要的不确定性因素进行分析，然后才能进入具体方案的设计、选择阶段。经过归纳分类，这些不确定性因素主要有：

（1）宏观经济发展态势。宏观经济发展态势是未来税收预测的一个重要依据。当某个国家或地区经济发展迅速，就意味着这个国家或地区的生产力水平较高、居民的平均购买力较强、经济结构趋于合理，从而对各行业的发展起到促进作用，使作为微观主体的企业有更多的获利机会，有利于企业财务管理目标的实现，在此基础上的税收筹划才有可能对纳税人更有利。

（2）预期的政治变化。国家有关的路线、方针、政策等，常常构成对税收筹划的要求和限制，政策的新旧更替和变化这种不确定性给税收筹划咨询特别是给长期税收筹划咨询带来影响。

（3）外汇管制的宽松程度。外汇管制与资本流动是相对立的，其主要是政府通过禁止外汇的自由交易防止国际资本流出本国。若外汇管制宽松，则资本进出较为自由，现代企业特别是跨国公司就能利用该环境有效调控公司的全部资金，达到优化配置，实现有利的涉税结果。反之，过于宽松的外汇管制又会使国际汇率变动频繁，增加公司跨国经营的外汇风险。因此，正确预测汇率波动就成为跨国公司税收筹划咨询中的重要手段之一。

（4）市场的需求状况。从表面上看，这一因素对税收并不产生直接影响，如果咨询涉及经营地点选择时，就必须考虑这一因素。如果企业所在地市场饱和，或者拒绝消费本企业提供的商品或劳务，就意味着企业在该地的利益会受到较大影响，在这种情况下再进行税收筹划咨询是毫无意义的。

（5）法律法规的完善程度。法律法规的完善程度包括相关税收法律法规的具体规定内容以及税务机关的执法水平等，这些因素的好坏直接影响影响税收筹划咨询的活动空间，对税收筹划咨询的顺利实施具有重要意义。

10.5.2　定量方法

除上述定性方法外，还有定量分析方法，该方法不仅有定性的规范，也有定量的精确性。这些定量因素主要有税率、税收优惠、转让价格、成本费用扣除额及汇率等。

（1）税率。税率是指应纳税额与课税基数之间的数量关系或比例，通常以百分比表示。它是计算应纳税额的尺度，决定着企业税收负担的程度。税率越高，税负越重，企业的税后利润也就越少。

（2）税收优惠。税收优惠是国家根据经济和社会发展的需要，在一定期限内对特定地区、行业和企业的纳税人给予减税或免税的鼓励性措施。如能充分利用税法中规定的税收优惠政策进行筹划咨询，可以更有效地降低税负支出，实现税收筹划目标。

（3）转让价格。转让价格是集团公司管理当局为实现总体经营战略目标，谋求整体利益最大化，在公司内部关联企业或子公司之间相互购销产品、提供劳务、转让无形资产的内部交易价格。这种价格不同于一般的市场价格，不受市场供求关系变动的影响，但对公司的税收负担起着举足轻重的影响。转让价格可以分为低转让价格和高转让价格。

（4）成本费用扣除额。合法的成本费用扣除额是企业纳税基数的减项，其数值大小除了与实际的支付额有关外，还与企业选择不同的成本费用分摊方法有关，例如存货计价方法的选择、固定资产折旧方法的选择等，通过对成本费用各项内容的计算、组合，能够使其达到一个最佳成本值，从而最大限度地抵消利润，减少纳税。

（5）汇率。汇率也称为汇价，是指一国货币单位兑换成其他国家货币单位的比率，或指以一国货币表示他国货币的价格。在开放经济中，企业往往会有外汇结算业务，这时货币的汇率就会对财务核算结果产生影响，而财务核算结果又与税收负担紧密相关。所以，对于以外汇结算其经营业务的企业来说，在其进行税收筹划时，必须考虑汇率问题。

定量方法，除了上述因素之外，还有对这些因素的量化度量。一般度量方法有博弈法、期望值法、成本收益法、现金流量法等，目前对成本收益法和现金流量法的研究比较成熟。成本收益法是指在不同筹划方案下对应税所得扣除税收成本之后的差额的比较方法，在比较的基础上选择最优者。现金流量法当前的研究主要以资金时间价值下递延纳税所带来的筹划收益比较为主。

随着信息经济学、制度经济学、博弈论、行为经济学、心理经济学对纳税行为和税收筹划研究的深入，定量方法越来越多地被应用于税收筹划中，这将为税收筹划咨询避免主观判断、降低筹划咨询风险等带来深入研究和探索的空间。

�֎ 10.6 税收筹划咨询案例

10.6.1 兼并扩张案例

振宇集团是一家生产性的企业集团，由于近期生产经营效益不错，集团预测今后几年的市场需求还有进一步扩大的趋势，为满足市场需求，公司决定扩展生产能力。离该公司不远的 M 公司（一般纳税人）生产的产品正好是该公司的原料之一，且 M 公司由于经营管理不善正处于严重的资不抵债状态，2013 年 12 月已经停产整顿。经评估，M 公司的资产总额为 4 000 万元，其资产构成如下：1 400 万元为生产线，600 万元为库存商品（即振宇集团的生产原料），2 000 万元为厂房及办公楼、职工宿舍楼等建筑物；负债总额为6 000 万元，全部为银行贷款。旗下一条生产线性能良好，正是振宇集团生产原料所需的流水线，该生产线购买于 2007 年 12 月底，其原值为 1 400 万元，截至 M 公司停止生产时，已使用 5 年整，其现实评估价值为 2 000 万元。振宇集团希望获得该条生产线，M 公司希望振宇集团可以解决部分或全部债务。

根据上述资料，振宇集团可以选择如下几种方式获得该原料生产线：

方案一：振宇集团以现金 2 000 万元直接购买 M 公司的生产线，M 公司宣告破产。

方案二：经过协商，振宇集团对 M 公司现有的其他资产也愿意并且有能力接收，振宇集团以承担全部债务的方式整体并购 M 公司。

方案三：M 公司首先以其原料生产线的评估价值 2 000 万元注册一家全资子公司 N，同时由 N 公司承担 M 公司 2 000 万元的债务。振宇集团购买 M 公司的全资子公司 N 公司，M 公司破产。

方案一属于固定资产买卖行为，应缴纳的税种有增值税、营业税和所得税。根据《增值税暂行条例》，此种行为属于销售使用过的固定资产，而该项固定资产属于 M 公司2009 年 1 月 1 日之前购买的固定资产，没有抵扣增值税进项税额，出售时按照简易办法依 4% 征收率减半征收增值税，应纳增值税税额 = 2 000×4%×50% = 40（万元）；根据《营业税暂行条例》规定，销售不动产按销售额适用 5% 的营业税税率计算营业税。应纳营业税税额 = 2 000×5% = 100（万元）；应纳城建税及教育费附加 = （40+100）×（7%+3%）= 14（万元）；应纳所得税税额 = （2 000－1 400－100－14）×25% = 121.5（万元）；M 公司应纳税额 = 40+100++14+121.5 = 275.5（万元）。

方案二属于产权交易行为。根据《增值税暂行条例》规定，转让企业全部产权涉及的应税货物的转让，不征收增值税。根据《营业税暂行条例》规定，转让企业产权的行为不应征收营业税。故增值税和营业税为零。M 公司的资产总额为 4 000 万元，负债总额为 6 000 万元，在 M 公司资产小于负债这一条件下，振宇集团以承担全部债务的方式实现合并，对于 M 公司，不视为按公允价值转让、处置全部资产，因此也无需缴纳所得税，应纳税额为 0。

方案三也属于产权交易行为。振宇集团购买的是 N 公司，恰好 N 公司的资产总额为 2 000 万元，负债总额也为 2 000 万元，净资产正好等于 0。根据国税发〔2000〕119 号文规定，被合并企业的资产与负债基本相等，即净资产几乎为零，合并企业以承担被合并企业全部债务的方式实现吸收合并，不视为被合并企业按公允价值转让、处置全部资产，不计算转让所得。故在该方案下，应纳税额也为 0。

从税收负担角度看，方案二和方案三给 M 公司带来的税负相等，方案一的税负高。但方案二和方案三给振宇集团和 M 公司带来了不同的纳税影响：方案二对 M 公司可以说是十分有利的，但对于振宇集团来说，在该方式下，振宇集团可以获得 M 公司现有的产品、厂房、办公楼以及职工宿舍楼，由于两个公司相距较近，恰好可以解决振宇集团未来扩张规模所需的原料、厂房以及部分职工宿舍楼问题；同时，该集团也需要背负 6 000 万元的银行债务，该债务的平均贷款利率为 6%，如果振宇集团不获得上述资产，未来也需要获得贷款，这仍需要进一步进行测算。方案三实际上是对方案二这两项不足的改进方案，既减轻了振宇集团 6 000 万元的债务负担，也从经济核算的角度满足了振宇集团购买原料生产线的需要；同时，M 公司也合理有效地消化了 2 000 万元的负债。当然，在这一方案下，振宇集团仍需考虑的有以下几点：未来振宇集团扩张过程中是否还能在同等债务价格范围内获得相同价值的厂房、办公楼和原料；建立全资子公司 N 公司的创建费用；还有就是 M 公司是否愿意将该公司的整体债务剥离等等。因此，方案二和方案三二者的税负相等，选择的下一步就是两个公司在其他方面的进一步测算和考量。

10.6.2 资产转让案例

2013 年，山西临汾某煤厂二期产煤系统项目的法人由原 A 公司转换成 B 公司。基建项目法人变更后，A 公司与 B 公司经协商，将二期产煤系统项目拟转让给 B 公司。由于二期产煤系统已经进行了前期的建设，作为转让补偿，A 公司收取 B 公司前期工作的转让收入 6 000 万元，2013 年 4 月此项交易完成，款项也已收到。由于 A 公司原有输煤系统的建设规模已考虑了自身将来扩建二期产煤系统的需要，为有利于双方生产系统的管理，在转让二期产煤系统的同时，A 公司向 B 公司进行了输煤系统的转让，转让的输煤系统资产包括为二期产煤系统准备的输煤综合楼、碎煤机室、翻车机室、输煤栈桥、转运站、犁煤机、斗轮堆取料机、翻车机、叶轮给煤机、输煤皮带机以及占用的土地使用权等。转让此系统的交易金额为 7 000 万元。由于输煤系统的转让将直接影响到 A 公司现有产煤系统的生产能力，为了弥补由此造成的损失，B 公司给予 A 公司 5 000 万元补偿款，作为 A 公司重建所需的资金。A 公司将收到的 5 000 万元补偿款并入了土地转让收益，造成土地增值税税负较大，于是找到该地区某咨询公司，希望减税。

根据上述资料，整个转让过程包括两个部分：一是转让二期建设项目；二是转让输煤系统。二期建设项目交易已经完成，且所涉及的所得税也无需筹划，因此筹划过程应以转让输煤系统的收入为主，这 5 000 万元的转让补偿款就是降低土地增值税的关键所在。

经过分析，可以有如下两种方案选择：

方案一：由于对方新建煤厂离 A 公司的煤厂较近，而 A 公司煤厂长期以来已经在当地厂区周围形成了比较完善的、具有一定规模的职工生活附属设施。因此，A 公司与 B 公司单独签订附属设施使用合同，金额为 5 000 万元。

方案二：A 公司与 B 公司单独签订管理咨询合同，金额为 5 000 万元。

方案一，对于 B 公司来说，在投产经营后，可以通过此合同避免重复建设新的生活设施，而可以直接使用已有的这些设施，从而降低重建的成本和支出；对于 A 公司来说，签订此使用合同降低土地增值税，只需按 5.5% 的税率缴纳营业税及附加，降低整体税负。

方案二，由于 B 公司刚刚开始投产经营，在生产运作、企业管理制度制定、生产人员培训等各方面都可以向具有成熟的煤厂生产管理运作经验的 A 公司咨询，这为两公司签订咨询合同提供了可能，对 B 公司来说有利；对于 A 公司来说，将这 5 000 万元的转让收入转变为提供劳务收入，只需按 5.5% 的税率缴纳营业税金及附加，从整体上降低了税负。

从税负上来看，方案一和方案二实现的税后收益相同。此时，需要从风险和合同签订的具体细节上考虑。方案一签订的是附属设施使用合同，在合同的具体条款中需要明确注明违约责任，并且对 B 公司来说，这些附属设施本身也可以为其带来租赁收益，这可能会给合同的签订和 B 公司补偿的租赁收益款等具体事项带来实施的操作难度。另外，附属设施的使用也可能给两个公司带来潜在的风险和操作难度。方案二签订的是管理咨询合同，也会出现 B 公司本意为 A 公司直接提供咨询服务而收取咨询费用相互冲突的问题，如是，可以将这部分费用和 5 000 万元加总后确定一个最终的合同金额，当然这也带来了后续操作的难度。综上，建议采用方案二。

❖ 本章小结

在现代企业制度中，税收同管理一样对企业的生存和发展起着越来越重要的作用。税收筹划咨询作为税收环境下纳税人与政府之间的中介力量，其重要性也日益凸显出来。在税收环境下，政府通过制定税收政策引导企业行为，企业通过缴纳税款反馈政府所制定的税收政策，税收筹划咨询由此介入，以企业纳税人作为出发点，以帮助企业建立合理纳税意识、实现有利的纳税结果为主要目的，有效完善现代企业制度。在该理念下，本章就税收筹划咨询的理论和实务进行了探讨，包括税收筹划咨询的目的与意义、税收筹划咨询的相关知识准备、税收筹划咨询中的典型问题、税收筹划咨询的程序与方法以及税收筹划咨询案例等。

❖ 练习与思考题

★ 案例分析

1. 辽宁某钢厂利用 10 年积累起 500 万元，用这 500 万元购买设备进行投资，收益期为 10 年，每年平均盈利 100 万元，该钢厂适用的所得税税率为 25%。经过测算，企业在未来的 10 年盈利期限内，除年均盈利 100 万元外，每年还需要缴纳 25 万元的所得税，而且企业 10 年积累的 500 万元也被挤占。根据资料，试向该企业提供税收筹划咨询方案。

2. 甲公司是以制造某品牌太阳能热水器为主的工业企业，在产品的营销方式上，由公司指定各区域经销商独家代理，产品售价由公司统一规定，公司与经销商按协议价结算。经销协议约定，某一型号太阳能热水器每次进货至少要 1 000 台，并以千台为计量单位，每当累计进货达到 5 000 台时，由公司给予经销商这 5 000 台太阳能热水器总进价 5% 的"返点"。该公司在经销商每次进货时按售价预提 5% 的"返点"，记入当期相关支出科目。2005 年全年，公司计提并支付各地经销商"返点" 200 万元，在申报 2005 年度企业所得税时，对该项支出并未做出任何纳税调整。2006 年 5 月，当地税务机关进行年度所得税检查时发现了这一问题，要求公司补缴 66 万元的所得税，并按偷税给予 50% 的处罚。请分析税务机关给予的税务处理是否正确，试为该公司提供筹划咨询方案。

★ 思考题

1. 简述税收筹划咨询的目的。
2. 简述税收筹划咨询的意义。
3. 简述税收、纳税人与政府之间的关系。
4. 简述税收筹划咨询的特点。
5. 简述税收筹划咨询的程序。
6. 简述税收筹划咨询的方法。

★ 讨论题

某建筑安装工程公司采购员最近遇到一件烦心事，2013 年其为公司采购阀门一批，价款 100 万元，销售方开了 90 万元的增值税专用发票，并转来其垫付 10 万元的运输发票。而在近期，税务局协查该 10 万元的运输发票属于虚开发票，要求公司补缴税款，并给予了偷漏税的处罚。该公司总经理找到该采购员，要求其给出合理解释，并拿出采购整改措施。该采购员找到一家税务师事务所，经过查询，双方在采购合同中约定交货地点在项目工地，未按规定送到交货地点前发生的财产损失由销售方赔偿，运输途中发生的损失也由销售方赔偿（可向运输方进行索赔）。另外，经过实际调查，由于是异地采购，运输方是由销售方联系的。咨询人员认为该公司采购处于绝对劣势，建议公司在合同中约定由销售方直接将运费并入销售额，只开一张增值税发票。讨论该咨询意见是否合适？有没有其他咨询方案？该公司采购应该如何整顿？

❖ 补充阅读材料

1. 琼斯，罗兹-卡塔纳奇. 税收筹划原理：经营和投资规划的税收原则［M］. 梁云凤，译. 11 版. 北京：中国人民大学出版社，2008.

2. 盖地. 税收筹划［M］. 2 版. 北京：首都经济贸易大学出版社，2008.

3. 费尔德斯坦，等. 税收对跨国公司的影响［M］. 赵志耘，译. 北京：中国财政经济出版社，1998.

4. 斯科尔斯，等. 税收与企业战略［M］. 张雁翎，译. 2 版. 北京：中国财政经济出版社，2004.

5. 萨拉尼. 税收经济学［M］. 陈新平，等，译. 北京：中国人民大学出版社，2005.

6. 刘心一，刘从戎. 税收规划：节税的原理、方法和策略［M］. 北京：经济管理出版社, 2006.

7. 计金标. 税收筹划 [M]. 4 版. 北京: 中国人民大学出版社, 2012.

8. 财政部注册会计师考试委员会办公室. 税法 [M]. 北京: 经济科学出版社, 2013.

9. 蔡昌. 税收筹划: 理论、实务与案例 [M]. 2 版. 北京: 中国财政经济出版社, 2013.

10. 上海国家会计学院. 税收政策与税收筹划 [M]. 北京: 经济科学出版社, 2014.

第 11 章 企业信息化

❖ 学习目标

本章在简要介绍企业信息化的基本概念和内容构成的基础上，通过对信息化咨询有关概念及企业信息化咨询工作有关方法、程序的详细介绍，使读者在充分领会现代企业信息化主要思想的基础上，把握企业信息化建设的要领。

✲ 11.1 企业信息化咨询的内涵、目的和意义

11.1.1 企业信息化咨询的含义与特征

现代企业的发展都面临着来自全球的各种市场竞争，竞争程度的加剧要求企业借助信息化手段提升自身的核心竞争力，加快对市场的反应速度。但是企业在信息化建设过程中，还普遍存在着成功率低的现状，据统计企业应用大型信息系统的成功率还不足 30%，究其原因，企业信息化不仅是一个软、硬件问题，更为重要的是在信息系统选型、实施等过程中，涉及各种非技术的因素。这就要求企业在信息化建设过程中，根据自己的实际情况，做好信息系统的规划、信息系统选型、信息系统实施、信息系统监理以及信息系统审计等工作，而这些工作主要通过信息系统服务提供商或者信息化咨询公司来完成。

1） 信息化咨询含义

信息化咨询作为管理咨询的一种，是管理咨询和信息化技术实施的结合，咨询提供方对客户进行管理与信息化手段和过程的整合，形成与企业管理基础和资源相适应的、客观有效的信息化解决方案。具体来说就是以先进的管理理念，应用先进的计算机网络技术去整合企业现有的生产、经营、设计、制造、管理，及时地为企业的战术层、战略层、决策层提供准确而有效的数据信息，以便对需求做出迅速的反应，加强企业的核心竞争力。

2） 信息化咨询特征

企业的信息化过程不仅仅是一个信息技术问题，更重要的是一个管理问题。所以信息化咨询也不仅仅是单纯的管理咨询活动，还和信息技术有紧密的结合，后期的实施工作非常重要。信息化咨询应充分注重和信息技术结合起来，信息化咨询必须注重技术上的先进性和可行性。

（1）企业的管理和运行模式整合，是企业信息化的基础和关键，计算机网络技术本身只是企业信息化的实现手段。

（2）技术集成，企业建设信息化的关键点在于信息的集成和共享，即实现将关键的、准确的数据及时地传输到相应的决策人的手中，为企业的运作决策提供数据。其包括单元技术、技术部门集成、企业内部集成、动态联盟等内容。

（3）人机合一系统，包括人与计算机网络硬件、系统平台、数据库平台、通用软件、应用软件、终端设备（如数控机床等）的结合，是数据集成、知识集成和人的集成的统一。

（4）Intranet/Extranet（局域网和外部网）的组织建设和电子商务的开展。

3）信息化咨询发展现状

企业信息化咨询市场竞争也很激烈，目前已经形成了三大竞争集团：第一个竞争集团主要是 SAP、Oracle、Microsoft 等国际大型管理软件公司，以及 IBM、德勤、汉普等著名咨询公司；第二个竞争集团是国内用友、金蝶、浪潮、新中大等中、小型综合软件公司；第三个竞争集团是突出行业特色的软件公司，像医药行业的英克、嘉软，流程行业的富基旋风、五奥环、双惠软件，服装行业的锐步等专注于某些领域的行业软件公司。

这些咨询公司可以分为两类：一类是咨询公司销售软件；另一类软件公司提供咨询服务。软件公司提供咨询可能会成为下一个阶段软件公司的发展趋势。因为它们既拥有管理手段，又拥有管理工具——软件，所以企业可以从事提供产品、集成服务、解决方案和咨询四个层面的工作，因此传统的管理咨询公司将处于腹背受敌的境地。

11.1.2　企业信息化咨询的目的

企业信息化建设的目的是全面提高企业自身的管理水平，以提升企业自身的竞争力。因此，在企业信息化的过程中，合理的信息化规划和分析就必不可少，这一过程单靠企业自身的力量难以完成，需要借助信息化咨询公司的力量，从多个角度，以更加全面客观的视角和立场为企业提供全方位的信息化咨询。

1）从多个角度、多种利益维度来进行分析和规划

信息化的具体实施者，是处于中低层的 IT 人员，但他们很难站在企业全局的角度进行信息化整体规划；而高层管理人员和决策者可能具有全方位的、全局性的视野和思维，但他们对于基层的具体问题了解程度不够，无法判断具体事项的合理性。所以，借助信息化咨询，可以更加全面细致地从多维度进行分析和规划，使信息化建设更具合理性。

2）保证不同利益相关者的公正性和客观性

企业内部员工由于经济利益与立场的原因，往往会形成不同的利益相关群体，而在企业信息化的过程中，流程变革是必不可少的，这在客观上肯定会损害某些利益相关者的权益，造成内部的抵触，阻碍信息化建设工作的顺利进行。而借助专业咨询机构会使得信息化的规划与分析更加具有公正性和客观性，能够提升其执行效果。

3）以更专业的方法和工具，提升信息化建设效率

作为各行各业中的企业来讲，信息化不是它们的专业和特长，而专业咨询机构则可以提供并采用正确的方法和工具，从而对企业的管理业务流程进行改造或优化，并得到企业内部人士的认可，减少了企业内部的矛盾，相应地缩短了信息化的实施周期，避免了因实施周期过长造成的企业内部员工的情绪低落以及由此造成的工作效率低下。

11.1.3　企业信息化咨询的作用

1）企业信息化咨询可以帮助企业建立信息化项目的标准

在信息化实施过程中，信息化咨询服务机构可以为信息化项目界定标准，建立各方沟通协调的平台，建立完整的企业信息化绩效评估体系，从源头上降低信息化失败的风险，最终提高企业信息化的绩效。

2）企业信息化咨询可以帮助企业建立信息化战略规划

在企业信息化咨询过程中，咨询公司通过对相关行业发展的研究、周边环境的分析、竞争对手分析、企业内部的调研访谈，然后结合咨询机构的咨询服务经验，突破以技术为主导的信息化规划，制定出以竞争为导向的信息化战略规划，在信息系统实施之前，明确企业近期、中期和远期的信息化战略选择，避免盲从信息化或以软硬件提供商为主导的"IT黑洞"现象的发生。

3）企业信息化咨询可以优化企业管理流程，提升管理水平

信息化强调以"流程"为支撑，通过信息化规划，咨询机构同企业一起理顺管理流程、优化管理流程、规范基础管理，对企业管理水平的提升将起到积极的促进作用。

4）企业信息化咨询可以帮助企业获取信息化的真正需求和实施的重点

信息化是一个复杂的系统工程，涉及企业的人、财、物、供、产、销等多个环节，如果没有一个系统的方法来获取企业的信息化需求，往往会本末倒置，而软件公司的强力推销很容易使企业迷失信息化的真正需求。借助专业的信息化咨询机构全面的调研方法和调研工具，企业可以真正从管理的角度出发来获取企业对信息化的真正需求，在此基础上进行信息化整体规划、分步实施等，掌握重点，在信息化实施过程中取得主动。

5）企业信息化咨询可以降低信息化建设的风险，保障信息化投资的有效性

通过进行信息化建设的总体规划，确定企业的信息化总体框架，明确对各个系统的功能需求，确定了企业未来一段时间内实施信息化的行动指南，使企业在信息化建设过程中少走弯路，节省成本；同时在信息化选型过程中，也缩短了企业选型的周期，将技术和商务分开，保证了选型的科学性，帮助企业规避选型风险。

6）企业信息化咨询可以帮助企业培养多层次的信息化人才队伍

信息化建设，人才是关键。信息化咨询服务的过程实际上是知识转移的过程，目前企业中十分缺乏既懂管理，又懂信息化的复合型人才，在咨询的过程中通过培训、交流、调研等多种手段，帮助企业的管理人员树立信息化意识，培训企业信息化的人才。

✱ 11.2　企业信息化咨询的主要内容

企业信息化是指企业在生产、经营、管理各个环节、各个层次、各个领域采用计算机、通信和网络等现代信息技术，充分开发、广泛利用企业内外信息资源，逐步实现企业运营的全面自动化，不断提高生产、经营、管理、决策、服务的效率和水平，进而提高企业经济效益和企业竞争力的过程。具体到一个企业，企业信息化就是要实现企业生产过程和业务处理的计算机化、自动化，管理方式的网络化，决策支持的智能化以及商务运营的电子化。

企业信息化以企业业务流程改进为基础，在一定的深度和广度上应用智能网络工具，对企业生产、经营、管理活动中的所有数据、信息和知识进行集成和管理，实现企业内外部信息的共享和有效利用，不断提高企业的经济效益和市场竞争能力。

11.2.1　企业信息化的意义和内容

1）从企业内部看企业信息化建设带来的效果

从企业内部来看，企业信息化建设的效果主要体现在内部运营效率的提升上。这种效率的提升促进了企业资产功能的增强、知识的共享。其具体表现在以下三点：

（1）提高内部运营效率和质量。企业信息化建设可以改善内部业务流程，节约成本，提高产品和服务质量，缩短生产、研发、销售的循环周期，增强资产增值能力。

（2）提高员工的业绩，增强企业的学习能力。企业信息化建设可以帮助员工实现个人绩效目标，提高决策的效率和效果，提高企业快速反应能力和学习能力。

（3）提高员工的满意度和忠诚度。企业信息化建设可以缩短选择优秀员工的时间，建立起员工之间共同的价值观和目标。

2）从企业外部看企业信息化建设带来的效果

从企业外部来看，企业信息化建设帮助企业建成了一个高效、灵活的平台。企业借助这个平台来处理与客户、供应商及合作伙伴的在线业务与非在线业务，并帮助企业降低在线交易成本，扩大商业机遇的来源。其具体表现在以下三点：

（1）优化和整合市场渠道，建立新渠道。企业信息化可以帮助企业自身、客户、供应商及合作伙伴以在线渠道交易，减少成本，缩短营销周期。

（2）提高现有产品和服务的附加价值，便于推出新的产品和服务。企业信息化可以使企业自身、客户、供应商及合作伙伴得到及时的信息，通过一种增值服务来创造价值。

（3）稳定的价值链。企业信息化可以增加客户、供应商及合作伙伴的满意度和业务合作期内的价值，可以增加个性化产品和服务的数量及占企业业务量的比例，增加流水化生产占企业业务量的比例。

11.2.2　ERP 的发展演变及应用

企业信息化需要众多的信息系统的支持，其中最典型的信息系统是会计信息系统，但是，对于企业信息化影响最大的是 ERP（Enterprise Resource Planning）。ERP 已经成为企业信息化的"代名词"，虽然这种代名词还有很多局限，但是 ERP 对于促进企业信息化确实发挥了重要的作用。ERP 经历了 MRP、MRP II、ERP 等阶段。

1）物料需求计划 MRP（Material Requirement Planning）

20 世纪 60 年代制造业为了打破"发出订单，然后催办"的计划管理方式，设置了安全库存量，为需求与提前期提供缓冲。20 世纪 70 年代，企业的管理者们已经清楚地认识到，真正需要的是有效的订单交货日期，这就产生了对物料清单的管理与利用，形成了物料需求计划——MRP。

20 世纪 60 年代，IBM 公司的约瑟夫·奥利弗博士提出了把对物料的需求分为独立需求与相关需求的概念，指出：产品结构中物料的需求量是相关的，企业须在需要的时候提供需要的数量。

2）闭环 MRP（Closed-loop MRP）

20 世纪 70 年代，随着人们认识的加深及计算机系统的进一步普及，MRP 的理论范畴也得到了发展，为解决采购、库存、生产、销售的管理，发展了生产能力需求计划、车间作业计划以及采购作业计划理论，这就产生了一种生产计划与控制系统——闭环 MRP。

闭环 MRP 理论认为主生产计划与物料需求计划（MRP）应该是可行的，即考虑能力的约束，或者对能力提出需求计划，在满足能力需求的前提下，才能保证物料需求计划的执行和实现。在这种思想要求下，企业必须对投入与产出进行控制，也就是对企业的能力进行校验、执行和控制。

3）制造资源计划 MRP II（Manufacturing Resources Planning）

20 世纪 80 年代，企业的管理者们又认识到制造业要有一个集成的计划，以解决阻碍生产的各种问题，而不是以库存来弥补，或缓冲时间去补偿的方法来解决问题，即以生产与库存控制的集成方法来解决问题，于是 MRP II 即制造资源计划产生了。

1977 年 9 月，美国著名生产管理专家奥列弗·怀特（Oliver W. Wight）提出了一个新概念——制造资源计划，称为 MRP II。MRP II 是对制造业企业资源进行有效计划的一整套方法。它是一个围绕企业的基本经营目标，以生产计划为主线，对企业的各种资源进行统一的计划和控制，使企业的物流、信息流、资金流流动畅通的动态反馈系统。

4）企业资源计划 ERP（Enterprise Resource Planning）

20 世纪 90 年代以来，企业信息处理量不断加大，企业资源管理的复杂化也不断加大，这要求信息的处理有更高的效率，信息的集成度要求信息扩大到整个企业的资源的利用和管理中，从而产生了新一代的管理理论与计算机系统——企业资源计划 ERP。ERP 是由美国加特纳公司（Gartner Group Inc.）在 90 年代初期首先提出来的。ERP 是建立在信息技术基础上，利用现代企业的先进管理思想，全面地集成了企业所有资源信息，为企业提供决策、计划、控制与经营业绩评估的全方位和系统化的管理平台。

5）电子商务时代的 ERP

Internet 技术的成熟为企业信息管理系统增加与客户或供应商的信息共享和提高直接的数据交换的能力起到了巨大的促进作用，从而强化了企业间的联系，形成共同发展的生存链，体现企业为达到生存竞争的供应链管理思想。ERP 系统实现相应方面的功能，使决策者及业务部门实现跨企业的联合作战。

11.2.3　企业信息化与 ERP 的关系

企业要借助信息化手段来提高综合竞争力，就需要多方面、多层次地理解 ERP，应该指出的是，ERP 并不是企业信息化的全部，它只是企业信息化建设过程中一种非常重要的信息化管理工具。企业信息化的内涵非常丰富，企业信息化中包含的信息化手段最常见的包括：OA、MIS、CAD/CAM、ERP、CRM、Internet/Intranet/Extranet、BI 等，这些工具大致可以做如下的分类：

1）资源管理信息化

这种类型的信息化手段着眼于资源的有效配置与合理利用，以此来服务于企业，为企业创造价值，因此，这类信息化产品往往集中于资源的共享，并对数据库技术的支持程度要求较高，同时，需要对信息化手段及管理的资源有较为清楚的界定。比较常见的有 ERP、CRM、BI 等。

2）业务管理信息化

这种类型的信息化手段着眼于提高业务处理过程的效率，以此来创造价值，因此，这类信息化产品的特点是集中于企业业务环节的处理，并对工作流技术要求较高，强调对业务流的清楚描述。比较常见的有 CAD、CAM、SCM、DRP 等。通常来说，这种类型的信息化手段分为设计信息化、制造信息化和商业信息化。

（1）设计信息化帮助企业提高研发水平，缩短产品开发时间，降低研发成本。

（2）制造信息化帮助企业用智能化手段解决生产工艺中的问题，提高生产线的效率，实现智能化生产管理。

（3）商业信息化帮助企业用信息技术提高采购环节和销售环节的流通效率，节约经营成本，提高效益。

11.2.4　企业信息化战略咨询

现在的企业非常重视企业战略，实际上，企业信息化战略对企业而言，也很重要。企业信息化战略咨询是对企业战略的充分领会并展开，一般来说，企业信息化战略咨询包括企业现状调查、企业信息化战略制定和企业信息化战略实施方案。

1）企业现状调查

企业现状调查的核心内容包括：企业现有的相关资源，企业的历史沿革和企业竞争战略，企业战略对于信息化建设方面的要求，企业信息化现状，企业所在行业的信息化程度，以及国家相关政策等。调查的主要目的是了解企业的宗旨、远景、组织体系、企业文化、人力资源管理情况、财务状况、信息化资源等，为企业信息化战略的制定奠定基础。

2）企业信息化战略制定

企业信息化战略需要描述清楚企业信息化如何支撑企业战略、信息化战略目标、远景、企业的基本管理思想与管理技术、信息化战略框架、信息化实施步骤、信息化建设的预算、业务流程功能模型、企业信息系统软硬件和网络建设情况。

3）企业信息化战略实施方案

信息化战略咨询的有效性主要取决于战略管理和组织实施的措施。确保信息化战略有效实施的方案的内容包括：

（1）企业信息化战略实施的组织体系与项目和项目管理方法；

（2）企业信息化宣传推动步骤与培训；

（3）各种信息化建设的标准体系设想；

（4）信息系统的整合策略；

（5）建立信息化建设评估指标；

（6）建立起软件商、信息系统实施商的选择与评估体系。

11.2.5 企业信息化规划

企业信息化规划以整个企业的发展目标、发展战略和企业各部门的目标与功能为基础，结合行业信息化方面的实践和对信息技术发展趋势的掌握，提出企业的信息化远景、目标和战略，全面系统地指导企业信息化的进程，协调有序地进行信息技术的应用，及时地满足企业发展的需要，以及有效充分地利用企业的资源。企业信息化规划在时间上的跨度一般是三至五年。每年要根据面临的新环境、企业的新发展和技术上的新趋势等因素对其做出调整和完善。

通过中立的第三方管理咨询机构提供的信息系统总体规划咨询服务，企业对其信息化系统建设过程建立清晰的远景，建立基于企业核心竞争力的、以信息化战略为主导的信息化总体规划，规划过程充分体现"总体规划，分步实施"的信息化建设方针。每个不同的阶段对应于不同的信息技术应用规模和范围，并在不同阶段结束之前都进行相应的可量化的水平等级测试，在本阶段应用通过测评之前不能开展下一阶段的工作。

1）信息化规划的价值

（1）优化企业管理流程，提升管理水平。

（2）帮助企业获取信息化的真正需求和实施的重点。

（3）降低信息化建设的风险，保障信息化投资的有效性。具体说来，第一，降低了企业实施信息化过程中的"试误成本"；第二，规避选型风险，降低"选型成本"；第三，降低了企业信息化投资过程中的"机会成本"；第四，降低企业在实施信息化过程中的"信息集成成本"。

（4）帮助企业培养多层次的信息化人才队伍。

（5）改变信息化实施过程中的信息不对称现状。

2）信息化规划的方法

无论企业在信息系统中是希望借助信息系统建设提高管理水平，还是借助信息系统确立竞争优势，都必须进行信息系统规划。企业信息化规划的主要方法如下：

（1）企业信息化规划的第一部分是现状分析。

它是信息系统规划的主要依据，是对企业的信息系统现状做进一步的调研和详细的了解。这主要包括明确企业的发展目标以及整个行业的信息化建设现状和发展趋势，同时要详细了解竞争对手的信息化现状，最后要认识企业目前的信息化程度和信息资源。信息资源分析包括对基础设施（如网络系统）、存储系统和作业处理系统等的分析。

（2）企业信息化规划的第二部分是制定战略。

这是根据第一部分现状分析的结果，来制定和调整企业信息化的指导纲领。根据本企业的战略需求，明确企业信息化的远景和使命，确定企业信息化的发展方向和企业信息化在实现企业战略过程中应起的作用；起草企业信息化指导纲领；制定信息化目标，这是企业在未来几年为了实现远景和使命而要完成的各项任务。

（3）企业信息化规划的第三部分是设计信息化总体架构。

它是基于第一与第二部分而设计的信息化工作结构和模块。它以层次化的结构涉及企业信息化的各个领域，每一层次由许多功能模块组成，每一功能模块又可分为更细的层次。

在信息化规划过程中要注意以下两点：第一，坚持以客户需求为中心，严格遵从企业的信息化战略；第二，将业务需求保持在一定的范围与规模之内，而不是完全满足业务人员的要求。

值得关注的是，每个企业都有自己的战略规划，但是在很多中小企业中，很少有企业制定与企业战略规划吻合的企业信息化规划，主要原因是企业对信息化的规划重视不够，这也与企业信息系统成为企业的"神经"系统的角色不太匹配。因此，企业应该重视信息化规划。

11.2.6　企业信息化辅助选型

很多企业由于缺乏足够的人才和信息，需要第三方来帮助进行信息系统选型。企业信息系统辅助选型工作主要是依据企业信息化战略、企业的业务流程以及信息系统规划来进行。

1）信息系统选型的原则

（1）选型必须以企业信息化战略和信息化规划为前提。

（2）选型适用于拟新建信息系统用户，不包括系统改造、升级、自行开发等用户。

（3）选型要考虑不同预算等级对信息系统选型的范围和方向的影响。

（4）选型工作是针对信息系统相关产品及供应商的调查和对关键指标分析比较基础上进行的。

（5）选型核心要素必须以用户的需求为中心，包括经济和技术的先进性、稳定性、可扩展性、安全性等一系列要求。

2）信息系统选型的流程

（1）成立选型组织。

选型组织可以考虑采用委员会或领导小组的形式。选型组织需由一把手担任领导，由CIO（首席信息官）或 IT 部门负责人作为执行人，成员包括管理人员、技术人员、业务人员。对于大型项目，一般成立专家咨询组为选型做决策参谋。小组通常由优势互补的不同类型人员组成。

（2）供应商及其产品调研。

在调研时，首先要确定调研的范围和方向。一般信息系统选型按照选型类别可以分为软件选型、基础设施选型和实施服务商选型。在确定调研范围时，通常列出相关领域前五名的供应商及其产品作为考察对象即可，最多不超过十名。在确定考察对象后，就要重点关注考察要素。考察要素在前面已经阐述，这里不再赘述。

（3）供应商及其产品评分。

基于调研结果，依据评分指标进行综合评估。在选择供应商和软件时需要注意以下两个问题：第一，供应商的选择需要考虑其经济实力、专业背景、技术实力、可持续发展能力、实施能力以及提供增值服务的能力等。第二，对软件的选择需要考虑软件的安全性、先进性、实用性、可扩展性、平台性和跨平台性、信息数据的共享性、可实施性、市场占有率和用户使用情况以及升级能力等。

（4）定向考察。

在确定了重点潜在目标之后，企业需要对其做进一步详细接触和针对性评估，包括要求其提供项目建议书、解决方案以及产品演示等，从技术角度关注潜在目标的适用性。

（5）商业性洽谈和签约。

接下来就进入商业性洽谈阶段，重点关注实施服务条款和商业条款，最后确定软件供应商及其产品，并与其签约。

11.2.7 企业信息化辅助实施

正所谓"三分软件，七分实施"，信息系统应用的关键环节在于系统的实施过程管理。信息系统的实施需要有专门的实施方法论的指导，需要有一支职业化的、专门从事软件实施的队伍，要建立完备的项目管理体制和运作机制，制定详细的项目实施计划，同时对项目过程加以控制，以确保在预期的时间与成本内成功实施企业信息化项目。

1）信息系统实施模式

选好了合适的信息化软件，对企业业务流程进行优化之后，企业信息化项目就进入了实施阶段。一般来说信息系统的实施有三种模式：

（1）由信息系统提供商直接进行信息系统的技术实施。这种模式抛开了管理咨询公司的介入。这也是目前我国大多数信息系统的实施模式。

（2）由信息系统提供商和专业的信息化咨询公司联合进行信息系统的技术实施。这是国外大多数企业信息系统的实施模式。

（3）信息系统提供商对专业的信息化咨询公司充分授权，由信息化咨询公司单独进行企业信息系统的技术实施。这是国外的德勤、普华永道、埃森哲等经验丰富的管理咨询公司的实施模式。

由以上模式可以看出，信息化咨询在信息系统的实施过程中起着非常重要的作用。在我国由于历史原因，信息化咨询公司在管理水平、技术水平、信息化基础等方面与国外企业相比相对较弱，所以大多数企业信息系统主要由信息系统提供商单独实施，但这种模式的弊端也显而易见，特别是我国企业情况复杂，单独实施存在很多问题，而第三方信息化咨询公司的介入可以多层面、多维度、更客观和公正地进行信息系统的实施。

2）信息化实施过程监理

这里涉及两个概念：信息化实施监理和信息系统工程监理。信息化实施监理是指在企业信息化项目中，依据一定的准则对某一有关行为主体（客户、信息系统提供商等）进行咨询和评价，同时采取组织、协调等措施，协助有关人员准确、完整和合理地达到预期目的的过程，可以形象地称为"辅导员、记录员、协调员"等。按国家信息产业部《信息系统工程监理暂行规定》中的定义，信息系统工程监理是指依法设立且具备相应资质的信息系统工程监理单位，受业主委托，依据国家有关法律法规、技术标准和信息系统工程合同，对信息系统工程项目实施的监督管理。可见，信息化实施监理与信息系统工程监理都是为企业信息化建设服务的，二者的目标是一致的，但二者仍有一定的区别，具体体现在三个方面。

（1）二者发挥的作用不同。

信息化实施监理是站在企业管理的战略高度对企业信息化实施进行咨询的辅助工作；信息系统工程监理更侧重于企业信息系统工程的监督实施，是从工程技术的角度对企业的信息系统进行监控。二者作用的角度不同。

（2）二者的工作主体不同。

信息化实施监理的主体一般是专业的信息化咨询公司，不需要资质认证；而从事信息系统工程监理的企业必须具备一定的资质。

（3）二者的业务范围和特点不同。

信息化实施监理工作主要是对信息系统提供商的实施工作起辅助作用，主要行使建议权，对技术起辅助作用，一般不需要承担信息化实施过程中的责任；信息系统工程监理的特点是依据政策和法律法规对信息系统进行监控，其责任和权利非常明确，如监理单位具有停工权和资金控制权，对技术含量要求较高。

3）信息化咨询公司主要从事的辅助工作

实施信息系统的根本目的在于提高企业的管理水平，因此企业必须对信息系统的实施情况有总体上的把握，这样才能在以后的信息系统使用中处于主导地位，这也是信息系统实施的前提。信息系统提供商是系统二次开发、安装、调试、测评的主要实施主体，信息化咨询公司作为中立的第三方，主要是帮助企业和信息系统提供商进行一些辅助性工作。

（1）指导企业进行项目前期准备工作。

具体工作包括准备基础数据、选拔合适的业务骨干和技术人员参与项目实施等。在信息系统实施方案论证时，咨询顾问可以参与讨论和检验实施时应该具备的条件，并就各种替代方案提出自己的看法。

（2）计划和监督实施。

在信息系统实施过程中，行动步骤、确定责任和控制措施、实施速度和进度表、内在的灵活性和可能性、详细步骤等都是需要落实的内容。在新系统开始运行和以后的一段时间内，咨询顾问应该帮助企业和信息系统实施商回答任何问题，并帮助客户员工处理随时出现的问题。

咨询顾问要和客户、信息系统实施商一起，对实施进度做定期的讨论，应注意实施的速度和引起的结果，对日程表、采用的方法，甚至新方案的原始设计做适当的调整，但要以有组织的方式进行，避免盲目决策。

（3）协调企业和信息系统提供商之间的矛盾。

企业和信息系统提供商作为相互独立的利益主体，难免会在项目实施过程中产生摩擦，作为第三方的信息化咨询公司可发挥协调者的作用。

（4）培训和开发客户员工。

咨询顾问可以在实施过程中应企业的要求继续帮助培训和开发客户员工。

（5）帮助管理变革过程。

企业变革的过程有两个层次：第一个层次是确定管理改进的发生；第二个层次是使管理改进内在化。

因此，与管理变革过程有关的人员，应尽可能早地参与进去，将咨询工作过程中学到的东西应用到工作实践中，配合信息系统的实施。同时，通过不断强化，确保新的行为方式逐渐内化，形成新的工作习惯。

（6）信息系统应用后的管理持续改善工作。

信息化项目实施结束后，在使用中应注意改善应用效果，提高应用水平，使其发挥最大效用。信息化咨询顾问可帮助企业设计一套企业管理绩效变化动态监控报表体系和定制一套指标体系，以便及时发现管理中存在的问题，并及时调整管理策略。

11.2.8　企业信息化绩效评估

企业信息化建设系统开发阶段完成后，就得到了一个可运行的系统。但这个系统是否达到了预期目标？是否能满足用户的需求，真正提高管理效率呢？这就需要通过管理咨询公司的信息化绩效评估，经评价认可的系统才是合格的系统，可以正式移交用户使用。

企业信息化绩效评估是在计划项目完成后对项目的目标实现情况、水平、效果和影响以及投资使用的合同相符性、目标相关性和经济合理性进行评估。信息化建设效果评估是企业信息化的重要组成部分。对于实施效果好的企业可以肯定信息化建设的成果，增加信息化建设的信心和热情，有助于下一步建设的规划；信息化建设效果不理想的企业可以通过评估分析问题，解决问题，为未来的信息系统可持续应用打下良好的基础。信息系统的评估内容可以从以下三方面考虑：

1）系统的技术效果

对信息系统的技术方面的评价主要是针对系统的性能的评估，包括系统的可靠性、高效性、适应性、可维护性和易用性。

（1）可靠性——系统的软硬件的可靠性和数据的可靠性，以及安全保密性；

（2）高效性——系统平均无故障运行时间、数据处理速度和信息吞吐量等；

（3）适应性——系统运行环境的广泛性和适应用户需求变化的可扩充性；

（4）可维护性——整个系统的模块化程度高；

（5）易用性——系统良好的用户界面和便捷的使用方法。

2）系统的管理效果

管理效果反映企业管理水平的提高。其主要表现在管理体制合理化，管理方法有效化，管理效果最优化，基础数据的完整性和统一性上。管理人员能够摆脱繁琐的事务性工作，真正把主要的精力投入到信息的分析和决策等创造性工作中去，提高企业管理现代化水平。

3）企业信息化的经济效益

（1）投入评价。

对信息化基础投资的价值进行定量评价十分困难。它往往是一长串投资决策中的一个部分，成本构成复杂。一般信息系统的成本主要包括以下内容：①信息系统的开发成本。信息系统的开发一次性支出的项目，成本比较容易计算，如进行系统分析、设计和测试所需的人力、物力投入，购置和安装计算机和网络设备的支出等；但多个项目长期性支出的成本比较难以计算。②系统运行和维护的成本。其包括系统运行所需要的能源和材料消耗、系统运营和更新所需要的专业人员费用、数据库更新的支出、网络设备的租金以及其他管理更新和维护费用。③组织变革导致的成本。信息技术应用会导致组织内部发生一些变革，甚至有些变革的力度会很大。所有的变革都会有相应的成本支出，变革范围是从用户的培训、绩效管理办法的变革、组织结构的调整，直到整个业务流程的改造。④项目管理不力与系统使用不当风险成本。信息系统在开发过程中如果管理不力，会造成效率低下、工期延长和费用超标，甚至会影响系统的质量。

（2）效益评价。

信息技术投资的效益一般分为两类：有形效益和无形效益。有形效益是指能够用货币数量化表示的收益，又称直接效益，如增加利润、增加市场份额、减少生产或服务成本、降低供应成本等。无形效益是指无法用货币数量化表示的间接性的或社会性的收益，主要有：①为决策者提供及时准确的管理、财务、计划、人事等信息，以便为决策提供依据，加强和完善管理，提升企业的社会形象，凝聚力量，增强企业的竞争能力。②增强决策者对社会、市场的反应能力和适应能力，杜绝和减少决策失误现象，提高决策人员的管理水平和办事效率，使他们有更多的时间利用信息系统提供的数据，加以评估和研究，促使投资方的管理工作更加标准化、规范化。③增强了与制造商、供应商、客户之间的信息沟通能力，使企业的生产经营能力进一步提高。

信息技术投资的效益或价值评价具有较强的模糊性，尤其是对信息基础设施投资源头的价值评价往往具有高度的不确定性，潜在的收益机会无法确定。当然，企业对信息化基础设施的评价还要注重这些基础设施项目的价值应用水平，即在技术生命周期内提供低成本或低风险的开发，或者说，IT 平台的价值评估应当以它所提供的收益以及能够维持这些收益的时间为基础。

✲ 11.3　企业信息化咨询中的典型问题

11.3.1　企业信息化规划方面的问题

企业信息化是一个不断改进、逐步提高的过程，因此，企业在信息化建设之前必须进行系统的规划。但对我国绝大多数企业来说，信息化项目建设缺乏相关知识和经验，在做信息化规划和项目实施等方面存在着种种问题和误区。这些问题和误区的存在将阻碍企业信息化的进程。

1）决策机制

信息化工程与其他工程一样，决策是否科学，决定着项目的成功或失败。而信息化工程决策的失误，大多数源于企业的领导缺乏信息化和软件知识，以及企业领导的许多非科学因素，导致决策机制不合理。决策机制的误区很多，主要表现在：

（1）企业领导自我决策。

这是指企业领导有信息化的意识，却缺乏软件知识，只是通过对一些模糊概念的理解或不负责任的供应商的介绍就做出信息化项目的决策。个人决策有自己的局限性，容易产生片面性，这种决策往往造成技术性错误或整体失误。

（2）听任专业人员或职能人员做决策。

企业领导不懂信息化和软件，于是听任部门管理人员或专业技术人员做出信息化或项目选择方案，把参谋者当成决策者，易造成战略性失误。管理人员有职能管理经验，但缺乏软件知识；缺乏管理经验的 IT 人员则局限于判断项目的技术性问题，而不善于做管理系统的构建。这两类人员都可能缺乏战略眼光和系统的分析能力。企业领导人应集各方的优势，从战略的角度把握信息化的决策。

（3）被人误导。

企业领导缺乏信息化知识和决策经验，下属不掌握专业的管理或信息技术，于是听任不负责任的人员或产品推销者的建议、宣传而轻易做出决策。特别是由于很多企业的信息化采用外包的方式实现，也经常会出现企业的 CIO 的职能也一同外包的现象，容易做出与企业信息化目标不符的错误决策。

2）规划和计划

（1）缺乏战略性意识。

目前很多企业的信息化事先没有规划，走一步算一步，而且特别容易出现盲目追新的现象。究其原因是对信息化的战略性意义缺乏认识，因此对企业的信息化缺乏一种前瞻性和系统性的考虑。没有规划的信息化项目是盲目的，不利于信息化的持续推进和每个项目的实施控制。

（2）缺乏启动时机的准确把握。

在把握信息化时机上有两种倾向：一种是在企业对信息化的基本理念理解不够透彻、人才和管理基础条件不具备情况下，就仓促上项目；另一种是面面俱到、"尽善尽美"地考虑上项目。这两种时机的把握都是不可取的。前一种时机过早，项目不易成功；后一种情况会坐失良机，延误管理现代化进程。实施信息化项目的基本条件是必须有的，但完全绝对地具备条件却是不必要的。

（3）不清楚项目规划的意义。

许多企业实施信息化项目之前之所以没有计划就是对计划的认识上存在误区：第一，觉得计划没多大意义，或是企业领导认为自己心中有数；第二，企业领导不知道如何做信息化规划。

组织和计划是项目成功的前提，尽管计划并不要求面面俱到，但一些信息化项目规划的基本事项应该做好，如果没有对信息化项目规划中的问题认真分析，不仅会使该项目产品和实施商的选择缺乏明确目标，而且在启动、实施过程中也会带来不可预料的问题，直接影响实施的效率或效果。

11.3.2 企业信息化选型方面的问题

信息化规划确定后，企业就会根据规划和各阶段的现实条件来实施每个软件应用工程项目，例如 OA、HR（人力资源）或 ERP。每个工程项目启动阶段，核心工作就是选择应用软件的提供商（开发商）及其产品。软件开发商、产品选择是否合理是项目成功的核心要素，而且上述决策机制和计划性的问题都会集中地在这一环节反映出来。以下是软件产品和开发商选择中经常出现的一些问题：

1）缺乏对产品品牌的认知

从表面上看，各品牌的同类软件，如 OA、ERP、CRM、财务软件等，其资料简介都会展示类似的系统和模块，然而实际上相差却很大。软件是一种无形产品，其开发的理念、开发技术、界面、系统结构、个性化和自定义功能、使用领域和行业、产品接口等参数存在很多差异。那种对同类软件产品品牌的同质的错误认识，会导致软件产品和厂商选择上的失误。

2）价格是选型的第一要素

许多企业在软件选型时，把价格要素放在第一位，而缺乏对该产品的特点、功能、质量的详细了解。价格在选型时非常重要，但功能、质量是前提，在不了解产品的适用性前谈价格是没有意义的。

3）不区别产品和开发商类别

不同的企业，信息化目标和架构是不一样的，其选择的产品和厂商类别也应不一样。若需要全能型 ERP 软件的企业不区分软件类型和开发商的专长，在软件推销者的误导下，选择以个别系统为专长的产品，则会发现购买到的产品并不适用。如某些产品只是财务型软件，加上一些技术不成熟、功能不完整的其他模块，就号称 ERP 软件，若选上此类软件，必然带来麻烦。

4）不考虑产品的兼容性

信息化建设是分多个项目分步实施的。在软件选型时要从战略的眼光从长远打算。第一个项目软件的选型要考虑到后续项目软件的兼容性问题。如果单从软件的优劣进行决策，项目前期的选型与后期的选型不是同一厂商或同一系列产品就可能存在兼容性问题。

5）不了解开发商的竞争和存续能力

有不少企业在不了解开发商及其产品技术和存续能力的情况下，仅听任不负责的介绍或单纯根据低价格就选定产品。目前软件开发商数目众多，良莠不齐，如果选择缺乏自主开发技术和实力的软件开发商，则会给选定产品的应用、后续产品的上马等带来不可挽回的损失。

6）采用商用软件还是自主开发

商用软件是在分析、研究企业或行业的管理领域共性需求和管理进程，经过开发、试用、改进而生产的标准产品。它的普遍适用性、成熟性是显而易见的。而自主开发的产品是针对本企业当前的实际（个性）需要由本企业或外来机构（人员）开发的。有针对性是自主开发软件最大的好处。一般说来，自主开发在有特殊需要而目前市场上无可供选择的成熟软件时才采用。自主开发往往弊大于利：（1）只能对软件功能需求做现状描述；（2）当开发组织或人员变动或离开时，软件的实施和维护缺少后续服务，风险很大；（3）自主开发难以紧跟市场和先进技术的步伐；（4）软件投资费用比同档次软件高很多；（5）开发、实施周期长。

11.3.3 企业信息化实施方面的问题

1）企业方面的问题

（1）基础没有准备好。

信息系统的成功实施往往需要企业具备一定的基础条件，很多企业这些基础条件不具备就匆忙实施信息化项目，从而导致信息化项目的失败。

①数据基础。

数据基础——物品编码、产品结构、工艺路线、期量标准、仓库货位等，都需要按照企业经营发展的需求和信息管理的要求进行规范和统一。但很多企业对枯燥、费时的基础数据梳理工作没有思想准备，也很难落实到最适合的技术管理部门去做，因为技术管理部门通常承担了繁重的设计、出图、技术支持等工作。

②管理基础。

管理基础包括业务流程是否顺畅、规章和考核是否合理、企业各层级的执行力等，企业的管理基础不仅是信息化项目中先进管理理念在企业落地的基础，还是保障信息化项目成功实施的前提。国内外有的管理专家呼吁企业在实施信息系统之前，要对企业进行必要的业务流程重组或流程再造，就是强调一个好的管理基础对信息系统的成功实施是非常重要的。

③人员基础。

人员基础包括企业决策层和基层管理人员对信息系统的认识、接受管理变更的心理准备、必要的计算机基础技能等。很多企业在信息化项目实施过程中，不理解信息系统与数据、管理和配套措施的关系，不愿花时间和精力去整理和规范基础数据，不认可实施顾问对业务处理流程的优化建议，甚至有的基层管理人员拒绝使用信息系统来处理业务等。

（2）实施措施存在问题。

企业在信息化项目实施过程中的配套措施不得力、不到位，也是导致信息化项目拖延乃至失败的重要原因。其主要表现在：

①企业信息化项目的实施是一把手工程，但很多企业的一把手没有直接领导或参与信息化项目的实施，高层的推动力不够。

②有的企业领导很有决心，但面对长期的实施缺乏执行力，没有有效的方法和措施，中层的推动力缺失。

③项目实施小组组织不力。很多企业没有建立一个熟悉企业业务、能协调企业资源、理解信息系统实施方法的项目实施小组。

④面对实施初期大量、繁杂的基础数据整理没有思想准备，难以落实到具体的责任部门。

⑤过分相信和依赖现有的业务处理流程和管理方法，不愿意根据信息系统的管理逻辑进行必要的业务流程优化。

⑥迁就生产、销售等主要业务部门的繁忙现状，使信息化项目的实施进程时续时断。

⑦规章制度、绩效考核等管理措施不配套，业务现场的动态数据不能及时、准确、有效地采集。

2）软件供应商和实施者方面的问题

（1）重方案轻实施。

目前国内主流的软件供应商和实施者只重视内容多和形式华丽精美的信息系统解决方案，从一定程度上来看这些解决方案对企业正确认识信息化项目、合理选型都是有帮助的，但有不少软件供应商和实施者只重视销售和售前环节的解决方案，却很少进行解决方案实施的可行性评估，这在实施顾问和实施资源明显缺乏的情况下，会误导企业，给信息化项目带来很大的风险。

（2）重功能轻流程。

很多软件供应商和实施者在实施信息系统的过程中，没有对企业的业务模型和管理流程进行深入细致的调查和研究，用一般系统软件的处理逻辑和功能去生搬硬套企业的业务管理流程，把业务的手工处理变为计算机处理，也就是完全基于软件功能的实施，而不是基于流程优化、管理提升的信息化项目的实施。

（3）重上线轻服务。

软件供应商和实施者基于成本和资源的考虑，都比较重视快速实施和信息系统的上线运行，但往往不重视上线之后的升级、维护和服务。信息化项目的上线成功并不表示项目的结束，如果忽略了信息化项目实施的后续升级和维护以及信息系统的有效集成等服务，会导致信息系统难以持续运行。

（4）重形式轻实绩。

很多软件供应商和实施者宣传的成功实施案例，都是强调信息系统的上线运行、应用的覆盖度、特殊软件功能的实现，其价值大多是定性的描述，很少有实施者能够用信息化项目实施前后的经营数据来说明实施的价值。

11.3.4　企业信息化监理方面的问题

企业信息化项目实施的质量是影响企业信息化效益的关键因素之一，采用监理机制是保证信息化实施质量的重要措施之一，信息化监理一般分为三个实体，即客户（最终用户）、监理单位、承建单位（软件供应商）。但监理的推广和全面运作仍然面临着很多问题，主要体现在：

1）监理的标准问题

相对于企业信息化监理策略而言，采用什么样的标准进行监理更为重要，即监理单位判断承建单位成果质量的依据是什么。采纳监理机制需要从多方听取意见，而哪一方的论点更具说服力，需要制定一个标准来判断。对于客户来讲，采用监理的目的是要保障项目实施的进度和质量。

为了让项目实施的过程更加顺利，需要在客户、监理单位和承建单位之间确立共同而且客观的标准。承建单位按照这个标准实施项目，监理单位按照这个标准检查承建单位的活动和成果，客户按照这个标准来验收成果。这个标准的内容包括项目实施过程的阶段性的成果和辅助性的成果，通过对这些成果的评估，达到更好地控制质量的目的。

但在我国，整个 IT 行业的发展速度太快，而且不同类型的信息化项目在特点、成果、风险和实施方法等方面存在着很大的差异，因此，并不存在一个事实上获得各方认可的行业标准。这就需要客户在项目招标之前，就应该先要求监理单位提供项目实施的标准，并把它作为招标条件之一进行项目招标，而承建单位在此基础上进行应标。这样可以在很大程度上减少项目实施后三方的冲突和矛盾，保证项目的顺利实施。

2）监理在项目实施中的角色问题

在实际工作中，对于监理在项目实施中的角色定位存在着很多理解，角色定位不清将阻碍信息化项目的顺利实施，甚至会带来不必要的麻烦。

通常情况下，监理单位都是由项目的最终用户（客户）出资雇用的，监理单位是服务于客户的。在项目实施过程中，监理单位的实际作用就是代表客户对承建单位的活动和成果进行监督，提出监理报告，并向客户汇报，或者在客户的授权下代表客户指示承建单位。在这个过程中虽然有三个实体，但实际上对承建单位来讲，应该是两方的模式，即客户和承建单位自己，而监理单位是客户的一部分。

3）监理单位的选择问题

对于客户来说，如何选择合适的监理单位是一个相当关键的问题，措施得当可以有事半功倍的效果。

选择监理单位，出发点不应该是候选单位的招牌，比如说咨询公司、高校或科研单位。前面章节中介绍了关于信息系统工程监理和信息化实施监理之间的区别，对于涉及各方关系复杂的信息化项目，对监理单位的项目管理水平要求更高，应该选择信息系统工程监理作为主要监理单位，而信息化咨询公司可以作为实施过程辅助监理，主要协调各方的利益冲突和关系。所以对客户来说，监理单位的选择要根据项目实施的复杂程度以及监理单位的相关经验来判断。

4）监理是面向过程还是面向结果的问题

项目的实施通常都有一定的过程，也要产生一定的成果。是面向过程还是面向结果对承建单位进行监理，也是客户和监理单位必须关注的一项重要内容。

面向过程，是指可以检查承建单位的一切活动，依据检查结果向客户提出监理报告，向承建单位提出意见或建议；面向结果，是指根据三方约定，检查承建单位定期提交的成果并据此向客户提出监理报告，向承建单位提出意见或建议。

其实，结果和过程是相对的：没有正确的过程，就无法产生满足目标的结果；结果不符合客户的需要，过程再完美也没有用。如果过于强调过程，监理活动将可能过于频繁，那么监理单位和承建单位的工作量都将增加，成本增加；结果需要一定过程才能产生，如果忽略过程，一旦发现最终成果不符合要求，可能对项目的成功产生很大的影响。

因此，针对每一个具体项目，都需要进行具体分析，确定合适的、过程和结果兼顾的监理策略，以求达到较高的性能价格比。

11.3.5　企业信息化效益评估方面的问题

当企业信息系统实施完成后，需要对信息化效益进行有效的评估，通过投入产出比分析法对企业信息化建设给企业带来的价值进行合理有效的分析非常必要，如果忽视这方面问题或者缺乏成熟的评价体系将会给企业带来重大损失。

很多企业认为企业信息化只要投入就会有产出，不重视投入产出比。许多企业缺乏有效的成本效益评价体系，不重视信息化建设前的投入产出分析，以为只要进行投入，就会有巨大的回报，结果企业信息化不成功，人、财、物浪费严重。企业信息化常常需要几百万元到几千万元的投资，没有成本效益分析是不可想象的。

目前的信息化效益评估体系或工具往往过于强调企业应用水平的提高，而对信息化建设的全面性、可持续发展能力的关注不够，从而在无形中导致企业一谈到信息化建设，就单纯关注企业信息化应用水平，即从不断提高网络带宽，到更换越来越先进的国外的应用系统，而对有效地发挥信息化的价值关注不足。

（1）很多企业的信息化效益评估方法都借鉴了国家信息化水平指标体系，通过对一个时点的信息化要素的拥有数量来评价信息化水平。由于过于重视对拥有数量的评价，而对业务的可满足程度不能准确反映。同时，由于评估指标的静态和孤立，对系统之间的相互匹配和支持评价不足。

（2）由于传统的信息化效益评估在IT治理、IT服务管理等新的企业信息化建设理念没有广泛导入之前推出，所以对最新的企业信息化建设理念考虑不足，对企业信息化建设和发展的潜在能力缺乏评估。

（3）对于企业信息化效益的评估，往往简单引用一些财务指标，难以对信息化的整体价值进行准确的评估，对企业可持续发展影响评估不足，特别是在静态就某一时点来评估时，很难区分企业自身管理改革的绩效和信息化绩效之间的区别。

（4）一般的企业信息化水平评估需要依赖于标杆企业的建立，但实际上各个企业的相对差异性较强，标杆企业信息化很难说明企业信息化的好坏，只能作为参考指标，缺乏实际的指导意义，所以应该更多地评估企业信息化自身建设的适合和满足度。

（5）企业信息化水平评估指标与企业信息化的自我改善关联不足，企业在完成水平评估后，仍然难以确定信息化改善的方向。

✳ 11.4　企业信息化咨询的程序

11.4.1　咨询准备阶段

准备阶段是咨询过程与咨询任务的启动阶段。在这一期间，咨询顾问和客户接触，加深彼此的了解，讨论并确认咨询的真正目的，在此基础上对咨询的范围、采用的方法等进行协商，达成一致。

这一期间的成果就是，企业确信自己选择了合适的咨询合作伙伴，咨询顾问确认自己明确了企业的需求、能够完成企业的委托、解决企业的问题。

这一过程是个不断磨合的过程，可能碰到的问题包括心理上的难度和技术上的难度。心理上的难度主要表现在：企业基于自己的咨询目标，对咨询顾问有较高的期望，但由于咨询顾问是陌生的，所以又对咨询顾问往往持不肯定、怀疑或观望的态度。技术上的难度表现在：咨询顾问在以往的行业或企业的成功经验并不能在该项目中取得成功，存在一定的技术风险。

准备阶段不仅要确定商务条款和合同，更要建立相互的信任和理解，建立起游戏规则，以共同的乐观情绪和能够成功的信心开展咨询活动。

1）调研分析

（1）了解企业各级管理人员对信息化建设的期望与需求。

在正式为客户做管理咨询之前，首先深入客户企业，了解企业的过去、现状与未来，倾听企业各级管理人员包括高层（决策）管理人员、中层管理人员及企业的业务骨干等对企业信息化建设的意见与建议。通过与各级管理人员的恳谈，了解他们对信息化建设的需求及期望，做到心中有数，初步确定企业调研的重点。

（2）制订详细的调研提纲与调研计划。

根据调研重点，有针对性地制订调研提纲和调研计划。确定调研的策略、调研的对象、调研的核心问题等。提纲和计划的制订直接影响调研的结果。调研核心问题也很重要，如果设置不当，则可能没有重点，调研工作难以获得实质性的成果。

（3）企业中、高层培训并启动系统调研。

在编制好企业信息化建设的系统调研提纲和调研计划后，首先组织企业中、高层管理人员培训，培训的主要内容是企业信息化建设的目的、意义等，并同时就企业信息化建设的系统调研提纲进行讲解，布置落实系统调研计划，正式启动系统调研工作。

（4）企业信息化建设的系统调研。

企业信息化建设的系统调研主要围绕以下几个方面进行：①获取企业总体情况介绍；②参观企业，详细了解企业生产、经营、管理活动的主要流程；③按分管业务线进行企业高层管理人员调研；④深入调研，采集信息传递凭据，绘制管理业务流程图，掌握第一手资料；⑤系统调研完成后汇总调研结果，并向企业决策者汇报，达成共识后，结束全部调研工作。

2）定位分析

企业在进行信息化规划和建设之前，借助专业的信息化咨询机构，可以更加客观、公正地从企业经营战略、机制、管理、人力资源、技术、文化、行业环境、竞争优势等多个角度和层面，对企业业务流程进行系统化的自我诊断和准确定位甚至重新定位，在此基础上确定本企业信息化建设的关键需求、方针、范围、阶段、力度和深度，这样不会脱离企业自身特点、基础和条件，又能很好地服从和服务于企业未来经营发展和增强核心竞争力的需要。

3）企业信息化需求分析

企业的信息化应用必须服务于企业的业务需要，要在业务需求调研的过程中明确企业现在和未来对于信息技术应用的核心需求以及紧迫和重要的问题。企业信息化的需求不是各个部门对信息化软件功能的简单罗列，而是一个系统的，多层次的，各层次之间具有清晰的结构关系的，用数据、流程图、表格等方式表达的语义网络。信息化需求包含了战略层、运作层和具体的技术需求层三个层面。企业信息化需求的层次结构为：

（1）企业战略层面的需求。

企业信息化的目标是提升企业的竞争能力，为企业的可持续发展提供一个支持环境。从这个意义上说，企业信息化的需求不仅来源于企业目前对信息化的需求，也来源于企业未来发展的需求，对未来信息化规划有着重要的指导意义。

（2）企业运作层面的需求。

通过对企业价值链以及各业务流程运作的分析，可以明确企业在运作中存在的问题，从而在企业运作层面上获取信息化需求。

（3）企业技术层面的需求。

信息化技术是企业发展的一个支撑环境，一些企业在长期的信息化建设中形成了许多信息孤岛，这些问题在信息技术层面上对系统的完善、升级、集成和整合提出了需求。

这三个层次的需求不是相互孤立的，而是存在着内在联系的。信息化需求的获取是一个自上而下的过程，需要对这些需求进行综合分析，才能把握企业对信息化建设的方向。

11.4.2　项目建议书

企业信息化建设项目是一个程序复杂、实施周期长、涉及面广、由多个单位共同实施的综合性项目，因此企业在具体的信息化建设过程中，需要与包括咨询在内的有关各方就具体合作事项充分协商，达成一致，并最终体现在合同上。

项目建议书是一个重要的文件。咨询顾问就某个特定项目提出自己的咨询思路，不仅要清楚地描述如何执行咨询任务以求获得全面成功，还要以某种别人能理解的方式表述出来，这就构成了项目建议书。项目建议书大体分为四部分：技术部分、人员部分、咨询顾问背景部分、商务部分。

1）技术部分

项目建议书的技术部分描述信息化建设过程中需要解决的问题及咨询顾问对其的初步评价、信息化咨询要达到的目的、咨询中使用的方法和应遵循的工作计划。

2）人员部分

人员部分需要给出执行任务的咨询顾问的姓名和简历，其中包括负责指导和监督的高级咨询顾问。

3）咨询顾问背景部分

咨询顾问的背景部分描述咨询机构在与特定客户需求相关的领域的经验和业绩。可以用公司标准信息来说明以前类似任务的客户背景，向客户证明他是最合适的人选。

4）商务部分

商务部分包括提供服务的费用、偶然事件的费用、付费和报销的时间安排以及其他说明等，落实所有的约定。

11.4.3　全员培训阶段

企业信息化项目启动前，借助专业的咨询机构，能够比较全面客观地对上至"一把手"，下至普通员工就信息化意义、必要性、基本知识技能、预期效果等进行全员培训，从而避免了单纯由信息系统提供商或实施商对系统和终端用户进行的应用操作技能的培训的局限性。

1）全员培训的必要性

（1）有助于尽快形成全体员工对信息化建设总体思路、步骤等的共识，明确自己所应担当的角色和发挥的作用，增强员工参与度和积极性、创造性，减少障碍，克服阻力，提高项目成功率。

（2）通过对信息化建设系统化的全面培训，培养和提高企业管理层特别是高层决策者对信息系统解决方案提供商的认识和判断力，从而更加有效地选择适用的技术、解决方案及其供应商、实施商，降低系统选型风险，防止企业决策失误。

2）培训的方法

（1）由咨询顾问在工作中进行培训；

（2）由咨询顾问培训企业内部的培训教员；

（3）培训公司骨干人员，然后由他们培训其余人员；

（4）帮助客户设置正式的公司内部培训课程；

（5）选派人员参加外部培训课程；

（6）为不直接参与，但应了解情况的人员准备提高计划。

11.4.4　方案选型阶段

接下来是专业信息化咨询机构参与方案选型阶段。咨询顾问的参与有助于确保企业信息化系统的正确选型。特别是专业化的第三方咨询顾问机构凭借自身实力，可以比较容易地根据企业信息化建设统一规划的要求和不同阶段、不同应用系统的项目内容，编制标书，面向国内外 IT 企业进行广泛招标，为企业增加选型余地，招标是项目成功与否的关键所在。信息化辅助选型的一般步骤如下：

1）了解同行业用户的应用情况

首先要对行业应用情况有一个总体上的了解。可以参照与企业有相同定位的其他企业或竞争对手，了解它们选用的信息系统以及应用情况。

2）初访软件公司

根据初步了解的情况及对企业需求的分析，选择5家左右定位相近的软件商，有重点地进行初访。

也可以向重点软件商寄发"征求建议书"，提出咨询企业要解决的问题，征求软件公司的建议，从建议书中了解软件商对企业所属行业的熟悉程度以及建议的可操作性。

3）供应商软件演示

仅仅从软件商的宣传品和产品样本上了解软件是绝对不够的，一定要观看软件演示，对具体产品有一个直观的认识。

观摩演示前，企业的相关业务人员要准备好调查提纲，带着咨询企业需要解决的问题和设计的"理想流程图"、"功能核查清单"，请演示人员演示，观察软件的设计是如何解决这些问题的，注意其合理性和可操作性。

需要注意的是，演示人员或销售人员的目的是推销产品，产品出售后，他们的任务就完成了。真正实施的是软件提供商的实施人员，咨询公司此时要帮助企业处理好演示时的销售与将要面对的实施之间的关系。

4）访问软件公司的用户

观摩演示后，对比较有意向的软件公司，可以请它们推荐行业或产品相近的企业用户。访问这样的用户，有助于对相关产品本身及对软件公司有进一步了解。

5）招标和评审

选择软件产品并不一定非要采取招标的形式。但是，大型的信息化项目往往需要通过招标来确定软件公司，以示公正。招标书上列出的管理功能要求应在企业需求分析的基础上提出，而不是简单地罗列软件产品的各种基本功能。对服务支持工作的基本要求和条件也应同时提出。

11.4.5　项目实施

1）实施中的项目监理

在完成了企业信息化方案选型之后，供应商、实施商进驻企业，企业信息化项目进入实施监理阶段。企业作为甲方，供应商或实施商作为乙方，而由第三方咨询顾问机构作为监理方来沟通和协调双方的关系，这样往往有利于公平、公正、中立、客观地确保项目按照企业信息化规划的内容、进度和设计功能全面如期地实施。在项目实施监理阶段，监理方依据有关监理的法律法规，对项目进度、质量、投资、成本等进行全程、全面的监理，并提供甲、乙双方共同确认的"监理报告"。

实施过程中监理的作用主要是通过监督和控制，使实施工作按计划进行并达到预期的目标。具体来说，监理的主要工作如下：

（1）对项目实施计划和目标进行把关。

在项目开始启动之际，需要制定出项目的实施计划和目标，具体包括：①项目实施的总目标；②项目实施的各个阶段的意义和分阶段目标；③达到这些分阶段目标的时间表；④达到这些目标所需要的资源保证，以及达到每一个目标的责任者；⑤评价达到这些目标的标准和方法；⑥高层领导批准了这些计划和目标。

（2）监督和控制投入的各种资源以及应达到的目标。

当一个切实可行的实施计划和目标被制定和批准以后，如何监督和控制实施过程就成了一个重要问题。很少有哪一个项目是完全按照实施计划进行的，因为再好的计划也不可能预见到所有的问题并事先制定出对策。所以，对实施过程的监督和控制，主要着眼于以下几个方面：①要使用户和合作伙伴都明白计划的严肃性；②合理的计划调整必须得到高层领导的批准；③按每一个实施的小阶段对投入的资源和达到的目标进行监督控制。

（3）评判系统实施结果。

评判系统实施结果是指项目监理对整个项目的实施过程和结果进行分析和评判。从项目监理的角度出发，对信息系统的实施结果进行分析和评判是必要的，因为进行分析和评判的目的是要使企业和系统实施人员明确以下几点：①整个系统实施工作与计划目标的吻合程度；②系统的实施效果；③系统需要提高的方面。

这种分析和评判可以分阶段进行，但是在整个系统实施完成以后，应该进行一次总的分析和评判。担当项目监理角色的人员，应该是有经验的、比较公正和负责任的。对正在实施或已经实施信息系统的企业来说，在以上三个主要方面进行项目监理不容忽视。

2）验收评估

企业信息化项目实施完毕后就进入验收评估阶段。由于企业信息化项目的复杂性，在没有引入第三方咨询机构的情况下，甲乙双方常常在项目是否可以结束、何时验收以及依据什么标准验收等方面产生分歧，发生冲突。而有了第三方咨询机构的介入，它能够按照信息化规划、甲乙双方签订的合同以及一套各方公认的信息化项目评估体系，站在中立的地位，对项目进行全面验收评估，形成"评估报告"并提交双方确认，显然这对于确保企业信息化项目成功和双方的利益都是十分必要和有利的。项目验收评估主要包括以下几个方面：

（1）验收的内容。验收的内容一般应包括项目内容考核情况、技术指标、经济或社会效益考核、经费使用情况考核等。验收时要准备好主要的验收文档，一般包括项目监理报告、检测或测试报告、设备和软件开发文档、用户使用意见报告、项目经费使用情况的财务报告和经济效益报告等文件。值得一提的是，信息系统的技术文档，是项目验收后运行维护和系统升级的重要依据，验收时一定要做到技术文档的完整和真实。

（2）项目验收方式。一般可采取会议验收、实地考察验收、书面验收等方式，但不论哪种验收方式，建设项目能够在实际工作中得到有效的应用，发挥了真正的作用，才是项目成功的关键。

（3）效益评估。效益评估目前没有一定的模式，评估的方法也比较复杂，我们可以利用"投入产出"和"供需关系"的思想，来设计企业信息化的评估方法。在设计企业信息化评估指标体系时，应主要考虑企业信息化的效益问题。企业信息化效益包括了经济效益和社会效益，经济效益又包括有形效益和无形效益。

11.4.6　项目后续扩展与服务

验收评估结束后，信息化系统投入运营，信息化项目就进入维护、管理与扩展阶段。对用户企业而言，项目竣工，一切才刚刚开始。此阶段企业可以与经验丰富的第三方咨询顾问机构建立长期的战略合作关系。第三方咨询顾问机构可以帮助企业进行阶段性信息化项目完成后的维护、管理与升级工作，紧紧围绕用户应用系统升级、扩展的要求，跟踪研究信息技术及其应用的发展趋势，继续为用户企业提供富有前瞻性、战略性和针对性的服务。

同时，帮助用户企业建立 IT 供应商信用记录数据库及根据用户系统维护、扩展需要做出快速响应、提供后续服务与支持的机制。这种业务或服务"外包"形式也是国际上通行的惯例和大趋势。

✱ 11.5　企业信息化咨询的方法

11.5.1　业务流程再造（BPR）

BPR（Business Process Reengineering，业务流程再造）是 20 世纪 90 年代由美国麻省理工学院（MIT）的迈克尔·哈默（Michael Hammer）和 CSC 管理顾问公司董事长詹姆斯·钱皮（James Champy）提出来的。BPR 就是对企业的业务流程进行根本性的再思考和彻底性的再设计，从而获得在成本、质量、服务和速度等方面业绩的巨大改善。

在具体实施过程中，可以按以下程序进行：

（1）对原有流程进行全面的功能和效率分析，发现其存在的问题。根据企业现行的作业程序，绘制细致、明了的作业流程图。原来的作业程序是与过去的市场需求、技术条件相适应的，并由一定的组织结构、作业规范作为其保证。当市场需求、技术条件发生的变化使现有作业程序难以适应时，作业效率或组织结构的效能就会降低。因此，必须从功能障碍、重要性和可行性等方面分析现行作业流程的问题。

（2）设计新的流程改进方案，并进行评估。为了设计出更加科学、合理的作业流程，必须群策群力、集思广益、鼓励创新。

（3）制定与流程改进方案相配套的组织结构、人力资源配置和业务规范等方面的改进规划，形成系统的企业再造方案。企业业务流程的实施，是以相应的组织结构、人力资源配置方式、业务规范、沟通渠道甚至企业文化作为保证的，所以，只有以流程改进为核心，形成系统的企业再造方案，才能达到预期的目的。

（4）组织实施与持续改善。实施企业再造方案，必然会触及原有的利益格局。因此，必须精心组织、谨慎推进。既要态度坚定，克服阻力，又要积极宣传，达成共识，以保证企业再造的顺利进行。

11.5.2　价值链分析法

价值链模型是迈克尔·波特在 1985 年提出的，它展示了总价值、价值活动和利润之间的关系，把企业内外价值增加的活动分为基本活动和支持性活动。价值链的基本活动有：采购物流、生产制造、发货物流、市场营销、售后服务等；支持性活动有：财务管理、人力资源管理、研究与开发、后勤供应等。如果将这些活动层层分解开来，并分析每一个链条上的活动的价值，就可以发现究竟哪些活动是需要改造的。价值链分析可以帮助管理者认识信息技术究竟能够为企业带来多大价值。

价值链的组成如图 11-1 所示。

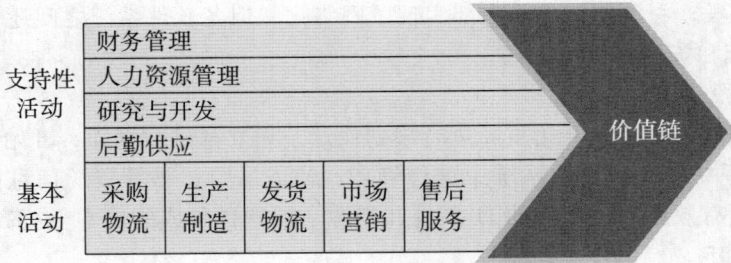

图 11-1　价值链的组成

11.5.3　诺兰模型

诺兰模型由哈佛商学院教授 R. 诺兰（R. Nolan）于 20 世纪 70 年代末提出，是西方企业进行管理信息系统规划的指导理论之一。该模型认为，企业及行业信息系统的发展具有一定的规律性，要经过从低到高的阶段性发展过程，各个阶段是循序渐进的。诺兰将其划分为六个阶段，这六个阶段分别是初始阶段、普及阶段、控制阶段、整合阶段、数据管理阶段、成熟阶段，如图 11-2 所示。他提出，进行信息系统规划首先需要明确自己所处的阶段水平，然后采取相应的策略。

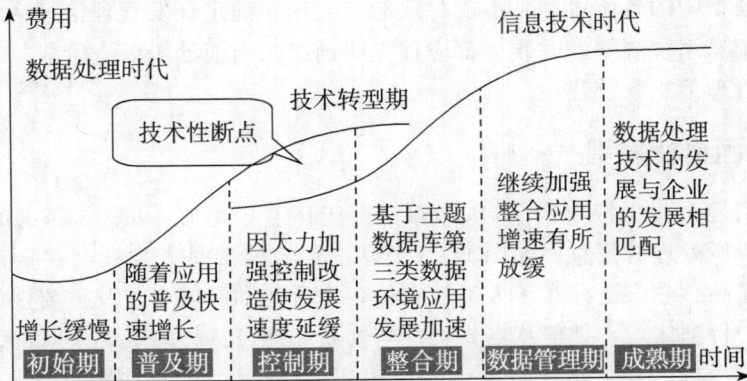

图 11-2　信息系统的发展阶段

1）初始阶段

在这一阶段，企业对计算机基本不了解，更不清楚 IT 技术可以为企业带来哪些好处，解决哪些问题。IT 的需求只被作为简单的办公设施改善的需求来对待，采购量少，只有少数人使用，在企业内没有普及。该阶段一般发生在一个组织的财务部门。

2）普及阶段

初始应用的成功使企业对计算机有了一定了解，各个部门纷纷购置计算机设备解决工作中的问题。企业 IT 应用需求开始增加，并对开发软件热情高涨，投入开始大幅度增加。

但此时很容易出现盲目购机、盲目定制开发软件的现象，缺少计划和规划，因而应用水平不高，IT 的整体效用无法显现。

3）控制阶段

在前一阶段盲目购机、盲目定制开发软件之后，企业管理者意识到计算机的使用超出控制，开始从整体上控制计算机信息系统的发展，在客观上要求组织协调，解决数据共享问题。在这一阶段，一些职能部门内部实现了网络化，但各软件系统之间还存在"信息孤岛"现象，系统和资源利用率不高。

4）整合阶段

在控制的基础上，企业开始重新进行规划设计，建立基础数据库，开始把企业内部不同的 IT 机构和系统统一到一个系统中进行管理，使人、财、物等资源信息能够在企业内部集成共享，更有效地利用现有的 IT 系统和资源。但这样集成的成本会更高、时间更长，而且系统更不稳定。

5）数据管理阶段

企业高层意识到信息战略的重要性，信息成为企业的重要资源，企业的信息化建设也真正进入到数据管理阶段。在这一阶段，企业开始选定统一的数据库平台、数据管理体系和信息管理平台，统一数据的管理和使用，各部门、各系统基本实现资源整合、信息共享。IT 系统的规划及资源利用更加高效。

6）成熟阶段

到了这一阶段，信息系统已经可以满足企业各个层次的需求，包括从简单的事务处理到支持高效管理的决策。企业真正把 IT 同管理过程结合起来，将组织内部、外部的资源充分整合和利用，从而提升了企业的竞争力和发展潜力。

一般认为模型中的各阶段都是不能跳跃的。无论在确定开发管理信息系统的策略，或者在制定管理信息系统规划的时候，都应首先明确组织当前处于哪一阶段，进而根据该阶段特征来指导管理信息系统建设。

11.5.4　西诺特模型

西诺特模型是由西诺特（W. R. Synnott）基于诺兰模型在 1988 年提出的，用四个阶段来描述计算机所处理的信息，如图 11-3 所示。信息资源是人类社会在日常生活中开展社会活动的必需品，它广泛存在于人类社会的各个行业和领域中，其重要性的演变，可以从西诺特模型中得到体现。把信息当作一种与物质和能源一样的资源来对待，也已经成为学界和相关从业者的共识。哈佛大学信息政策研究中心主任欧廷格（A. G. Oettinger）指出：没有物质就什么东西都不存在了；没有能源就什么事情也不会发生；而没有信息就什么东西也没有意见了。这让人们认识到：信息既是一种资源，又是一种经济商品，物质、能源、信息已经成为人类赖以生存和发展的三类基本资源，并曾一度出现"信息就是资源"、"信息就是财富"、"信息就是金钱"的过激论调，而"信息不会必然地、自动地、无条件地等于资源、财富"的说法更为妥当，奈斯比特也提出："没有经过整理加工的信息，不是我们的朋友，甚至是我们的敌人——当然更不是财富和资源。"

该理论的主要优势是考虑了信息随时代变迁的因素。第一阶段是"数据"阶段，表示计算机处理的是原始数据，对应企业信息化的初期，以数据文件为处理方式的数据处理

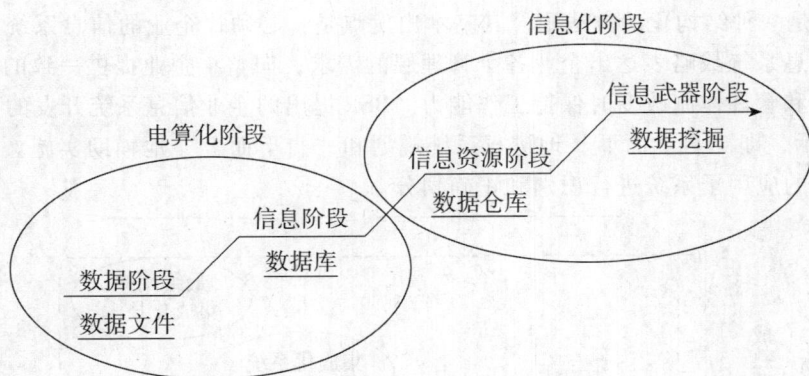

图 11-3　西诺特模型

（Electronic Data Processing，EDP）阶段；第二阶段是"信息"阶段，表示计算机加工数据并将它们存储到数据库，对应企业信息化的管理信息系统（Management Information System，MIS）阶段；第三阶段是"信息资源"阶段，开始把信息作为经营资源，对应企业信息化的决策支持系统（Decision Support System，DSS）阶段；第四阶段是"信息武器"阶段，开始将信息作为带来组织竞争优势的武器，对应企业信息化的经理信息系统（Executive Information System，EIS）阶段。

11.5.5　米切模型

20 世纪 90 年代初，美国信息化专家米切（Mische）在诺兰模型和西诺特模型的基础上提出了米切模型，强调数据管理是系统整合的重要特征，即信息系统整合的实质就是数据整合或集成，这个观点揭示出信息系统整合与数据管理是密不可分的。如果仅关注数据处理组织机构的管理和行为的侧面，而缺乏对各种信息技术的整合或集成的研究，就无法实现将信息技术作为企业发展的重要要素并与经营管理相融合的策略。米切模型将企业综合信息技术应用的连续发展概括为"纵向四阶段、横向五特征"。纵向代表综合信息技术应用，即：起步阶段（20 世纪 60—70 年代）；增长阶段（20 世纪 80 年代）；成熟阶段（20 世纪 80—90 年代）；更新阶段（20 世纪 90 年代中期—21 世纪初期）。每个阶段都可以体现五个特征，即：技术状况；代表性应用和集成程度；数据库和存取能力；信息技术融入企业文化；全员素质、态度和信息技术视野（如图 11-4 所示）。

图 11-4 中起步期和增长期对应于企业电算化阶段，成熟期和更新期对应于企业信息化阶段，符合 20 世纪 80 年代开始每 10 年为一个周期的企业信息系统演变与发展规律，也从另一个侧面证实了米切模型在企业信息系统中应用的可行性和可信性。米切模型除了体现数据处理工作的增长和管理标准化特征外，还涉及理念、知识、信息技术的综合应用水平等，同时，更强调在企业经营管理中信息技术的作用、地位及用户能力，关注成本效益和及时性，追求用户服务满意度的整体解决方案。该理论可以帮助企业和开发机构了解自己的 IT 综合应用水平，以及在现代信息系统的发展阶段中所处的位置，认清自身的发展现状，从而找准企业建设现代信息系统的发展目标。

11.5.6　企业系统规划法

20 世纪 70 年代，IBM 公司基于用信息支持企业运行的思想，推出了企业系统规划法

（BSP）。它是一种结构化的方法论，其基本出发点是：必须让企业的信息系统支持企业的目标，让信息系统战略表达出企业各个管理层的需求，向整个企业提供一致的信息，并且在组织机构和管理体制改变时保持工作能力。BSP 提出的企业信息系统开发的基本理念如图 11-5 所示，即"自上而下"地进行系统规划和"自下而上"地辅助实施。BSP 有助于企业对潜在的应用子系统进行识别和正确划分。

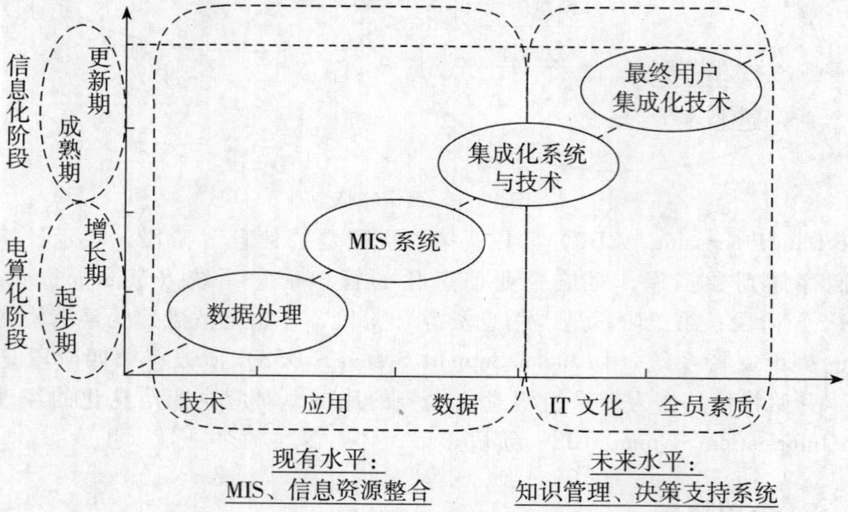

图 11-4　米切模型

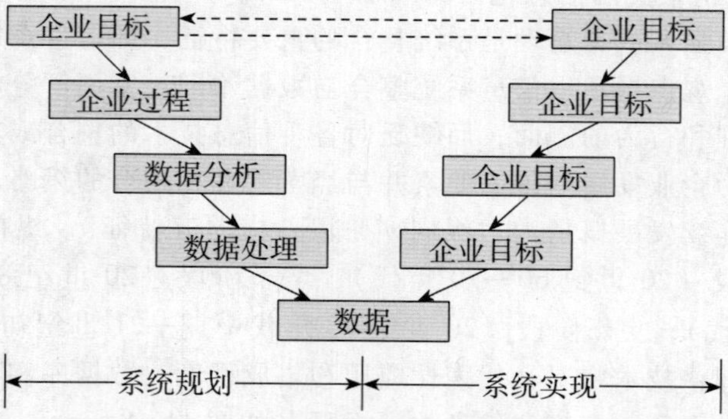

图 11-5　BSP 提出的企业信息系统开发的基本理念

用企业系统规划法制定规划是一项系统工程，其主要的工作步骤为：

（1）准备工作。成立由最高领导牵头的委员会，下设一个规划研究组，并提出工作计划。

（2）调研。规划研究组成员通过查阅资料，深入各级管理层，了解企业有关决策过程、组织职能和部门的主要活动以及存在的主要问题。

（3）业务过程（又称企业过程或管理功能组）定义。业务过程定义是系统规划方法的核心。业务过程指的是企业管理中必要且逻辑上相关的、为了完成某种管理功能的一组活动。

（4）业务过程重组。业务过程重组是在业务过程定义的基础上，找出哪些过程是正确的，哪些过程是低效的、需要在信息技术支持下进行优化处理的，还有哪些过程是不适合采用计算机信息处理的，不适合的应当取消。

（5）定义数据类。数据类是指支持业务过程所必需的逻辑上相关的数据。对数据进行分类是按业务过程进行的，即分别从各项业务过程的角度，将与该业务过程有关的输入数据和输出数据按逻辑相关性整理出来归纳成数据类。

（6）定义信息系统总体结构。定义信息系统总体结构的目的是刻画未来信息系统的框架和相应的数据类。其主要工作是划分子系统，具体实现可利用 U/C 矩阵。

（7）确定总体结构中的优先顺序，即将信息系统总体结构中的子系统按先后顺序排出开发计划。

（8）完成 BSP 研究报告，提出建议书和开发计划。

11.5.7 标杆分析法

标杆分析法，是将本企业各方面经营状况与竞争对手或行业内外一流的企业进行对照分析的过程，是一种研究其他组织和评价企业自身的手段，是将外部企业的持久业绩作为自身企业的内部发展目标并将外界的最佳做法移植到本企业的经营环节中去的一种方法。

标杆分析法的一般过程如下：

（1）确定要进行标杆分析的具体项目。确定要在哪些领域、哪些方面进行标杆分析。

（2）选择标杆。确定了进行标杆分析的领域后，就要选择具体的"标杆"——比较对象。通常竞争对手和行业领先企业是首选的标杆对象，在信息系统实施中，一些最佳经营实践、统计数据、经验参数也可以作为标杆对象。

（3）收集分析数据。其包括客户企业的情况和标杆的情况。分析数据必须建立在充分了解企业当前状况以及标杆（或标杆企业）状况的基础之上，数据应当主要是针对企业的经营过程和活动，而不仅仅是针对经营结果。

（4）确定实现方案。找到差距之后，确定需要缩短差距的具体领域、流程与软件中的实现方法，并配合企业相关的行动目标和行动措施，将系统、行动融入到企业的经营计划中。

（5）实施方案并跟踪结果。根据标杆分析确定的实现方案，完成信息系统实施或评估工作。

11.5.8 集成信息系统结构

集成信息系统结构（Architecture of Integrated Information Systems，ARIS）是由德国 IDS 公司总裁和创始人 Scheer 教授提出的。集成信息系统结构是一套管理理论，用于优化业务流程和应用系统的实现，为用户提供从企业建模到应用系统设计的全程辅助。ARIS 定义了功能视图、组织视图和数据视图，并定义了独特控制视图来维护功能、组织和数据三个视图间的关系。

1）ARIS 的房型构架

（1）功能视图（Function View）将输入转变到输出的流程。

（2）组织视图（Organization View）建立实体单元层次结构，将执行同一工作目标的单元和设备归成一组。

（3）数据视图（Data View）包括数据处理的环境和被消息触发的功能以及引起触发

的功能。

（4）输出视图（Output View）包括所有物理和非物理的输入和输出，也包括资金流。

（5）控制视图（Control View）记录上述四个视图间相互关系以及整个业务流程。

2）ARIS 结构特点

（1）减少描述问题的复杂性及冗余。

（2）通过控制视图维护模型的一致性和完整性。

（3）使得在过程模型的基础上引入工作流管理系统成为可能。

11.5.9 普通企业参考体系结构（PERA）

PERA 是 Purdue 大学应用工业控制实验室 T. J. Williams 在 1992 年提出的企业参考结构。它基于任务建模，将任务视为企业功能分解的最低层，包括对信息系统任务、制造任务和人的任务，以及这三者之间相互关系的建模。PERA 体系结构包含了集成企业系统的完整生命周期，即概念、需求定义、设计（初步设计和详细设计）、建造与安装、运行与维护等各个阶段，它通过两个视图——功能视图和实施视图来描述企业。

1）PERA 的优点

（1）考虑了对人的行为活动的建模。

（2）PERA 体系结构是基于任务的建模方法，把生命周期图的结构按覆盖企业全部生命历程的任务阶段进行分层。

（3）PERA 参考体系结构及其相关方法论，支持用户经历企业集成的所有阶段。

（4）作为一种非形式化描述方法，PERA 最容易被没有计算机知识的用户理解。其相关方法论，特别是它对集成项目计划阶段的讨论是完备的。

（5）PERA 的方法论较为文档化。

2）PERA 的缺点

（1）由于描述的非形式化，PERA 的可执行性非常差。

（2）PERA 缺乏对体系结构进行计算机建模所需的数学建模技术。

（3）没有支持建模的支持工具，不能进行仿真优化和冲突检验等。

11.5.10 瀑布模型（生命周期方法）

瀑布模型最早是在 1970 年由温斯顿·罗伊斯（Winston Royce）提出来的，直到 20 世纪 80 年代早期，它一直是唯一被广泛采用的软件开发模型。

瀑布模型的核心思想是按工序将问题化简，将功能的实现与设计分开，便于分工协作，即采用结构化的分析与设计方法将逻辑实现与物理实现分开。瀑布模型将软件生命周期划分为软件计划、需求分析和定义、软件设计、软件实现、软件测试、软件运行和维护这六个阶段，规定了它们自上而下、相互衔接的固定次序，如同瀑布流水逐级下落。采用瀑布模型的软件开发过程如图 11-6 所示。

瀑布模型是最早出现的软件开发模型，在软件工程中占有重要的地位，它提供了软件开发的基本框架。其过程是从上一项活动接收该项活动的工作对象作为输入，利用这一输入实施该项活动应完成的内容，给出该项活动的工作成果，并作为输出传给下一项活动。同时评审该项活动的实施，若确认，则继续下一项活动；否则返回前面，甚至更前面的活动。在信息化咨询过程中，运用瀑布模型可以对各阶段的工作自顶向下、从抽象到具体顺序进行。

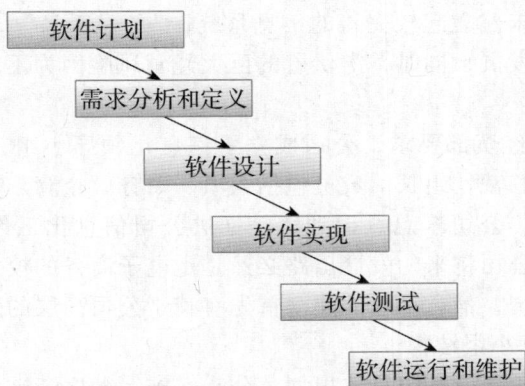

图 11-6　采用瀑布模型的软件开发过程

1）瀑布模型的优点

（1）强调开发的阶段性。

（2）强调早期计划及需求调查。

（3）强调产品测试。

2）瀑布模型的缺点

（1）依赖于早期进行的唯一一次需求调查，不能适应需求的变化。

（2）由于是单一流程，开发中的经验教训不能反馈应用于本产品的过程。

（3）风险往往迟至后期的开发阶段才显露，因而失去及早纠正的机会。

✻ 11.6　企业信息化咨询案例——中服公司如何开展信息化需求调研与选型①

中服公司（以下简称中服）概况：中服是国家 120 家企业集团试点单位之一，主要经营各类纺织品的进出口业务，以及电梯制造、技术合作与开发、餐饮业等业务，现已成为中国最大的进出口企业之一。但由于历史的原因，长期以来，公司仍然处于一种粗放型的规模扩张中，经营活动也是在较低水平、较浅层次上的数量延伸，因此，公司经营管理水平的提高远未跟上企业发展的需要。外部环境的巨变和内在问题的不断暴露，使中服的决策者认识到企业信息化建设的重要性和迫切性。

1）信息化建设的前期工作

1997 年 3 月，中服合并原电脑室、编辑部成立信息部。部门职责定位于为公司各级管理层提供支持决策的业务及相关信息，为各职能部门及子公司提供信息技术支持等。公司内部建立了局域网，但没有统一连接的企业内部网。在同一局域网内，现行业务系统与财务系统之间也没有接口，子公司向总公司上报财务和业务数据时，基本是上报纸面材料，很少报盘。

---

① 李东. 企业信息化案例［M］. 北京：北京大学出版社，2002.

各子公司均没有系统的业务软件管理体系，大部分业务都是手工操作。在业务执行的各个关键点控制上，由于人工操作，难以保证业务整体的准确性、真实性和快捷性。

总之，由于公司尚未建立起较完善的信息系统，"信息孤岛"现象的存在，已明显制约了公司的进一步健康发展，同时，潜伏着的巨大经营风险因为不能得到有效的监控，随时都有爆发的可能。

1997 年 6 月，应外经贸部要求，公司成立了信息化领导小组，负责公司信息化的长远规划工作，公司周副总裁任组长，成员包括人事、财务、企管、信息、资金部门的总经理，办公室设在信息部。公司李总意识到这是推进公司信息化工作的一个非常有利的时机。他认为，传统外贸公司将来的发展出路必然是走电子商务的模式，而电子商务的基础和依托是有效的信息系统，信息系统的建立首先有赖于公司高层的强力推行。

2）信息化建设项目小组结构

方案建议中服信息化建设按照总体规划、分步实施、循序渐进的原则进行，基本目标是建立以财务为核心，以进出口业务为基础的高度集成的，能将公司的物流、资金流全部、及时地转化为信息流，使决策层能够准确、及时地了解企业最新运作情况的系统。近期目标是要提高办公效率，降低劳动成本，建立风险防范和财务监控机制；中期目标是要启动电子商务并将公司国内外所有业务活动纳入系统；远期目标是要最大限度地吸纳外部信息源，实现战略财务和强大的决策支持功能。

1999 年 4 月，总公司批准了项目小组提出的信息系统建设方案，并责成信息部负责筛选最能满足公司信息系统建设要求的系统开发商。

3）ERP 系统的选择过程

经过一段时间的市场调研，李总认识到，只有 ERP 系统才能满足公司信息系统建设的要求，然而通过前后接触 7 家国内外有名的 ERP 厂商，发现它们的产品价格相差悬殊（见表 11-1），而功能，据各厂商的营销经理们介绍，则各有特点。如何确定这项耗资巨大而又意义深远的投资项目，李总认为，依靠信息部现有 4 名技术人员的力量显然是做不到的。

表 11-1 各 ERP 系统报价单

软件名称	单位	软件价格	每年升级维护费	实施费	合计人民币元	合计万美元
ABC	欧元	495 060.00	84 160.20	675 676.59	1 254 896.79	130.01
ABM	美元	445 110.00	116 197.00	822 208.00	1 383 515.00	138.35
WALK	美元	417 500.00	104 625.00	171 190.00	693 315.00	69.33
BP	美元	391 800.00	45 300.00	347 000.00	784 100.00	78.41
JD	美元	277 291.89	40 105.82	445 740.00	763 137.71	76.31
友连	人民币元	3 734 815.32	639 505.80	720 000.00	5 094 321.12	61.54
正方	人民币元	3 290 000.00	460 000.00	480 000.00	4 230 000.00	51.10

注：汇率折算按 1999 年 5 月 7 日银行报价 827.81 人民币元/100 美元，857.61 人民币元/100 欧元，1.035998599 美元/欧元。

德华咨询公司（以下简称"德华"）是作为 ERP 厂商之一 ABC 的实施顾问来拜访中

服的，其目标是想争取充当中服 ERP 系统建设的实施顾问。考虑到德华是中国最大的专业 ERP 系统咨询公司，对市场上领先的各类 ERP 软件具有深入的了解且已有相当的项目实施经验，因此，经过申请，由中服和德华签订项目协议书，共同完成该遴选项目。

德华派出了以林立为经理的 4 人项目组。由于在实践中，德华已积累了一整套专有的"系统管理方法论"（SMM），用于信息系统的选择、开发和实施及控制项目的风险，根据中服项目的特点，项目组从 SMM 中提取了相应的内容，将项目的工作方法概括为以下内容：需求调查；需求分析和定义；分析候选供应商；软件演示并提出最终方案。同时，鉴于中服从主业上来说是一家专业性的外贸公司，这是中国在计划经济下的产物，迄今在德华没有可借鉴的实施案例，因此，项目组决定把需求定义作为本项目的重点。

（1）需求调查。

项目组分成两个小组，林立经理带一组分别对中服总裁、各位副总裁进行访谈，了解公司的战略构想及决策层对信息系统建设的战略意图，以及关键职能部门具体的管理要求及对现行系统的意见和建议；另一小组负责调查业务部门对信息系统的需求，深刻了解各公司的业务流程、业务控制的关键点及流程优化的可行方案等。

（2）需求分析和定义。

通过对两个小组需求调查的结果进行归纳和总结，结合对中服进出口业务的现状和未来发展的理解，项目组制作了中服的业务流程和需求分析文档并据此完成了信息系统需求报告的初稿。

中服信息系统的需求分为总体需求和详细功能需求。总体需求从公司整体角度出发提出信息化建设的范围、步骤和目标；详细功能需求分进出口业务、资金管理、财务管理、人事管理、对系统的基本要求五部分。

为评估各 ERP 产品与中服信息系统需求的适应程度，项目组根据中服信息系统的详细功能需求及德华的实施经验，设定了业务管理、财务管理、人事管理、技术、成本、供应商信誉六项评估指标，每一项指标中再分成若干细项指标。例如，技术指标，下分 15 个细项指标：多级客户机/服务器架构、支持网络/浏览器架构、有自身的开发工具、图形界面等。供应商信誉指标，下分 15 个细项指标：1998 年年收益、对研发的投资比例、在中国的员工数量、在中国的战略合作伙伴、在中国的实施经验等。

项目组根据其对六项评估指标各自在中服信息系统建设中重要程度的理解和判断，并结合以往实施项目的经验，分别为六项评估指标设置了权重，经中服信息系统建设小组研究调整后，确定为：业务管理占 40%、财务管理 20%、人事管理 5%、技术 10%、成本 15%、供应商信誉 10%（见表 11-2）；将各细项指标分成必须具有、最好具有、可有可无三类，权重分别为 3、2、1。

项目组以六项评估指标及所含各细项指标为依据，设计出"功能调查问卷"并下发候选的七家 ERP 系统厂商，以调查各厂商在完成每一项功能上的能力和程度。"功能调查问卷"回收以后，项目组根据各厂商的答复先计算各厂商在每一大项指标上的得分：Σ（该大项指标中所含某一细项指标的权重×厂商对该项答复所对应的分数）×100/（各细项指标的权重之和×3），其中厂商的答复状况分好、中、差三等，对应得分分别为 3、2、1。各厂商的最终得分为：Σ（某一大项指标被赋予的权重×厂商在该项指标上的分数）。各厂商的最终得分见表 11-2。

表 11-2 　　　　　　　　　　　　**各 ERP 系统最后得分**

功能	权重	ABC	WALK	ABM	BP	正方	友连	JD
业务管理	40%	92.48	88.66	85.64	87.80	62.35	87.68	89.46
财务管理	20%	99.90	98.37	98.56	96.06	77.91	92.99	92.41
人事管理	5%	94.87	97.44	100.00	66.67	97.44	94.87	66.67
技术	10%	100.00	100.00	95.12	100.00	75.61	87.80	100.00
供应商信誉	15%	92.5	78.33	95.00	89.17	75.83	73.33	88.33
成本	10%	63.82	93.02	60.00	87.48	100.00	95.21	88.44
总计	100%	91.98	91.06	88.73	89.79	74.33	87.71	89.70

（3）分析候选供应商。

针对中服的信息系统建设需求，根据各 ERP 系统厂商对"功能调查问卷"中逐项问题的答复和德华在实践中对各厂商的了解，项目组对各厂商的产品逐一做出了评价。

（4）软件演示并提出最终方案。

由于中服信息系统需求的核心是强化财务监控、加强资金管理，而这些功能要想通过短短 30 分钟的软件前台演示来体现是不可能的，因此，德华项目组给定的模拟环境主要是针对中服具体的进出口业务流程。5 月 23 日，ABC 和 WALK 公司按要求进行的系统演示在中服举行。厂商在展示各自系统所具备处理功能的同时，对所获数据进行了分析，并接受中服信息系统建设小组全体成员的现场提问。

在详细介绍了项目组各阶段的工作内容及取得的阶段性成果之后，林立经理最后总结说："ABC 和 WALK 的产品都是世界级的成熟软件，在功能上都能满足中服目前及未来发展的需要，但 ABC 在供应链管理及电子商务方面适用性更强，在国内有更多的实施案例及经验丰富的实施顾问等，价格虽高，但物有所值，因此我们建议中服选择 ABC。"

（5）中服的选择。

建设小组召开专题会议对德华项目组的建议进行讨论。小组成员针对选型议论纷纷，最后投票结果显示，建议选择 WALK 公司的占 70%。最后经总裁办公会对建设小组的意见研究讨论，最终决定同意建设小组提出的选择 WALK 公司 ERP 系统的建议。

从现在开始，就进入 ERP 系统的全面实施了。刚才赵总在动员大会上已经宣布了实施阶段的组织机构设置，李总将担任项目经理并成为项目决策委员会的成员。ERP 系统的选择，由于有了德华的协助，李总感觉省力了许多，而下一阶段，没有了实施顾问，情况将会怎样……李总觉得有必要做一个详细的规划。

❖ 本章小结

本章主要介绍了企业信息化咨询的内容及方法。企业信息化咨询包括企业信息化战略咨询、企业信息化规划、企业信息化辅助选型、企业信息化辅助实施、企业信息化绩效评估等几个部分。它描述了企业从萌发信息化建设动机开始，到有一份完整的需求描述并选定相应的信息化产品为止的整个过程。经过信息化咨询过程，企业可以清楚地认识到自身的信息化需求、自身的资源状况、信息化建设的阶段与步骤，以及信息化建设过程中的难点和关键点。

❖ 练习与思考题

★ 案例分析

给用友上课的人

2002 年 10 月，用友软件与苏拿国际集团（中国）有限公司签约，在苏拿实施 U8 管理系统。然而，当用友派出的项目小组夹着大摞的讲义走进苏拿的培训课堂时，他们吃惊地发现，在这里，他们不是老师，而是学生。而提出这个创意的人，正是苏拿的首席信息官（CIO）顾庆华。

最了解我们需要的是自己

在别的 ERP 项目中，一般都是先由软件供应商对实施企业的员工进行培训，而顾庆华却反其道而行之。用友的项目小组一来，他就让各个部门的负责人给他们上课，让他们充分认识苏拿的财务、物流、生产、工艺质量、设备等各个环节。

"只有这样，他们才能真正了解我们需要一个什么样的系统。"顾庆华向本刊记者表达他作为苏拿 CIO 的思路。

而其他参与这个项目的人，第一感觉都是不适应。连用友方面的项目经理罗建钢也笑着对记者说："在苏拿，我们像是没什么事做似的，事都被苏拿的人自己做完了。"

在苏拿，ERP 项目的会议从来不由软件供应商来召开，而是由苏拿自行召开，在明确了需要解决的问题之后，再与用友协商解决。不仅如此，在客户化的问题上，苏拿也发挥了很强的主导性。顾庆华要求他手下的员工编写物料编码，甚至连源代码，有一部分也是自己编写的。用友所要做的，就是把这些东西规范到一套系统中去。在这样的要求下，员工的压力非常大，也有人为此感到不解和委屈。

"当时有员工曾说，既然我们已经付了钱给用友，这些事情为什么不让用友来做？让我们如此辛苦。但是，他们没意识到，软件提供商只能从技术上支持我们，真正最了解自己需要的人，还是我们自己。"顾庆华说，就是在这样的工作中，一批过硬的系统维护人员成长起来了。

正因为顾庆华的这种作风，用友对苏拿也是"又爱又恨"，"恨"的是苏拿的问题最多。顾庆华总是能在最短的时间内发现问题并且要求用友解决，"爱"的是这种方式恰恰保证了项目的顺利实施。当然，项目成功重于一切，因为"爱"总是大过"恨"，以至于苏拿这种特立独行的做法成了用友口中的"苏拿模式"，在客户中进行推广。

顾庆华也因为这个项目的感染力和做出的贡献被评为 2003 年 50 位优秀 CIO 之一。

我不是一个严格意义上的 CIO

在现代企业中，CIO 已不只是一个单纯负责技术工作的人员，而是一个既懂技术，又懂企业，还懂管理的高层管理人员。

在苏拿，顾庆华的职位是行政及财务总监，又是 ERP 项目的负责人。"虽然我的工作有一部分是 CIO，但不是全部，所以我不是严格意义上的 CIO。当时由我来担负这项使命，完全出于一种责任，是我作为一名高层管理人员，对公司应尽的责任。我的专业决定了我本身就是一名管理人员，之所以走上 CIO 这个岗位，也与我以前曾有过电脑方面的背景有关。"

1993 年，顾庆华参加了南京大学在广东省科学院开办的计算机应用第二学士学位班。"从那以后，我就爱上了电脑，喜欢编程什么的，后来还在一个计算机三级考试辅导班当过一段时间老师。"这一段经历为他之后走上 CIO 岗位埋下了伏笔。

关于未来，顾庆华有着自己的规划，"我不会一直做 CIO，等有人接替我之后，我会尝试去做营销，甚至去尝试做 CEO。"这是他为自己设计的未来，而苏拿也给了他实现自己计划的空间，所以，即使辛苦即使劳累，他依然当着苏拿中国公司三驾马车中的一个骑手，努力前进。

资料来源 魏蔚. 给用友上课的人 [J]. IT 时代周刊，2004（14）.

问题：

1. 分析什么是"苏拿模式"。

2. 结合案例分析用户需求对于信息系统开发的重要性，并理解"能满足用户需要的软件是好软件"的软件评价标准。

3. 分析企业 CIO 的角色，谈谈企业信息化外包后，CIO 的角色应如何转变。

4. 在应用"苏拿模式"时，应如何避免信息化过程中纯手工模拟的现象。

★ 思考题

1. 信息化能给企业带来哪些竞争优势？

2. 如何理解企业信息化咨询工作？

3. 企业信息化咨询内容中，对于企业战略影响最大的是什么？

4. 信息系统监理能给企业信息化工作的开展带来哪些好处？

5. 结合补充阅读材料中提供的网站，了解还有哪些最新的企业信息化系统。

6. 结合中服公司案例，了解企业信息化过程中的软件成本构成，说说国内外软件公司报价有什么特点。

★ 讨论题

1. 如何对企业信息化建设项目进行可行性论证及评价？

2. 在企业信息化建设过程中如何管理变革？

3. 在信息化咨询过程中，如何处理技术驱动业务和业务驱动技术的问题？

❖ 补充阅读材料

1. 王璞，等. 企业信息化咨询实务 [M]. 北京：中信出版社，2004.

2. 哈格，等. 信息时代的管理信息系统 [M]. 严建援，等，译. 8 版. 北京：机械工业出版社，2011.

3. 特班，金，电子商务：管理视角 [M]. 严建援，等，译. 北京：机械工业出版社，2007.

4. 李东. 企业信息化案例 [M]. 北京：北京大学出版社，2002.

5. 中国 IT 治理研究中心，http：//www. itgov. org. cn.

6. 支点网，http：//www. topoint. com. cn.

7. 中国信息主管网，http：//www. cio360. net.

8. e 行网，http：//www. cio. com. cn.

第 12 章

企业并购

❖ **学习目标**

通过本章的学习，了解企业并购管理咨询的目的和意义；熟悉企业并购的基本内容；掌握企业并购可能存在的问题；掌握企业并购管理咨询的具体过程和工作方法；能够较熟练地进行企业并购管理咨询工作。

✱ 12.1 企业并购管理咨询的目的与意义

12.1.1 企业并购管理咨询的目的

企业并购管理咨询是指由具有咨询资格的专业人士，依据客户的委托，对客户的并购项目进行调查研究，确定该并购项目可能存在的风险，并提出、改进、完善和帮助实施并购方案的工作过程。企业并购管理咨询的根本目的是帮助客户确定并购项目可能存在的风险，并提出、改进、完善和帮助实施规避风险的方案，实现企业并购的目标。

12.1.2 企业并购管理咨询的意义

企业并购愈来愈成为企业发展的主要方式，但是企业并购又存在极大的风险，因此企业通过管理咨询把握本企业是否合适并购以及如何成功进行并购具有十分重要的意义。

1）企业并购的复杂性急需通过管理咨询来为企业把好脉

随着经济社会的发展，企业规模的扩大、技术的改进、产业结构的调整以及资源的合理配置，越来越多的是通过并购活动来实现的。

诺贝尔经济学奖得主乔治·施蒂格勒曾经说过："所有美国的大企业都是通过某种程度、某种方式的并购成长起来的，几乎没有一家大企业主要是靠内部扩张成长起来的。"这也反映了我们国家现在和在未来相当长一段时间内企业成长所应当采用的主要方式。并购活动作为企业扩大规模、提高竞争力的重要方式，已为现代社会普遍认可。同时，并购的普遍也使得并购中经常存在的问题越来越多地凸显出来，"新疆德隆系"的盲目多元化而导致其最终崩盘就是一个很好的例子。因此，作为企业的领导者，带领企业发展必须要有通盘的打算，不能盲目进行扩张。尤其需要指出的是，并购往往是企业发展的一个重要转折点，需要企业投入大量的财力、物力和人力，一旦并购不能达到目标，很可能使企业从此一蹶不振，走向衰退。因此，并购前向专家进行咨询非常重要。

2）管理咨询专家的专业服务可以帮助企业最大限度规避风险

企业并购管理咨询是由专业人士收集、利用相关信息所进行的系统的策划，它是一个统筹的安排，通过相关专家的专业服务可以帮助企业确定风险，进而最大限度地规避风险，达到企业通过并购进行发展的目标。通常认为企业并购咨询专家的专业服务来自其经验及参与并购交易的多少，但这种观点是有失偏颇的。图12-1可以很好地说明这一点。

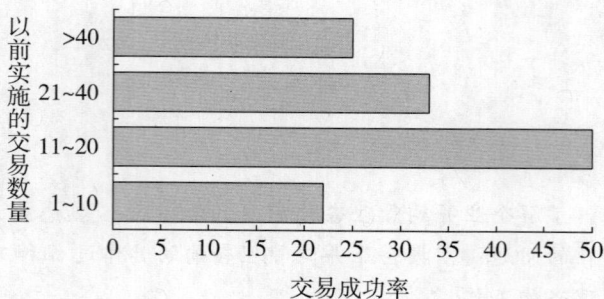

图12-1　交易经验与成功率的比较

资料来源　AMR International，2001.

图12-1可以说明，并购咨询专家在参与企业并购时除经验外，还需要对企业并购有足够的重视，才能保证并购较高的成功率。

✽ 12.2　企业并购的主要内容

12.2.1　企业并购的内涵及类型

1）企业并购的内涵

我国相关立法并没有对企业并购有一个统一的界定。通常来说，并购是兼并和收购的统称。其中，兼并是指两家及两家以上的企业合并成一家企业，包括吸收合并和新设合并。吸收合并是指一家企业吸收其他企业，被吸收的企业解散。新设合并是指两家及两家以上的企业合并设立一家新的企业，合并各方解散。兼并后成立的企业要承担原来企业的权利和义务。收购是指一家企业通过购买另一家企业的全部或部分资产或股权，从而对另一家企业达到控制的行为，原来的企业各方并不解散。

企业兼并和企业收购通常都具有相同的目的，其主要区别就是，兼并是指一家企业与另一家或几家企业合为一体，收购则并非合为一体，而仅仅是对另一方居于控制地位。相对于兼并而言，收购则可能更为常见。比如，我国资本市场比较热衷的借壳上市，就是收购的一种情况。

2）企业并购的类型

（1）按并购方和被并购方的行业关系分类。

按并购方和被并购方的行业关系分类，可分为横向并购、纵向并购和混合并购。

　　横向并购是指生产同种产品的、同行业之间的并购。这类并购可以扩大企业的生产规模，减少其竞争对手，实现规模经济，提高其行业竞争力；但容易形成行业垄断，破坏公平的竞争环境。横向并购是 19 世纪后期至 20 世纪初期最早出现的并购形式，是全球企业第一次并购浪潮中的主要形式。

　　纵向并购是指生产链上下游企业之间的并购。这类并购主要发生在生产性企业，有助于加强产业链各环节的配合，可以降低企业的成本，且可以避开垄断，但整体容易受市场的影响。纵向并购是 20 世纪 20 年代全球企业第二次并购浪潮的主要形式。

　　混合并购是指横向并购、纵向并购以及不相关行业企业之间的并购相结合的并购形式。这类并购可以实现企业的多元化发展，降低企业的风险，使企业快速进入更具成长性的行业，提高企业的竞争力。混合并购是 20 世纪 60 年代全球企业第三次并购浪潮的主要形式。

　　（2）按并购方和被并购方是否直接接触分类。

　　按并购方和被并购方是否直接接触分类，可以分为直接并购和间接并购。

　　直接并购是指由并购方直接向目标企业提出所有权要求，双方通过一定程序进行磋商，共同商定完成并购的各种条件，从而达到并购的目标。通常直接并购是建立在双方友好协商的基础上，可以降低并购的成本，并为企业的顺利整合打下一个良好的基础。

　　间接并购是指并购方并不直接与目标企业协商，而是通过市场收购目标企业股票，从而取得对目标企业的控制权的行为。间接并购经常会受到目标企业的抵制，从而导致并购方付出较高的并购成本。

　　（3）按并购动机分类。

　　按并购动机分类，可以分为善意并购和恶意并购。

　　善意并购又称友好并购，是指目标企业同意并购方提出的并购条件所进行的并购。由于并购是在双方自愿、合作的前提下进行，因此其成功率较高。但同时并购方可能也要牺牲自身利益，包括容忍使用目标企业高管等来保证合作，从而为企业的整合背上包袱。

　　恶意并购又称敌意并购，是指并购方在目标企业不知道或反对并购的情况下所进行的并购。恶意并购通常成本较高，而且成功率较低。因此，较之善意并购，恶意并购更需强调并购计划与实施的快速与隐蔽。

　　（4）按并购资金来源分类。

　　按并购资金来源分类，可以分为杠杆并购和非杠杆并购。

　　杠杆并购是指在金融信贷支持下所进行的并购。仅靠并购方自有资金的储备进行并购一直是并购的局限，大规模的并购必须有充足的资金支持，杠杆并购使得大规模并购成为可能。杠杆并购最早出现在 20 世纪 70 年代后期全球企业第四次并购浪潮中。2008 年 12 月 9 日，我国银监会发布《商业银行并购贷款风险管理指引》为我国商业银行支持企业并购松了绑，杠杆并购将会在我国引发并购的浪潮。

　　非杠杆并购是指主要由并购方以自有资金来完成的并购。早期的并购形式多属于此类，在企业的并购实践中，纯正的非杠杆并购只是一个理论形式，几乎所有的并购都会利用借贷来完成，区别只是借贷数额多少而已。

　　（5）按并购的内容不同分类。

　　按并购的内容不同分类，可以分为股权并购和资产并购。

股权并购是指通过购买目标企业的股权来进行的并购。股权并购是并购方与目标企业股东进行交易，并购交易结束后并购方成为目标企业股东，原企业债务仍然要由该企业承担。因此，运用该种并购形式时，要对原目标企业的债务状况做好尽职调查，以免企业承担不必要的风险。

资产并购是指通过购买目标企业的资产来进行的并购。资产并购是并购方与目标企业进行交易，并购交易结束后，并购方拥有购买的资产，与目标企业的债务不发生关系，因此并购方没有债务风险。但运用该种并购形式时，应注意对目标企业资产的瑕疵做好尽职调查，明晰该资产上的权利状况，以避免产生不必要的纠纷。

12.2.2 管理层收购与员工持股计划

1）管理层收购

管理层收购（MBO），是指目标企业的管理层或经理层购买本企业股权，改变企业股权结构的行为。通过收购，企业管理层变成了企业的所有者。MBO 的目标企业通常是上市公司、大集团分离出来的子公司或分支机构、国有企业等。

MBO 作为一种制度创新起源于 20 世纪 60 年代的英美，在当前在资本市场相对成熟的国家，MBO 已经成为一种较为成熟的收购模式，得到广泛应用。MBO 起到了以下几个作用：首先，所有权与经营权的统一可有效降低企业的委托代理成本，促进企业健康发展。其次，可借助 MBO 分离、分拆或剥离企业多余的分支机构，有效促进企业结构调整，对企业业务重新整合。最后，MBO 是"国退民进"的一种主要方式，可以大大改善企业的经营业绩。

在我国，由于市场的不成熟，MBO 的实施还存在很多问题，包括资产价格的确定问题、融资渠道不畅问题等，另外，近年来所出现的国有资产大量流失等问题非常突出，都有待于在今后实施中予以改进。

2）员工持股计划

员工持股计划（ESOP）是指企业内部员工个人出资认购本企业部分股份，委托持股会等相关机构进行集中管理的产权组织形式。

ESOP 最早出现于美国，是为了缓和贫富分化所引发的各种社会矛盾和不安定因素而采取的一种财产组织方式。事实上，ESOP 也确实对缓和社会矛盾发生了相当大的作用。但 ESOP 的实施会造成企业的股权稀释，非员工股东的控制权会被侵蚀，最终会影响企业发展。

12.2.3 上市公司并购

上市公司并购是指并购方通过证券交易或其他合法途径持有一家上市公司股份达到一定比例，从而取得或可能取得该上市公司实际控制权的行为。随着我国证券市场的健全和资本市场的发达，上市公司并购在我国也日趋活跃。

不同企业进行上市公司并购可能出于不同的动机，有的企业是为了便利融资，有的企业是为了优化资源配置实现企业发展，还有的企业仅仅是为了在二级市场出售股票套利等，不一而足。在我国，由于上市公司的稀缺，获取壳资源仍然是上市公司并购的主题。上市公司并购通常包括协议收购、要约收购和委托书收购三种主要形式，其中协议收购是针对我国非流通股的一种收购方式。

目前我国上市公司并购存在的问题较多，主要有：收购人掏空上市公司现象严重；通过一致行动进行并购逃避监管现象普遍；融资渠道和支付手段缺乏；操纵市场、内幕交易严重；市场约束和政府监管不够。

12.2.4　跨国并购

跨国并购是指一国企业将另一国企业的整个资产或足以实施控制权的股份购买下来，从而取得目标企业所有权或控制权的行为。跨国并购是 20 世纪 90 年代全球企业第五次并购浪潮的主要特征之一，作为经济全球化的重要方式之一，以跨国公司为主体的跨国并购近些年日渐活跃。

跨国并购作为外国直接投资的一种重要形式，面临不同的东道国、行业和目标企业，企业选择的动机会有很大差别，包括获取财务协同效应、适应国际环境变迁、目标企业价值低估等很多方面。企业应根据自身的战略需要进行选择。跨国并购不同于一般的企业并购，由于并购方国家与目标企业国家在政治环境、政策法律、文化传统等各个方面存在差异，因此其操作更为复杂。

我国作为消费大国，近年来，一直是跨国投资机构热衷的国家，主要集中在基础工业、国家政策重点支持的产业以及垄断性较强的行业等。我国企业的海外并购还处在发展阶段，与发达国家还有很大差距，发展的空间很大。

✱ 12.3　企业并购可能发生的问题

鉴于企业并购的重要性，企业该项活动需要有一定经验的咨询顾问提供服务，现实中的很多案例也证明了这一点。在长达半个多世纪的时间内，很多学者和咨询专家进行了很多研究，得出了惊人相似的结论——将近 50% 的并购都没产生预期的结果。其原因集中体现在下面将要述及的企业并购可能发生的问题中，这些同时也是企业并购咨询专家在为企业并购提供服务的过程中需重点关注的方面。

12.3.1　目标企业价值评估的问题

企业并购从本质上讲是一项买卖企业的活动。该项活动顺利进行的关键在于对企业价值的合理评估。因此，企业并购过程中必然涉及对目标企业的定价问题。

企业并购没有达到预期的目标，其中一个重要的原因可能是付出的价格太高，从而导致并购企业支付的价格超过了目标企业预期可能带来的收益，使得并购失败。企业并购中价格谈判是咨询专家可以提供的一项重要服务之一。对目标企业的估价一般说来取决于对它的中长期预期，比较理想的情况是，并购后股东价值在中长期内大幅度地提高。最差的情况是，并购方会破产或由于过度扩张而成为被接管的对象。

一家企业到底值多少钱？其实现实中并不存在对一家企业的正确估价。实际上，一家企业的价值就是并购方愿意支付的那个价格。通常这个价格的得出有赖于以下评估方法的运用：现金流量贴现法、市盈率法、资产价值基础法等。并购企业可以根据不同的评估方法建立相应的估价模型，并根据并购的发展对现有的估价模型进行完善。

要正确估价目标企业，通常要从以下几个方面入手：首先，要对目标企业的资产、负债、税务等方面进行认真审核和评价，准确估计企业的财务状况。对所依靠的相关资料，应力求确保其真实、准确。其次，要对并购后企业的营运状况、市场前景、获利能力等进行科学预测，防止价值被高估。最后，要注意并购信息的保密，避免由于信息被炒作而导致股价的过度上涨。

12.3.2　企业并购融资的问题

企业并购融资通常分为内源融资和外源融资两个渠道。内源融资指利用企业自有资本金等内部积累资金，外源融资包括商业银行贷款、发行债券等方式。由于企业并购所需资金数额往往非常巨大，内源融资一般不能作为企业并购融资的主要方式，外源融资应当成为企业并购融资的主要方式。我国为鼓励企业发展，也出台了一些政策以解决企业发展中的融资难问题。如2008年12月6日银监会发布实施《商业银行并购贷款风险管理指引》就开启了我国商业银行为企业并购提供融资渠道的阀门，但由于其审批的复杂性以及其高标准的要求，实际上真正能利用该渠道获得并购资金的企业少之又少。

企业并购融资出现的主要问题是企业能否及时足额地筹集到并购的资金，如何利用企业内部和外部的资金渠道在短期内筹集到所需要的资金是并购活动能否成功的关键。

企业并购融资要有一个系统的筹划。首先，对并购资金需要量要有一个科学合理的分析和预测。该资金需要量通常要包含并购价格、为维持被并购企业的正常运营所需的短期资金和并购企业正常运营所需的短期资金以及基于并购目的所需的其他资金。其次，依据并购企业自身的资本结构决定融资的方向。比如，如果并购企业资金充裕，动用自有资金无疑是最佳选择；如果企业负债率较高，则应尽可能采取权益性融资而不采取增加企业负债的融资方式。但如果企业未来前景看好，也可以增加负债或优先股进行融资，以保证未来收益全部由现有普通股股东享有等等。最后，应考虑不同融资方式将来可能会带来的风险，如杠杆收购预期是否能获得杠杆收益。这种情况下，需对被并购企业未来收益有合理的估计，否则，并购企业可能会因负债比例过高而导致破产倒闭。

12.3.3　恶意收购和反收购的问题

当并购方事先未与目标企业协商，突然直接提出公开收购要约，就是恶意收购。被并购方不同意被并购，就会采取一定的反并购措施来破坏并购的顺利进行。

恶意收购的策略筹划很重要，否则很可能在对方反收购策略下并购失败。首先，并购方要在并购前做好前期工作，如购买公告期数量水平以下的股份，组建好并购团队，同相关政府机关建立良好关系等。其次，谈判时间的把握，最好是在被并购企业出现危机时，如业绩较差或亏损时。这时易动摇其信心，减少其反应时间。再次，通过顾问团队，制定合理的收购价格，并且实事求是攻击目标企业各种缺陷与不足，降低其反击的程度。最后，游说股东与政府机关。展示并购会给股东带来的现实利益，保证处理好企业职工等相关问题，从而赢得这些人的支持，顺利进行并购。

随着企业并购的发展，反并购方的防卫措施也逐渐变得精细了。从毒丸计划、金色降落伞、股权回购和循环持股等管理策略到股权交易策略和法律保护策略，使反并购的防线很难突破。因此，并购要顺利进行，必须系统研究目标企业已经采取和可能采取的反并购策略，做到有的放矢。

12.3.4　企业并购的财务问题

企业并购的财务问题集中体现在隐藏的债务和不确定的税收中。

隐藏的债务通常是因目标企业的刻意的行为形成的，这样的行为可以为目标企业带来巨大收益是毋庸置疑的，但同样对并购方的打击也是致命的。隐藏的债务通常体现在对资产的权利是否存有瑕疵，目标企业是否有未决诉讼等。这些都有赖于在尽职调查中认真仔细地调查核实。

鉴于企业并购的复杂性，税收往往具有不确定性，从而给企业并购带来风险。首先，目标企业是否有偷漏税的历史遗留问题必须查清，以免并购交易完成，纳税主体变化后导致纳税义务转移而承担不必要的损失。其次，依据风险与目标企业签订相应合同，对并购过程中所涉及的税收问题界定权利和义务。最后，并购交易完成后对新企业的税收要及时筹划，制订合适的纳税方案，避免额外的税收负担。

12.3.5　企业并购的人力资源问题

人力资源是企业最重要的资产。企业并购必须重点关注人力资源问题，比如，如何保留住精英团队、目标企业的退休养老负担等。这些问题如果并购前没有考虑到，就有可能给企业并购后能否正常运营带来一系列问题。

通常，企业并购时要从以下几个方面出发解决人力资源方面可能带来的问题。首先，调查分析人力资源是否隐藏巨大的负担。比如，退休养老支付、控制权变更的支付等，这是并购大企业尤其应当关注的。一般来说大企业存续时间较长，员工数量较多，都会有较大的员工退休养老成本，这些成本甚至比并购交易本身的成本还高，导致并购成本虽然可能会比较低，但是企业却可能会因此背上一个沉重的包袱。其次，对目标企业人力资源进行分类、鉴别。许多企业的并购尤其是技术和服务行业，并购是否成功可能集中体现在目标企业的人才上，而非传统的物质资产上。出售方肯定比并购方更了解自己的人员构成和素质，如果出售方不愿意转让企业核心人才，它可能会在并购前把这些人才调整出去，而把快退休的、业绩一般的人员放到出售资产里，这样会使得并购的效果大打折扣。最后，并购过渡期制定人员保留和激励机制。并购发生后，被并购企业难免会有些混乱，此时稳定军心很重要，这就需要了解员工的顾虑及对新企业的看法，从而制订方案来解决他们的后顾之忧。

12.3.6　企业并购的法律问题

企业并购中涉及的法律问题很多，专业律师对企业并购的参与所进行的尽职调查也是为了解决并购中可能会出现的法律隐患。这些法律隐患通常包括反垄断问题、中小股东利益保护问题、职工权益保护问题、国有资产保护问题等相关方面。这些问题如不能被及时发现和解决，会给企业并购带来极大的麻烦甚至导致并购最终失败。

企业并购要规避这些法律风险通常要从以下几个方面入手：首先，要对目标企业所在地的相关政策与法律有一个整体上的把握，这一般通过当地的律师来进行。如果该并购与该地政策与法律相抵触，应尽早放弃。其次，做好律师尽职调查。对目标企业的法律风险敏感之处重点关注。再次，对存在法律风险的方面可与目标企业签订相关协议，确定彼此权利和义务，以免以后再生纠纷。最后，并购过程按照当地要求的法律程序进行，保证并购行为的合法性与有效性。

12.3.7　企业并购整合的问题

企业并购成功与否，并购交易完成后的整合起着决定性的作用。有调查显示大概有80%以上的并购失败是由于整合失败。因此，交易结束并不代表着并购成功了，恰恰相反，最大的困难可能刚刚开始。企业是一个系统，整合是系统内所有要素包括文化、战略、财务技术等的整合，其中文化整合是基础，其他整合都是建立在文化整合的基础上的。

整合程序如图 12-2 所示。

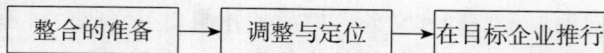

整合的准备 → 调整与定位 → 在目标企业推行

图 12-2　整合程序

企业文化的整合通常包含企业价值观、企业经营方式、企业思维方式以及企业制度的整合，文化整合从总体来说就是"求大同，存小异，建立信任，实现文化融合"。并购企业要成功实现文化整合通常需要注意做好以下几个方面：首先，找出并购方和目标企业在企业文化上的相同点和不同点，以便为整合提供决策依据。并购方通过企业的相关资料包括以前举办过的展示和介绍会议、新闻媒体对目标企业的报道以及其他企业评价等深入了解目标企业，并和并购方企业文化相比较，找出差异。其次，找出文化整合可能存在的主要障碍。在文化整合过程中，总会有一些因素比较活跃，并导致文化冲突。事前最好找出这些主要障碍并进行监控，只有做好这一步，才有可能顺利进行整合。最后，整合双方的企业文化。文化整合要坚持以人为本、循序渐进的方针，最大限度地激发员工的主观能动性，帮助目标企业成功实现转型。

✽ 12.4　企业并购管理咨询的程序

12.4.1　项目前期工作准备

企业并购是一项复杂的经济活动，涉及多方的经济利益。管理咨询专家要为企业的并购活动把好脉，需要经过周密的计划与程序，项目前期阶段的准备工作一定要做充分，才能为后期的咨询服务做好铺垫。

一般咨询项目前期准备工作通常都包括咨询顾问的培养、常用信息资料的收集、咨询客户的发现、与客户的初步接洽、对客户相关内外情况的调查了解、深入商谈以确定咨询项目目标以及咨询顾问与客户合作关系、签订咨询服务合同等。这些在本书第 2 章中都做了统一介绍，读者可以参考，本节只就企业并购管理咨询的特殊之处做简单介绍。

1）初步接洽与一般了解

鉴于企业并购的复杂性，初步接洽要求咨询顾问一定要做好充分的准备。首先，应当收集一些有关客户的基本资料，包括其所处行业、行业特点及行业位置等。其次，如有可能，了解企业当前发展的障碍在哪。最后，对该行业并购现状有一个总体的把握，依据企业可能存在的障碍，粗线条勾勒几套应对方案。与客户见面后，依据客户提供的相关信息准确把握企业的背景、困难、希望和目标，提出自己的专家性意见。"机会永远提供给那些有准备的人"，咨询顾问具有熟练的业务能力才有可能赢得客户的信赖，双方关系也才有了继续发展的可能。

2）确定与客户的关系

依据初步接洽的结果，双方关系如果继续发展，则可与客户确立数种业务关系，包括目标企业价值评估、并购方案设计、各种尽职调查以及企业并购设计与实施等，根据客户需要确定与客户的关系。

3）确定课题和目标并与客户签订合同

依据客户需要，与客户协商、设计本次企业并购的课题，确定本次并购应达到的目标，起草并购咨询合同条款，尤其要提醒客户注意本次企业并购所可能遇到的风险，使客户对本次并购有一个相对客观的态度。

12.4.2　深入调查与问题分析

1）并购企业内部调查与分析

一次成功的并购必须建立在并购方健康发展的基础上，很难想象一个危机重重、问题很多的企业能够通过并购得到健康发展。因此，成功的并购必须建立在对并购方深入调查分析的基础上。通常，咨询顾问对并购方的调查分析主要从以下几个方面进行：

第一，了解企业的长期发展规划。企业并购是一个长期的投资过程，不是短期可以完成的，需要企业长期投入大量的人力、财力和物力，而且牵扯很大的精力。因此，企业必须把并购与自己的长期发展协调起来，如果本次并购与企业的长期发展相悖，企业应当做出理性的选择。

第二，了解企业的业务。成功的并购要建立在并购方强大的业务的基础上，如果一家企业使其现有业务有效运转已经非常困难，举步维艰，这时，企业需要做的，是对原有业务进行改进，而不是通过并购的方式进行。如果企业执意进行并购，在这样的基础上妄图采取并购方式提高企业的竞争力，那么不但不会解决问题，反而会加重企业的负担，使企业陷入困境。

第三，了解企业的资源。并购的目的是使并购方和目标企业的业务被迅速有效地控制并增加其价值，成功的收购需要充足的资金和管理资源来进行支撑。如果企业没有足够的资源支撑，则其并购策略可能会处在沉重的压力之下。

2）并购环境调查与分析

并购环境主要包括政策环境和市场环境。成功的并购最好"顺势而上"，把握住环境的脉搏，往往可以事半功倍。

第一，了解政策环境。企业并购尤其是大规模并购行为对经济社会的发展常常影响深远，因此，国家要经常出台一些政策和法律、法规等，来规制或刺激企业并购的进行。成功的并购对当前政策必须要有一个清晰的把握。

第二，了解市场环境。企业并购是一种市场行为，因此加强对当前市场的了解非常重要，当并购的业务涉及新的部门或新的领域时尤其如此。如果并购后市场的吸引力降低，那么显然并购方将不太可能通过并购行为获得预期收益，该次并购的成功概率将会大打折扣。

3）目标企业调查与分析

企业并购是一项高风险业务，对目标企业的准确选择事关成败，凭借对目标企业的调查做出选择至关重要。通常，咨询顾问对目标企业的调查主要包括商业调查、法律调查和财务调查。

第一，商业调查的主要目的在于了解目标企业的成长性如何。首先，该项调查可能会包括对目标企业所在市场是否会长期存在的调查。如果该市场不会长期存在，那么企业当前再好的业绩都可能只是一个泡沫，只会使并购付出更高的并购成本。其次，该项调查可能还会包括对目标企业的产品或服务的预期盈利能力的调查。一般来说，较好的预期盈利能力是企业并购的"方向标"，只有并购方对目标企业的预期盈利能力有一个乐观的评价时，并购才有可能发生。最后，目标企业所存在的管理方面的问题也应当列在该项调查之中，通常需要论证调查所发现的管理问题是否可以用并购方剩余的管理资源来解决。

第二，法律调查的主要目的在于了解目标企业可能存在的法律风险。首先，要了解目标企业是否合法。目标企业是否合法存续，是否具有收购交易所要求的主体资格直接影响到收购交易能否完成。其次，要了解目标企业的资产、负债和所有者权益。其资产产权是否清晰，是否存在担保等类似的权利瑕疵。负债是否都已经披露，是否会因诉讼等事项产生重大负债。所有者权益是否实际存在。再次，员工的工作时间和条件是否符合法律的规定，是否存在劳动纠纷。最后，重大合同履行情况。未履行完毕的合同会给企业带来何种影响。

第三，财务调查的主要目的在于核查目标企业的历史和现在的业绩。首先，要了解目标企业稳定发展时盈利如何。盈利足够好时可以考虑杠杆并购。其次，资产是否都在该企业的财务报表中反映，是否有没有反映的情况。再次，财务账簿是否健全，交易记录是否做得精确。最后，是否存在大金额的隐藏性负债，如果不能谨慎排除，这些负债会使并购方背上沉重的包袱甚至最终会导致并购失败。

此外，在并购过程中，可能会因敌意并购等而不能正常调查获得相应信息，此时，就会增加并购的风险。当存在这些局限条件时，咨询顾问必须协助并购方搞清楚现在已经掌握了哪些信息、还需要收集哪些信息。在调查受限的条件下，并购方必须对并购所需的目标公司最低标准的信息要求有一个清醒的认识，如果最低标准的信息都无法取得，则并购方只能选择放弃并购。

4）近期典型并购案例剖析

上述调查分析可能会有点模糊，需要咨询顾问收集相应案例来进行补充。通过案例分析进一步对调查的结果进行梳理，对不足之处进行补充调查，使得调查更具有针对性，从而为并购的顺利进行做好铺垫。对近期典型的并购案例进行分析，吸收这些案例的经验和教训，可以降低并购失败的概率。首先，通过案例分析了解当前的政策走向。大规模的并购与政策的支持通常是分不开的。其次，对大量的失败案例进行分析，找出失败原因，有针对性地通过调查对准备进行的并购模拟演练，可以有效地规避并购风险。最后，通过案例分析，核算案例并购成本，找出降低成本的有效方法，规避并购财务风险。

12.4.3 设计并购方案

1）总体思路的形成

依据上述所形成的对将要进行的企业并购的调查了解，整体形成对该次并购可能遇到的风险的认识，通过与客户沟通，初步形成并购的总体思路。

这一总体思路通常包括企业并购所需达到的战略目标、企业并购团队如何组建、目标企业如何选定、如何取得并购资金、目标企业可能采取的反并购策略及其应对、目标企业文化整合的可行性等。

2）拟订并购各环节方案

形成总体并购思路后，需拟订并购各环节方案。并购方案的设计是管理咨询专家在并购中的一项重要工作，它既是有关调查和谈判的结晶，又是签署和履行收购协议的指导。在方案设计的过程中，必须兼顾对各种因素及利益的考量，例如并购风险、并购成本、操作流程的便捷性、政府程序的可行性、并购各方的可接受度等。

进行本步骤工作时，通常需专家依据分工划分专家组进行工作，专家们凭借调查所收集到的数据和自身经验拟订几套方案提交给客户，供客户选择。

并购方案至少应当包括准确评估目标企业的价值、确定合适的并购模式以及并购交易方式、确定合适并购财务方式等。

3）具体方案的整合

企业并购是一项系统性的工作，各个环节必须能够相互匹配、整体协调，才能最终达到并购目标。本步骤的工作就是咨询顾问从客户的整体并购过程出发，将各个团队设计的各环节并购方案整合起来，形成一个可行的有机整体。

鉴于并购活动的复杂性，在初步拟订并购方案后，各种因素可能都会发生变化，在这种情况下，并购方案也需要不断予以修改、完善。

并购方案拟订整合时，一般要考虑各个环节可能会发生重复的部分、税法的影响、国家政策的优惠等。最终征求客户有关领导和管理人员的意见，争取达成一致，如不能达成一致，咨询专家轻易不能放弃自己的专家立场。

4）并购方案的可行性分析

方案拟订后，一般要组织相关专家通过专家讨论会的形式进行可行性论证。

可行性论证应尽可能细化，设想并购中可能出现的一切问题，来验证并购方案中的应对措施是否合适。如不合适，面临的风险是什么，应怎样改进以规避风险。

12.4.4 并购实施与后续服务

该阶段是企业并购管理咨询的最后一个阶段，该阶段咨询顾问的主要任务是帮助企业实施和完善并购方案，使整个咨询工作产生实效。鉴于企业并购业务的专业性和复杂性，咨询顾问通常需要参与并购方案的实施。

1）制订实施方案

依据并购方案制订实施方案。由于企业并购从开始启动到完成耗时甚长，因此必须要有一个周全的并购实施方案做全方位的指引，否则很难保证如此复杂、费时的工程能顺利完成。

实施方案的主要内容包括并购团队的分工、何时与目标企业初步接触、何时向目标企业发出兼并意向、何时与目标企业进行并购谈判、签订兼并协议、对目标企业的接管以及整合工作等。

2）并购实施

计划的再好也有赖于并购的实施来达到并购的目标。实施阶段各种影响因素千变万化，方案随时都有可能进行调整，因此，实施的效果也有赖于计划的完善性。

并购实施的核心工作主要包括向目标企业发出并购意向、与目标企业进行谈判以及签订并购协议。咨询顾问应协助企业统筹安排，做好上述工作。

向目标企业发出并购意向应当谨慎，否则可能带来意想不到的问题。比如，可以根据目标企业的类型来选择沟通方式：小型企业的老板一般都有并购与否的决定权，因此，目标企业如果是一家小型企业，可以选择直接与其老板沟通，效果可能会好一些；中等规模的企业，可以利用中介机构的职业性，交由中介机构来协商和沟通，中介机构一般在其利益驱动下会尽力促成并购；大企业，基于其广泛的社会影响，如果并购信息泄露，可能会极大地增加并购难度，因此，沟通更应当慎重。

谈判的重要性无需多言，并购方谈判策略和谈判技巧的好坏将对谈判结果产生直接影响。因此，谈判前应当做充分的准备，包括并购的核心、并购的底线、目标企业的近期状况等。实际上，谈判中双方所关注的无非是并购价格和并购条件。由于信息的不对称性，并购方在价格谈判中往往处于不利地位，这就需要借助于咨询专家的经验来搜集信息，把握目标企业的价格底线。并购条件主要包括支付方式、支付期限、交易保护、损害赔偿、并购后人事安排、税负等，并购方应当将并购条件与并购价格相结合统筹考虑，在并购协议中应当详细注明，明确双方权利和义务，以规避并购履行过程中一些不必要的风险。

签订并购协议是并购实施阶段工作的集中体现。并购协议通常包括资产收购协议、股权收购协议、合并协议三种最主要协议，协议中的大部分条款大同小异，但各个协议也有其不同的侧重点。比如，资产收购协议侧重于目标企业资产的转移，因此应当特别关注资产是否完整、是否有瑕疵，相关保证条款为最重要条款；股权收购协议应当注意签订主体不再是目标企业，而是目标企业的股东，因此包括企业主体资格的存废、经营管理层的改组等应当是并购协议所关注的；合并协议必须经各方董事会及股东大会的批准，应重点关注并购后企业组织的相关约定。

3）并购后企业整合

并购后企业应尽早开始并购整合工作。并购交易结束后，被并购企业产生极大震荡，员工都焦虑不安，如不能尽早整合，持续几个月的拖延变化，可能会影响企业的业务运营。

咨询顾问应首先协助企业做好沟通工作，包括与被并购企业的沟通、并购方内部的沟通等。沟通中一定要注意信息的及时性、应变的及时性，要注意以诚相待，维护企业的安定团结。

其次要协助企业做好双方的文化整合。文化整合容易出现的问题前面已经阐述，此处就不再重复了。这里要强调的是，文化整合绝对不是简单地用并购企业的文化整合被并购企业的文化。被并购企业的文化也可能成为并购企业文化的主流，这是当前我国企业境外并购尤其应当注意的问题。

4）项目总结与文件归档

项目完成后，企业应当重视总结与归档。现代社会，企业并购已经成为企业活动的常态。因此，及时的总结和梳理很有必要。一方面，可以针对本次并购的不足之处在今后的企业工作中进行改进；另一方面，可以为今后的并购活动提供借鉴，也可在遭遇被并购时及时应对，以维护企业的最大利益。

✲12.5　企业并购管理咨询的方法

12.5.1　企业并购管理咨询方法概述

企业并购管理咨询的方法是指咨询顾问在为企业并购提供管理咨询的过程中所需要运用的方法。整个咨询活动中需要运用的方法通常有很多，例如头脑风暴法、德尔菲法、流程图法等，在咨询活动的不同阶段方法也有所差异。

企业并购管理咨询常用方法如表 12-1 所示。

表 12-1　**企业并购管理咨询各阶段主要咨询方法一览表**

工作步骤		主要方法
前期工作准备		资料收集整理
深入调查分析	并购企业调查与分析	SWOT 分析法、7S 分析法、专题讨论会法、调查问卷法、因素分析法、ABC 分析法
	并购环境调查与分析	PEST 分析法、ABC 分析法
	目标企业调查与分析	SWOT 分析法、7S 分析法、个别访谈法、5WH 解析法、ABC 分析法、因子分析法、因素分析法、相关分析法、流程图法
	近期典型错弊案例的深入剖析	个别访谈法、ABC 分析法、因子分析法、因果分析法、因素分析法、相关分析法、专题讨论会法
设计并购方案	总体思路的形成	专题讨论会法、5WH 解析法、德尔菲法、头脑风暴法
	拟订并购各环节方案	专题讨论会法、5WH 解析法、德尔菲法、头脑风暴法
	具体方案的整合与分析	专题讨论会法
实施与后续服务		统计分析法、敏感性分析法、成本效益评价法、结构分析法

一些通用的方法第 2 章已经做了统一的介绍，此处不再赘述。本节主要对企业并购管理咨询中所要用到的一些特殊方法做简单介绍。

鉴于企业并购是高风险企业行为，因此，企业并购管理咨询方法的选定应当集中在对行业的了解、风险的发现、风险的规避以及最终资源的整合等几个方面。

12.5.2　ABC 分析法

ABC 分析法又称为重点管理法或分类管理法，其基本原理是对影响组织活动和成效的各种因素以其重要性分成 A、B、C 三类。在企业并购中，主要指的是依据风险的重要性不同分为 A、B、C 几类，这样有利于分清主次，抓住重点，区别对待，更好地达到并购的目标。

在不同类型企业的并购中，通常所遇到的风险会有所差异。比方说跨国并购可能更关注的是目标企业所在国家的政策与法规、并购完毕后文化的整合等；横向并购可能更关注是否会导致形成垄断地位；纵向并购可能会对产业风险关注多一些等。以上是依据并购分类对不同类型并购的风险的勾勒。在实际并购过程中，具体的企业所遇到的风险又可能会有所不同。

ABC 分析法需结合对并购企业、并购环境、目标企业调查分析的情况，围绕政治风险、财务风险、法律风险、整合风险等进行分析，确定重点，并提出规避方案。

12.5.3　SWOT 分析法

SWOT 分析法是一种综合考虑企业内部条件和外部环境的各种因素，进行系统评价，从而选择最佳经营战略的方法。其中：S（Superiority）指企业优势；W（Weaknesses）指企业劣势；O（Opportunities）指企业外部环境的机会；T（Threats）指企业外部环境的威胁。运用在企业并购中，SWOT 分析法指的是并购时必须要实施企业的内部资源因素和外部环境力量综合分析，根据综合分析的结果对众多的备选方案做出系统的评价，最终选出适当的并购方案。

比如，在企业外部机会良好、内部条件有利的情况下，可采取横向并购的方案，迅速占领行业优势地位；在外强内弱的情况下，可通过并购进行转型，充分利用外部环境；在外弱内强的情况下，宜采用多元化并购方案，使自己的内部优势充分发挥等。

12.5.4　PEST 分析法

PEST 分析法是一种运用 PEST 模型进行分析的方法，是指从政治、法律、经济、社会、文化和技术的角度，分析外部环境变化对企业影响的一种方法。PEST 分析法是外部环境分析的常用工具之一，包括以下四个方面：政治的（Political）、经济的（Economic）、社会的（Social）以及技术的（Technological）。

在企业并购中，尤其是大规模的并购中，外部环境的局限往往会决定并购的成败。例如，可口可乐并购汇源成功与否更多的可能只是一种政策的考量等。在类似这样的并购中，国家可能会从国家安全的角度出发限制并购的发生。

12.5.5　7S 分析法

7S 分析法是一种运用 7S 模型进行分析的方法。麦肯锡顾问研究中心设计了企业组织 7 要素，简称 7S 模型。7S 模型指出，企业在发展过程中必须全面地考虑各方面的情况，包括战略（Strategy）、结构（Structure）、制度（Systems）、风格（Style）、员工（Staffs）、技能（Skills）、共同价值观（Shared Values）。在模型中，战略、结构和制度被认为是企业成功经营的“硬件”，风格、员工、技能和共同价值观被认为是企业成功经营的“软件”。软件和硬件同样重要。它们与各公司的成败息息相关，且都可以加以管理，绝不能有所偏颇或者忽略。

在企业并购中，运用 7S 分析法可以比较好地对并购企业和目标企业有针对性地进行分析比较，依据分析结果，判断并购整合的可行性。

✳ 12.6 企业并购管理咨询案例

在一次企业并购经验交流会上，管理咨询公司业务经理王某了解到以下信息：跨国企业集团 A 公司，其业务涉及房地产、土地一级开发、旅游区开发等，在中国境内和境外已经拥有多家公司，但在中国境内还未拥有上市公司；基于土地开发资源储备的考虑，需要在中国境内取得土地使用权；A 公司初步考虑收购一家拥有土地资源的上市公司。王某通过查询咨询公司数据库初步确定数家目标公司，准备与 A 公司接洽。做好充分的准备工作后，王某随即与 A 公司高层取得联系约定面谈，通过初步接洽，使 A 公司高层对咨询公司业务能力有了一个整体的了解。依据 A 公司提供的信息和前期所做的准备工作，初步勾勒几套并购方案与 A 公司高层交流并答疑解惑。王某及其团队充分的准备、娴熟的业务给 A 公司高层留下了良好的印象，初步达成合作意向。A 公司股东会批准该并购项目后，王某与 A 公司所确定的该项目负责人深入商谈，确定了咨询项目并签订咨询合同。合同约定：管理咨询公司项目组以专家的身份对 A 公司并购项目提供全程咨询服务，包括目标企业的选定、拟订并购方案、制订实施方案、并购谈判、接收与整合；A 公司按照并购项目组的要求如实提供所需材料，对项目组的工作给予全面支持。

项目组与 A 公司签下咨询合同后，全面展开工作。首先对选定的目标企业进行筛选，初步确定 B 上市公司为拟并购对象。B 公司业务以房地产开发和旅游区开发建设为主，该公司拥有良好的土地使用权储备，但由于转换主业的考虑，需要出售该土地使用权。鉴于并购双方都有意向，于是准备进行初步沟通。

确定目标企业后，进行尽职调查，包括运用 PEST 分析法了解并购的宏观环境、运用 7S 分析法了解相关目标企业、运用 ABC 分析法确定并购风险等，并辅以近期进行的三个典型的并购案例进行专项分析，圈定并购关键环节。依据调查情况，鉴于 B 公司各方面状况良好，从财务、税收等角度出发，确定并购方式为股权收购。

依据调查情况，初步拟订并购方案，通过专题讨论会的方式进行论证，进行可行性分析。决定以股权置换的方式协议收购 B 公司控股股东所持公司 28% 的股权，并保留控股股东高管位置。

依据并购方案制订实施方案，组织实施，签订并购协议。首先，通过谈判提出收购意向，与 B 公司订立协议。协议订立后，遵循 5%～30% 的报告和公告规则实施收购。该协议收购为一般协议收购，流程如图 12-3 所示。

并购交易结束后进行整合。鉴于 B 公司良好的组织、财务和文化，所以整合的主要方向放在战略整合上，这也是 B 公司所认同的。咨询顾问针对 A 公司的国际化战略制订了详细的整合方案，对 B 公司高管及相关员工进行培训，整合过程进行必要的协助。

并购后公司经过一年的运行，发展战略清晰，方向明确，资源配置更加合理，利润增长明显，并购达到了预想的效果。

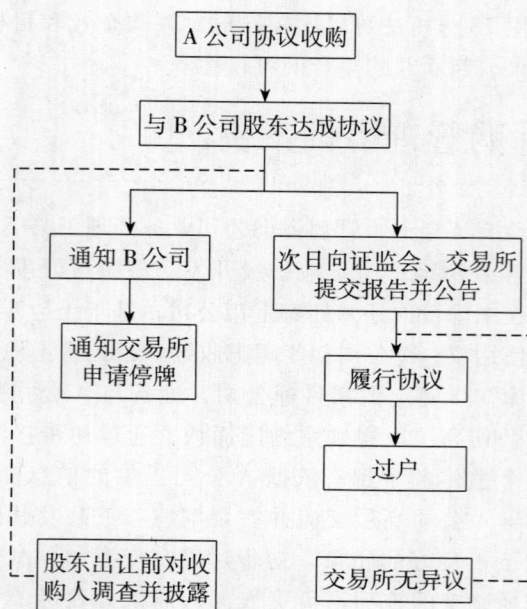

图 12-3　A 公司协议收购流程

❖ 本章小结

本章在说明企业并购管理咨询的目的和意义的基础上，详细介绍了企业并购的基本内容，分析了企业并购可能存在的主要问题，进而对企业并购管理咨询的过程和特殊工作方法进行了探讨，最后简单介绍了一个企业并购管理咨询案例。

❖ 练习与思考题

★ 案例分析

百度是全球最大的中文搜索引擎，2000 年 1 月由李彦宏、徐勇两人创立于北京中关村，致力于向人们提供"简单、可依赖"的信息获取方式。2005 年，百度在美国纳斯达克上市，成为首家进入纳斯达克成分股的中国公司。通过数年来的市场表现，百度优异的业绩与值得依赖的回报，使之成为中国企业价值的代表。当前，中国互联网在经历着从PC 向移动的转型，网民正迅速从 PC 向移动转移，百度通过收购占据移动互联网有利位置迫在眉睫。

91 无线网络有限公司（简称 91 无线）成立于 2010 年 9 月，是网龙公司旗下专注于无线互联网业务开发与拓展的高新技术企业。91 无线平台集成 91 手机助手、安卓市场、91 移动开放平台、91 熊猫看书、安卓网等强势产品为内容端口的完整移动互联应用产品群，是国内最大、最具影响力的智能手机服务平台。其中，其所从事开发和营运的 91 助手及安卓市场是两个在国内领先的智能手机应用分发平台，在 2012 年通过 91 无线进行的应用下载就突破了 100 亿次。2013 年 7 月数据显示，国内用户通过百度与 91 无线平台下载应用总数达日均 6 900 万，而其中绝大部分的下载来源于移动设备。

2013 年 7 月 16 日，百度宣布拟全资收购网龙公司旗下 91 无线业务，购买总价为 19

亿美元。收购 91 无线是百度进一步加强在移动互联网领域的最新举措，意在进一步加强百度在移动应用分发方面的入口作用。2013 年 8 月 14 日，百度公司宣布，其全资子公司百度（香港）有限公司已签署一项最终并购协议，从网龙公司和其他股东处收购 91 无线 100% 股权。91 无线将成为百度的全资附属公司，并继续在其当前的管理团队领导下作为一个独立公司运营。该交易使得百度收购 91 无线的标的额超过 2005 年雅虎 10 亿美元并购阿里巴巴，成为中国互联网截至目前最大的并购案。

问题：

1. 百度为什么要收购 91 无线？

2. 如何评价百度收购 91 无线所支付的高昂的价格？

3. 有舆论认为 91 无线是一家有盗版原罪的公司，百度收购 91 无线会面临哪些风险？

4. 本案例运用的是哪种并购模式？还可以运用哪些并购模式？

5. 据悉，百度通过发债的方式融取收购所需资金，请对此予以评价。试拟订并购方案。

★ 思考题

1. 简述企业并购管理咨询的意义。

2. 简述企业并购的内容及分类。

3. 简述企业并购工作可能出现的主要问题。

4. 简述企业并购管理咨询的工作过程与方法。

★ 讨论题

1. 为什么要进行企业并购管理咨询？

2. 除本书已经介绍的以外，企业并购还可能存在哪些问题？如何解决这些问题？

3. 结合一个具体单位，设计对其进行企业并购管理咨询的工作方案。

❖ 补充阅读材料

1. 邱尊社. 公司并购论［M］. 北京：中国书籍出版社，2007.

2. 肖太福. 企业并购法律实务［M］. 北京：群众出版社，2005.

3. 陈戈，梁湘毅. 企业并购的法律风险及防范［M］. 北京：中国法制出版社，2007.

4. 庞守林，邱明，林光. 企业并购管理［M］. 北京：清华大学出版社，2008.

5. 兰金. 收购失败［M］. 王凤玉，等，译. 北京：经济管理出版社，2005.

6. http：//www. mergers-china. com.

7. http：//www. ma-china. com.